2020

国家统一法律职业资格考试系列用书

命题人讲义系列

命题人讲民法

桑　磊◎主编

张作华◎编著

中国经济出版社
CHINA ECONOMIC PUBLISHING HOUSE

中国石化出版社
HTTP://WWW.SINOPEC-PRESS.COM

图书在版编目（CIP）数据

命题人讲．民法/桑磊主编．
—北京：中国经济出版社，2019.12
2020国家统一法律职业资格考试系列用书
ISBN 978-7-5136-5052-6
Ⅰ.①命… Ⅱ.①桑… Ⅲ.①民法—中国—资格考试—自学参考资料
Ⅳ.①D92
中国版本图书馆CIP数据核字（2019）第253359号

策划编辑　崔姜薇
责任编辑　王建昌
责任印制　马小宾
封面设计　任燕飞装帧设计工作室

出版发行　中国经济出版社
印 刷 者　北京富泰印刷有限责任公司
经 销 者　各地新华书店
开　　本　787mm×1092mm　1/16
印　　张　20.5
字　　数　486千字
版　　次　2020年1月第1版
印　　次　2020年1月第1次
定　　价　69.00元
广告经营许可证　京西工商广字第8179号

中国经济出版社　**网址** www.economyph.com　**社址** 北京市东城区安定门外大街58号　**邮编** 100011
本版图书如存在印装质量问题，请与本社销售中心联系调换（联系电话：010-57512564）

>> PREFACE 丛书前言

一

著名作家柳青在《创业史》中说过一段话："人生的道路虽然漫长，但紧要处常常只有几步，特别是当人年轻的时候。"

在我的人生里，这样的紧要处有两步：一次是22岁，一次是44岁。

这两步决定了我前半生乃至一生的命运。

22岁那年，我还在鲁西南的一个小县城工作，报名参加中国政法大学的进修学习。之后，经过五年的拼搏（两年进修，三年北漂自学），最终考取法大研究生，主编了《中国名校硕士谈考研》（后分为《风雨考研路》和《考研战略战术》两本），毕业后进入司法部考试中心工作。这是命运的一次大转折。

44岁这年，在工作十三年、经历了四个岗位，从主任科员、副处长到命题处长之后，我毅然辞职，致力于法考和法律教育工作，主编《法学第一课》，开通微信公众号"桑磊在线"，直到现在主编"桑磊法考"系列图书，开展法考网络培训。这又是一个大转折。

每个人终其一生，都有自己关键的几步，有命运的转折点。

也许你是一位法律专业学生，未来的理想是做一位法官、检察官或律师，也许你和曾经的我一样，正在自学的路上苦苦跋涉，希望能有改变命运的机会。也许你正在做一份自己并不喜欢的工作，而内心其实想成为法律人。也许你正在小地方挣扎，渴盼去大城市发展。

法考就是你通向未来、实现梦想的关键一步。

尽管，这个考试号称"天下第一考"，每年有数十万人在这个战场上拼杀，只有少数人成功地走出来。

尽管，你也许和我一样，智商并不超群，容貌并不出众，家世并不显赫，只是人群中普普通通的一员。

但是，不平凡的，是你的年轻，是你的梦想，是你那颗热血沸腾的心，是你的不甘于平凡。

在我主编的《风雨考研路》中有一篇文章，题目叫作"真正的失败是不去拼搏"。作者当年从一所二本院校以高分考上了厦大研究生，两年后又提前攻博，目前已是国家海洋局第三研究所研究员、硕士生导师、学科带头人，曾五次参加南北极科学考察。他在文章中写道：这一切的一切，都是由于"真正的失败是不去拼搏"这句话带给我的神奇力量。

其实那只是一个很短的小故事，但我至今清楚地记着里面那句非常感人的话："你努力过了吗？如果是的，那你就一定不会失败，因为真正的失败是不去拼搏。"这句精彩而鼓舞人的话从此永远地留在了我的生命中，并且开始改变我的一生。

在此，我也将这句话转送给亲爱的读者们，希望能够有益于你的人生。

二

自2018年首届法考开始，司法部至今已组织两年考试，尽管法考不再公布真题，但从网络上考生的各种回忆版本，仍能粗略窥见法考试题的特点。

我们认为，客观题考试具有以下四大特点：

一是考查范围扩大，覆盖面广，基础性考点增多，考查内容较为琐碎。

二是出现跨学科融合的客观题，如2019年有多道民商事融合试题。

三是紧密联系法律热点事件，取材贴近生活。

四是"重者恒重、新法必考"，但两者均在一定程度上有所削弱。

相对而言，主观题考试是法考改革的重点，其特点更加鲜明：

一是融合性突出，两次考试均出现多学科的交叉融合试题。

二是限缩性趋势明显，即主观题数量减少。

三是理论性显著增强。主观题考试考查考生运用法律知识解决实际问题的能力，在一定程度上，可以说就是考查理论深度。

四是开放性进一步得到体现。法考时期的开放性试题增多，允许有多个答案，只要言之有理、有理有据即可得分。

根据上述特点，2018年至2019年，我们组织了以资深命题人周光权老师为代表的前命题人团队，编写了"桑磊法考"系列图书，具体包括客观题的"命题人讲义系列"丛书（全八册）、"命题人讲真题"丛书（全八册）、"命题人400题"丛书（全三册），主观题的"命题人讲主观题"丛书（全七册）和《主观题十年真题精讲》《命题人30题》，分别对应客观题考试和主观题考试复习的各个阶段。目前，我们又陆续开始对上述图书进行精心修订，以供2020年考生复习备考。

（一）客观题考试

——基础阶段。对应本套"命题人讲义系列"丛书。我们通过严谨的历年各科试题数据分析，遵循"重点多写，一般少写，不考不写"的原则，确定讲义各部分的字数，做到详略得当。攻克了这些知识点，意味着你已经接近了法考要求的知识水平，进入了法考的核心地带。我们专门邀请各科作者做直播带读，他们深入浅出的讲解，会让有你有更透彻的理解，也许有时会有醍醐灌顶之感。读者可扫取本书封面二维码登录"桑磊法考"网站和"桑磊法考"公众号，免费观看视频。

——真题阶段。对应"命题人讲真题"丛书。我们的各科作者对近些年的真题以考点归类，进行了全面解析，其体例上的独特之处有三点：一是"命题和解题思路"，还原命题人的思路，深度分析解题思路，最大限度地让考生"知其所以然"。二是"难点解析"或"易混淆点解析"，对于部分试题的难点或易混淆点作出深入分析。三是"重点干扰项"，部分试题指明了重点干扰项，并作出详细分析。通过真题的反复训练，你会对各科的所有考点、命题规律了然于胸，实现由知识水平向应试水平的转变。“命题人讲真题”丛书将于2020 年 2 月出版。

——模拟阶段。对应“命题人 400 题”丛书。我们的大部分作者深谙命题规律，他们命制出的模拟题，实际上达到了真题的水平，是最接近真题的模拟题。通过模拟训练，一方面查漏补缺，一方面迅速适应应试状态。“命题人 400 题”丛书将于 2020 年 6 月出版。

（二）主观题考试

——基础阶段。对应“命题人讲主观题”丛书。我们的作者凭借本身的经验，通过深入研究历年主观题，在书中为大家分析了本学科的命题规律和趋势，提炼了解题思路，详细阐述了主观题考点，并对近十年的典型主观题进行了深入剖析。最后，每科为大家提供了多道高质量的模拟试题，其中有两科甚至多科的融合试题。“命题人讲主观题”丛书将于2020 年 4 月出版。

——真题阶段。对应《主观题十年真题精讲》。该书选取近十二年来的主观题真题，由前命题人团队各科作者全新解读。其中，依据网上的考生回忆版，对 2018 年和 2019 年的主观题真题进行了精心复原。各科作者深度还原了命题人思路，或点明命题素材，或挖掘命题特点，力争为考生打造独具特色的主观题“得分宝典”。《主观题十年真题精讲》将于2020 年 4 月出版。

——模拟阶段。对应《命题人 30 题》。该书选材渠道权威、命题规范严谨。在三十多道模拟题中，有刑法和刑事诉讼法的融合，有商法和民法的碰撞，还有三大实体法的交织。这些多学科交叉的题目，可以更好地培养考生的主观题思维，为拿下主观题考试做好充足准备。《命题人 30 题》将于 2020 年 5 月出版。

三

2018 年，是我们与广大考生携手前行的第一年。我们首次开办“客观题冲刺内参班”“主观题冲刺保过班”等网络课程，准确把握了命题趋势，尤其是成功预测了“枫桥经验”（法治理论）、“房屋强拆案例”（行政法）、“非法证据排除规则”（刑诉）等考点。

2019 年，我们开办了客观题和主观题的全系列课程，涵盖了特训班、冲刺班、全程班、主客一体班等，帮助考生抓住重难点，直击命题点。特别是在主观题班，形成了自己独有的特色，包括“三支团队”“四个阶段”“两大法宝”。

——“三支团队”，即前命题人团队、前阅卷人团队、高分研究生阅卷团队相配合的师资队伍。

——“四个阶段”，即系统精讲阶段、专题突破阶段、应试训练阶段、冲刺阶段，构建了 2019 年所有机构中唯一完整的主观题培训体系。

——“两大法宝”，即前命题人团队命制的高质量模拟题、在前阅卷人团队指导下的作业批改。我们的模拟题接近真题的标准，其中一部分为多学科融合的试题。我们开发了机考模拟系统，每科均布置习题作业，按照考试标准进行模拟。作业批改由主要来自北大、人大、法大的高分研究生团队负责，对每道题不仅给出得分，而且有详细而中肯的评语，包括问题和建议两部分，受到了学员们的一致好评。

在 2019 年主观题冲刺保过班上，我们的绝大多数学科均命中了考点。对命题趋势和考点的准确把握，彰显出前命题人团队的高权威性和专业能力。

在 2019 年考试结束后，我们开展了大规模的问卷调查，广泛征求意见和建议，得到了学员们的热情反馈。在此基础上，2020 年，我们将对软硬件、客服系统、教务安排等各方面进行较大的优化，以更好地服务于学员。

新的一年，我们与你携手同行！

桑　磊

（桑磊：丛书主编，“桑磊法考”创始人）

◎特别说明◎

鉴于本书出版时间紧迫以及 2020 年度民法、刑事诉讼法等科目内容可能会出现部分立法及司法解释最新调整的态势，桑磊法考特开通“命题人讲义系列图书全程服务通道”，即时动态发布本书各科目勘误信息、考试政策最新调整变化解读等重要资料，考生在使用本书过程中可以扫取下方二维码进行获取。

桑磊法考，为您提供“有责任、有效率”的法考教材！

命题人讲义系列图书
全程服务通道二维码

>> 民法

导言

民法不仅是我们百姓人家的日常生活宝典，而且是各类法律专业考试和法律职业考试的重要内容，法考中主观题与客观题的民法内容权重即高达六分之一。在“法考圈子”里，素有“得民法者得天下”一说！

两年法考改革试水已经过去，中国民法典分编部分的编纂正紧锣密鼓进行，最高人民法院“全国法院民商事审判工作会议纪要（九民纪要）”也以规范性文件正式颁行了。在此背景下，新一届的法考生又踏上了艰苦的应考征途。作为一名民法辅导老师，如何在这特殊的法考阶段，为广大法考君编写一部“暖心、走心、省心”的民法讲义，这是笔者在写作本书过程中不能忘怀的“初心”。做法考辅导，我们是认真的！

民法虽然在社会生活中与我们息息相关，但民法规则的理解和应用并不是我们想象的那样唾手可得。社会生活关系与民事法律关系存在一定的“规范距离”！法律职业考试中，依据朴素的“民法情理”得出的答案往往南辕北辙，应试者一不小心就会陷入这些理所当然的“坑”中！因而，民法科目这座考试分值的“富矿”，只有通过科学而巧妙地“开采”，才能使之真正成为法考中的得分大户！

改革后的法考中，民法命题日益重视对考生综合能力、实践能力、理论素养的考查。另外，就民法科目而言，主观题考试与客观题考试的区隔并不具有实质性意义，二者除了答题策略有所不同外，在考点覆盖、命题意图、解题思路等方面基本一致。因此，本书内容对客观题考生和主观题考生有同样的价值。

本书的写作就是在这种考试变革背景下，同时以作者曾参加司法考试命题工作和主观题阅卷工作的亲身感悟，梳理民法基础知识，把脉考试要点，力争帮助考生通过“以书代讲”模式，高效、顺利完成客观题阶段和主观题阶段的复习备考！同时，本书也是在以下命题趋势、备考策略的把控下完成的。

一、命题趋势

民法科目体系庞杂、考点广布、理论精深，但过往考试的规律和趋势仍然可以梳理出来。

（一）重者恒考

从考试角度看，民法共有知识点大约 400 ~ 500 个，但在过往真题中，考查 4 次以上的重要知识点共约 60 个！这些重点知识点构成了本书的核心内容。

（二）新者常考

法考命题人会一如既往地青睐当年或近两年新颁布的法律法规或司法解释。2016 年颁布了《物权法司法解释》；2017 年颁布了《民法总则》《医疗责任司法解释》和《夫妻共同债务司法解释》；2018 年颁布的《民法总则诉讼时效司法解释》，2019 年《建设工程承包合同司法解释》，以及最高人民法院“全国法院民商事审判工作会议纪要（九民纪要）”

等都将成为命题人在2020年法考命题时的重点关注内容。当然也是本书写作的关注点。

（三）综合大考

一般民法与特别民法知识块之间很容易被打通。法考命题提高难度的手段之一就是加大各知识点之间的横向联系，以及总则内容与分则内容的纵向联系。命题人一定会乐此不疲地在单一题中将两个或两个以上的不同法域的知识点串联起来设问考查。过去两年在主观题卷中已经连续出现不同部门法的交叉命题尝试，如将民法和民事诉讼法、民法和商法的考查点融合在一起。本书在编写中也注意到前后关联知识点的体系构建，做到举一反三、触类旁通。

（四）理论渐考

近些年的命题人逐渐开始注重民法基本原理的考查，甚至大胆涉及存在理论争议的考点（如近年真题中的“新型物权担保”问题）。而法考改革的一项重要内容就是加大主观题的考查力度，并尝试“开放性”试题的命制，鼓励考生运用基本原理“自圆其说”。这些都预示着，今后理论热点和难点甚至争议点会越来越多地登上法考舞台。

二、复习策略

前述法考命题趋势分析，本身就提示了考生在民法科目的复习中确立相应的应对策略。具体的复习备考，还应该做到如下几点：

（一）建立知识体系，整体把握民法

本书的受众尽管多数已经进行了民法基础知识的学习，但面对法考，原有知识储备几乎呈碎片化、模糊化形态。有必要将基本的民法知识内容进行块状整理，构建具有一定逻辑关系的框架体系。按照自己对各部门内容的熟练程度，并依照各知识点的重要程度，将板块知识和具体知识点进行分级标注，以提高自己的备考效率。

（二）确立核心考点，实施精准突破

在对民法具体的知识点进行全面复习的基础上，再进行认真筛选，不要求面面俱到，也不要求个个精通，只需要结合考生自身的学习体验，根据权威的统计数据，将相关知识点变成考点。本书编著者已经通过精确的数据统计和分析，精挑细选确定了重要知识点。考生还可以从中再列出属于自己的“核心知识点清单”，做到精准发力，定点清除！扎实掌握这些内容，足以使你获得民法科目80%的考分。

（三）关注疑难问题，提升理论分析

考生需要特别注意诸如民法基本原则、法律行为、婚姻家庭伦理等原理性问题，社会生活的典型案例问题，以及民法学理论研究的热点问题。这些考点在主观题和客观题中很有可能出现，且考查方式灵活，答案具有开放性。考生需要训练自己的逻辑分析能力，答题时做到自圆其说。

本书在讲解知识点时，针对性地增加了一些典型真题例示，一是让大家感知知识点如何成为真实“考点”，二是帮助大家及时检测学习效果，牢固掌握相关知识点。

最后，祝大家在本书的助力下，能够顺利通过法考！

张作华

（张作华：本书编著者，前命题人，前阅卷专家）

CONTENTS 目录

民法知识点思维导图

- 民法知识体系
  - 民法总论
    - 民法概述（法律关系、法律事实、民事权利）
    - 民事法律行为（分类、意思表示、效力状态）
    - 民事主体（自然人、法人、非法人组织）
    - 代理（性质、代理权滥用、无权代理、复代理）
    - 诉讼时效与除斥期间
  - 物权法
    - 所有权（所有权的取得、共有、相邻关系）
    - 物权一般原理（物权变动、物权保护）
    - 担保物权（抵押权、质权、留置权、混合担保）
    - 占有（分类、占有的保护）
    - 用益物权（土地承包经营权、地役权）
  - 债与合同
    - 债的概述（分类、权能、单方允诺）
    - 债的履行（原则、规则、迟延履行、瑕疵履行）
    - 债的保全（代位权、撤销权）
    - 保证（保证方式、保证期间、保证合同、保证责任）
    - 债的移转（债权让与、债务承担、概括承受）
    - 债的消灭（代为履行、代物清偿、抵销、提存）
    - 特种之债（无因管理、不当得利）
    - 合同总论（缔约过失、履行抗辩、解除、违约责任）
    - 合同分论（买卖、赠与、借贷、租赁、建设工程、委托）
  - 婚姻与继承（婚姻效力、离婚赔偿、夫妻财产、继承权、遗嘱、遗产）
  - 侵权责任法
    - 侵权客体（权利、法益、人格权、财产权）
    - 归责原则（过错责任、无过错责任、公平补偿）
    - 侵权责任构成（侵权行为、损害事实、因果关系）
    - 数人侵权（无意思联络共同侵权、教帮侵权、共同危险）
    - 侵权责任承担（减免、竞合、财产损失、精神损害）
    - 特殊侵权责任主体（监护、单位、个人劳务、安保责任）
    - 特种侵权（产品、机动车事故、医疗、动物、物件）

第一章　民法概述

重要法条及司法解释

《民法总则》第 4 ~ 9、109 ~ 132、176 ~ 187 条。

《物权法》第 7 条。

《侵权责任法》第 31 条。

命题分析

"民法概述"是对民法基本原理和基本制度的概括性说明，虽不是重要的高频考点，但对该内容的掌握对于应试者建立民法的认同感、领会民法的理念和精神、养成民法思维等有着重要的意义。这将给考生解答其他具体考题，尤其是分析案例奠定先决性的知识背景，对其取得良好的考试效果有着不可替代的功能意义！

"民法基本原则"的考查点一般为某一具体原则的含义及其体现辨识。作为民事法律关系的核心内容的"民事权利"，常从其类型确认、行使与救济角度予以考查，须重点把握"权利—义务—责任"这三者的逻辑关系。"民事法律关系"部分，主要考查民事法律关系同非民事法律关系（如行政法律关系、好意施惠关系）的区别。"民事法律事实"作为民事法律关系的"启动机"，需要考生能够正确识别，从而进一步分析掌握具体的法律关系类型。在"民事责任"部分，重点考查当事人是否要承担民事责任、承担民事责任的形态和责任的竞合问题。

知识点精讲

民法是调整自然人、法人和非法人组织之间的人身关系和财产关系的法律规范的总称。在我国民法的表现形式包括：《民法总则》《物权法》《合同法》《侵权责任法》《婚姻法》《继承法》、民商事特别法以及立法机关颁布的民事规范性文件和最高人民法院颁布的民事性司法解释。民法具有以下不同于其他部门法的基本属性：

（1）民法是私法：奉行私法自治，最大程度认可民事主体通过自由意志创设权利义务关系。

（2）民法是权利法：突出权利本位，尊重民事权利；民法通过确认权利、保护权利并救济权利而构建其内容体系。

（3）民法是任意性法：以倡导性、示范性规范为主，谨慎适用强制规范。

（4）民法是实体法：规定权利义务的具体事项，为民事主体提供行为规范，为司法主体提供裁判依据。

民法基本原则是民法精神理念的体现，贯穿民法的始终；民事法律事实引起民事法律关系的产生、变更和消灭，而民事权利和民事义务是民事法律关系的内容，民事权利居于民事法律关系的中心地位。民事义务和民事权利相对应，但是与民事责任也有密切的联系，民事责任是违反民事义务的强制性后果。

一、民法的基本原则

（一）概述

民法的基本原则是民事立法、民事司法和民事活动的总的指导思想和基本法律准则。它贯穿于全部民事法律规范领域，反映民法调整对象的本质特征，体现民事制度的基本理念和精神。民法基本原则具有指导功能、约束功能、补充功能。

我国《民法总则》第4～9条规定了民法的基本原则，具体包括：平等原则、自愿原则、公平原则、诚信原则、公序良俗原则、绿色原则。分为两类：一类是指导民事立法、民事审判和民事活动、具有普遍约束力的基本准则，如平等原则和公平原则；另一类是指导民事主体的民事活动，适用于特定民事法律关系的原则，如自愿原则、诚实信用原则、公序良俗原则等。

（二）自愿原则

民事主体在民事活动中以独立的意志真实表达意愿，并可根据自己意愿设立、变更和终止民事法律关系。体现为结社自由、权利行使自由、合同自由、婚姻自由、遗嘱自由以及责任自负等下位民法原则。它是民法的核心原则，也是法律行为制度的基础。内容包括：①行为自主。②规则自选。③责任自负。④意定优先：法无明文禁止则可为；当事人可规避任意性规范。如遗嘱继承优于法定继承。

（三）诚实信用原则

民事主体从事民事活动，应当遵循诚信原则。诚信原则是道德规范的民法体现。其内容包括：①民事活动中要诚实不欺、恪守诺言、讲究信用。②通过善意方式行使权利，充分尊重他人利益和社会利益；不得滥用权力、加害他人。如合同交易的整个过程中，当事人应当恪守诺言，全面正当履行自己的义务，维护对方的利益，满足对方正当的期待利益，“根据合同的性质、目的和交易习惯履行通知、协助、保密等义务”。滥用权利是有违诚信原则的表现。

（四）公序良俗原则

民事主体从事民事活动，不得违反法律，不得违背公序良俗。合法性和合乎公序良俗一般化为“公序良俗”原则，违反公序良俗的法律行为无效。其基本内容有：

（1）公共秩序就是现存社会的政治秩序、经济秩序、文化秩序等，体现为社会公共利益，一般经由法律法规的强行性规定、禁止性规定加以确认和保护，如反不正当竞争法、劳动法、经济法等。违反者通常也是违反法律强行规定，其效力将被否定。

（2）善良风俗意指社会公共道德，即全体社会成员普遍认许和遵循的社会伦理道德。“良俗”具有观念性、发展性、不确定性。实务中如禁止遗弃虐待家人、禁止订立有违伦理道德的遗嘱协议、禁止有损人格尊严的行为、禁止限制婚姻自由的行为等均可纳入公序良俗原则调整范围。

在现代民法中，公序良俗原则已成为支配整个法秩序的原则，是私法自治的界限，但由于其内涵的不确定性，其适用面临着法律安定性与个案正义的艰难抉择，因此要对其进行类型化与价值补充：

（1）类型化。对涉及公序良俗的复杂社会关系做进一步分类，使其趋于明确，以利于法官依据法律关系的“同质性”对同一类型的案件做出相近或相同的裁判。

（2）价值补充。法官通过公序良俗原则的司法适用，超越实证法的范畴，运用其所蕴含的价值理念对个案进行价值判断并依此作出裁判。

（五）绿色原则

《民法总则》第9条规定：“民事主体从事民事活动，应当有利于节约资源，保护生态环境。”生态文明建设是整个社会可持续发展的基础，坚持绿色原则，就是要坚持人与自然和谐共处的价值观。“绿色原则”仅具有宣示性意义。

二、民事法律关系

（一）民事法律关系概述

民事法律关系是民法的核心概念，是所有民法基本问题、基本制度展开的始点和基础，也是民法案例分析的重要工具。

所谓“民事法律关系”，是指由民法规范所调整的、以权利义务为内容的社会关系，具体可分为人身法律关系和财产权律关系。民事法律关系具有以下特征：

（1）主体的平等性：法律关系的主体是彼此法律地位平等的自然人、法人和非法人组织。民事主体地位平等，是民法规范的构建基础和出发点，也是私法本质特征的体现。

（2）内容的权义性：法律关系的内容是私法意义上的权利和义务，表现为财产权和人身权的二元体系，以及与权利相对应的义务。民事权利可以放弃，但义务不得放弃违反；违反义务者应依法承担相应的民事责任。

（3）产生的实事性：法律关系是基于民事法律事实而产生、变更或消灭。

例1[①]　下列哪一情形下，乙的请求依法应得到支持？

A. 甲应允乙同看演出，但迟到半小时。乙要求甲赔偿损失。

B. 甲听说某公司股票可能大涨，便告诉乙，乙信以为真大量购进，事后该只股票大跌。乙要求甲赔偿损失

C. 甲与其妻乙约定，如因甲出轨导致离婚，甲应补偿乙50万元，后二人果然因此离婚。乙要求甲依约赔偿

D. 甲对乙承诺，如乙比赛夺冠，乙出国旅游时甲将陪同，后乙果然夺冠，甲失约。乙要求甲承担赔偿责任

提示：《民法总则》第2条规定：“民法调整平等主体的自然人、法人和非法人组织之间的人身关系和财产关系。”选项A中，甲、乙之间成立好意施惠关系，根据民法理论，好意施惠关系不成立合同关系，且甲并未明显违反善良风俗，故选项A不应受到民法调整。

选项B中，甲、乙之间并未成立股票信息服务合同关系，乙的股票投资行为应该自担

① 本书所有例题均来源于历年真题，本例以下不再逐一标注。

风险，乙信任甲而大量购进股票所产生的损失，并不能向甲主张赔偿，故选项B错误。

选项C涉及“忠诚协议”。因出轨而产生的赔偿约定，并不直接针对婚姻关系本身，这样的约定没有违反任何法律、法规的禁止性规定。同时，这种约定是为了维护正当的婚姻关系，督促婚姻当事人积极履行婚姻的忠诚义务，因而并不违反公序良俗。该补偿约定当属有效，故选项C正确。

选项D属于一般的情谊行为，甲对乙的承诺不产生法律上的效果，故选项D错误。

（二）民事法律关系的分类

1. 客体角度

- 民事法律关系
  - 人身法律关系
    - 人格关系
    - 身份关系
  - 财产法律关系
    - 静态归属关系
    - 动态流转关系

2. 属性角度

- 单一民事法律关系与复合民事法律关系
  - 主民事法律关系与从民事法律关系
  - 民事法律关系
  - 确认性民事法律关系与保护性民事法律关系

（三）民事法律关系的识别

1. 民事法律关系与行政法律关系、刑事法律关系之区分

（1）行政法律关系是指行政主体和行政相对人依据行政法产生的权利义务关系。比如征收、征用、罚款、责令停产停业。

民事法律关系中，双方地位是平等的；行政法律关系中的当事人则包括代表国家公权力一方的行政主体与行政相对人，当事人地位并不平等。

（2）刑事法律关系是指刑事法律所调整的国家与公民（包括某些特定法人）之间的一种社会关系。在刑事法律关系中，权利与义务的主体一方是以公安机关、检察机关、法院为代表的国家，另一方是触犯了刑事法律或者为刑事侵害行为所侵害或者依法参与刑事诉讼活动的公民，因此，不同于民事法律关系中当事人地位平等，刑事法律关系中当事人双方地位并不平等。

2. 民事法律关系与好意施惠关系——民法并不调整平等主体之间所有的社会关系

好意施惠关系，又称“情谊行为关系”，一般不属于包含民事权利义务内容的民事法律关系，相关约定或承诺不能在行为人之间产生合同关系。但若介入其他情节，不排除侵权关系、无因管理关系、不当得利关系的成立。

（四）民事法律关系要素

民事法律关系的要素包括主体、客体、内容三个要素。

1. 主体：民事法律关系的主体，简称民事主体，是指参加民事法律关系，享有民事权

利、负有民事义务和承担民事责任的人。《民法总则》明确规定的民事法律关系主体包括自然人、法人、非法人组织，另外我们认为在某些情况下，国家也可以成为民事法律关系的主体，比如说国家在发行国库券、实施政府采购以及国家工作人员职务侵权时，也应当作为民事主体看待。

2. 客体：民事法律关系的客体是指民事权利和民事义务指向的对象，具体包括物、行为、智力成果、人身利益等。

3. 内容：民事法律关系的内容包括民事权利和民事义务。

三、民事法律事实

（一）概述

民事法律事实是指符合民事规范，能够引起民事法律关系发生、变更、消灭的客观现象。法律事实是构成法律关系要件的内容，一旦某项法律要件要求的法律事实全都具备，便会发生相应的法律效果。民事法律事实是民事法律关系的“发动机”，是判断民事法律关系是否发生的重要根据。在法律职业资格考试中，通常涉及民事法律事实的识别。

（二）类型

法律事实的种类繁多，民法上根据事实是否与人的意志有关，将其分为自然事实和行为两大类。自然事实又分为事件和状态。

1. 自然事实

自然事实是与人的意志无关的法律事实。事件本是自然现象，只是可以引起民事法律关系的变动，才被列为法律事实。事件如自然人的出生和死亡、自然灾害等。状态指某种客观情况的延续，比如时间的经过。

2. 行为

行为是与人意志有关的法律事实。在民法中，行为分为事实行为、法律行为、公法行为。

（1）事实行为

行为人主观上没有产生民事法律关系的效果的意思表示，客观上引起了法律所规定的法律效果发生。如无因管理、拾得遗失物、建造房屋、先占、侵权行为等。

（2）法律行为

行为人通过意思表示，旨在设立、变更或消灭民事法律关系的行为。如遗嘱、合同、合伙协议。

注意：事实行为 VS 法律行为

区别	事实行为	法律行为
概　念	行为人主观上没有产生民事法律关系效果的意思表示，客观上引起了法律效果发生的行为。	行为人通过意思表示，旨在设立、变更或消灭民事法律关系的行为。
特　征	当事人主观上没有产生意思表示	当事人主观上产生了意思表示
效力依据	法律的相关规定	当事人的意思表示
例　示	无因管理、拾得遗失物、生产、先占、侵权	遗嘱、合同、合伙协议

(3) 公法行为

① 司法判决裁定：《物权法》第28条：因人民法院、仲裁委员会的法律文书或者人民政府的征收决定等，导致物权设立、变更、转让或者消灭的，自法律文书或者人民政府的征收决定等生效时发生效力（注意：仅指形成判决）。

② 行政决定（征收、征用、罚没、收缴、扣押等）

《物权法》第42条：为了公共利益的需要，依照法律规定的权限和程序可以征收集体所有的土地和单位、个人的房屋及其他不动产。

《物权法》第44条：因抢险、救灾等紧急需要，依照法律规定的权限和程序可以征用单位、个人的不动产或者动产。

注意：国有土地使用权出让行为、政府采购行为、涉及国家赔偿的侵权行为等仍属于私法意义上的行为。

（三）情谊行为、好意施惠行为等不属于民事法律事实

1. 概念：情谊行为，又称“好意施惠”，泛指社会生活中出于相互帮助、增进情谊，但不能在行为人之间产生合同关系的无偿约定或承诺。

2. 类型：①搭乘便车；②自愿管理他人事务；③顺便提供劳务；④一般活动邀约。

3. 法律效果：①不产生合同关系；②通过转化情节，有可能产生侵权责任关系。

例2 关于民事法律关系，下列哪一选项是正确的？

A. 民事法律关系只能由当事人自主设立

B. 民事法律关系的主体即自然人和法人

C. 事法律关系的客体包括不作为

D. 民事法律关系的内容均由法律规定

提示：民事法律关系的产生是由行为或事件等民事法律事实所引起的。也就是说，民事法律关系除了由当事人自主设立之外，还可能由当事人意志之外的事件所引起，比如自然灾害、人的出生和死亡、时间的流逝等。故选项A错误，不当选。民事法律关系的主体除了自然人和法人之外，还包括国家、合伙组织等民事主体，故选项B错误，不当选。民事法律关系的客体包括物、行为、知识产品和人身利益等，其中行为分为作为和不作为，故民事法律关系的客体包括不作为，选项C正确，当选。民事法律关系的内容是指民事法律关系所享有的民事权利和承担的民事义务。民事法律关系的内容有的是由法律规定，如侵权赔偿关系；有的则是基于当事人之间的约定，如合同关系。故选项D错误，不当选。

四、民事权利

（一）概述

民事权利是民法赋予民事主体实现其利益所得实施行为的界限。民法调整的就是民事法律关系，而民事法律关系的具体内容就是民事权利和民事义务。民法本身也是一部权利

法，民事权利贯穿民法的始终，是民法的基础内容。在法律职业资格考试中，对于民事权利的确认、民事权利的行使、民事权利的救济的考查占有较大比例。

（二）类型

民事权利类型繁多，根据不同的分类标准，有不同的分类，依下表所示：

<table>
<tr><th>分类标准</th><th colspan="4">权利类型</th></tr>
<tr><td>按照是否具有实体利益</td><td colspan="2">实质性权利</td><td colspan="2">非实质性权利</td></tr>
<tr><td>按照权利体现的实体利益性质</td><td colspan="2">财产权</td><td colspan="2">非财产权</td></tr>
<tr><td>按照权利的功能作用</td><td>支配权</td><td>请求权</td><td>形成权</td><td>抗辩权</td></tr>
<tr><td>按照权利的效力范围</td><td colspan="2">绝对权</td><td colspan="2">相对权</td></tr>
<tr><td rowspan="2">按照权利之间相互关联</td><td colspan="2">主权利</td><td colspan="2">从权利</td></tr>
<tr><td colspan="2">原权利</td><td colspan="2">救济权</td></tr>
</table>

1. 实质性权利与非实质性权利

（1）实质性权利，指具有实体利益内容的权利，如财产性权利、人格身份权利。

（2）非实质性权利，仅具有资格性、工具性、行为可能性。如监护权、代理权、抗辩权、撤销权、追认权等并非实质意义上的民事权利。

2. 财产权与非财产权

（1）财产权

财产权指以具有经济价值的利益为客体的权利。财产权可以进行经济价值评价，可以转让。以权利的效力和内容为标准，财产权可以划分为物权、债权、知识产权、股权、继承权等。

（2）非财产权

非财产权是与权利主体的人格、身份不可分割的，没有直接经济利益的权利。非财产权包括人身权和其他非财产权。人身权是以人身要素为客体的权利，可以进一步划分为人格权和身份权。其他非财产权，如自然人信息权等权利。

- 非财产权
  - 其他非财产权：如自然人信息权（益）
  - 人身权
    - 身份权：配偶权、亲权等
    - 人格权
      - 一般人格权：人格平等、人格尊严、人格自由
      - 具体人格权：姓名权、隐私权、肖像权、名誉权等

3. 支配权、请求权、形成权、抗辩权

（1）支配权

支配权是对权利客体进行直接的排他性支配并享受其利益的权利。支配权的行使无须其他人积极义务的配合，只要容忍、不行使同样的支配行为即可。人身权、物权等都是支配权。

（2）请求权

请求权是特定人得请求特定他人为一定行为或不为一定行为的权利，请求权人对权利客体不能直接进行支配，其权利的实现有赖于义务人的协助，没有排他效力。债权是典型

的请求权。

(3) 形成权

形成权是依权利人单方意思表示就能使法律关系产生、变更或消灭的权利。形成权的独特性在于只要有权利人一方的意思表示就足以使法律关系发生变动效力。撤销权、解除权、追认权、抵销权等都属于形成权。

(4) 抗辩权

抗辩权是能够阻止请求权效力的权利。抗辩权主要是针对请求权的，通过行使抗辩权，一方可以阻止请求权效力，另一方面可以使权利人拒绝向相对人履行义务。合同中的同时履行抗辩权、不安抗辩权等都属于抗辩权

例3 关于民事权利，下列哪些选项是正确的?

A. 甲公司与乙银行签订借款合同，乙对甲享有的要求其还款的权利不具有排他性

B. 丙公司与丁公司协议，丙不在丁建筑的某楼前建造高于该楼的建筑，丁对丙享有的此项权利具有支配性

C. 债权人要求保证人履行，保证人以债权人未对主债务人提起诉讼或申请仲裁为由拒绝履行，保证人的此项权利是抗辩权

D. 债权人撤销债务人与第三人的赠与合同的权利不受诉讼时效的限制

提示：依据民事权利基本原理，债权具有相容性、平等性，而不具有排他性。在本题中，甲公司与乙银行签订借款合同，乙对甲享有的要求其还款的权利是合同债权，不具有排他性，故选项A正确。丙公司与丁公司协议，丙不在丁建筑的某楼前建造高于该楼的建筑，在此，丁对丙享有的此项权利是地役权。而通说认为，地役权作为物权，属对物支配权，故选项B正确。债权人要求保证人履行，保证人以债权人未对主债务人提起诉讼或申请仲裁为由拒绝履行，保证人的此项权利是先诉抗辩权，故选项C正确。债权人撤销权属形成权，应适用除斥期间而非诉讼时效，故选项D正确。

4. 绝对权与相对权

(1) 绝对权

绝对权是权利效力所及相对人为不特定人的权利。绝对权的义务人是权利人之外的一切人，又称“对世权”。物权、人身权属于绝对性权利。

(2) 相对权

相对权是权利效力所及相对人仅为特定人的权利，相对权的效力只及于特定的义务人。故又称“对人权”，债权就是典型的相对性权利。

5. 主权利与从权利

(1) 主权利

主权利是不依赖其他权利为条件而能够独立存在的权利。在担保中，被担保的债权为主权利。

(2) 从权利

从权利则是以主权利的存在为前提而存在的权利。在担保中，担保权属于从权利。

6. 原权利与救济权

在基础权利受到侵害时，保护基础权利的权利为救济权，而基础权利则为原权利。救济权是原权利的保障，否则权利难以实现。

例4 甲被乙家的狗咬伤，要求乙赔偿医药费，乙认为甲被狗咬与自己无关拒绝赔偿。下列哪一选项是正确的？

A. 甲乙之间的赔偿关系属于民法所调整的人身关系

B. 甲请求乙赔偿的权利属于绝对权

C. 甲请求乙赔偿的权利适用诉讼时效

D. 乙拒绝赔偿是行使抗辩权

提示：人身关系一般指与人身不可分离的没有财产内容的权利义务关系。赔偿关系以赔偿金为内容，即使因人身关系而起，亦应为财产关系。因此选项A错误。绝对权是指义务人为不确定的一般人的权利，权利人可以向一切人主张权利，又称对世权。相对权是指义务人为特定人的权利，权利人只能请求特定人为一定行为，又称对人权。要求损害赔偿的权利属于债权，只能向加害人主张，题中甲只能向乙主张损害赔偿，故为相对权，选项B错误。要求损害赔偿的权利为债权请求权，应适用诉讼时效，选项C正确。抗辩权是对抗请求权或否认对方权利的权利，对他方主张的权利仅仅简单表示拒绝，并非抗辩权的行使，因此选项D错误。

（三）民事权利的行使

1. 含义：具体实现民事权利内容的行为，将可能的民事权益变为现实利益。

2. 行使方式：

（1）法律行为之方式，如出卖、出租。

（2）事实行为之方式，占有、使用、消费。

（3）可以积极方式行使，也可以消极方式行使，如怠于行使、抛弃。

3. 民事权利行使之限制：

（1）权利不得滥用。

（2）遵守诚信原则。

（3）不违反公序良俗。

（四）民事权利的救济

1. 概念

无救济则无权利，民法对民事权利的保护，主要体现在救济制度上，即赋予当事人救济权。原则上采取公力救济方式，特殊情形下许可当事人有条件地依靠自身力量实施自力救济。自力救济仅为公力救济的有限补充。

2. 类型

（1）公力救济

公力救济是权利人通过行使诉权，诉请法院依民事诉讼和强制执行程序保护自己权利的措施，是保护民事权利的主要手段，在能够援用公力救济的场合，排除自力救济的适用。

比如：诉讼、仲裁、执行等。

（2）自力救济

自力救济是权利人依靠自己的力量强制他人、捍卫自己权利的行为，包括自卫行为和自助行为。自卫行为包括紧急避险和正当防卫等；自助行为主要指债权人为了及时维护债权实现，对债务人实施人身限制和财产扣押、毁损的行为。

自力救济只有在来不及适用公力救济而权利被侵犯或者有被侵犯的现实危险时，才允许被例外适用，它只是公力救济的有限补充；而且自力救济不得超过一定的限度，超过限度的，构成侵权。

五、民事责任

（一）概述

民事责任是违反约定或者法定义务所产生的法律后果，具有法律强制性。在民事法律关系中，民事主体享有民事权利和承担民事义务，而一方不履行民事义务便会产生相应的民事责任，民事责任是一种不利的法律后果。在法律职业资格考试中，重点考查民事责任的构成要件、承担民事责任的形态、责任的竞合及免责问题。

（二）民事责任的分类

分类依据	责任形态
责任发生的根据。	合同责任、侵权责任、缔约责任。
责任是否具有财产内容。	财产责任与非财产责任。
承担民事责任的财产范围。	无限责任与有限责任。
承担民事责任的主体数量。	单独责任与共同责任。
共同责任的承担方式。	按份责任、（不真正）连带责任与、补充责任。
归责原则。	过错（推定）责任、无过错责任与公平责任。

（三）责任竞合

指行为人实施一个违反民事义务的行为却符合多个民事责任构成要件，由此产生数个互相重叠的民事责任情形。如侵权责任和违约责任竞合等。根据公平原则，权利人只能要求义务人承担一种民事责任。

例5 大学生甲在寝室复习功课，隔壁寝室的学生乙、丙到甲寝室强烈要求甲打开电视观看足球比赛，甲只好照办。由于质量问题，电视机突然爆炸，甲、乙、丙三人均受重伤。关于三人遭受的损害，下列哪一选项是正确的？

A. 甲可要求电视机的销售者承担赔偿责任

B. 甲可要求乙、丙承担损害赔偿责任

C. 乙、丙无权要求电视机的销售者承担赔偿责任

D. 乙、丙有权要求甲承担损害赔偿责任

提示：产品侵权由于电视机存在质量问题，甲、乙、丙三人均可以向生产者请求承担

侵权赔偿，也可以向销售者请求侵权赔偿。故不选选项C而应选选项A。此外，我国法律一般侵权责任以“过错责任”为原则，无过错即无责任，对于本题而言，甲、乙、丙三人对彼此之间受伤均无过错可言，因此彼此之间并无损害赔偿责任，故不选选项B、D。

（四）责任减免

责任减免是指在民事责任成立的前提下，基于民法的特别规定，依法减轻或免除行为人的民事责任。主要有以下减免事由：

（1）不可抗力，因为不可抗力不能履行民事义务的，行为人不担责。

（2）紧急避险，由引起险情的人承担责任；避险不当或过度的，行为人适当担责。

（3）正当防卫，因正当防卫造成损害的，行为人不担责；但防卫过度，适当担责。

（4）自愿救助，自愿实施紧急救助造成受助人损害的，救助人不承担民事责任。注意：不考虑救助者的主观过错。

（五）《民法总则》新增的两种民事责任

1. 见义勇为自损的，侵权人担责；受益人补偿。因保护他人民事权益使自己受到损害的，由侵权人承担民事责任，受益人可以给予适当补偿。没有侵权人、侵权人逃逸或者无力承担民事责任，受害人请求补偿的，受益人应当给予适当补偿。

2. 侵害英雄烈士等的姓名、肖像、名誉、荣誉，损害社会公共利益的，应当承担民事责任。

第二章　自然人

重要法条及司法解释

《民法总则》第16~53条。

命题分析

基于自然人在民事法律关系中所处的基础性主体地位，本知识点在体系逻辑上与许多其他重要知识点存在着高度的相关性。

命题人近年来愈发青睐于复合型的考查模式，经常将本知识点与民事法律行为效力、代理制度等结合起来考查。需全面掌握民事行为能力与法律行为的效力状态之间的关系。同时，《民法总则》对于监护制度、宣告失踪与宣告死亡制度等相关法条均进行了修改和完善，如父母遗嘱指定监护、成年人意定监护、国家监护责任、监护人资格的撤销等监护制度的新变化，以及宣告死亡及其撤销的法律效力等，复习时也应当引起重视。此外，胎儿利益在《民法总则》中得到了特别保护，也属于命题的重点。

知识点精讲

自然人，是指基于自然规律出生，具有生命形式、享有法律人格的人。民法规范所调整的、以权利义务为内容的民事法律关系，在主体设置上以自然人为基本单元。自然人，作为民事法律关系的基本主体，贯彻于民事法律关系的创设与消灭，殊值重视。本章内容可遵循以下逻辑脉络展开：

（1）自然人享有民事权利、承担民事义务的资格即民事权利能力（重点关注胎儿利益保护）；

（2）自然人独立实施民事法律行为的资格问题（民事行为能力）；

（3）自然人欠缺民事行为能力时，如何实现其人身、财产等合法权益的保障（监护制度）；

（4）自然人下落不明时，如何尽快结束其相关民事法律关系的不稳定状态（宣告失踪、宣告死亡制度）；

（5）自然人出生前或身故后，其权益如何进行民法保护（权利能力推定制度）。

一、民事行为能力

（一）概述

民事行为能力，是自然人能够独立实施有效法律行为的能力。需注意其与民事权利能力的区别。民事权利能力是指自然人依法享有民事权利、承担民事义务与责任的资格，作为一种自然人与生俱来的法律资格，始于出生、终于死亡。而民事行为能力强调通过自己独立的行为行使民事权利、承担民事义务，侧重于自然人是否具有相应的意思能力。

行为能力的状态，一般只影响行为人所实施的法律行为的成立和效力，不影响其他事实行为的构成。一个完全民事行为能力人，独立实施的法律行为如无其他瑕疵，则为有效。

在我国现行民法中，对于自然人的行为能力依“年龄＋精神智力状况”的判断标准，分为三类：①完全民事行为能力人；②限制民事行为能力人；③无民事行为能力人。

（二）分类、范围、法律行为的实施

类型	范围	实施法律行为的效力状态
完全民事行为能力人	（1）年满18周岁成年人； （2）16—18周岁，但以自己的劳动收入为主要生活来源。	可独立实施、行为有效
限制民事行为能力人	8周岁以上的未成年人	（1）可独立实施与其年龄、智力相适应的法律行为； （2）可独立实施纯获利益的民事行为（如接受奖励、赠与、报酬等）； （3）其他行为由其法定代理人（监护人）代理、同意、追认。
	不能完全辨认自己行为的成年人	（1）可独立实施与其智力、精神健康相适应的法律行为； （2）可独立实施纯获利益的民事行为； （3）其他行为由其法定代理人代理、同意、追认。
无民事行为能力人	（1）不满8周岁未成年人 （2）不能辨认自己行为的成年人	（1）民总新规：不能独立实施任何有效法律行为，独立实施则无效； （2）应由其法定代理人代理实施。

例1　甲17岁，以个人积蓄1000元在慈善拍卖会拍得明星乙表演用过的道具，市价约100元。事后，甲觉得道具价值与其价格很不相称，颇为后悔。关于这一买卖，下列哪一说法是正确的？

A. 买卖显失公平，甲有权要求撤销　　B. 买卖存在重大误解，甲有权要求撤销

C. 买卖无效，甲为限制行为能力人　　D. 买卖有效

提示：本题中的甲年龄为17岁，虽然属于限制行为能力人，但其花费1000元拍得乙表演用过的道具的合同与其年龄、智力、精神健康状况是相适应的，因而该合同有效，故不选选项C。所谓重大误解，是指行为人因对行为的性质、对方当事人、标的物的品种、质量、规格和数量等发生错误认识，使行为的后果与自己的意思相悖，并造成较大损失的行为。本题并不存在这样的情况，故不选选项B。但值得注意的是，衡量某一交易是否“公平”，不能仅关注交易标的的市场价格，而应该在具体的交易中判断当事人的权利义务是否对等。本题中的道具虽然市值仅为100元，但甲之所以愿以高价拍得，关键在于其被乙明星使用过，因此本题的情形不构成“显失公平”，故不选选项A。综上所述，本题应选项为选项D。

二、监护

（一）监护人的设立

监护是对限制行为能力、无民事行为能力的自然人的人身、财产及其他合法权益进行

监督、保护的一种民事制度。根据设立方式的不同，分为法定监护与意定监护两种类型：前者是指由法律对监护人范围、顺序和职责予以明文规定，后者则是指在法定监护之外通过当事人意思表示方式设立的监护。

1. 法定监护

我国民法体系中的监护制度以法定主义为主，意定主义为辅。故对于未成年人和无、限制民事行为能力的成年人而言，法定监护是其第一位的监护方式。

（1）一般规则

未成年人、成年人的主体差异导致其在法定监护的监护人范围、顺序等问题上存在细微差异，有必要在对比中理解记忆：

对象	法定监护人范围（注意：须按先后顺序确定）	国家监护（补充兜底）
未成年人	（1）父母：亲生父母（离婚不导致监护人身份消灭）、养父母、继父母； （2）祖父母、外祖父母； （3）成年兄、姐； （4）其他愿意担任监护人的个人或者组织，但是须经未成年人住所地的居民委员会、村民委员会或者民政部门同意。	没有依法具有监护资格的人的，监护人由民政部门担任，也可以由具备履行监护职责条件的被监护人住所地的居民委员会、村民委员会担任（《民法总则》第32条）。
无、限制民事行为能力的成年人	（1）配偶； （2）父母、成年子女； （3）其他近亲属； （4）其他愿意担任监护人的个人或者组织，但是须经未成年人住所地的居民委员会、村民委员会或者民政部门同意。	

（2）协议监护（法定监护的衍生规则）

协议监护，即具有监护资格的人之间通过协议来确定监护人的规则（《民法总则》第30条）。该规则实为监护职责的协议承担，由于父母为当然的法定监护人，故父母之间不能协议确定监护人。换言之，此处的“具有监护资格的人”范围应指除父母之外的同一顺序的法定监护人。

（3）组织指定监护（法定监护的衍生规则）

当同一顺序监护人之间对监护人的确定有争议且不能协商确定时，经申请，由相关组织指定监护予以强制设立（《民法总则》第31条）。

申请程序	（1）当事人先向被监护人住所地的居委会、村委会或民政部门申请指定，对该组织的指定不服再申请法院指定； （2）当事人也可直接向法院申请指定。
指定标准	按照最有利于被监护人的原则，从有监护资格的人中按照法定顺位指定。
临时监护	在指定监护人前如被监护人的合法权益处于无人保护状态，则由有关组织（居委会、村委会、民政部门或其他组织）担任临时监护人。

例2 甲十五岁，精神病人。关于其监护问题，下列哪一表述是正确的？

A. 监护人只能是甲的近亲属或关系密切的其他亲属、朋友

B. 监护人可是同一顺序中的数人

C. 对担任监护人有争议的，可直接请求法院裁决

D. 为甲设定监护人，适用关于精神病人监护的规定

提示：根据《民法通则》第16条、第17条的规定，监护人并不限于近亲属或关系密切的其他亲属、朋友，还可以由单位或者居民委员会、村民委员会或者民政部门担任监护人，故不选选项A。《民法通则》第16条、第17条同时规定，对担任监护人有争议的，由单位或居民委员会、村民委员会在近亲属中指定。对指定不服提起诉讼的，由人民法院裁决，故不选选项C。《民通意见》第13条规定："为患有精神病的未成年人设定监护人，适用民法通则第十六条的规定。"即适用关于未成年人监护的规定，故不选选项D。《民通意见》第14条第2款明确规定，监护人可以是一人，也可以是同一顺序中的数人，故应选选项B。

2. 意定监护

从《民法总则》相关规则来看，意定监护涵括了父母遗嘱指定监护、成年人意定监护两类，因为其均为通过当事人的意思表示方式设立。

（1）父母遗嘱指定监护（《民法总则》第29条），主要是指被监护人的父母在担任监护人期间，通过遗嘱为被监护人指定监护人的监护制度。

注意：①父母如被撤销监护资格，则不符合"担任监护人期间"之要件要求，不能遗嘱指定。②离婚的父母也可通过遗嘱指定监护人，但不能相互指定。③不能强制指定，实质上也属于协商指定。④该指定行为不受监护资格或顺位的限制。⑤该指定行为在遗嘱人死亡时生效。

（2）成年人意定监护（《民法总则》第33条），即具有完全民事行为能力的成年人，可以与其近亲属、其他愿意担任监护人的个人或者组织事先协商，以书面形式确定自己的监护人。协商确定的监护人在该成年人丧失或者部分丧失民事行为能力时，履行监护职责。

（二）监护人的职责

监护人的职责，主要是保护被监护人的身体健康、照顾被监护人的生活、对被监护人进行管教、保护和管理被监护人的财产、代理被监护人从事民事活动、代理被监护人进行诉讼、以及承担监护之民事责任。

1. 监护人履行职责的基本原则

民法为了明确监护人履行职责的标准，确立了监护原则，包括：①最有利于被监护人原则，如果监护人违反该原则的程度很严重，其可能因此丧失监护人资格。②尊重被监护人意愿的原则，这主要是指在与被监护人的智力和身体相适应的认知范围内，监护人履行职责时应当尊重被监护人本人的意志。

2. 监护人处分被监护人财产行为的效力

根据最有利于被监护人原则，监护人除为维护被监护人利益外，不得处分被监护人的

财产（举轻以明重，人身处分行为更不得为之）。对于该处分行为效力状态，民法并无明文规定，学界亦有争议，从法考应试角度可作无效评价之理解。

3. 无、限制民事行为能力人侵权责任问题

监护人职责极易与无、限制民事行为能力人侵权的责任承担相联系进行考查。根据《侵权责任法》第32条规定，无民事行为能力人、限制民事行为能力人造成他人损害的，由监护人承担侵权责任。监护人尽到监护责任的，可以减轻其侵权责任。

在具体的责任承担方式上，首先从无、限制民事行为能力人的本人财产中支付侵权赔偿费用，不足部分，再由监护人补充赔偿。而相关的行为责任的承担（如停止侵害、排除妨害、恢复原状、赔礼道歉等），完全可由被监护人本人完成。

例3 乙因病需要换肾，其兄甲的肾脏刚好配型成功，甲乙的父母和甲均同意由甲捐肾。因甲是精神病人，医院拒绝办理。后甲意外死亡，甲乙父母决定将甲的肾脏捐献给乙。下列哪一表述是正确的？

A. 甲决定将其肾脏捐献给乙的行为有效

B. 甲生前，其父母决定将甲的肾脏捐献给乙的行为有效

C. 甲死后，其父母决定将甲的肾脏捐献给乙的行为有效

D. 甲死后，其父母决定将甲的肾脏捐献给乙的行为无效

提示：甲是精神病人，即无民事行为能力人，其无法做出意思表示，其决定的捐赠行为当属无效，故选项A错误。本题选项B其父母决定捐献无民事行为能力人的器官不利于该无民事行为能力人，所以选项B错误。根据《人体器官移植条例》第8条第2款规定："公民生前表示不同意捐献其人体器官的，任何组织或者个人不得捐献、摘取该公民的人体器官；公民生前未表示不同意捐献其人体器官的，该公民死亡后，其配偶、成年子女、父母可以以书面形式共同表示同意捐献该公民人体器官的意愿。"甲死亡后，需要由甲的配偶、成年子女、父母共同决定是否对甲的器官进行捐献，选项C和选项D仅仅说甲的父母决定捐献，有题意不明的情况，但是如果考生考虑全面，不难判断出选项C错误，而选项D正确。

（三）监护人资格的撤销与恢复

监护人不履行监护职责或者侵害被监护人合法权益的，应当承担法律责任。此处法律责任一方面包括对于违反监护职责造成相关人身侵害和财产损失予以赔偿，另一方面指，若监护人不履行或怠于履行监护职责，或者发生严重侵害被监护人利益的情形，由法院根据申请，撤销监护人的监护资格。这也是前述"最有利于被监护人原则"的具体体现。

撤销原因	（1）严重损害被监护人身心健康。 （2）怠于履行监护职责，或者无法履行监护职责并且拒绝将监护职责部分或者全部委托给他人，导致被监护人处于危困状态。 （3）严重侵害被监护人合法权益的其他行为。
申请主体	其他具有监护资格的人；有关个人、组织（范围广泛，各类社会团体组织均可）。
临时监护	适用于因撤销监护资格导致被监护人处于无人保护状态之情形。

续表

撤销后果	丧失监护人身份，但法定身份义务不受影响，即依法负担被监护人抚养费、赡养费、扶养费的父母、子女、配偶等，监护撤销后，应当继续履行负担的义务。
恢复程序	（1）仅限于父母或子女被撤销监护人资格情形（注意：不包括配偶）。 （2）确有悔改表现并且经本人申请。 （3）尊重被监护人意愿前提下，法院酌定恢复。 （4）同时终止人民法院指定的监护关系。 （5）对被监护人实施故意犯罪者，禁止恢复其监护资格。

（四）监护关系的终止

根据《民法总则》第39条规定，有下列情形之一的，监护关系终止：

（1）被监护人取得或者恢复完全民事行为能力；

（2）监护人丧失监护能力；

（3）被监护人或者监护人死亡；

（4）人民法院认定监护关系终止的其他情形。

三、宣告失踪、宣告死亡

（一）宣告失踪

宣告失踪，是指自然人离开自己的住所下落不明达到法定期间，经利害关系人申请，由法院宣告其为失踪人的法律制度（依照《民法总则》第25条，住所是指自然人以户籍登记或者其他有效身份登记记载的居所；经常居所与住所不一致的，经常居所视为住所）。该制度的规范目的在于结束失踪人财产关系的不确定状态，保护失踪人以及利害关系人的财产利益。

1. 条件

启动宣告失踪程序，要求自然人下落不明满2年，自其失去音讯之日起算。如在战争期间下落不明的，自战争结束之日或者有关机关确定的下落不明之日起计算。

> **注意：**与宣告死亡不同，宣告失踪无意外事故情形，因而也不存在因有关机关的失踪证明而不受2年期间限制的适用之情形。

2. 程序

（1）利害关系人申请：范围包括近亲属、有民法上权利义务关系者。申请人之间无顺位之分，都可提出申请。

（2）法院受理与宣告：由被申请人住所地基层法院管辖，公告期为3个月。

3. 法律效果

（1）失踪人财产代管制度：由其配偶、成年子女、父母或者其他愿意担任财产代管人的人代管，无顺位或人数限制；对于代管发生争议时，由人民法院指定代管人。

（2）财产代管人的法律地位：①实体上作为失踪人的代理人，代为处理失踪人的债权债务的履行问题；②程序法上以自己的名义（而非失踪人名义）直接参与诉讼。

（3）财产代管人变更制度：①法定变更：现时的财产代管人不履行代管职责、侵害失踪人财产权益或者丧失代管能力的；利害关系人向法院申请变更；②自愿变更：财产代管人有正当理由的，可以向法院申请变更。

4. 撤销程序

如果失踪人重新出现，经本人或者利害关系人申请，人民法院应当撤销失踪宣告。财产代管人负有及时移交有关财产并报告财产代管情况的义务。

例4 甲与乙离婚，甲乙的子女均已成年，与乙一起生活。甲与丙再婚后购买了一套房屋，登记在甲的名下。后甲因中风不能自理，常年卧床。丙见状离家出走达3年之久。甲乙的子女和乙想要回房屋，进行法律咨询。下列哪些意见是错误的？

A. 因房屋登记在甲的名下，故属于甲个人房产

B. 丙在甲中风后未尽妻子责任和义务，不能主张房产份额

C. 甲乙的子女可以申请宣告丙失踪

D. 甲本人向法院提交书面意见后，甲乙的子女可代理甲参与甲与丙的离婚诉讼

提示：本案中，甲和丙就房屋归属没有作出特别约定，因此，该房屋应归甲丙共有。丙对甲没有履行扶养义务，不因此丧失自己对房屋的产权份额。另外，丙的这一行为，使其在甲死亡后对甲的遗产继承时会受到不利影响。选项A和选项B表述均错误，当选。本题中，失踪人丙的利害关系人是甲，而非甲乙的子女，因此，甲乙的子女不能直接去申请宣告丙失踪。《民事诉讼法》第62条规定："离婚案件有诉讼代理人的，本人除不能表达意思的以外，仍应出庭；确因特殊情况无法出庭的，必须向人民法院提交书面意见。"因此，选项D表述正确。

（二）宣告死亡

宣告死亡，指自然人下落不明，超过法定的期间，经利害关系人申请，由法院依法定程序和方式，宣告其死亡的法律制度。宣告死亡，本质上是对死亡事实的法律推定，旨在结束被宣告人所有民事关系的不确定状态（宣告失踪制度只能解决财产关系的不确定问题）。

1. 条件

（1）下落不明满4年。

（2）因意外事件，下落不明满2年。

（3）因意外事件下落不明，经有关机关证明该自然人不可能生存的，申请宣告死亡不受二年时间的限制。

2. 程序

（1）利害关系人申请：与宣告失踪相同，包括近亲属、有民法上权利义务关系者。申请人之间无顺位之分，都可提出申请。

（2）法院受理与宣告：由被申请人住所地基层法院管辖，公告期为1年（《民事诉讼法》第168条特殊规定：因意外事故下落不明，经有关机关证明该公民不可能生存的，宣告死亡公告期为3个月）。

（3）死亡日期：法院判决作出之日（注意：《民通意见》第36条表述为“判决宣告之日”）为死亡之日。例外：因意外事件下落不明宣告死亡的，意外事件发生之日视为其死亡的日期。

3. 法律效果：等同于自然死亡

（1）本人民事主体资格、民事权利能力丧失，其行为能力也终止（由于宣告死亡是一种法律推定，故自然人被宣告死亡但实际未死亡的，其在被宣告死亡期间的法律行为效力不受影响）。

（2）财产关系：本人合法财产成为遗产，继承开始。

（3）婚姻关系：婚姻关系自死亡宣告之日起消灭。

4. 撤销

（1）程序：被宣告死亡人重新出现，由本人或利害关系人向法院申请撤销死亡宣告。

（2）法律效果：

①婚姻关系：自动恢复，但其配偶再婚或向婚姻登记机关书面声明不愿意恢复的除外。

②收养关系：继续有效，不得仅因未经本人同意为由主张收养关系无效。

③财产关系：因继承取得的财产应返还原物，无法返还的予以适当补偿；原物已被第三人合法取得（指通过继承以外的方式取得如买卖、赠与等），第三人无返还义务。

（3）恶意利害关系人的法律责任：利害关系人隐瞒真实情况，致使他人被宣告死亡取得其财产的，构成侵权行为，应当返还财产，并对由此造成的损失承担赔偿责任。

（三）宣告失踪与宣告死亡关系

对比项	宣告失踪	宣告死亡
规范目的	结束被宣告人财产不确定状态，侧重维护失踪人的财产利益。	结束被宣告人的人身、财产关系不确定状态，侧重保护利害关系人的合法利益。
适用条件	（1）下落不明满2年。 （2）不包括意外事件。	（1）下落不明满4年。 （2）因意外事件，下落不明满2年。
公告期	3个月。	1年（因意外事故下落不明，经有关机关证明该公民不可能生存的，宣告死亡公告期为3个月）。
相互关系	（1）二者在宣告申请程序、撤销程序上均大致相同； （2）宣告失踪不是宣告死亡的必经程序； （3）申请人只宣告失踪的，即使符合宣告死亡条件，也应遵循不告不理原则，只审查宣告失踪问题； （4）利害关系人有的申请死亡，有的申请失踪的，符合宣告死亡条件的，应当宣告死亡。	

四、胎儿利益保护

传统民法一般认为，自然人的民事权利能力始于出生，终于死亡。但随着社会发展和胎儿民事利益保护的需要，这一标准由于难以认定胎儿的主体地位而无法给予胎儿充分保护。因此我国《民法总则》中通过法律拟制技术，赋予胎儿在一定条件下的民事权利能力，体现了对胎儿的人文关怀和特别保护。

根据《民法总则》第16条规定，胎儿只有在同时满足下列两个条件时，才能视为具有民事权利能力：

（1）涉及遗产继承、接受赠与等胎儿利益保护。对于此处“胎儿利益保护”范围如何界定，亟待明确。一方面，“胎儿利益保护”应当包括胎儿的继承权、受赠与权等财产利益。另一方面，在涉及胎儿的人身利益保护时，也宜承认其具有民事权利能力，具体典型表现为当胎儿在母体孕育的过程中遭受损害时，也构成独立的侵权，胎儿享有侵权损害赔偿请求权。

（2）胎儿出生时为活体。既包括出生后一直存活，也包括出生后即夭折的情形，后一情形中胎儿财产由胎儿的继承人继承，《继承法》第28条的胎儿特留份制度对此已有明确规定；但如出生时即为死体，则自始没有权利能力，前述权利能力推定无任何效果。

第三章　法人和非法人组织

重要法条及司法解释

《民法总则》第60~62、74~75、83、102条。

《侵权责任法》第34条。

命题分析

“法人与非法人组织”是民法总论部分相对重要的知识点，相对于其他部分来讲，法人部分命题难度和理论深度不大，但是知识点较为琐碎，需要考生在复习过程中构建自己的体系。从历年考查情况来看，法定代表人以及非法人组织的民事责任承担属于高频考点。

这一知识点的考查角度包括：设立中的“法人”的法律地位及其责任承担、法定代表人关系与其他职务人员的代理关系以及非法人组织的责任承担。考查常以单独命题的形式出现，考生在复习的过程中要准确把握基础概念并注重相关概念的辨析。

知识点精讲

一、法人概述

法人是具有民事权利能力和民事行为能力、依法独立享有民事权利和承担民事义务的组织，这即是法人区别于不能独立承担民事责任的其他组织体的根本特征。它主要表现在：

其一，独立的人格。法人的民事主体资格与组成法人的自然人的民事主体资格是彼此独立的，法人的组织体无须依靠其他组织或者其成员而独立存在，法人有健全的组织机构，有产生和执行意志的机关。

其二，独立的财产。法人的财产不仅独立于自己成员的其他财产，同时也独立于创立人的其他财产。法人拥有独立的财产，是法人独立参加民事活动和独立负担财产责任的前提和基础。

其三，独立的责任。法人能够以自己所有或者经营管理的财产独立负担由自己的活动所产生的民事责任，除法律有特别规定者外，组成法人的成员或创设人对法人的责任不承担责任，法人对他们的债务也不承担责任。

二、法人的责任承担

（一）一般责任承担机制

法人的民事责任能力是指法人承担因违约或侵权行为所致的损害赔偿的责任能力。《民法总则》第60条规定：“法人以其全部财产独立承担民事责任”。故法人有承担民事责任的能力，其独立的财产构成其责任基础。

法人机关在其权限范围内以法人名义实施法律行为或者因执行职务实施的侵权行为，归属于法人承担。法人机关实施行为的法律效果归属之法条依据：

（1）《民法总则》第61条规定："法定代表人以法人名义从事的民事活动，其法律后果由法人承受。法人章程或者法人权力机构对法定代表人代表权的限制，不得对抗善意相对人。"

（2）《民法总则》第62条规定："法定代表人因执行职务造成他人损害的，由法人承担民事责任。法人承担民事责任后，依照法律或者法人章程的规定，可以向有过错的法定代表人追偿。"

例1 关于企业法人对其法定代理人行为承担民事责任的下列哪一表达是正确的？

A. 仅对其合法的经营行为承担民事责任

B. 仅对其符合法人章程的经营行为承担民事责任

C. 仅对以法人名义从事的经营行为承担民事责任

D. 仅对其符合法人登记经营范围的经营行为承担民事责任

提示：《民法总则》第61条规定："法定代表人以法人名义从事的民事活动，其法律后果由法人承受。法人章程或者法人权力机构对法定代表人代表权的限制，不得对抗善意相对人。"即法定代理人在权限范围内"以法人名义"从事的民事活动的法律后果均由法人承担。并且章程或者权力机关对于法定代表人"权限范围的限制"不能对抗善意的相对人。故本题答案为选项C。

（二）代表人责任与代理人责任之区别

法定代表人是指依照法律或法人章程的规定，代表法人行使职权的负责人。一般而言，法人的正职行政负责人为其唯一法定代表人。在对外关系上，他是法人的代表人，其代表职权来自法律的明确授权，其行为效果直接归属于法人承担。法人不得以对法定代表人的内部权限限制对抗善意第三人。

法人机关的工作人员基于职务授权享有代理权，以法人的名义实施的法律行为，其法律效果归属于法人承担（《侵权责任法》第34条规定："用人单位的工作人员因执行工作任务造成他人损害的，用人单位承担侵权责任。"）。

易混淆知识点：代表人与代理人

	代理人	代表人
行为的范围	一般为民事法律行为。	民事法律行为、事实行为或侵权行为。
是否有独立的意思表示	代理人有独立的意思表示。	代表人实施职务行为时属于机关意思。
法律行为的性质	代理人的代理行为与被代理人的委托行为，是独立的两个法律行为。	代表人在代表法人进行民事活动时，其行为在法律上视为法人自身的行为。

续表

	代理人	代表人
是否需要授权行为	代理行为需要授权行为。	代表行为无须另外授权。
越权行为的效力	无权代理订立的合同效力待追认或依表见代理确定。	越权代表订立的合同原则有效；代表效力也可被推定（表见代表）。

例2　王某是甲公司的法定代表人，以甲公司名义向乙公司发出书面要约，愿以10万元价格出售甲公司的一块清代翡翠。王某在函件发出后2小时意外死亡，乙公司回函表示愿意以该价格购买。甲公司新任法定代表人以王某死亡，且未经董事会同意为由拒绝。关于该要约，下列哪一表述是正确的？

A. 无效　　B. 效力待定　　C. 可撤销　　D. 有效

提示：《民法总则》第61条第1款规定："依照法律或者法人章程的规定，代表法人从事民事活动的负责人，为法人的法定代表人。"《民法总则》第61条第2款规定："法定代表人以法人名义从事的民事活动，其法律后果由法人承受。"法人机关，指根据法律或者章程的规定，无须特别委托授权就能形成、表示和实现法人意志的机构。法人机关包括意思机关、执行机关、法定代表人和监督机关。本题中王某以甲公司名义发出的要约已经到达受要约人，该要约已经生效，故选项D正确。

（三）法人责任承担的特殊规则

1. 法人"人格否认"的责任承担

营利法人的出资人不得滥用法人独立地位和出资人有限责任损害法人的债权人利益。滥用法人独立地位和出资人有限责任，逃避债务，严重损害法人的债权人利益的，应当对法人债务承担连带责任（《民法总则》第83条）。

2. 法人分支机构的责任承担

分支机构以自己的名义从事民事活动，产生的民事责任由法人承担；也可以先以该分支机构管理的财产承担，不足以承担的，由法人承担（《民法总则》第74条）。

三、设立中的"法人"

设立中的法人是设立法人组织而进行筹备活动的非法人组织。

（一）设立中的法人的特征

其一，设立中的法人为组织体，具备团体性。设立中的法人是一个组织，而不是筹建人或者设立人个人；

其二，设立中的法人以设立法人为根本目的；

其三，设立中的法人是非法人组织。虽然其具有团体性要件，具有设立法人之目的范围内的权利能力和行为能力，但不能独立地承担民事责任。

（二）设立过程中发起人（设立人）的责任（《民法总则》第75条）

1. 设立成功的，为设立法人从事的民事活动，其法律后果由法人承担。

2. 法人未成立的，其法律后果由设立人连带承受（违约责任、侵权责任、对认股人已缴股款本息的返还责任）。

3. 间接代理责任：设立人为设立法人以自己的名义从事民事活动产生的民事责任，第三人有权选择请求法人或者设立人承担。

四、非法人组织的责任承担

（一）非法人组织的概述

非法人组织是指不具有法人资格、但可以依照法律的规定登记、以自己的名义进行民事活动的组织。其特征为：

（1）依法登记或批准的组织体（区别于普通民事合伙、设立中的法人）；

（2）具有相应的民事能力，以自己的名义从事民事活动；

（3）拥有相对独立的财产，首先应当以自己的财产对外承担责任 ；

（4）不能完全独立承担民事责任。

（二）非法人组织的类型

《民法总则》第102条第2款规定："非法人组织包括个人独资企业、合伙企业、不具有法人资格的专业服务机构等。"

（三）非法人组织民事责任的承担

非法人组织没有独立的法律人格，因而其不能独立的承担民事责任，这是法人与非法人的本质区别。当非法人组织不能清偿到期债务时，应由该非法人组织的出资人或者开办单位承担无限连带责任。

例3 德胜公司注册地在萨摩国并在该国设有总部和分支机构，但主要营业机构位于中国深圳，是一家由台湾地区凯旋集团公司全资设立的法人企业。由于决策失误，德胜公司在中国欠下700万元债务。对此，下列哪一选项是正确的?

A. 该债务应以深圳主营机构的全部财产清偿

B. 该债务应以深圳主营机构和萨摩国总部及分支机构的全部财产清偿

C. 无论德胜公司的全部财产能否清偿，凯旋公司都应承担连带责任

D. 当德胜公司的全部财产不足清偿时，由凯旋公司承担补充责任及解析

提示：《民法总则》第60条规定："法人以其全部财产独立承担民事责任。"本题中，德胜公司形成的债务，应当由德胜公司以其全部的法人财产承担清偿责任。故德胜公司应当承担全部清偿责任，选项A错误、选项B正确。

德胜公司是一人公司。关于一人公司，《公司法》规定了法人人格否认制度，若出现人格混同，需"刺破公司面纱"，一人公司的股东须对一人公司的债务承担连带责任。《公司法》第63条规定："一人有限责任公司的股东不能证明公司财产独立于股东自己的财产的，应当对公司债务承担连带责任。"本题中德胜公司是凯旋公司的子公司，但是题中并未交代母子公司出现财产混同的情况，所以德胜公司的债务应当由其自行承担，选项C、D错误。

第四章　民事法律行为

重要法条及司法解释

《民法总则》第 133 ~ 160 条。

《合同法》第 45 ~ 46、52 ~ 58 条。

命题分析

民事法律行为作为民法的基石性制度，在整个民法备考中占据举足轻重的地位，属于高频考点。

从历年考查内容来看，主要围绕意思表示的瑕疵、法律行为的成立与生效、无效的法律行为、可撤销的法律行为、可追认的法律行为等进行考查，理论深度和综合性比较强，经常与合同法、物权法交织在一起，需要考生充分调动知识网络综合考量，具有一定的挑战性。

从考查形式来看，多以案例方式要求考生作出情景判断，比如法律行为的属性、类型及法律主体所为行为是否有效等。

从命题趋势来看，第一，无效的法律行为、可撤销的法律行为、可追认的法律行为每年必考，需要重点把握；第二，近几年对于意思表示理论的考查也较为频繁，考生在复习时应当注意；第三，《民法总则》对于双方虚假行为、隐藏行为的规定，属于新知识点，应引起重视。

知识点精讲

一、法律行为的分类

法律行为是指以发生私法效果的意思表示为要素的法律事实，具有三大特征：第一，法律行为是一种法律事实，能够引起法律关系的发生、变更或消灭；第二，法律行为以意思表示为要素；第三，法律行为以发生私法上法律效果为目的。

（一）单方法律行为、双方法律行为、共同法律行为

这是依据法律行为成立所需要的意思表示的数量所作的分类。

1. 单方法律行为。指一方作出意思表示即告成立的法律行为。分为有相对人的法律行为和无相对人的法律行为。有相对人的法律行为包括债务的免除、委托代理权的授予、解除合同、无权代理的追认等；无相对人的法律行为包括捐助行为、遗嘱、抛弃所有权。

2. 双方法律行为。即合同行为，指双方当事人的两个方向相反的意思表示的合致，意思表示在前的称为要约，在后的称为承诺。双方法律行为的成立以双方当事人的意思表示达成一致为必要条件。

3. 共同法律行为。指两个以上当事人的两个以上方向相同的意思表示的一致，如法人的设立行为。

区分意义： 法律对于三者成立的要求有所不同，单方法律行为只要行为人一方作出意思表示，法律行为即可成立；双方法律行为和多方法律行为一般则需要各方行为人的意思表示达成一致，法律行为才能成立。

（二）财产行为与身份行为

这是依据法律效果种类的不同所作的分类。但此种分类并不绝对，譬如雇佣、委托之类的财产行为中涉及身份因素。

1. 财产行为。指以发生财产上效果为目的的法律行为，如买卖、借贷、租赁、抛弃动产所有权、订立遗产继承的遗嘱。

2. 身份行为。指以发生身份上效果为目的的法律行为，如收养、结婚、订立确定监护人的遗嘱。

区分意义：

	财产行为	身份行为
适用法律规范不同	财产法规范。	身份法规范。
法律效果的性质不同	取得或丧失财产权。	取得或丧失身份权（维持伦理秩序，应特别尊重当事人的意思，通常不能由代理人代理）。

（三）有因行为与无因行为

这是依据法律行为是否与其原因相分离或者是否以其原因为要件所作的分类。

1. 有因行为。指法律行为以其原因的存在为必要的行为。如所有权转让行为，转让合同是原因行为。原因欠缺，法律行为将不能成立；原因有瑕疵，法律行为将因此无效。

2. 无因行为。指法律行为不以原因的存在为必要的行为。无因行为的效力不受原因影响。票据行为中出票行为不受买卖、赠与等基础行为效力的影响。

区分意义： 有因行为如原因不存在，则行为无效；而无因行为，原因不存在或有瑕疵，行为有效，仅发生不当得利的问题。

（四）主法律行为与从法律行为

这是依据法律行为的相互关系所作的分类。

1. 主法律行为。指不以其他法律行为作为其存在前提的法律行为。例如，对于抵押合同来说，主合同为其主法律行为。

2. 从法律行为。指以其他法律行为作为其存在前提的法律行为。例如，相对主合同而言，保证合同、抵押合同就是从法律行为。从法律行为具有依附性，主法律行为无效或被撤销，从法律行为也相应无效或被撤销。

区分意义： 从行为具有附随性，主行为无效或者消灭的，从行为也随之无效或消灭。

例 1　关于民事法律行为，下列哪些选项是错误的?

A. 某演员将其演出收入捐赠给慈善机构的行为是单方行为

B. 陈某去世前设立遗嘱的行为是身份行为

C. 王某以自己的房屋为他人设立抵押权的行为是负担行为

提示：捐赠是赠与合同，是双方法律行为，选项 A 错误。除设立监护人的遗嘱是身份行为外，其他遗嘱只导致财产权利的变动，属于财产行为，选项 B 错误。抵押合同是负担行为，但设立抵押权的行为是处分行为，选项 C 错误。

二、意思表示

意思表示是指将希望发生一定法律效果的意思表示于外部的行为，是法律行为不可或缺的构成要素，没有意思表示就没有法律行为。

（一）意思表示的构成要素

意思表示的构成要素，是指构成某一意思表示所必须具备的事实要素。

意思表示由目的意思、效果意思两个主观要素和表示行为这一客观要素构成。

1. 目的意思，指明民事行为具体内容的意思，是意思表示据以成立的基础。不具备目的意思、目的意思不完整、目的意思有矛盾的表示行为，即缺乏内容的表示不构成意思表示。

2. 效果意思，指表意人使其表示内容引起法律上效果的意思，即具有设立、变更、终止民事法律关系的意图。在意思表示过程中，表意人先有目的意思，后有效果意思，二者不能互相替代。缺乏效果意思的社交性协议、交易意向书不构成意思表示。

3. 表示行为，指表意人将其内在意思以一定的方式表现于外部，并足以为外界所客观了解的行为要素。表示行为可以通过口头、书面和行为本身多种方式进行，可分为明示和默示两类：

<table>
<tr><td>明示</td><td colspan="2">以口头、书面形式直接作出的意思表示。</td></tr>
<tr><td rowspan="2">默示</td><td>积极行为</td><td>从行为人的特定积极行为中推知其意思表示的内容。
比如，甲擅自以乙的名义与丙签订土豆买卖合同，丙按照合同约定将土豆按时交付给乙，乙验收并接受，此时可从乙接收土豆的行为中推知其追认了甲的无权代理行为，买卖合同自始有效。</td></tr>
<tr><td>消极不作为（沉默）</td><td>从行为人的单纯沉默中推知其意思表示的内容。沉默只有在有法律规定、当事人约定或者习惯时，方可以视为意思表示。相关法律规范归纳如下：
（1）《合同法》第 47 条第 2 款：“相对人可以催告法定代理人在 1 个月内予以追认，法定代理人未作表示的，视为拒绝追认。”
（2）《合同法》第 48 条第 2 款：“相对人可以催告被代理人在 1 个月内予以追认。被代理人未作表示的，视为拒绝追认。”
（3）《合同法》第 171 条：“试用期间届满，买受人对是否购买标的物未作表示的，视为购买。”
（4）《城镇房屋租赁合同解释》第 16 条：“出租人知道或者应当知道承租人转租，但在 6 个月内未提出异议，其以承租人未经同意为由解除合同或者认定转租合同无效的，人民法院不予支持。”
（5）《继承法》第 25 条第 1 款：“继承开始后，继承人放弃继承的，应当在遗产处理前，作出放弃继承的表示。没有表示的，视为接受继承。”
（6）《继承法》第 25 条第 2 款：“受遗赠人应当在知道受遗赠后两个月内，作出接受或者放弃受遗赠的表示。到期没有表示的，视为放弃受遗赠。”</td></tr>
</table>

（二）意思表示的形态、方式、生效及解释

<table>
<tr><th>形态</th><th>含义</th><th>相对人</th><th>方式</th><th>生效规则</th><th>规则适用</th><th>解释规则</th></tr>
<tr><td rowspan="4">明示</td><td rowspan="4">以文字、语言、网络数据、特定体态语言进行明确表示</td><td rowspan="2">特定相对人</td><td>双方对话</td><td>了解主义</td><td>相对人知道时生效</td><td rowspan="3">表示主义：有相对人，按照所用词句，确定表示含义 。</td></tr>
<tr><td>双方非对话</td><td>到达主义</td><td>未指定特定系统的，相对人知道或者应当知道该数据电文进入其系统时生效。</td></tr>
<tr><td>不特定相对人</td><td>双方不对话</td><td>发出主义</td><td>广告、公开悬赏等公布时生效。</td></tr>
<tr><td>无相对人</td><td>单方不对话</td><td>作出主义</td><td>所有权抛弃、立遗嘱等表示完成时生效。</td><td>意思主义：无相对人，不拘泥词句，探求真意。</td></tr>
<tr><td rowspan="2">默示</td><td>积极作为</td><td rowspan="2">特定相对人</td><td rowspan="2">双方不对话</td><td></td><td>法律推定</td><td rowspan="2">无明确词句，无须解释。</td></tr>
<tr><td>消极沉 默</td><td></td><td>依法律规定、当事人约定或者交易习惯时，可以视为意思表示。</td></tr>
</table>

例 2 下列哪些情形构成意思表示？

A. 甲对乙说：我儿子如果考上重点大学，我一定请你喝酒

B. 潘某在寻物启事中称，愿向送还失物者付酬金 500 元

C. 孙某临终前在日记中写道：若离人世，愿将个人藏书赠与好友汪某

D. 何某向一台自动售货机投币购买饮料

提示： 选项 A，甲作出的表示属于好意施惠，欠缺效果意思，不构成意思表示。选项 B，潘某发出的悬赏广告具有目的意思和效果意思，又通过广告的方式作出表示行为，构成意思表示。选项 C，《继承法》第 40 条规定："公民在遗书中涉及死后个人财产处分的内容，确为死者真实意思表示，有本人签名并注明年、月、日，又无相反证据的，可按自书遗嘱对待。"该遗书属于自书遗嘱，是意思表示。选项 D，自动售货机属于买卖的要约，向自动售货机投币可推定为承诺，构成意思表示。

（三）意思表示的瑕疵

意思表示瑕疵是指意思表示不真实，内心意思与表示行为不一致，达不到行为人预期目的的行为，可以分为两种类型：内心意思与外部表示行为不一致；意思表示不自由。

1. 意思与表示不一致

意思与表示不一致又可以分为故意的不一致和无意的不一致。

故意的不一致	虚伪行为	（1）概念：是指表意人与相对人通谋为虚伪表示（非恶意）。 （2）构成要件：①为有相对人的意思表示；②表示与真意不相符；③表意人明知表示行为与真意不相符；④须有通谋行为。 （3）法律效力：无效，但该无效不得对抗善意第三人。
	隐藏行为	（1）概念：指被虚伪表示所掩藏的依其真意所欲发生的法律行为。 （2）构成要件：①须有虚伪行为的存在；②须当事人有共同的认识。如房屋买卖中，为了避税而作虚伪的赠与表示，这个行为中，房屋买卖就是隐藏在赠与行为中的行为。 （3）法律效力：被隐藏的行为不因虚伪行为无效而无效。上述例子中的房屋买卖合同即为隐藏行为，有效；而赠与行为是双方虚伪行为，无效。
无意的不一致	错误	（1）概念：因误认或不知，致使表示与真意不一致。 （2）构成要件：①表示与真意不一致；②表意人不知内心的意思与表示不一致；③因表意人自己的原因导致该不一致。④表意人对其错误不存在重大过失。 （3）法律效力：错误方可主张撤销。我国法律中即为“重大误解”：行为人因对行为的性质、对方当事人，标的物的品种、质量、规格和数量等的错误认识，使行为后果与自己的意思相悖，并造成较大损失的情形。

2. 意思表示不自由、不真实

意思表示不自由、不真实是指表意人因受到非法干预作出违背其真实意愿的意思表示。

欺诈	（1）概念：指通过陈述虚假事实，或者隐瞒真实事实，故意引起或放任某种错误，以达到影响被欺诈者决策的目的。 （2）构成要件： ①须有欺诈行为，既可以是积极的作为，如故意制造虚假事实；也可以是消极的不作为，如故意隐瞒事实真相（仅限于存在说明义务的情形）。 ②须行为人具有双重故意。一是使相对人陷入错误的故意；二是使相对人依其错误而为一定意思表示的故意。 ③须相对人的意思表示与欺诈行为之间有因果关系，即相对人的意思表示是基于该欺诈行为所致的错误。 ④须达到违背诚信原则的程度。为了相对人的利益而为的好意欺诈行为，不构成欺诈；仅为对个人意见或观点的虚假陈述，不构成欺诈。 （3）注意：对法律的虚假陈述不构成欺诈（因为一个理性的人不会被关于法律的错误陈述而误导），但权威执法部门故意对法律的错误陈述，可构成第三人欺诈。
胁迫	（1）概念：指以加害相对人或其近亲属使其陷入恐惧而作出意思表示的行为。 （2）构成要件： ①须存在非法的胁迫行为，“非法”可分为胁迫的手段不正当、目的不正当、手段和目的结合的不正当。 ②须行为人有双重故意。一是以胁迫行为使相对人产生恐惧的故意；二是须有使相对人因恐惧而作出意思表示的故意。 ③须相对人因胁迫而产生恐惧，即胁迫与恐惧之间有因果关系。 ④须相对人因恐惧而作出意思表示，即恐惧与意思表示之间有因果关系。判断标准：原则上采用主观标准，即如无该胁迫行为，则相对人不会以此形式、于此时为此意思表示（须考虑受胁迫人的年龄、阅历、性格、宗教信仰等）。

续表

不当影响/显失公平	（1）概念：一方利用对方处于困境、缺乏判断能力等情形，致使民事法律行为成立时显失公平。 （2）构成要件： ①须相对人客观上处于困境、危难、急迫、无经验、缺乏判断力、意志力薄弱等不利境地。 ②须行为人有故意利用上述情况的行为。可以是积极行为（向对方提要求），也可以是消极行为（拒绝对方的合理请求）。 ③须相对人与表意人的行为之间存在因果关系。 ④双方当事人的权利义务明显不对等，违反公平、等价有偿原则。

重大误解 VS 欺诈

	重大误解	欺诈
引起错误的原因不同	自发的错误	被欺诈行为引起的错误
动机错误的地位不同	狭义的动机错误（意思表示的内容并无错误，仅仅作出意思表示的动机发生错误）不构成重大误解（须为对法律行为内容的错误）。 原因：重大误解制度旨在矫正意思表示的不真实。	因欺诈陷入动机错误，并因此作出不真实的意思表示，仍构成欺诈。 原因：欺诈制度在于矫正意思表示的不自由。

例3 甲17岁，以个人积蓄1000元在慈善拍卖会拍得明星乙表演用过的道具，市价约100元。事后，甲觉得道具价值与其价格很不相称，颇为后悔。关于这一买卖，下列哪一说法是正确的?

A. 买卖显失公平，甲有权要求撤销

B. 买卖存在重大误解，甲有权要求撤销

C. 买卖无效，甲为限制行为能力人

D. 买卖有效

提示：根据《民法总则》第19条规定，八周岁以上的未成年人为限制民事行为能力人，实施民事法律行为由其法定代理人代理或者经其法定代理人同意、追认，但是可以独立实施纯获利益的民事法律行为或者与其年龄、智力相适应的民事法律行为。17岁的甲是限制民事行为能力人，在慈善拍卖会上以1000元的积蓄拍得100元的表演道具，是其年龄、智力都能理解的，该行为有效，选项C错误。拍卖会上的商品价值往往与实际价值不符，所以不属于显失公平，甲也不存在重大误解的情形，因此选项A、B错误。

表示使者 VS 受领使者

表示使者	仅有为表意人传达意思表示的权限的使者。
	表示使者将意思表示传达给相对人时，该意思表示生效，所谓“传达”是指到达相对人或者自相对人了解。
受领使者	具有为相对人受领意思表示权限的使者，例如相对人的配偶、管家、秘书。
	对受领使者的意思表示，于相对人通常可知悉时，方属到达，意思表示生效。

例4 某校长甲欲将一套住房以50万元出售。某报记者乙找到甲，出价40万元，甲

拒绝。乙对甲说："我有你贪污的材料，不答应我就举报你。"甲信以为真，以40万元将该房卖与乙。乙实际并无甲贪污的材料。关于该房屋买卖合同的效力，下列哪一说法是正确的？

A. 存在欺诈行为，属可撤销合同

B. 存在胁迫行为，属可撤销合同

C. 存在乘人之危的行为，属可撤销合同

D. 存在重大误解，属可撤销合同

提示： 解答本题的关键在于区分欺诈、胁迫、乘人之危和重大误解几组法律概念。所谓欺诈，指故意欺骗他人，使其陷于错误判断，并基于此错误判断而为意思表示之行为。所谓错误，是指对合同内容及其他重要情况的认识缺陷。在本题中，乙的行为的确构成对甲的欺骗，但并不构成影响合同效力的欺诈行为，故选项A错误。乘人之危与胁迫的主要区别是：胁迫是由他人实施的危害行为；而乘人之危则是在表意人方面客观存在的危难，故选项C错误。《民通意见》第71条规定："行为人因对行为的性质、对方当事人、标的物的品种、质量、规格和数量等的错误认识，使行为的后果与自己的意思相悖，并造成较大损失的，可以认定为重大误解。"本题显然不属之，故选项D错误。《民通意见》第69条规定："以给公民及其亲友的生命健康、荣誉、名誉、财产等造成损失或者以给法人的荣誉、名誉、财产等造成损害为要挟，迫使对方作出违背真实的意思表示的，可以认定为胁迫行为。"本题中乙的行为正是对甲的胁迫，故应选选项B。

3. 意思表示生效的特别规则

（1）对无行为能力人作出的意思表示，到达其法定代理人时生效。

（2）对限制行为能力人作出的意思表示，到达其法定代理人时生效。但该意思表示使限制民事行为能力人纯获法律上利益、与其行为能力相适应或者其法定代理人事先同意的，意思表示到达限制民事行为能力人时生效。

（3）对相对人的代理人作出意思表示，到达代理人时生效，而不以代理人转交给被代理人为条件。

三、法律行为的成立与生效

（一）法律行为的成立

法律行为的成立，是指符合法律行为构成要素的客观情况，分为一般成立要件和特别成立要件。

1. 一般成立要件：①当事人；②意思表示；③标的（指行为的内容）。

2. 特别成立要件：

（1）实践性行为以标的物的交付为特别成立要件，常见的实践合同有定金合同、保管合同、借用合同、自然人之间的借款合同、代物清偿协议；

（2）当事人约定合同必须采用书面形式方为成立的，则采用书面形式为特别成立要件；

（3）遗嘱须按照《继承法》第17条作成法定形式（公证遗嘱、自书遗嘱、代书遗嘱、录音遗嘱、口头遗嘱）方能成立。

（二）法律行为的生效（有效）

1. 概述

法律行为的生效，指已经成立的法律行为因符合法定有效要件而取得法律认可的效力。一般情况下，法律行为自成立时生效，但也有例外情况。比如，附生效条件和附始期的合同，在条件成就或者期限届至前，法律行为成立且有效，但未生效。成立是有效的前提；有效是生效的前提。

2. 法律行为的一般生效要件（即有效要件）

（1）行为人具有相应的民事行为能力。①自然人中限制民事行为能力人只能实施与其年龄、智力、精神状况相适应的法律行为、或纯获利益的行为（否则，其行为属于效力待定，其监护人或法定代理人可予以追认而使法律行为生效）。②法人于其权利能力范围内的法律行为有效。但是，从维护相对人利益和维护市场关系的稳定性出发，当事人超越经营范围订立的合同并不必然无效，但违反国家限制、特许经营及法律、行政法规规定禁止经营的除外。

（2）行为人意思表示真实、自由。当事人的内在真实意思与外在的表示行为一致，其意思表示即为真实自由；非真实自由的法律行为，其效力存在瑕疵，主要包括受欺诈或胁迫、重大误解、不当影响（显失公平）而成立的法律行为。

（3）不违反法律、行政法规的强制性规定，不违背公序良俗。

3. 法律行为的特殊生效要件

法律行为符合一般有效（生效）要件的前提下，依照法律规定或当事人约定尚须具备特殊的生效条件，法律行为方具有实质性约束力。尚未生效的，当事人的预期利益仍受到法律保护，当事人享有“期待权”。下列情形常作为特殊生效要件对待：死亡（遗嘱行为）；失能（意定监护协议）；附生效条件或生效期限的合同；须经主管部门审批登记的合同；标的物交付（自然人借款、定金合同）。【但保管合同自保管物交付时成立】

四、无效法律行为

无效法律行为，是指因为欠缺民事法律行为的生效要件，自始、当然、确定不发生法律效力的法律行为，其宗旨是为了保护公共利益。

（一）无效法律行为的类型

1. 主体不适格：无民事行为能力人实施的民事法律行为无效。

2. 双方虚假行为无效；以双方串通、故意为虚假行为；或为隐藏另一真实行为而实施虚假法律行为，无效（注意：被隐藏行为，效力另论）。

3. 恶意串通，损害他人合法权益的法律行为，无效。

所谓恶意串通的“恶意”须达到“希望、追求损害他人合法权益”的程度，仅仅是意识到可能对他人造成损害不足以构成“恶意”（“明知”一般也不构成“恶意串通”）。

4. 违背社会公共秩序和善良风俗的法律行为，无效。公共秩序主要包括政治秩序、经济秩序、行政管理秩序、文化秩序等社会秩序。善良风俗主要包括性道德、婚姻家庭伦理、人格尊严、人身自由、公平竞争及其他宪法基本权利等。

5. 违反法律、行政法规的强制性规定的法律行为，无效。《民法总则》第 153 条规定：

“违反法律、行政法规的强制性规定的民事法律行为无效，但是该强制性规定不导致该民事法律行为无效的除外。违背公序良俗的民事法律行为无效。”例如：企业法人超出经营范围实施的法律行为、且违反法律、行政法规有关禁止经营（如买卖武器、麻醉药品）、限制经营（如买卖文物、黄金）、特许经营（批发烟草、食盐）的规定，该行为无效。

注意：“违法”的认定
（1）违反的是法律、行政法规而非地方性法规、行政规章。
（2）违反的是强制性规定而非任意性规定。
（3）违反的必须是强制性规定中的效力性规范，而非管理性规范。

例5　下列哪些情形属于无效合同？

B. 甲乙双方为了在办理房屋过户登记时避税，将实际成交价为100万元的房屋买卖合同价格写为60万元

C. 有妇之夫甲委托未婚女乙代孕，约定事成后甲补偿乙50万元

提示：《民法总则》第146条规定：“行为人与相对人以虚假的意思表示实施的民事法律行为无效。以虚假的意思表示隐藏的民事法律行为的效力，依照有关法律规定处理。”选项B中，甲乙为了达到避税的目的，私自更改房屋买卖合同价款，订立阴阳合同，属于明显的以双方虚假行为，所以该变更行为系无效，故选项B正确。《民法总则》第153条规定，“违背公序良俗的民事法律行为无效”。选项C中，甲乙之间订立以代孕行为为标的的合同，该标的严重违背公序良俗，损害社会公共利益，当属无效合同，故选项C正确。

（二）无效法律行为的效力

1. 无效的或者被撤销的民事法律行为自始没有法律约束力。

2. 民事法律行为部分无效，不影响其他部分效力的，其他部分仍然有效（无效部分具有可分性）。

3. 对法律行为无效有过错的当事人须承担缔约过失责任、返还财产、赔偿损失。

（三）特别法的无效规定

1. 合同法

（1）未取得预售许可证明的商品房买卖合同无效（但可补正）；开发商与第三人恶意串通订立商品房买卖合同并将房屋交付使用，导致其无法取得房屋的，无效。

（2）承包人非法转包、违法分包建设工程或者没有资质的实际施工人借用有资质的建筑施工企业名义与他人签订建设工程施工合同的行为无效。

（3）违章建筑房屋的租赁合同无效。

2. 物权法

不动产物权的设立合同，自合同成立时生效；未办理物权登记的，不影响合同效力。【扩大解释：动产未交付的，也不影响合同效力】【区分原则】

3. 担保法

（1）保证合同因主合同无效而无效。

（2）主合同当事人双方串通，骗取保证人提供保证的；主合同债权人采取欺诈、胁迫等手段，使保证人在违背真实意思的情况下提供保证的；主合同债务人采取欺诈、胁迫等手段，使保证人在违背真实意思的情况下提供保证的，债权人知道或者应当知道欺诈、胁迫事实的，保证人不承担保证责任（即保证合同无效）。

4. 婚姻继承法

（1）四个婚姻无效事由：重婚；近亲婚；恶疾婚；未到法定婚龄结婚。

（2）欺诈、胁迫、乘人之危、重大误解的遗嘱，应属无效。

五、可撤销的法律行为

可撤销的法律行为是指已经成立生效，由于意思表示不真实、不自由或其他法定原因，行为人有撤销权的法律行为。主要包括因重大误解的法律行为、显失公平的法律行为、受欺诈而实施的法律行为、受胁迫而实施的法律行为。

（一）因重大误解的法律行为

1. 重大误解的构成要件："重要性"与"无过错性"

（1）表意人对法律行为的内容发生重大误解。此种误解须兼具主观重要性和客观重要性，具言之，"主观重要性"是指表意人知悉实情就不会作出此种意思表示，"客观重要性"是指表意人作为一个假象的理性人，经理性思考不会作出此种意思表示。

下列错误，如果具有交易上的重要性，可以构成重大误解：

①对法律行为性质的误解，如将买卖的要约误以为赠与的要约予以承诺；

②对当事人或其他有关第三人的特征的误解，如人的年龄、性别、职业能力、信用状况；

③对标的物的性质（如品种、质量、规格）、数量的误解；

④误传、误写、误说。

（2）由于上述误解导致表意人表示出来的意思表示与其内心真意不一致。

2. 注意事项

（1）虽然成立重大误解，但仍旧排除错误方撤销权的情形：

①所发出的错误表示较其内心真意而言对表意人更有利；

②表意人发出对自己不利的错误表示，受领人知道表意人的真意后，愿意以其真意为内容订立契约。

（2）狭义的动机错误不成立重大误解。动机不属于法律行为的内容，如果意思表示的内容并无错误，仅仅是作出意思表示的内心动机发生错误，不构成重大误解，如甲为了跟女友求婚而购买钻戒，但求婚时女友拒绝，甲不能因此主张重大误解撤销钻戒买卖合同。

（3）传达错误。表意人利用使者传递意思表示，若使者因过失传达错误，则构成重大误解；若使者故意传达错误，则意思表示不生效，也就不存在重大误解的问题。

（4）特殊的风险行为中，不适用重大误解。如赌石、保证人对债务人信用状况认识错误、廉价在跳蚤市场淘古董等。

（5）计算错误一般不构成重大误解。

（6）买卖合同中，出卖人交付的标的物存在瑕疵，且该瑕疵涉及标的物的性质，同时成立重大误解时，出卖人的瑕疵担保责任与重大误解发生竞合，买受人可以选择主张瑕疵担保责任，也可以选择以重大误解为由撤销合同并请求出卖人承担缔约过失责任。

（二）显失公平的法律行为

《民法总则》规定："一方利用对方处于困境、缺乏判断能力等情形，致使民事法律行为成立时显失公平的，受损害方有权请求人民法院或者仲裁机构予以撤销。"本条将"乘人之危"与"显失公平"合二为一，统一了二者的构成要件。具体构成要件，前文"意思表示的瑕疵"部分已详细讲解，不再赘述。

（三）受欺诈而实施的法律行为

所谓"欺诈"是指，一方或第三人故意告知虚假事实或者故意隐瞒真实情况，使对方因此陷入或维持错误认识，进而由此作出不真实的意思表示（此处包含两个因果关系：①欺诈与错误具有因果关系；②认识错误与不真实的意思表示之间具有因果关系）。

1. 第三人欺诈

（1）若合同相对人订立合同时知道或者应当知道第三人欺诈的，受欺诈人享有撤销权；反之，合同相对人订立合同时不知道也不应当知道第三人欺诈的，受欺诈人不享有撤销权。

（2）因第三人欺诈订立的"为第三人利益合同"，若合同相对人或者利益第三人在订立合同时知道或者应当知道第三人欺诈的，受欺诈人享有撤销权；反之，合同相对人和利益第三人在订立合同时均不知道且不应当知道的，受欺诈人不享有撤销权。

2. 代理与欺诈

在代理行为中，是否存在欺诈，应当依据代理人的主观状况来判断，因为代理人是"独立实施法律行为"。成立欺诈的，撤销权由被代理人享有，因为代理人在代理权限内独立实施的法律行为，其法律效果归属于被代理人。

（四）受胁迫而实施的法律行为

所谓"胁迫"，是指一方或第三人故意预告实施危害行为，使表意人陷入恐惧，并因此作出与内心真意不一致的意思表示。

1. 具有正当性的威胁不构成胁迫

比如，为实现权利内容，以行使权利相威胁；再如，晚辈出于对长辈的敬畏而订立合同。

2. 第三人胁迫

因第三人胁迫订立的合同，只要第三人的行为符合胁迫的构成要件，受胁迫人的撤销权不受限制（无论合同相对人和利益第三人在订立合同时是否知道或应当知道第三人胁迫，受胁迫人均有权撤销）。这区别于第三人欺诈，因为胁迫相较于欺诈具有"不能容忍的违法性"。

例6　关于意思表示的法律效力的判断，下列哪些选项是正确的？

A. 甲在商场购买了一台液晶电视机，回家后发现其妻乙已在另一商场以更低折扣订了

一台液晶电视机。甲认为其构成重大误解，有权撤销买卖

B. 甲向乙承诺，以其外籍华人身份在婚后为乙办外国绿卡。婚后，乙发现甲是在逃通缉犯。乙有权以甲欺诈为由撤销婚姻

C. 甲向乙银行借款，乙银行要求甲提供担保。丙为帮助甲借款，以举报丁偷税漏税相要挟，迫使其为甲借款提供保证，乙银行对此不知情。丁有权以其受到胁迫为由撤销保证

D. 甲患癌症，其妻乙和医院均对甲隐瞒其病情。经与乙协商，甲投保人身保险，指定身故受益人为乙。保险公司有权以乙欺诈为由撤销合同

提示：《民通意见》第71条规定："行为人因对行为的性质、对方当事人、标的物的品种、质量、规格和数量等的错误认识，使行为的后果与自己的意思相悖，并造成较大损失的，可以认定为重大误解。"狭义的动机错误不构成重大误解，选项A错误。根据《婚姻法》第11条的规定，只有因胁迫而结婚的，才可以主张撤销婚姻，受欺诈而结婚的，不属于撤销婚姻的法定事由，选项B错误。《合同法》第54条第2款规定："一方以欺诈、胁迫的手段或者乘人之危，使对方在违背真实意思的情况下订立的合同，受损害方有权请求人民法院或者仲裁机构变更或者撤销。"据此可知，丁因为被胁迫而与债权人乙签订的保证合同，其有权以受到胁迫为由撤销保证（因第三人胁迫订立的合同，撤销权不受特别限制），选项C正确。甲患癌症，对自己的病情不知，但是其妻乙（受益人）明知，此为因第三人欺诈而订立的"为第三人利益合同"，乙向保险公司隐瞒甲的病情构成欺诈，保险公司有权撤销该保险合同，选项D正确。

（五）撤销权的享有和行使

撤销权是权利人以其单方意思表示撤销已经成立的法律行为的权利，在性质上属于形成权（撤销前，法律行为已经成立并生效；撤销后，法律行为自始无效）。

1. 特定人享有撤销权

（1）重大误解：误解方享有；善意相对人也可享有撤销权。

（2）显失公平：受有不利益的一方享有；

（3）欺诈、胁迫：受害人享有；

（4）代理人订立合同时，遭受欺诈、胁迫或发生重大误解的，仅被代理人享有撤销权。

2. 撤销权的行使

行使方式	只能起诉或申请仲裁的方式行使，才能产生撤销的效力。	
除斥期间	最长除斥期间	五年：当事人自民事法律行为发生之日起五年内没有行使撤销权的，撤销权消灭。
	短期除斥期间	原则：一年。自撤销权人知道或者应当知道撤销事由之日起一年内未行使撤销权的，撤销权消灭。 注意：当事人受胁迫，自胁迫行为终止之日起一年内没有行使撤销权的，撤销权消灭。
		例外：三个月。重大误解的撤销权人自知道或者应当知道撤销事由之日起三个月内没有行使撤销权，撤销权消灭。

3. 撤销权的抛弃

当事人知道撤销事由后明确表示或者以自己的行为表明放弃撤销权的，撤销权消灭。

4. 撤销的法律效果

（1）自撤销权人胜诉的判决或裁决生效时，产生形成力，法律行为溯及成立时自始无效。

（2）法律行为被撤销后，行为人因该行为取得的财产，应当予以返还；不能返还或者没有必要返还的，应当折价补偿。有过错的一方应当赔偿对方由此所受到的损失；各方都有过错的，应当各自承担相应的责任。

例 7 乙公司以国产牛肉为样品，伪称某国进口牛肉，与甲公司签订了买卖合同，后甲公司得知这一事实。此时恰逢某国流行疯牛病，某国进口牛肉滞销，国产牛肉价格上涨。下列哪些说法是正确的？

A. 甲公司有权自知道样品为国产牛肉之日起一年内主张撤销该合同

B. 乙公司有权自合同订立之日起一年内主张撤销该合同

C. 甲公司有权决定履行该合同，乙公司无权拒绝履行

D. 在甲公司决定撤销该合同前，乙公司有权按约定向甲公司要求支付货款

提示：根据《合同法》第 54 条第 2 款的规定，一方以欺诈的手段使对方在违背真实意思的情况下订立的合同，其撤销权的主体为受害人一方。故选项 B 错误。根据《合同法》第 55 条的规定，具有撤销权的当事人自知道或者应当知道撤销事由之日起 1 年内没有行使撤销权的，撤销权消灭。甲公司有权自知道样品为国产牛肉之日起 1 年内主张撤销该合同。故选项 A 正确。撤销权是受欺诈一方的权利，可以行使而令合同无效，也可以不行使而让合同有效并得到履行。甲公司有权不行使撤销权，决定履行该合同，乙公司无权拒绝履行。故选项 C 正确。根据民法原理，可撤销的合同在撤销之前是有效的，只是在撤销之后，才溯及自始无效。所以在甲公司决定撤销该合同前，乙公司有权按约定向甲公司要求支付货款。故选项 D 正确。

六、可追认的法律行为

可追认的法律行为，是指已经成立但效力须被追认始确定有效的法律行为。主要包括两种类型：①限制民事行为能力人依法不能独立实施的法律行为；②因无权代理（但不构成表见代理）而实施的法律行为。

（一）限制民事行为能力人依法不能独立实施的法律行为

1. 追认权的性质

追认权是形成权、有相对人的单方法律行为、辅助性法律行为。

2. 追认的主体

通常是法定代理人，但限制民事行为能力人在具有完全行为能力时，也可以追认其所实施的合同行为。

3. 追认的方式

（1）在相对人催告前，法定代理人可以向限制民事行为能力或相对人作出追认的意思

表示，追认的意思表示自到达相对人时发生追认的效力。追认的意思表示到达限制民事行为能力人时，发生法定代理人同意的效力，限制民事行为能力人将该同意的表示向相对人为之，则发生追认的效力。

（2）法定代理人明确拒绝追认的，该法律行为确定自始无效。自相对人催告后，法定代理人在一个月内未作表示的，视为拒绝追认，该法律行为确定自始无效。

4. 追认的效力

法定代理人追认的，自追认生效时，该法律行为自始有效。

> **注意：**只能采用明示方式追认；追认具有溯及力。

5. 在追认生效之前，善意相对人享有撤销权

（1）应当在法定代理人追认之前向法定代理人作出撤销的意思表示；

（2）相对人须为善意，即相对人行为时不知道也不应当知道对方是限制民事行为能力人；

（3）应采用明示方式。

（二）无权代理实施的合同行为效力

1. 被代理人拒绝追认的，该合同不能约束被代理人（但合同本身仍可以有效）。

（1）相对人可以催告被代理人自收到通知之日起一个月内予以追认。被代理人未作表示的，视为拒绝追认。

（2）行为人实施的行为未被追认的，善意相对人有权请求行为人履行债务或者就其受到的损害请求行为人赔偿，但是赔偿的范围不得超过被代理人追认时相对人所能获得的利益。

2. 被代理人追认的，自追认生效时，合同对被代理人以及行为相对双方均自始有效。

追认的意思表示到达相对人（包括无权代理人和合同相对人）时生效。

3. 追认生效前，合同可经善意相对人依法撤销，归于无效。

4. 无权代理构成表见代理的，合同对相关三方当事人均有效。

（三）因无权处分订立的合同，无权处分不影响合同的效力

《最高人民法院关于审理买卖合同纠纷案件适用法律问题的解释》第3条："当事人一方以出卖人在缔约时对标的物没有所有权或者处分权为由主张合同无效的，人民法院不予支持。出卖人因未取得所有权或者处分权致使标的物所有权不能转移，买受人要求出卖人承担违约责任或者要求解除合同并主张损害赔偿的，人民法院应予支持。"

该规定还可准用于互易、出资、债权转让、股权转让等其他有偿合同。

例8 甲公司将1台挖掘机出租给乙公司，为担保乙公司依约支付租金，丙公司担任保证人，丁公司以机器设备设置抵押。乙公司欠付10万元租金时，经甲公司、丙公司和丁公司口头同意，将6万元租金债务转让给戊公司。之后，乙公司为现金周转将挖掘机分别以45万元和50万元的价格先后出卖给丙公司和丁公司，丙公司和丁公司均已付款，但乙公司没有依约交付挖掘机。关于乙公司与丙公司、丁公司签订挖掘机买卖合同的效力，下

列表述错误的是：

A. 乙公司可以主张其与丙公司的买卖合同无效

B. 丙公司可以主张其与乙公司的买卖合同无效

C. 乙公司可以主张其与丁公司的买卖合同无效

D. 丁公司可以主张其与乙公司的买卖合同无效

提示：根据《最高人民法院关于审理买卖合同纠纷案件适用法律问题的解释》第3条的规定，因无权处分订立的买卖合同，若无其他效力瑕疵（如行为能力、意思表示真实等瑕疵），该买卖合同有效，无权处分不影响买卖合同的生效。乙、丙间的挖掘机买卖合同以及乙、丁间的挖掘机买卖合同均属因无权处分订立的买卖合同，不存在其他效力瑕疵，乙、丙间以及乙、丁间的挖掘机买卖合同均属有效，出卖人在缔约时对标的物没有所有权或者处分权时，买卖双方均不得以此为由主张合同无效，选项A、B、C、D均错误，应选。

第五章　代理

重要法条及司法解释

《民法总则》第 161 ~ 175 条。

《合同法》第 48 ~ 49 条、402 ~ 403 条。

命题分析

“代理”是民法总论部分较为重要的知识点，其中委托代理、复代理、无权代理、代理权近年来考查力度较大。代理制度存在一定理论深度，掌握起来有一定难度。命题方式近年均采用案例分析法，除此之外还有纯理论阐释等。

从考查内容来看，“无权代理”是代理章节的高频考点，包括“无权代理的概念”“狭义的无权代理”“表见代理”等内容，后两项属于重中之重的考点。而“复代理”“代理权”等考点属于本章基础考点。

从命题趋势分析，未来几年本知识点的题型和考查方式不会发生大的变动，对于此部分内容，应当结合《民法总则》的规定进行复习，如职务代理、代理权的滥用等。

知识点精讲

一、代理概述

（一）代理的含义

所谓“代理”，是代理人依据代理权，以被代理人的名义独立与第三人实施民事法律行为，由此产生的法律效果归属于被代理人的一种法律制度。代理权从本质上说只是一种资格或法律地位，代理人取得代理权只是意味着他得以代理人的名义与第三人进行民事活动，其行为后果直接归属于被代理人。

依据代理权来源，可将代理分为委托代理与法定代理（含指定代理）。

依法应当由本人亲自实施的民事法律行为，不得代理，如遗嘱行为、身份行为、侵权行为等，依其性质不得代理。

法律行为的代理需具备三个基本要件：代理人以被代理人的名义（含隐名代理）；代理人独立实施法律行为；代理人以利益被代理人为目的，并将代理效果归属于被代理人。

例 1　甲委托乙采购一批电脑，乙受丙诱骗高价采购了一批劣质手机。丙一直以销售劣质手机为业，甲对此知情。关于手机买卖合同，下列哪些表述是正确的？

A. 甲有权追认　　　　　　　　B. 甲有权撤销

C. 乙有权以甲的名义撤销　　　　D. 丙有权撤销

提示：解题关键在于理解代理效果的归属机制。《合同法》第48条规定，行为人没有代理权、超越代理权或者代理权终止后以被代理人名义订立的合同，未经被代理人追认，对被代理人不发生效力，由行为人承担责任。相对人可以催告被代理人在一个月内予以追认。被代理人未作表示的，视为拒绝追认。合同被追认之前，善意相对人有撤销的权利。本题中，甲委托乙采购一批电脑，乙却采购了一批手机，乙的行为属于超越代理范围的无权代理。对于乙的无权代理行为，甲可以追认，选项A表述正确，当选。乙代理甲与相对人丙缔结的合同，其效果理应归属被代理人，意即：代理人受到了欺诈，等同于被代理人受到了欺诈。该欺诈合同的效力既然可能约束被代理人甲，则甲有权以丙构成欺诈为由撤销手机买卖合同。选项B表述正确，当选。乙作为甲的委托代理人，当然可以甲的名义对丙主张撤销。故选项C表述正确，当选。

就无权代理而言，善意相对人有权撤销代理合同。此处的"善意"仅指相对人不知或不应知代理人欠缺代理权。本题中丙虽然有诱骗行为，但他的确不知乙构成无权代理，属于"善意相对人"。因此在甲追认之前可以撤销手机买卖合同。故选项D表述没有错误，当选（但就欺诈而言，丙是欺诈人，不得主张撤销）。本题选项A、B、C、D全正确，当选。

（二）代理与相关制度的区分

注意区分代理与冒名、代表、居间、行纪、无权处分、无因管理等制度的不同，具体见下表：

1. 代理与冒名

比较项	代理	冒名
法律关系构造	代理形成三方结构。	冒名仅形成双方结构，即仅成立冒名者与相对人之间的关系。
效果归属	代理人的行为不是被代理人的行为，发生效力归属问题，其效力归属于被代理人。	不发生效果归属，效果仍归于冒名者。
行为意图	代理人实施代理行为的目的在于利于被代理人，主观为被代理人服务，故无权代理也是代理的一种。	冒名属于诈骗行为，主观利己并损害被冒名人。

2. 代理与代表

比较项	代理	代表
法律关系构造	代理形成三方结构。	代表仅形成双方结构，即被代表的法人组织与相对人之间的关系。
行为独立性	代理人为独立的意思表示行为。	代表人实施行为无独立人格。
效果归属	代理人的行为不是被代理人的行为，但其效力归属于被代理人。	代表人的代表行为是组织体的行为，不发生效力归属问题。
授权基础	委托代理需要授权行为，否则为无权代理。	代表行为无须授权，法定代理人的职责就是对外代表法人。

考生需要注意区分法定代表人和其他职务人员的地位与责任，即《民法总则》第 61 条、第 170 条。

3. 代理与居间

比较项	代理	居间
法律关系构造	代理形成三方结构。	居间仅形成双方结构，即产生居间人与委托人之间的权利义务关系。
意思表示独立性	代理人实施代理行为时需为独立的意思表示。	居间人只是提供一种信息服务，也不体现自己的意志。
代理权基础	代理人有缔约合同的代理权，得代委托人订立合同。	居间人无代理权，不得代委托人订立合同。

4. 间接代理与行纪

比较项	间接代理	行纪
是否以本人的名义	间接代理主观上是以被代理人的名义为法律行为，具有披露义务。	行纪人以自己的名义为法律行为，其法律效果依据行纪合同间接归属于委托人。
是否需特殊身份	间接代理人不须有特殊身份，且仅为特定人服务。	行纪人系依法登记专门从事行纪营业的主体，并为一般人服务。
适用范围	间接代理行为的范围比较广泛。	行纪行为的范围由法律规定，限于动产买卖及法律规定的某些行为。
权利来源	代理权来源于委托、法定（含指定）。	行纪为一种合同关系，受他人委托为他人实施法律行为。

例 2 甲委托乙销售一批首饰并交付，乙经甲同意转委托给丙。丙以其名义与丁签订买卖合同，约定将这批首饰以高于市场价 10% 的价格卖给丁，并赠其一批箱包。丙因此与戊签订箱包买卖合同。丙依约向丁交付首饰，但因戊不能向丙交付箱包，导致丙无法向丁交付箱包。丁拒绝向丙支付首饰款。下列哪一表述是正确的？

A. 乙的转委托行为无效

B. 丙与丁签订的买卖合同直接约束甲和丁

C. 丙应向甲披露丁，甲可以行使丙对丁的权利

D. 丙应向丁披露戊，丁可以行使丙对戊的权利

提示：根据《民法通则》第 68 条规定，乙在将事务转委托给丙之后，通知了甲首饰店。甲首饰店的回函内容表明对乙的转委托行为予以追认。故乙的转委托行为有效。故选项 A 错误。乙的转委托行为有效，则丙是甲的代理人，而非乙的代理人，丙是以自己的名义而非以甲的名义与丁签订买卖合同，另依题干信息不能推断出丁在订立合同时知道丙的被代理人是甲。因此，丙与丁签订的买卖合同不能直接约束甲和丁。故选项 B 错误。依《合同法》第 403 条规定，丙以自己名义与第三人丁签订买卖合同，后因丁拒绝履行支付首

饰款义务，则丙应向甲披露丁，甲可以行使丙对丁的权利。故选项C正确。丙与戊签订箱包合同，丙与戊是当事人，戊不向丙交付箱包，只能由丙向戊主张违约责任。基于合同的相对性，丁不得向戊主张权利。故选项D错误。

5. 代理与传达

比较项	代理	传达
行为能力要求	代理人须有相应的民事行为能力。	传达人不问行为能力，只需具有清楚的表达能力。
行为结果归属	代理人实施民事法律行为归属于被代理人。	传达不涉及法律结果归属。
是否为独立意思表示	代理人实施的代理行为需做出独立的意思表示。	传达行为不包含传达人的独立意思表示。

6. 无权代理与无权处分

比较项	无权代理	无权处分
权利欠缺形态	无权代理中，代理人无代理权。	无权处分是行为人无处分权。
名义基础	无权代理以被代理人的名义。	无权处分是行为人以自己的名义。
法律效果	无权代理行为，被追认时为被代理人承担，被拒绝追认时则代理人承担。	无权处分具有多个后果，侵权、不当得利等，亦发生第三人善意取得效果。

7. 无权代理与无因管理

比较项	无权代理	无因管理
适用范围	无权代理中代理人实施的代理行为一般为民事法律行为。	无因管理中管理人所为的管理行为即可以是民事法律行为，也可以为事实行为。
行为人是否具有民事行为能力	无权代理的行为人为完全民事行为能力人。	无因管理的管理人却不一定为完全民事行为能力人。
是否以本人的名义	无权代理以被代理人的名义。	无因管理人并不以本人的名义进行管理。
主观意图	无权代理人主观上将代理效果归属于被代理人。	无因管理人主观上须为本人谋利益。

例3 下列哪些情形属于代理？

A. 甲请乙从国外代购1套名牌饮具，乙自己要买2套，故乙共买3套一并结账

B. 甲请乙代购茶叶，乙将甲写好茶叶名称的纸条交给销售员，告知其是为自己朋友买茶叶

C. 甲律师接受法院指定担任被告人乙的辩护人

D. 甲介绍歌星乙参加某演唱会，并与主办方签订了三方协议

提示：选项A中乙基于委托合同，以自己的名义购买饮具这一行为构成间接代理，故选项A正确。

选项B中，乙以甲的名义实施的购买行为构成直接代理，故选项B正确。

法定代理是根据法律的直接规定而使代理人享有代理权，辩护人为了维护被告的合法

权益，享有相应的代理权。选项C中甲律师是指定代理人，故选项C正确。

选项D中甲只是介绍歌星乙与主办方签订表演合同，甲行为构成居间，不属于代理，故选项D不正确。

二、代理权

（一）代理权的产生

代理权可分为法定代理权与委托代理权，二者产生条件不同。

法定代理权来源于法律的规定，如欠缺行为能力人的法定代理、夫妻家事代理、监护代理、宣告失踪的财产代管等。法定代理人依照法律的规定行使代理权。

委托代理权来源于被代理人的授权行为。授权行为具有单方性、独立性、无因性。

（二）代理权的行使及其滥用

1. 代理权的正当履行

代理人在行使代理权时要实现和维护被代理人的利益，《民法总则》第164条规定，“代理人不履行或者不完全履行职责，造成被代理人损害的，应当承担民事责任。”具体来说，代理人行使代理权须遵循以下原则：

亲自代理	代理人应当自行实施代理行为。未经被代理人授权或同意不得实施转委托代理，但为了被代理人利益，在紧急情况下可以转委托。法定代理人有当然的转委托权。
有权代理	代理人应当在代理权的范围内行使代理活动，否则构成无权代理。
利他代理	代理人应当为被代理人利益而行使代理权，否则构成代理权滥用。
合法代理	代理行为应当合法。代理人知道被委托代理的事项违法仍然进行代理活动的，或者被代理人知道代理人的代理行为违法不表示反对的，由被代理人和代理人负连带责任。

2. 滥用代理权的行为：原则无效

代理人在实施代理行为时，违背代理权的设定宗旨和基本准则、有损被代理人利益的行为，属于代理权的滥用。具体见下表：

类型	定义	法律效果
自己代理	指代理人以被代理人的名义与自己实施民事法律行为。	一般为无效代理，但经被代理人事前同意或事后追认者，有效。
双方代理	指代理人以被代理人的名义与自己同时代理的其他人实施同一民事法律行为。	一般为无效代理，但经被代理的双方事前同意或事后追认者，有效。
利己代理	代理人利用代理人地位实施利于自己而不利于被代理人的代理行为。	监护人为自己的利益实施有损被监护人的财产处分行为，为无效代理。可撤销代理资格，并承担赔偿责任。
恶意串通代理	指代理人与相对人恶意串通，损害被代理人的利益。	恶意串通的法律行为无效。该行为损害被代理人合法权益的，代理人和相对人承担连带责任。

三、复代理

复代理是指代理人为被代理人的利益将其所享有的代理权转任他人而产生的代理。

成立情形	法定代理：法定代理人始终享有复任权。
	委托代理：被代理人事前的授权或同意；被代理人事后的追认；紧急情况下为被代理人利益。
效力关系	（1）次代理人由代理人以自己的名义选任，其代理权来源于代理人的转委托； （2）次代理人的代理权范围受代理人代理权范围的限制； （3）次代理人也是被代理人的代理人而不是代理人的代理人； （4）次代理人有听从被代理人指示的义务和听从代理人指示的义务。
责任承担	转委托合法： （1）因次代理人的过错给被代理人造成损失的，原则上由次代理人自己负责。但在无偿委托中，次代理人无故意或重大过失的，不承担责任。 （2）代理人有默示担保义务，即代理人对被代理人承担对于次代理人的指示责任和选任责任。如次代理人也有过错的，两者承担按份责任。 （3）因转委托不明对被代理人造成损害的，代理人承担过错责任，次代理人无过错无责任，次代理人对转委托不明有过错的，其与代理人承担连带责任。
	转委托非法：代理无效，代理人对次代理人的行为负责。

例4 关于复代理，下列哪些选项是正确的？

A. 复代理人是代理人基于复任权而选任的

B. 复代理人的代理行为后果直接由本人承担

C. 委托代理人转托他人代理必须取得被代理人同意

D. 委托代理人转任不明给第三人造成损失的，转托代理人应负连带责任

提示：代理人可基于复任权选任复代理人，复代理人是被代理人的代理人，因此其行为后果由被代理人承担，故选项A、B正确。

委托代理人可在紧急情况下为了被代理人的利益转托他人代理，无须被代理人同意，故选项C不当选。转委托不明的，次代理人对转委托不明有过错的情况下与代理人承担连带责任，因此选项D不当选。

四、无权代理

所谓“无权代理”，是指行为人无代理权却以他人名义实施法律行为，并将行为效果直接归属于他人。无权代理，可分为狭义的无权代理与表见代理。

（一）狭义的无权代理

类型	（1）没有代理权的无权代理，即指行为人未获得授权且没有法律上的依据，却以他人的名义实施法律行为的情形。 （2）超越代理权的无权代理，即指行为人具有代理权，却超越代理权限范围而实施法律行为的情形。 （3）代理权终止后的无权代理，即指行为人因代理期限届满、代理事务已完成或被解除代理权以后，仍以被代理人的名义实施代理行为的情形。

续表

被代理人权利	（1）追认权：被代理人可通过追认对无权代理行为予以事后承认，使行为人代理权得以补正，代理行为有效，代理行为的法律后果归属于被代理人。 （2）拒绝权：被代理人明确拒绝追认的或经相对人催告后一个月未作表示的，使无权代理行为确定无效，无权代理行为的法律后果不可归属于被代理人。
相对人权利	（1）催告权：相对人可向被代理人催促，让被代理人在一定期限内答复是否对无权代理行为进行追认。 （2）撤销权：仅善意相对人享有，可在追认生效前以通知的方式撤销其意思表示。

说明：被代理人在拒绝追认或未予追认的，无权代理行为的法律后果因相对人善意或恶意而有所区别。善意相对人可要求行为人直接承担行为后果或者承担损害赔偿责任（不超过代理行为有效时所能获得的利益），恶意相对人因此受到损失的，则与行为人按照各自的过错承担责任。

例5 下列哪一情形构成无权代理？

A. 甲冒用乙的姓名从某杂志社领取乙的论文稿酬据为己有

B. 某公司董事长超越权限以本公司名义为他人提供担保

C. 刘某受同学周某之托冒充丁某参加求职面试

D. 关某代收某推销员谎称关某的邻居李某订购的保健品并代为付款

提示：根据无权代理的概念可知选项A中，甲属于“冒名行为”，甲将稿酬据为己有，并非想将该行为效果归属于乙，所以其不构成无权代理，故选项A不当选。

选项B中，董事长为公司代表，故其行为属于代表行为，代表人的行为即法人的行为，董事长代表法人与相对人签订合同，故不构成代理行为，选项B不当选。

根据法律规定或民事法律行为的性质，应由本人亲自实施的民事法律行为不得进行代理，求职面试须由本人参加，不可代理，故选项C不当选。

选项D中，关某作为代理人没有代理权却为李某订立买卖合同并代为付款，该买卖合同的效力归属给李某，因此该行为是典型的代理行为，且代理人无代理权，故选项D当选。

（二）表见代理

所谓“表见代理”，本属无权代理，但因本人与无权代理人的关系，具有外表授权的特征，致使相对人有理由相信行为人有代理权而与其进行民事法律行为，法律使之发生与有权代理相同的法律效果。

1. 构成要件

（1）符合狭义无权代理的四要件：欠缺代理权，以本人名义，效果归属本人，代理人独立行为；

（2）无权代理人实施的法律行为有效；

（3）有使相对人相信行为人具有代理权的事实和理由；

（4）相对人善意且无过失（不知代理人欠缺代理权，且没有疏忽或懈怠）。

2. 效力

（1）对本人的效力

相对人有权主张表见代理有效，故对本人产生有权代理的法律后果，即本人对第三人履行代理行为所生的义务和享有相应权利。被代理人承担表见代理行为后果而蒙受损失的，可以向无权代理人追偿（责任性质可能是侵权责任或违约责任）。

（2）对相对人的效力

相对人具有选择权，其可主张表见代理发生有权代理的效果，也可在被代理人追认前行使撤销权，撤销与其之间的合同。除此之外，相对人仍可依狭义无权代理，选择面对代理人（继续履行、赔偿损失、或撤销）。当然，第三人不可以同时主张，一旦选择后不得变更。

例6 甲公司业务经理乙长期在丙餐厅签单招待客户，餐费由公司按月结算。后乙因故辞职，月底餐厅前去结账时，甲公司认为，乙当月的几次用餐都是招待私人朋友，因而拒付乙所签单的餐费。下列哪一选项是正确的？

A. 甲公司应当付款

B. 甲公司应当付款，乙承担连带责任

C. 甲公司有权拒绝付款

D. 甲公司应当承担补充责任

提示：乙长期在丙餐厅用餐，因此在其辞职后有使丙餐厅相信的外表授权，即丙餐厅有理由想起乙有代理权而与其进行民事法律行为，并且丙餐厅善良无过失，故这属于典型的表见代理。对于表见代理订立的合同，为保障交易安全，相对人享有选择权，其可以主张合同有效，也可撤销合同。因此丙餐厅要求甲公司结账时，甲公司应当付款。选项A当选。

第六章 诉讼时效与期间

重要法条及司法解释

《民法总则》第188～199条。

《最高人民法院关于审理民事案件适用诉讼时效制度若干问题的规定》第1～23条。

命题分析

民法奉行意思自治的原则，民事主体可以自由行使甚至放弃其权利。而诉讼时效制度的设立是对该原则的“限制”，以时效制度约束权利的行使具有重要的可考性，本考点的考查频率较为稳定，一直以来都受到命题人的青睐。

从考查的内容来看，民法总则对诉讼时效制度的部分内容更新，将成为法考的命题热点。《民法总则》在第188～199条以及《最高人民法院关于审理民事案件适用诉讼时效制度若干问题的规定》中第1～23条都对诉讼时效进行了规定，最大的变化就是将普通诉讼时效规定由2年变成3年。此外，关于诉讼时效的起算、诉讼时效的客体、诉讼时效的法律效果、诉讼时效的期间以及诉讼时效的中止、中断和延长都是考试的重中之重，当属近几年来考试的热点，考生必须牢牢掌握住。

考查的形式无外乎两点：一是把诉讼时效客体、性质、起点与期间、法律效果融合到一道题中，考查考生对基础知识的掌握细致度；一是以小案例的形式，重点是对诉讼时效时间节点以及法律效果等内容的体系化理解。诉讼时效制度的考查难度整体不大，基本上是对法条与基础知识综合考查。

知识点精讲

诉讼时效，也称“消灭时效”，是指权利人在法定期间内不行使权利则该权利即丧失请求人民法院保护的制度。如前所述，权利人的民事权利受法律的保护。权利人在其权利受到侵害时，有权请求法院予以保护，但人民法院保护权利也不是无限制的。权利人应于法律规定的期间内请求保护，超过该期间后，法院将不再予以保护。法律规定的权利人请求人民法院保护其民事权利的法定期间就是诉讼时效期间。

诉讼时效作为一项重要的制度，其创设有利于督促当事人及时行使权利，避免利用人们趋利避害的心理惰于主张，从而影响社会经济秩序的稳定，破坏交易的安全。

一、诉讼时效的客体

诉讼时效的客体是指适用于诉讼时效的民事权利，即受诉讼时效约束的对象。诉讼时效客体决定着诉讼时效的适用范围。我国《民法总则》对诉讼时效的客体未做正面的规定，依学界的通说，诉讼时效的客体一般仅限于债权请求权。

诉讼时效一般仅适用于债权请求权（基于合同、单方允诺、侵权、无因管理、不当得利、缔约过失）；一般不适用于人身权、物权、知识产权等绝对的请求权（如排除妨碍、消除危险）也不适用于形成权（另有除斥期间），细化表述见下表：

诉讼时效的适用范围	不适用诉讼时效的请求权归类	《民法总则》第196条的规定： （1）请求停止侵害、排除妨碍、消除危险不适用诉讼时效。 【绝对性权利的支配状态维持不受时效限制】 （2）不动产物权和登记的动产物权的权利人请求返还财产。 【此处的不动产物权无论登记与否均不受诉讼时效的限制，而动产物权则须考虑是否办理登记】 （3）请求支付抚养费、赡养费或者扶养费。 【基于身份关系的债权请求权】 4. 依法不适用诉讼时效的其他请求权。 【按照前述原理把握；并结合特别法把握】
		《最高人民法院关于审理民事案件适用诉讼时效制度若干问题的规定》第1条规定： （1）支付存款本金及利息请求权； （2）兑付国债、金融债券以及向不特定对象发行的企业债券本息请求权； （3）基于投资关系产生的缴付出资请求权； （4）其他依法不适用诉讼时效规定的债权请求权。
		《最高人民法院关于适用〈中华人民共和国公司法〉若干问题的规定（三）》第20条规定： （1）公司请求瑕疵出资的股东缴付出资的债权； （2）公司的债权人请求公司的瑕疵出资股东在未出资的本息范围内承担补充责任的债权； （3）公司的债权人请求抽逃出资的公司股东在抽逃出资的本息范围内对公司债务承担补充责任的债权。
		《最高人民法院关于审理环境侵权责任纠纷案件适用法律若干问题的解释》第17条： 被侵权人提起诉讼，请求污染者停止侵害、排除妨碍、消除危险的，不受《环境保护法》第66条规定的时效期间的限制。
		其他不适用的情形： （1）知识产权请求权不适用诉讼时效的规定； 例如：知识产权遭受侵害之后，享有的停止侵害、销毁侵权复制品、删除盗版复制件权利等。 （2）人格权请求权不适用诉讼时效的规定； 例如：人格权受侵害之后享有的停止侵害、排除妨碍的请求权等。

例1　关于诉讼时效，下列哪些选项是正确的？

A. 诉讼时效仅适用于请求权

提示：诉讼时效的客体只能是请求权。支配权作为权利人对客体的管领，一般不直接涉及与第三人之间的关系，即使在权利行使过程中，第三人只负担消极义务，因而支配权不可能成为诉讼时效的客体；形成权则凭权利人单方的意思表示即可导致法律关系的产生、变更或消灭，不需要对方当事人的配合，因而无诉讼时效适用的余地；而抗辩权是拒绝相对人的请求以维持现状的手段，也不可能受诉讼时效限制。故选项A正确。

二、诉讼时效的效力

诉讼时效期间届满而权利人未主张权利，对双方将产生相应的法律后果。诉讼时效期间经过情形包括：①最长诉讼时效经过，指权利人被侵害之日起算已满20年；②普通诉讼时效或者特殊诉讼时效经过，主要是指权利人在普通诉讼时效（《民法总则》规定为3年）或者特殊诉讼时效（4年或者5年）期间内，能够行使权利但却未行使从而导致诉讼时效经过。

（一）对债权人的效力

1. 债权虽然不消灭，但是却失去了法律的强制保护，成为一种自然债权，债权请求效力减损。

2. 从权利消灭或者从权利之义务人获得抗辩权。比如《物权法》第202条的抵押权人在主债权的诉讼时效期间未行使抵押权的，人民法院不予保护；《最高人民法院关于审理民事案件适用诉讼时效制度若干问题的规定》第21条所述保证人在主债务诉讼时效届满时享有主债务人的诉讼时效的抗辩权却未主张，承担保证责任后向主债务人行使追偿权的，人民法院不予支持；《担保法》第20条第1款规定一般保证和连带保证的保证人享有债务人的抗辩权，即使债务人放弃，保证人仍有权抗辩。

3. 受领权利依然存在。义务人（无论其是否知道时效期间经过）自愿履行的，债权人依然有权利受领且并不构成不当得利（《最高人民法院关于审理民事案件适用诉讼时效制度若干问题的规定》第22条）。

4. 债权人丧失胜诉权，起诉权依然存在。债权人起诉的，人民法院应当予以受理，不得“裁定不予受理”或者“裁定驳回起诉”。受理后若债务人提出时效的抗辩，法院查明却无中止、中断、延长的事由的，可“判决驳回诉讼请求”。

（二）对债务人的效力

1. 债务人可获得时效的抗辩权。《民法总则》第192条第1款规定，诉讼时效期间届满的，债务人可以提出不履行的抗辩。

2. 债务人可抛弃时效利益。债务人虽不得预先抛弃时效利益，但是却可以在时效期间经过之后，以明示或者默示抛弃已经取得的时效利益。

（三）对法院的效力

诉讼时效抗辩权对人的效力具有相对性，是私权利，是否行使抗辩权属于义务人的自由行为，应尊重当事人的意思自治，法院不得主动适用。根据《最高人民法院关于审理民事案件适用诉讼时效制度若干问题的规定》第3条规定，当事人一方未主张诉讼时效抗辩，人民法院不应对诉讼时效问题进行释明或主动适用诉讼时效规定进行裁判。

三、诉讼时效期间与变化

（一）诉讼时效期间的规定

普通短期时效期间	3年 《民法总则》第188条第1款，向人民法院请求保护民事权利的诉讼时效期间为3年。法律另有规定的，依照其规定。

续表

最长诉讼时效期间	原则：20 年 《民法总则》第 188 条第 2 款，诉讼时效期间自权利人知道或者应当知道权利受到损害以及义务人之日起计算。法律另有规定的，依照其规定。但是自权利受到损害之日起超过 20 年的，人民法院不予保护；有特殊情况的，人民法院可以根据权利人的申请决定延长。
特殊短期时效期间	【产品缺陷损害的诉讼时效规定】2 年；10 年；明示安全期 《产品质量法》第 45 条，因缺陷造成损害要求赔偿的时效期间为 2 年，自知道或应当知道权益受损害时起算。但请求权在缺陷产品交付最初消费者满 10 年丧失，但尚未超过明示安全期的除外。
	【环境污染损害诉讼时效】3 年 《环境保护法》第 42 条规定，因环境污染损害赔偿提起诉讼的时效期间为 3 年，从当事人知道或者应当知道受到污染损害时期计算。
	【油污环境损害的诉讼时效】3 年；6 年 《海商法》第 265 条规定，有关船舶发生油污损害的请求权，时效期间为 3 年，自损害发生之日起计算；但是，在任何情况下时效期间不得超过从造成损害的事故发生之日起 6 年。
	【涉外合同争议的诉讼时效】4 年 《合同法》第 129 条规定，因国际货物买卖合同和技术进出口合同争议提起诉讼或者申请仲裁委 4 年，自当事人知道或者应当知道其权利受到侵害之日起计算。因其他合同争议提起诉讼或者申请仲裁的，依照有关法律规定。
	【人寿保险合同请求支付保险金】5 年 《保险法》第 26 条，人寿保险合同的被保险人或者受益人请求支付保险金的合同债权时效期间为 5 年，自其知道或者应当知道保险事故发生之日起计算。

（二）诉讼时效的变化

1. 诉讼时效的起算

（1）普通起算规则：《民法总则》第 188 条

①从当事人知道或者应当知道权利受到损害以及义务人之日起计算。

②开始之日不计入诉讼时效内（《民法总则》第 201 条），也就是从“法律规定之日的次日”起计算。

③“知道或应当知道”的对象包括：权利受损害事实；损害程度；损害主体。

（2）特殊起算规则

①债务约定分期履行诉讼时效起算。当事人约定同一债务分期履行的，诉讼时效期间自最后一期履行期限届满之日起计算（《民法总则》第 189 条）。

②无民事行为能力人或者限制民事行为能力人对其法定代理人的请求权的诉讼时效期间，自该法定代理终止之日起计算（《民法总则》第 190 条）。

③未成年人遭受性侵的诉讼时效起算。未成年人遭受性侵害的损害赔偿请求权的诉讼时效期间，自受害人年满十八周岁之日起计算（《民法总则》第 191 条）。

④人身损害赔偿的诉讼时效期间，伤害明显的，从受伤害之日起算；伤害当时未曾发现，从伤势确诊之日起算。

⑤国家机关及其工作人员职务行为的侵权，从行为被确认违法之日起计算。

⑥约定履行期限或者可以确定履行期限的，诉讼时效从履行期限届满之日起算；不能确定履行期限的，诉讼时效自债权人第一次主张权利，并从宽限期届满之日起算。

⑦合同被撤销或宣告无效，返还财产、赔偿损失的请求权诉讼时效期间从合同被撤销之日、宣告无效之日起计算。

⑧返还不当得利请求权的诉讼时效期间，从当事人一方知道或者应当知道不当得利事实及对方当事人之日起计算。

⑨侵权行为具有持续性的，从侵权行为实施终了之日起计算。请求他人不作为的债权请求权，从义务人违反不作为义务之日起计算。

⑩无因管理之债请求权的诉讼时效期间，管理人请求本人给付必要管理费用、赔偿损失的，从无因管理行为结束并且管理人知道或者应当知道本人之日起计算；本人请求管理人因不当管理赔偿损失的，从其知道或应当知道管理人及损害事实之日起计算。

例2 关于诉讼时效，下列哪些选项是正确的?

C. 诉讼时效期间均从权利人知道或应当知道权利被侵害时起计算

提示：根据《民法总则》第188条第2款的规定，最长诉讼时效期间是从权利被侵害之日起开始计算，一般诉讼时效和特殊诉讼时效是从权利人知道或者应当知道权利被侵害之时起计算，故选项C错误。

例3 某公司因合同纠纷的诉讼时效问题咨询律师。关于律师的答复，下列哪些选项是正确的?

B. 当事人约定同一债务分期履行的，诉讼时效期间从最后一期履行期限届满之日起计算

提示：选项B属于对《民法总则》规定的特殊诉讼时效起算规则的考查，直接根据第189条可知，当事人约定同一债务分期履行的，诉讼时效期间从最后一期履行期限届满之日起计算。

2. 诉讼时效的中断（《民法总则》第195条）

（1）概念

诉讼时效中断，指在诉讼时效进行中，因法定事由的发生致使已经进行的诉讼时效期间全部归于无效，诉讼时效期间重新计算。

（2）法定事由

①权利人向义务人提出履行请求（私力方式主张债权）

②义务人同意履行义务（认诺）：同意偿还，请求延期，提供新担保，支付利息或租金等（被动方式主张债权）。

③权利人提起诉讼或者申请仲裁：狭义的起诉与仲裁：包括提起诉讼，反诉，独立第三人参加诉讼等。

④与起诉或仲裁具有同等效力的其他情形：包括向准司法机关请求保护自己权利，如行政申诉；申请人民委员会调解；信访；申请支付令；申请执行；申请破产；申请诉前财产保全；诉中主张抵销；为主张权利而申请宣告义务人失踪或死亡等（公力方式主张债权）。

（3）效力

①普通或者短期诉讼时效发生中断后，自中断事由消除之日起重新计算。

②特殊情形下，诉讼时效中断具有涉他效力。

权利人对同一债权中的部分债权主张权利的，诉讼时效中断的效力及于剩余债权，但权利人明确表示放弃剩余债权的除外。

对连带债权人或者连带义务人中的一人发生诉讼时效的中断，中断的效力及于全部连带权利人或者连带义务人。

3. 诉讼时效的中止（《民法总则》第194条）

（1）概念

诉讼时效的中止，指在普通或者特殊短期时效期间的最后六个月内，因发生了债权人不能主张债权的客观障碍，停止计算诉讼时效期间，待中止事由消除之后，一律继续计算六个月的时效期间。

（2）法定事由

①不可抗力。

②权利人成为无或限制民事行为能力人而又无法定代理人；或者法定代理人死亡、丧失代理权、丧失行为能力。

③权利人死亡，尚未确定继承人或遗产管理人。

④权利人被义务人或者其他人控制无法主张权利（债权人一开始就被持续控制，应适用20年期间）。

⑤其他导致权利人不能行使请求权的障碍。

比如：特殊关系。夫妻之间或者家庭成员之间的请求权，因夫妻关系或者家庭关系不能行使的，时效中止。

（3）法律效果

①停止计算诉讼时效期间。

②待中止事由消除之日起，继续计算六个月的诉讼时效期间（剩余时效期间不足六个月的，一律补足六个月）。

（4）诉讼时效中止与中断的简易区别

	中止	中断
概念	诉讼时效的中止，指在普通或者特殊短期时效期间的最后六个月内，因发生了债权人不能主张债权的客观障碍，停止计算诉讼时效期间，待中止事由消除之后，一律继续计算六个月的时效期间。	诉讼时效中断，指在诉讼时效进行中，因法定事由的发生致使已经进行的诉讼时效期间全部归于无效，诉讼时效期间重新计算。
原因	与当事人无关	与当事人有关
时段	最后6个月内	任何时段
事由	不可抗力、其他障碍不能行使请求权	起诉、其他方式主张权利（通知、催告、申报）；义务人同意履行
计算	中止前已进行的时效期间有效、合并计算	中断前时效期间无效、重新计算

例4 关于诉讼时效，下列哪一选项是正确的？

A. 甲借乙5万元，向乙出具借条，约定1周之内归还。乙债权的诉讼时效期间从借条出具日起计算

B. 甲对乙享有10万元货款债权，丙是连带保证人，甲对丙主张权利，会导致10万元货款债权诉讼时效中断

C. 甲向银行借款100万元，乙提供价值80万元房产作抵押，银行实现对乙的抵押权后，会导致剩余的20万元主债务诉讼时效中断

D. 甲为乙欠银行的50万元债务提供一般保证。甲不知50万元主债务诉讼时效期间届满，放弃先诉抗辩权，承担保证责任后不得向乙追偿

提示：选项A考查诉讼时效的起算。选项B、C是对诉讼时效中断特殊情形的考查。选项D考查的是抗辩权的行使。

根据《民法总则》第188条规定，诉讼时效期间从知道或者应当知道权利被侵害时起计算。那么对于定有清偿期的债权，自期限届满时起算。故选项A错误。

《最高人民法院关于适用〈中华人民共和国担保法〉若干问题的解释》第36条第1款规定，连带责任保证中，主债务诉讼时效中断，保证债务诉讼时效不中断。《最高人民法院关于适用〈中华人民共和国担保法〉若干问题的解释》之所以将连带责任保证中主债务的诉讼时效中断与保证债务诉讼时效作切割，是因为债权人在主张权利时可以选择向主债务人或者连带保证人提出，而不受一般保证中"先诉抗辩权"的限制。如果债权人仅对主债务人主张权利，保证债务时效不因此中断；反之，如果债权人仅对保证人主张权利，主债务时效不因此中断。故选项B错误，不当选。需注意，《最高人民法院关于审理民事案件适用诉讼时效制度若干问题的规定》第17条第2款规定，对连带债务人中的一人发生诉讼时效中断效力事由，应当认定对其他连带债务人也发生诉讼时效中断的效力。此处所谓连带债务指的是同一债务具有连带性，而连带保证中，存在两个债务，一是保证人与主债权人之间的债务；二是主债务人与主债权人之间的债务。因此，连带保证债务与主债务不属于《最高人民法院关于审理民事案件适用诉讼时效制度若干问题的规定》第17条规定的范畴。

选项C中，银行实现对乙的抵押权，即主债权人对抵押人主张了部分权利，根据《最高人民法院关于审理民事案件适用诉讼时效制度若干问题的规定》第11条规定，权利人对同一债权中的部分债权主张权利，诉讼时效中断的效力及于剩余债权。故选项C正确，当选。

根据《最高人民法院关于审理民事案件适用诉讼时效制度若干问题的规定》第21条规定，主债务诉讼时效期间届满，保证人享有主债务人的诉讼时效抗辩权。保证人未主张前述诉讼时效抗辩权，承担保证责任后向主债务人行使追偿权的，人民法院不予支持，但主债务人同意给付的情形除外。选项D表述过于绝对，不当选。另外，一般保证人放弃先诉抗辩权，不能因此推断保证人放弃了主债务诉讼时效届满的抗辩权。

（三）诉讼时效的更新

已罹于诉讼时效的债务为自然债务（实体债权债务并未消灭）。但在时效期间届满后，若债务人通过明示或默示方式同意履行或抛弃时效利益的，该债务得以重新确认，新债务

的诉讼时效期间也随之得以更新（但这不意味着原债务诉讼时效期间中断）。

1. 时效更新的法律后果

（1）新债务诉讼时效期间重新开始计算。

（2）债务人不得以原债务诉讼时效期间届满为由抗辩；

（3）义务人已自愿履行的，不得请求返还（《民法总则》第192条）。

新债务时效期间重新起算分两种情况：若双方之间约定了履行期限，自期限届满之日起重新计算；没有约定的，自抛弃表示生效时起，重新计算诉讼时效期间。

2. 时效更新的方式

（1）明示抛弃。时效期间届满时，债务人向债权人明确表示放弃时效抗辩；或债务人作出“同意履行义务”的意思表示，而这种意思表示既可以是口头的，也可以是书面的，比如双方签订了还款协议、制定还款计划、签订还款的确认书或者另外提供担保等。须注意的是：应以债务人承认的债务数额为更新的范围，未承认的债务部分并未得到更新。

（2）默示抛弃。默示抛弃主要是指期限届满，义务人并不明确主张抗辩权，而是实际履行了债务，则不得再请求返还。同理，应以债务人实际履行的债务数额为更新范围（注意：若全部债务已经履行完毕，也就不存在时效更新的问题了）。

例5　关于诉讼时效的表述，下列哪些选项是正确的？

A. 当事人可以对债权请求权提出诉讼时效抗辩，但法律规定的有些债权请求权不适用诉讼时效的规定

B. 当事人不能约定延长或缩短诉讼时效期间，也不能预先放弃诉讼时效利益

C. 当事人未提出诉讼时效抗辩的，法院不应对诉讼时效问题进行阐明及主动适用诉讼时效的规定进行裁判

D. 当事人在一审、二审期间都可以提出诉讼时效抗辩

提示：《最高人民法院关于审理民事案件适用诉讼时效制度若干问题的规定》第1条规定：“当事人可以对债权请求权提出诉讼时效抗辩，但对下列债权请求权提出诉讼时效抗辩的，人民法院不予支持：（一）支付存款本金及利息请求权；（二）兑付国债、金融债券以及向不特定对象发行的企业债券本息请求权；（三）基于投资关系产生的缴付出资请求权；（四）其他依法不适用诉讼时效规定的债权请求权。”故选项A是应选项。根据《最高人民法院关于审理民事案件适用诉讼时效制度若干问题的规定》第2条的规定，当事人违反法律规定，约定延长或者缩短诉讼时效期间、预先放弃诉讼时效利益的，人民法院不予认可。故选项B是应选项。根据《最高人民法院关于审理民事案件适用诉讼时效制度若干问题的规定》第3条的规定，当事人未提出诉讼时效抗辩，人民法院不应对诉讼时效问题进行释明及主动适用诉讼时效的规定进行裁判。故选项C是应选项。根据《最高人民法院关于审理民事案件适用诉讼时效制度若干问题的规定》第4条第1款的规定，当事人在一审期间未提出诉讼时效抗辩，在二审期间提出的，人民法院不予支持，但其基于新的证据能够证明对方当事人的请求权已过诉讼时效期间的情形除外。故选项D不是应选项。

（四）诉讼时效的停止

特殊民事主体权益受到侵害的，其权利保护的诉讼时效期间从侵害发生之日起依法处

于“停止”状态，待法定事实成就时才开始计算。共有三种情形：

（1）欠缺行为能力人对其法定代理人的请求权时效期间，自法定代理终止之日起计算（《民法总则》第 190 条）。

（2）未成年人遭性侵的损害赔偿的时效期间，自受害人年满十八周岁之日起计算（《民法总则》第 191 条）。

（3）夫妻在婚姻持续期间遭受配偶人身侵害或共有财产遭受损害的，其请求损害赔偿的时效期间，自离婚时开始计算。

①《最高人民法院关于适用〈中华人民共和国婚姻法〉若干问题的解释（一）》第 31 条：当事人因对方离婚时隐藏、转移、变卖、毁损夫妻共同财产，或伪造债务企图侵占另一方财产的，离婚后请求再次分割夫妻共同财产的诉讼时效为 2 年，从当事人发现之次日起计算。【赔偿方式是“不分或少分”】

②《最高人民法院关于适用〈中华人民共和国婚姻法〉若干问题的解释（二）》第 27 条：离婚损害赔偿请求权在办理离婚登记手续或判决离婚后 1 年后提出的，不予支持。【可主张精神损害赔偿】

四、除斥期间

除斥期间是指法律规定或者当事人依法确定的对于权利所预定的存续期间，又称“预定期间”。除斥期间是一种民事法律事实，除斥期间届满，权利即消灭。

（一）除斥期间的规定

1. 除斥期间的适用范围：除斥期间主要适用于形成权、也适用于个别的债权请求权（①保证期间；②合伙企业、个人独资企业的业主，在企业清算后 5 年的清偿期间）。

从立法体例看，适用除斥期间的主要有：撤销因重大误解订立的合同或者显失公平的合同的期间；撤销因欺诈或者胁迫订立的合同的期间；债权人行使保全撤销权的期间；赠与人行使撤销权的期间；行使合同解除权的期间等。

2. 除斥期间的起算：原则上从形成权成立之日起（特殊的从知道或应当知道撤销事由之日）《民法总则》第 152 条规定，①当事人自知道或者应当知道撤销事由之日起一年内、重大误解的当事人自知道或者应当知道撤销事由之日起三个月内没有行使撤销权；②当事人受胁迫，自胁迫行为终止之日起一年内没有行使撤销权。

3. 除斥期间的效力与法律援用：除斥期间为不变期间，不得中止、中断、延长；除斥期间一旦经过，丧失权利本身；除斥期间届满后，其利益也不得抛弃。诉讼过程中，即使当事人不援用除斥期间，法院也应当依职权援用。

（二）诉讼时效与除斥期间的区别

	诉讼时效	除斥期间
立法精神	维护新秩序	维护原秩序
适用范围	适用于债权请求权	主要适用于形成权
起算时间	主观性：知道或者应当知道权利被侵害时起算	客观性：法律规定的时间或者权利发生的时间
期间可变性	可变期间：可中止、中断、延长	不变期间：无中止、中断、延长

续表

	诉讼时效	除斥期间
法律效力	实体权利并不消灭，请求遭抗辩	消灭权利本身
法律适用	当事人主张，法院不可依职权援用	法院依职权援用

例 6 关于民事权利，下列哪些选项是正确的？

D. 债权人撤销债务人与第三人的赠与合同的权利不受诉讼时效的限制

提示：债权人撤销权属形成权，应适用除斥期间而非诉讼时效，故选项 D 正确。

五、权利的特殊存续期间

适用原则	考试中的法律适用：特别法不同于《民法总则》规定的，以特别法为准。
物权法	【遗失物的取得时效】 第 107 条 所有权人或者其他权利人有权追回遗失物。该遗失物通过转让被他人占有的，权利人有权向无处分权人请求损害赔偿，或者自知道或者应当知道受让人之日起二年内向受让人请求返还原物，（取回权）但受让人通过拍卖或者向具有经营资格的经营者购得该遗失物的，权利人请求返还原物时应当支付受让人所付的费用（回赎权）。 第 113 条 遗失物自发布招领公告之日起六个月内无人认领的，归国家所有。
	【侵害占有的诉讼时效】 第 245 条 占有的不动产或者动产被侵占的，占有人有权请求返还原物；占有人返还原物的请求权，自侵占发生之日起一年内未行使的，该请求权消灭。
合同法	【债权人领取提存物存续期间】 第 104 条 债权人可以随时领取提存物；债权人领取提存物的权利，自提存之日起五年内不行使而消灭，提存物扣除提存费用后归国家所有。
继承法	【继承权纠纷诉讼时效】 第 8 条 继承权纠纷提起诉讼的期限为二年，自继承人知道或者应当知道其权利被侵犯之日起计算。但是，自继承开始之日起超过二十年的，不得再提起诉讼。
担保法	【债权存续期间】 第 25 条 一般保证的保证人与债权人未约定保证期间的，保证期间为主债务履行期届满之日起六个月。 在合同约定的保证期间和前款规定的保证期间，债权人未对债务人提起诉讼或者申请仲裁的，保证人免除保证责任；债权人已提起诉讼或者申请仲裁的，保证期间适用诉讼时效中断的规定。 第 26 条 连带责任保证的保证人与债权人未约定保证期间的，债权人有权自主债务履行期届满之日起六个月内要求保证人承担保证责任。 在合同约定的保证期间和前款规定的保证期间，债权人未要求保证人承担保证责任的，保证人免除保证责任。
个人独资企业法	【债权存续期间】 第 28 条 个人独资企业解散后，原投资人对个人独资企业存续期间的债务仍应承担偿还责任，但债权人在 5 年内未向债务人提出偿债请求的，该责任消灭。

续表

著作权法	【侵犯著作权的诉讼时效】 第21条 公民的作品，其发表权、本法第十条第一款第（五）项至第（十七）项规定的权利的保护期为作者终生及其死亡后五十年，截止于作者死亡后第五十年的12月31日；如果是合作作品，截止于最后死亡的作者死亡后第五十年的12月31日。 《著作权法解释》第28条规定，侵犯著作权的诉讼时效为二年，自著作权人知道或者应当知道侵权行为之日起计算。权利人超过二年起诉的，如果侵权行为在起诉时仍在持续，在该著作权保护期内，人民法院应当判决被告停止侵权行为；侵权损害赔偿数额应当自权利人向人民法院起诉之日起向前推算二年计算。
保险法	【保险赔偿权诉讼时效期间】 第26条 人寿保险以外的其他保险的被保险人或者受益人，向保险人请求赔偿或者给付保险金的诉讼时效期间为二年，自其知道或者应当知道保险事故发生之日起计算。 人寿保险的被保险人或者受益人向保险人请求给付保险金的诉讼时效期间为五年，自其知道或者应当知道保险事故发生之日起计算。

第七章　物权一般原理

重要法条及司法解释

《物权法》第 9、14、15、17、19、20、23 ~ 31、97、116、127、129、139、158、187、188、189、212 ~ 224、226 ~ 228、235 条。

《最高人民法院关于适用〈中华人民共和国物权法〉若干问题的解释（一）》第 3 ~ 8 条。

《不动产登记暂行条例》。

《不动产登记暂行条例实施细则》。

《最高人民法院关于审理买卖合同纠纷案件适用法律问题的解释》第 9、10 条。

《合同法》第 163 条。

命题分析

物权一般原理是民法物权法部分最基础的知识，也是最具理论性的知识，它对学习掌握其他物权制度具有重要的指导意义。从考试角度看，物权变动的区分原则、非基于法律行为的物权变动以及物权的保护制度等几个方面命题频率相当高。可以说，掌握了物权变动则掌握了物权法的核心内容。

“物权变动区分原则”基本上是每年必考的高频知识点，以该原则为处理基准、间接考查者也有不少。考试中区分原则的应用从不动产扩及动产、从所有权扩及担保物权和用益物权，改变了以往考试重心集中在不动产转让与不动产抵押的倾向。要求考生正确领会区分原则的实质精神。

“基于法律行为的物权变动”这一知识点属于高频考点。考试围绕动产物权变动中的交付规则，重点掌握现实交付、简易交付、指示交付、占有改定这几种交付类型，以及登记的公示效力。该知识点的理解和把握难度不大，但是细节颇多，容易混淆，务必结合物权法分则内容，全面掌握。

“动产多重买卖”考查次数不是很多，仅涉及《最高人民法院关于审理买卖合同纠纷案件适用法律问题的解释》第 9、10 条，考生应熟记于心，才能保证考试不丢分。

“非基于法律行为的物权变动”，考试频率较高，分值也较大。常考视角为：因生效法律文书或者征收决定发生的物权变动、因继承或受遗赠发生的物权变动；因合法建造房屋、拆除房屋等事实行为发生的物权变动。该知识点的难度在于考生常常直接以基于法律行为的物权变动的视角思考问题，常常陷入命题人的陷阱。因此应将其与基于法律行为的物权变动对比起来全面理解。

登记制度考试频率属于中等。物权登记包括设立登记、移转登记、更正登记、异议登记以及预告登记等，其中常考查的有更正登记、异议登记与预告登记。该知识点重在对比记忆。2016年《不动产登记暂行条例实施细则》公布之后，一直属于考试热点。

物权的保护属于高频高分考点。尤其是返还原物请求权，常与占有回复请求权相比较，须重点把握。其次亦须全面把握消除危险请求权和排除妨碍请求权。所谓重者恒重，物权保护是学习物权法绕不开的话题！

知识点精讲

一、物权变动区分原则

（一）区分原则的含义与制度意义

物权变动的区分原则是指通过买卖、赠与、用益、设立担保等法律行为进行物权变动时，应当将法律行为的效力与物权变动的效果区别对待，即法律行为的效力依照法律行为效力机制判断，而物权变动是否发生则依据物权变动规则判断；而且，因欠缺公示不发生物权变动效果的，法律行为的效力不因此受影响，但是法律行为无效时则影响物权变动的发生。

物权变动区分原则是中国民法对传统德国民法“物权行为理论”创造性继受的结果。区分原则的建立不但支持了“物权绝对性”基本法理，而且为构建“物—债二元体系”、厘清物权法和债权法不同制度功能、建立完备的物权变动规则、区分当事人的不同法律责任等，提供了科学的准则。

我国物权变动区分原则，适用于动产物权和不动产物权的设立、转让、变更和消灭；该物权变动涵盖所有权、用益物权、担保物权的变动。我国民事立法和实务在继受该原则时保留了自己的特点：

（1）物权变动的区分原则仅体现为两种法律事实之法律效果的区分，即区别对待物权变动的效果与其原因行为——债权行为的生效效果。

（2）物权变动的区分原则不承认物权行为的无因性。物权行为的无因性是指物权变动中，只要物权行为有效，即使其原因行为——债权行为无效也不影响物权变动的发生。而在我国，作为原因行为的债权行为无效，物权变动则失去生效的前提。

（二）物权变动区分原则的规范应用

物权变动区分原则的效力规范归纳为：物权变动无效，则债权行为仍可能有效；而债权行为无效，物权变动相应无效！具体规范应用如下：

1. 不动产转让（买卖、赠与、互换）中，若未办理过户登记，物权不发生转让，受让人尚未取得不动产物权，但转让合同若无其他效力瑕疵，依然有效（《物权法》第15条）。

2. 不动产抵押中，未办理抵押登记，则抵押权不设立，但抵押合同的效力不因此受影响（《物权法》第187条）。抵押合同生效的意义在于：抵押人应依合同约定代替债务人向抵押权人（即债权人）进行相应清偿。

3. 动产转让（买卖、赠与、互易），若未交付动产，不发生动产所有权的变动，受让人尚未取得动产所有权。但转让合同是否有效仅需遵照合同法效力制度确定（《物权法》第23条）。

4. 动产质押中，未交付动产（或依占有改定方式交付），质权不设立，但质押合同另行依合同法相关规则确定其效力（《物权法》第212条）。

例1　甲公司开发写字楼一幢，于2008年5月5日将其中一层卖给乙公司，约定半年后交房，乙公司于2008年5月6日申请办理了预告登记。2008年6月2日甲公司因资金周转困难，在乙公司不知情的情况下，以该层楼向银行抵押借款并登记。现因甲公司不能清偿欠款，银行要求实现抵押权。下列哪一判断是正确的?

A. 抵押合同有效，抵押权设立　　B. 抵押合同无效，但抵押权设立

C. 抵押合同有效，但抵押权不设立　　D. 抵押合同无效，抵押权不设立

提示：债权行为是否有效，应依照法律行为效力制度确定。因欠缺公示手段导致不能发生物权变动效果的，法律行为的效力不因此而受影响（《物权法》第15条）。甲公司与银行之间设立的抵押是不动产抵押，在无其他效力瑕疵情形时，该抵押合同自签订之日起生效，故选项B、D错误。物权变动效果是否发生，应依照物权变动的规则确定。本题中标的物在设定抵押之前已经出售给了乙公司，并办理了预告登记，预告登记后，未经预告登记的权利人同意，处分该不动产的，不发生物权效力，且该预告登记在3个月内，尚未失效，故银行不能取得写字楼的抵押权。故选项A错误，选项C正确。

例2　甲继承了一套房屋，在办理产权登记前将房屋出卖并交付给乙，办理产权登记后又将该房屋出卖给丙并办理了所有权移转登记。丙受丁胁迫将房屋出卖给丁，并完成了移转登记。丁旋即将房屋出卖并移转登记于戊。关于甲、乙、丙三方的关系，下列选项正确的是:

A. 甲与乙之间的房屋买卖合同因未办理登记而无效

提示：根据《物权法》第15条规定，因欠缺公示手段导致不能发生物权变动效果的，法律行为的效力不因此而受影响。甲将房屋出卖给乙，未办理所有权移转登记，乙不能取得房屋所有权，但并不影响甲乙之间房屋买卖合同的效力。故选项A错误。

二、基于法律行为的物权变动

（一）基于法律行为的物权变动概述

1. 含义：物权变动概指物权的设立、变更、转让和消灭。根据物权变动的原因，可以将物权变动分为基于法律行为的物权变动和非基于法律行为的物权变动。基于法律行为的物权变动是物权变动最常见、最重要的形态，其含义为：物权的设立、变更、转让和消灭均基于法律行为而引起。导致物权变动的法律行为既可以是单方法律行为，如抛弃所有权；也可以是双方法律行为，如买卖、互易、赠与等；也可以是多方法律行为，如合伙协议、夫妻财产处分合意、公司决议等。

2. 物权变动生效要件：

（1）法律行为必须有效。法律行为无效，即使已完成交付或者登记，物权变动也会被否定。

（2）行为人具有处分权。

（3）原则上须公示（交付或登记），法律另有规定除外。

（二）基于法律行为的物权变动规则

1. 基于法律行为的不动产物权变动规则

（1）原则：基于法律行为的不动产物权变动除法律另有规定外，原则上以登记为物权变动的生效要件，依照法律规定登记的，自记载于不动产登记簿时发生效力。

（2）适用范围：见下表。

适用范围	相关法条
不动产买卖	《物权法》第9条
不动产赠与	《物权法》第9条
不动产抵押权设立	《物权法》第187条
建设用地使用权的出让设立	《物权法》第139条
不动产所有权抛弃	《物权法》第9条
不动产抵押权抛弃	《物权法》第9条
建设用地使用权抛弃	《物权法》第9条
设立公司的不动产出资	《公司法》第28条
附着于土地之林木的买卖与赠与	《不动产登记暂行条例》第2条

例3 甲继承了一套房屋，在办理产权登记前将房屋出卖并交付给乙，办理产权登记后又将该房屋出卖给丙并办理了所有权移转登记。丙受丁胁迫将房屋出卖给丁，并完成了移转登记。丁旋即将房屋出卖并移转登记于戊。关于甲、乙、丙三方的关系，下列选项正确的是：

D. 丙已取得该房屋的所有权

提示：甲的行为属于一房二卖，根据《物权法》第9条规定，不动产物权的设立、变更、转让和消灭，须经依法登记才能发生效力，因此房屋买卖需经登记才能发生所有权移转，乙仅依买卖合同占有房屋未办理登记，而丙已办理所有权移转登记，故丙取得房屋所有权。因此选项D正确。

（3）例外情形：法律特别规定了某些不动产物权变动的特殊情形，无须以登记为生效要件。见下表：

适用情形	特殊规则	相关法条
土地承包经营权的设立	土地承包经营权自土地承包经营权合同生效时设立，无须登记。	《物权法》第127条
土地承包经营权的转让	土地承包经营权转让自转让合同生效时发生转让效力，但当事人要求登记而未经登记的，不得对抗善意第三人。	《物权法》第129条
地役权的设立	地役权自地役权合同生效时设立，但未经登记不得对抗善意第三人。	《物权法》第158条

2. 基于法律行为的动产物权变动规则

（1）原则：基于法律行为的动产物权变动除法律另有规定外，原则上以交付为物权变动的生效要件，单方法律行为引起的动产物权变动以放弃占有（亦为交付）为生效要件。

（2）适用范围：见下表。

适用范围	相关法条
动产买卖	《物权法》第23条
动产赠与	《物权法》第23条
动产质权设立	《物权法》第212条
动产所有权抛弃	
动产质权抛弃	
部分权利质权设立	《物权法》第224条
基于设立公司（合伙）协议的动产出资	《物权法》第28条

（3）例外：法律规定了某些动产物权变动的特殊规则，见下表。

适用范围	特殊规则	相关法条
以没有权利凭证的有价证券设立权利质权。	以没有权利凭证的有价证券出质的，质权自有关部门办理出质登记时设立。	《物权法》第224条
以基金份额、证券登记结算机构登记的股权、其他股权设立权利质权。	以基金份额、证券登记结算机构登记的股权出质的，质权自证券登记结算机构办理出质登记时设立；以其他股权出质的，质权自工商行政管理部门办理出质登记时设立。	《物权法》第226条
以知识产权财产权设立质权。	质权自有关主管部门办理出质登记时设立。	《物权法》第227条
动产抵押的设立。	抵押权自抵押合同生效时设立；未经登记，不得对抗善意第三人。	《物权法》第188条
动产浮动抵押的设立。	抵押权自抵押合同生效时设立；未经登记，不得对抗善意第三人。	《物权法》第189条
特殊动产物权变动。	船舶、航空器和机动车等物权变动，未经登记，不得对抗善意第三人。转让人转移船舶、航空器和机动车等所有权，受让人已经支付对价并取得占有，虽未经登记，但转让人的债权人主张其为《物权法》第24条所称的“善意第三人”的，不予支持，法律另有规定的除外。	《物权法》第24条、《最高人民法院关于适用〈中华人民共和国物权法〉若干问题的解释（一）》第6条

例4 个体工商户甲将其现有的以及将有的生产设备、原材料、半成品、产品一并抵押给乙银行，但未办理抵押登记。抵押期间，甲未经乙同意以合理价格将一台生产设备出卖给丙。后甲不能向乙履行到期债务。对此，下列哪一选项是正确的？

A. 该抵押权因抵押物不特定而不能成立

B. 该抵押权因未办理抵押登记而不能成立

C. 该抵押权虽已成立但不能对抗善意第三人

D. 乙有权对丙从甲处购买的生产设备行使抵押权

提示：根据《物权法》第189条规定，动产浮动抵押中，抵押权自抵押合同生效时设立；未经登记，不得对抗善意第三人。甲与乙之间设立的是动产浮动抵押，签订抵押合同，则抵押权已设立，但未办理登记，故该抵押权虽已成立但不能对抗善意第三人，所以该抵押权不能对抗丙。故选项C正确；选项A、B、D错误。

3. 基于法律行为的不动产物权变动公示——登记

登记是不动产物权变动的公示方法，是指将不动产物权变动事项记载于不动产登记簿上。主要有设立登记、移转登记、变更登记、异议登记、预告登记等。

（1）物权变动自登记事项记载于不动产登记簿时完成登记发生，而不是发放权属证书之时。

（2）登记机关：不动产登记由不动产所在地的县级人民政府不动产登记机构办理；跨县级行政区域的不动产登记，由所跨县级行政区域的不动产登记机构分别办理。不能办理的，由所跨县级行政区域的不动产登记机构协商办理；协商不成的，由共同的上一级人民政府不动产登记主管部门指定办理。

（3）登记申请人：原则上，由当事人双方共同申请，特定情形下可以由当事人单方申请：①尚未登记的不动产首次申请登记的；②继承、接受遗赠取得不动产权利的；③人民法院、仲裁委员会生效的法律文书或者人民政府生效的决定等设立、变更、转让、消灭不动产权利的；④权利人姓名、名称或者自然状况发生变化，申请变更登记的；⑤不动产灭失或者权利人放弃不动产权利，申请注销登记的；⑥申请更正登记或者异议登记的；⑦法律、行政法规规定可以由当事人单方申请的其他情形。

（4）不动产登记机构应当自受理登记申请之日起30个工作日内办结不动产登记手续，法律另有规定的除外。

4. 基于法律行为的动产物权变动公示——交付

交付是动产物权变动的公示方法，是指动产占有或者所有权凭证的移转。交付的要件有二：其一，移转占有，既可以是直接占有，也可以是间接占有；其二，具有交付的合意。交付通常指现实交付，但为了交易便利，法律规定有时也可以以观念交付代替现实交付。据此，交付的类型有五种：现实交付、简易交付、指示交付、占有改定、拟制交付。

（1）现实交付

现实交付指标的物占有的现实移转，即对动产的事实管领力的移转，使受让人取得标的物的直接占有。生活中大多数民事交易关系都是现实交付。

①现实交付的类型。

现实交付并不仅限于让与人，假借他人之手进行的交付也可视为现实交付，主要有三种情况：

A. 经由占有辅助人为交付，例如甲将玉佩出售于乙，约定由乙的员工丙接收拿玉佩，后甲依约定将玉佩交付于丙。丙是乙的占有辅助人，当甲将玉佩交付于丙时即完成现实交付，乙取得玉佩所有权；

B. 经由占有媒介关系为交付，例如甲将玉佩出售于乙，乙与丙约定由丙帮其保管该玉佩，乙与丙之间成立占有媒介关系，故甲将玉佩交付于丙时即完成交付；

C. 经由被指令人为交付，例如甲将玉佩出售于乙，乙转售于丙，乙请甲将该玉佩交付与丙，甲依约定将玉佩交付于丙。丙是被指令人，当甲将玉佩交付于丙时即完成现实交付，乙取得玉佩所有权。

②动产买卖的现实交付（《合同法》第141条、《最高人民法院关于审理买卖合同纠纷案件适用法律问题的解释》第12条）。

交易双方约定了交付地点的则在约定的交付地点完成现实交付，若未约定交付地点，则完成现实交付的情况由以下两种：

情形	完成现实交付的地点
标的物不需要运输（买受人上门提货）。	出卖人和买受人签订合同时知道标的物在某一地点的，出卖人应在该地点交付标的物；订立合同时不知道标的物所在地点的，应在出卖人订立合同时的营业地交付标的物。
标的物需要运输。	出卖人将标的物交付第一承运人时视为完成现实交付。

例5 甲、乙公司于2010年3月1日签订大蒜买卖合同，约定由乙公司代办托运，货交承运人丙公司后即视为完成交付。大蒜运至丙公司时，所有权归谁？为什么？

提示：甲公司。因为大蒜是动产，除合同有特别约定外，以交付作为其所有权转移的标志。标的物需要运输的，出卖人将标的物交付第一承运人时视为完成现实交付。甲公司和乙公司约定，大蒜交给丙公司时视为完成交付，故此时甲公司是大蒜所有权人。

（2）简易交付

简易交付是指动产物权设立和转让前，受让人已经事先占有该动产时，让与人与受让人之间关于动产物权变动的合同生效则视为交付，以代替现实交付。

（3）指示交付

指示交付是指动产物权设立和转让前，动产被第三人直接占有，让与人与受让人达成协议出让人将其对于第三人的返还请求权让与受让人以代替现实交付的交付。指示交付中存在两个合意：第一，移转标的物所有权或设立质权的合意；第二，让与返还请求权的合意。

例6 甲公司将 台挖掘机出租给乙公司，后因乙公司 直未向甲公司支付租金，甲公司便将挖掘机以48万元的价格出卖给王某，约定由乙公司直接将挖掘机交付给王某，王某首期付款20万元，尾款28万元待收到挖掘机后交付。此事，甲公司通知了乙公司。甲公司与王某签订买卖合同之后，王某死亡之前，关于挖掘机所有权人，下列选项正确的是：

A. 甲公司 B. 丙公司 C. 丁公司 D. 王某

提示：动产物权设立和转让前，动产被第三人直接占有，让与人与受让人达成协议出让人将其对于第三人的返还请求权让与受让人以代替现实交付的交付时即完成交付，此为指示交付。甲将挖掘机出卖给王某并将其对乙的返还请求权让与给王某，王某通过指示交付的方式取得了挖掘机的所有权。因此选项D正确。

（4）占有改定

占有改定是指动产物权设立和转让前，让与人与受让人达成协议约定由让与人继续占有该动产，则在让与合意生效时视为完成交付受让人取得间接占有的交付方式。占有改定中存在两个合意：第一，移转动产所有权的合意（动产质权不能通过占有改定设立）；第二，让与人与受让人之间成立委托、借用、租赁等债权合同的合意。

例7 甲有一块价值一万元的玉石。甲与乙订立了买卖该玉石的合同，约定价金11000元。由于乙没有带钱，甲未将该玉石交付与乙，约定三日后乙到甲的住处付钱取玉石。随后甲又向乙提出，再借用玉石把玩几天，乙表示同意。隔天，知情的丙找到甲，提出愿以12000元购买该玉石，甲同意并当场将玉石交给丙。丙在回家路上遇到债主丁，向丙催要9000元欠款甚急，丙无奈，将玉石交付与丁抵偿债务。后丁将玉石丢失被戊拾得，戊将其转卖给己。关于乙对该玉石所有权的取得和交付的表述，下列选项正确的是：

A. 甲、乙的买卖合同生效时，乙直接取得该玉石的所有权

B. 甲、乙的借用约定生效时，乙取得该玉石的所有权

C. 由于甲未将玉石交付给乙，所以乙一直未取得该玉石的所有权

D. 甲通过占有改定的方式将玉石交付给了乙

提示：玉石的所有权自交付时起转移，本题中，在合同签订之时因乙没有带钱，甲未将玉石交付与乙，并约定三日后乙到甲的住处付钱取玉石，所以玉石未交付，乙未取得所有权玉石的所有权并没有直接转移给乙。故选项A错误。随后，甲向乙提出借用玉石把玩几天，乙表示同意。这是通过采用占有改定的方式进行交付，因此标的物的所有权转移给乙。所以自该借用协议达成后乙取得了玉石的所有权，故选项B、D正确，选项C错误。

（5）拟制交付

拟制交付是指出让人将标的物的权利凭证交给受让人，以代替将物现实交付的一种特殊交付方式。在动产所有权证券化趋势下，民法还认定一种拟制交付，即通过交付或者背书动产的权利凭证（如仓单、提单）使所有权的移转或质权的设立（权利质权）得以完成。

（三）公示公信原则

1. 含义：公信原则是指物权变动以登记和交付为公式方法，善意受让人如果信赖这种公示而从事物权交易，即使公示表现出的物权状态与真实状态不一致，也不影响该物权交易的效力。

2. 公示原则的内容：

（1）确定物权的变动根据：不动产——登记生效主义；动产——交付生效主义。

（2）推定权利的正确性：不动产物权中不动产登记簿上记载的当事人的权利与动产物权中占有的事实状态均可以推定被记载人或现实的占有人为真正的权利人。

（3）保护善意第三人：基于登记或者占有的公信力，即使转让人对标的物不享有处分权，自标的物登记或交付时，受让人作为善意第三人的利益受法律保护（善意取得制度）。

三、非基于法律行为的物权变动

（一）非基于法律行为的物权变动概述

非基于法律行为的物权变动与基于法律行为的物权变动相对应，该种类型的物权变动

有两个特点：第一，物权变动不需要有效的法律行为；第二，物权变动不需要公示。

非基于法律行为的物权变动包括：因善意取得、生效法律文书、继承或受遗赠、合法建造房屋等事实行为、征收、没收、强制执行、添附、取得孳息等发生的物权变动。

（二）非基于法律行为的物权变动的规范应用

1. 因生效法律文书或人民政府的征收决定发生的物权变动（《物权法》第28条）

（1）物权变动时间：物权变动自法律文书或者人民政府的征收决定等生效时发生效力。

（2）生效法律文书的性质：通说认为，因生效法律文书发生物权变动中的"法律文书"，仅限于行使形成诉权所产生的形成判决、裁定，不包括确认判决和给付判决，且不包括行使单独形成权产生的生效判决，之所以不包括简单形成权是因为单独形成权通过权利人自身行使即产生形成力，其生效判决属于确认判决。例如，解除合同，解除通知到达时即发生物权变动效果，后诉诸法院产生的生效判决仅为确认判决。

（3）生效法律文书的范围：属于《物权法》第28条规定的常见的生效形成判决有：①人民法院、仲裁委员会在分割共有不动产或者动产等案件中作出的改变原有物权关系的生效判决书、裁决书、调解书；②人民法院在执行程序中作出的拍卖成交裁定书、以物抵债裁定书；③行使离婚请求权形成的分割财产的生效判决；④依据可撤销合同中的撤销权产生的生效判决；⑤债权人行使撤销权所产生的生效判决。

例8　某房屋登记簿上所有权人为甲，但乙认为该房屋应当归己所有，遂申请仲裁。仲裁裁决争议房屋归乙所有，但裁决书生效后甲、乙未办理变更登记手续。一月后，乙将该房屋抵押给丙银行，签订了书面合同，但未办理抵押登记。对此，下列哪些说法是正确的：

A. 房屋应归甲所有　　　　B. 房屋应归乙所有

提示：仲裁裁决一经作出即生效，根据《物权法》第28条规定，因生效法律文书或者征收决定发生的物权变动，物权变动自法律文书或者人民政府的征收决定等生效时发生效力，故本题中乙已取得房屋所有权。故选项B正确，选项A错误。

2. 因继承或受遗赠发生的物权变动（《物权法》第29条）

（1）物权变动时间：因继承或受遗赠发生的物权变动，物权变动自继承或受遗赠开始时发生效力。即被继承人死亡时，继承人或者受遗赠人取得遗产所有权或者他物权，无须登记或者交付。

（2）共同共有：法定继承中，若继承人有两个或两个以上，则在继承开始之后遗产分割之前，法定继承人对遗产成立共同共有。

例9　甲继承了一套房屋，在办理产权登记前将房屋出卖并交付给乙，办理产权登记后又将该房屋出卖给丙并办理了所有权移转登记。丙受丁胁迫将房屋出卖给丁，并完成了移转登记。丁旋即将房屋出卖并移转登记于戊。在办理继承登记前，关于甲对房屋的权利状态，下列选项正确的是：

A. 甲已经取得了该房屋的所有权

提示： 因继承或受遗赠发生的物权变动，物权变动自继承或受遗赠开始时发生效力。因此即使未办理产权登记，甲亦自继承开始时取得房屋所有权。故选项 A 正确。

3. 因合法建造房屋、拆除房屋等事实行为发生的物权变动（《物权法》第 30 条）

（1）物权变动时间：物权变动自事实行为成就时发生效力。

（2）事实行为成就：合法建造房屋的，房屋封顶之时，建造人取得房屋所有权；拆除房屋的，每一层屋顶掀开之时，房屋所有权消灭。

例 10 中州公司依法取得某块土地建设用地使用权并办理报建审批手续后，开始了房屋建设并已经完成了外装修。对此，下列哪一选项是正确的？

A. 中州公司因为享有建设用地使用权而取得了房屋所有权

B. 中州公司因为事实行为而取得了房屋所有权

C. 中州公司因为法律行为而取得了房屋所有权

D. 中州公司尚未进行房屋登记，因此未取得房屋所有权

提示： 中州公司取得建设用地使用权并经审批之后建造房屋属于合法建造，房屋已完成外装修说明事实行为已成就，根据《物权法》第 30 条规定，因合法建造房屋、拆除房屋等事实行为发生的物权变动，物权变动自事实行为成就时发生效力，因此中州公司因事实行为取得了房屋所有权。因此选项 B 正确，选项 A、C、D 错误。

注意：（1）依照《物权法》第 28 ~ 30 条发生物权变动的，无须登记即可发生物权变动。

（2）依照《物权法》第 28 ~ 30 条发生物权变动虽无须登记即可发生物权变动效果，但未办理宣示登记，权利人对该不动产缺乏处分权，权利人处分该不动产的，不发生物权变动效果，但不影响合同效力；欠缺宣示登记仅影响处分权，不影响该不动产物权的其他权能，例如权利人可以依法出租房屋。

（3）欠缺宣示登记不影响权利人获得物权保护，物权遭受侵害的，物权人可以依法主张保护请求权。

（4）依照《物权法》第 28 ~ 30 条发生物权变动后未办理宣示登记致使不动产物权权属登记错误的，登记名义人无权处分该不动产的，适用善意取得制度，实际权利人有权请求无权处分人赔偿损害。

例 11 某房屋登记簿上所有权人为甲，但乙认为该房屋应当归己所有，遂申请仲裁。仲裁裁决争议房屋归乙所有，但裁决书生效后甲、乙未办理变更登记手续。一月后，乙将该房屋抵押给丙银行，签订了书面合同，但未办理抵押登记。对此，下列哪些说法是正确的？

C. 抵押合同有效　　　　D. 抵押权未成立

提示： 根据生效裁决对物权变动的效力，本案中乙已取得房屋所有权。一月后乙将该

房屋抵押给丙银行，根据《物权法》第31条规定，根据《物权法》第28～30条发生的物权变动，物权人处分不动产物权的，未经登记不发生物权效力。因乙未办理变更登记，所以乙虽取得房屋所有权但乙与丙之间的房屋抵押权不能设立。同时根据区分原则，抵押权的是否成立并不影响抵押合同的效力。故选项C、D正确。

例12　吴某和李某共有一套房屋，所有权登记在吴某名下。2010年2月1日，法院判决吴某和李某离婚并且判决房屋归李某所有，但是并未办理房屋所有权变更登记。3月1日，李某将该房屋出卖给张某，张某基于对判决书的信赖支付了50万元价款，并入住了该房屋。4月1日，吴某又就该房屋和王某签订了买卖合同，王某在查阅了房屋登记簿确认房屋仍归吴某所有后，支付了50万元价款，并与5月1日办理了所有权变更登记手续。下列哪些选项是正确的？

A. 5月10日前，吴某是房屋所有权人

B. 2月1日至5月10日，李某是房屋所有权人

C. 3月1日至5月10日，张某是房屋所有权人

提示：本题中，判决房屋归李某所有的法律文书系行使离婚请求权形成的分割财产的生效判决，属于形成判决，根据《物权法》第28条规定，李某取得房屋所有权，但因其未办理变更登记，故李某虽享有房屋所有权，但却缺乏处分权，故3月1日其将房屋出卖给张某，即使张某基于对判决的信赖支付50万元价款并入住房屋，仍不发生物权变动，所以李某仍为房屋所有权人，故选项A、C错误，选项B正确。

四、物权登记

物权登记是指经当事人申请，国家专门机关将物权变动的事实记载于不动产登记簿上的事实或行为。

（一）物权登记的功能与意义

1. 登记推定力

（1）登记的推定力包含积极推定与消极推定。积极推定是指根据登记的记载推定某人享有某项权利，消极推定是指根据登记的记载推定某项权利不存在。

（2）登记的推定力既包含对权利存在或者不存在的推定，也包含对权利归属的推定。记载于登记簿上的人被推定享有某项权利。

（3）登记的推定仅仅适用权利的推定。

（4）登记的推定不是终局性的，而是可推翻的，这主要是为了保护真正权利人的利益。

2. 登记公信力

所谓不动产登记的公信力，是指登记机关在不动产登记簿上所作的不动产登记，具有使社会公众相信其正确、真实的法律效力。基于登记簿上登记的公信力，即使登记有错误或者遗漏，因相信登记正确而与登记名义人而进行交易的善意第三人，其所取得的利益受法律保护。

（1）登记生效主义。我国不动产物权变动主要采登记生效主义，《物权法》第9条第1

款规定："不动产物权的设立、变更、转让和消灭，经依法登记，发生效力；未经登记，不发生效力，但法律另有规定的除外"，这实际上就是对登记生效主义的一般规定。法律"另有规定"主要指：土地承包经营权的设立、土地承包经营权的流转、地役权的设立、特殊动产的变动、特殊动产的抵押、动产浮动抵押等，这些情形下采取的是登记对抗主义，只要当事人达成合意，物权就被创设或者进行了变动，至于登记，仅仅能够产生对抗第三人的效力。

（2）登记的正确推定。不动产登记簿上出现权属登记错误时，为了保护善意第三人的信赖利益，赋予该错误登记以公信力，适用善意取得。

3. 物权登记的意义

（1）明确和宣示权属关系，降低交易成本，维护交易秩序，保护权利人利益。

（2）保护第三人的合理信赖，降低信息成本。

（3）不动产登记制度既是政府依法对不动产征税的依据，又是政府调控市场的手段。

（二）物权登记的类型与规范应用

类型	规范应用	
原始登记	含义	原始登记，即不动产首次登记，是指不动产登记机关为了确定不动产权属，对不动产所有权、使用权和他项权利进行的第一次统一登记。未办理不动产首次登记的，不得办理不动产其他类型登记，但法律、行政法规另有规定的除外。
	适用范围	①集体土地所有权；②房屋等建筑物、构筑物所有权；③森林、林木所有权；④耕地、林地、草地等土地承包经营权；⑤建设用地使用权；⑥宅基地使用权；⑦海域使用权；⑧地役权；⑨抵押权；⑩法律规定需要登记的其他不动产权利。
	注意	依法属于国家所有的自然资源，所有权可以不登记。
移转登记	含义	是指因不动产买卖、交换、赠与、继承、划拨、转让、分割、合并、裁决等原因致使其权属发生转移后所进行的所有权登记。
	适用范围	①买卖、互换、赠与不动产的；②以不动产作价出资（入股）的；③法人或者其他组织因合并、分立等原因致使不动产权利发生转移的；④不动产分割、合并导致权利发生转移的；⑤继承、受遗赠导致权利发生转移的；⑥共有人增加或者减少以及共有不动产份额变化的；⑦因人民法院、仲裁委员会的生效法律文书导致不动产权利发生转移的；⑧因主债权转移引起不动产抵押权转移的；⑨因需役地不动产权利转移引起地役权转移的；⑩法律、行政法规规定的其他不动产权利转移情形。
更正登记	含义	更正登记是指权利人、利害关系人、登记机关为登记事项错误进行的予以更正的登记。
	适用条件	（1）不动产登记簿记载的事项确有错误。 （2）权利人、利害关系人提出申请（登记机构也可依法依职权更正）。 （3）登记名义人书面同意更正或者有证据证明登记确有错误的。
	效力	（1）符合更正登记条件的，登记机构应当依法办理更正登记，但在错误登记之后已经办理了涉及不动产权利处分的登记、预告登记和查封登记的除外。 （2）更正登记之后以更正登记的内容确定物权的归属和内容。

续表

类型	规范应用	
异议登记	含义	异议登记是指事实上的权利人以及利害关系人对不动产登记簿记载的权利所提出的异议记入登记簿的登记。
	适用条件	(1) 利害关系人因登记名义人不同意更正的、且未能办理更正登记。 (2) 利害关系人申请异议登记。
	效力	(1) 符合异议登记条件的，登记机构应当依法办理异议登记。 (2) 因异议登记不当给权利人造成损害的，权利人可以向申请人请求损害赔偿。(《物权法》第19条) (3) 登记机构予以异议登记的，申请人在异议登记之日起十五日内不起诉，异议登记失效。 (4) 异议登记失效后，申请人就同一事项以同一理由再次申请异议登记的，不动产登记机构不予受理。 (5) 异议登记失效后，当事人提起民事诉讼，请求确认物权归属的，应当依法受理。(《最高人民法院关于适用〈中华人民共和国物权法〉若干问题的解释（一）》第3条) (6) 异议登记期间，不动产登记簿上记载的权利人以及第三人因处分权利申请登记的，不动产登记机构应当书面告知申请人该权利已经存在异议登记的有关事项。申请人申请继续办理的，应当予以办理，但申请人应当提供知悉异议登记存在并自担风险的书面承诺。
预告登记	含义	为了保全债权的实现、保全物权的顺位等而进行的提前登记。
	适用范围	(1) 商品房等不动产预售的； (2) 不动产买卖、抵押的； (3) 以预购商品房设定抵押权的； (4) 法律、行政法规规定的其他情形。
	效力	(1) 预告登记影响让与人对不动产的“处分权”，未经预告登记的权利人同意，转移不动产所有权，或者设定建设用地使用权、地役权、抵押权等其他物权的，认定其不发生物权效力，但不影响合同效力（《物权法》第20条第1款）。 (2) 预告登记生效期间，未经预告登记的权利人书面同意，处分该不动产权利申请登记的，不动产登记机构应当不予办理。 (3) 预告登记后，债权消灭、预告登记的权利人放弃预告登记的或者自能够进行不动产登记之日起三个月内未申请登记的，预告登记失效（《最高人民法院关于适用〈中华人民共和国物权法〉若干问题的解释（一）》第5条）。

例13　甲公司开发写字楼一幢，于2008年5月5日将其中一层卖给乙公司，约定半年后交房，乙公司于2008年5月6日申请办理了预告登记。2008年6月2日甲公司因资金周转困难，在乙公司不知情的情况下，以该层楼向银行抵押借款并登记。现因甲公司不能清偿欠款，银行要求实现抵押权。下列哪一判断是正确的？

A. 抵押合同有效，抵押权设立　　　　B. 抵押合同无效，但抵押权设立

C. 抵押合同有效，但抵押权不设立　　D. 抵押合同无效，抵押权不设立

提示：根据《物权法》第20条第1款规定，预告登记影响让与人对不动产的“处分权”，未经预告登记的权利人同意，转移不动产所有权，或者设定建设用地使用权、地役权、抵押权等其他物权的，认定其不发生物权效力，但不影响合同效力。因此甲公司与银

行之间的抵押权不能设立，但根据区分原则，抵押权不设立并不影响抵押合同的效力。故选项C正确，选项A、B、D错误。

五、物权保护

物权的保护是指物权受到侵害的情况下，依照法律规定使物权人可以行使的权利恢复至圆满状态的各种保护方法，包括公法保护和私法保护。物权的私法保护中主要依靠民法保护。

（一）自力保护

自力保护，又称“私力救济”，指的是权利人在自己的权利受到侵害时直接以自己的行为使自己的权利恢复完满的物权保护方式。

自力保护包括自力防御、自助行为。自力防御包括自力防卫和紧急避险；自助行为是指权利人的物权受到非法侵害后，为恢复物权的原有状态，面对侵害人的人身或财产实施的必要强制措施。

（二）物权请求权

1. 含义

物权请求权是指物权受到侵害或有被侵害危险时，为了恢复物权至未受到侵害时的圆满状态，物权人享有的、要求特定人为一定行为或不为一定行为的权利。物权的保护主要通过物权人行使物权请求权来实现，其主要包括返还原物请求权、排除妨碍请求权、消除危险请求权等类型。

2. 物权请求权的特性——从区别中显特征

（1）物权请求权与物权

①物权请求权是请求权，物权是支配权。

②物权是物权请求权的基础权利，但物权请求权是一种独立的请求权。

③物权请求权不能与物权相分离而单独存在，也不能与物权相分离而单独转让。

（2）物权请求权与债权请求权（当物权遭受侵害时也会产生的债权请求权）

区别点	物权请求权	债权请求权
构成要件	不以相对人过错或物权人遭受财产损失为构成要件。	以相对人的过错、物权人遭受财产损失为构成要件。
行使期限	一般无限制。	有诉讼时效、除斥期间限制

3. 分类解析

（1）返还原物请求权

①含义：返还原物请求权是指权利人对无权占有不动产或者动产的人，请求其返还原物的权利。

②构成要件：权利人为物权人，包括所有权人或他物权人，但抵押权人以及丧失占有的留置权人、质权人不得行使此项请求权；相对人为现时的无权占有人。

③效力：被请求人应当返还原物及孳息。

返还原物请求权 VS 占有返还请求权

区别点	返还原物请求权	占有返还请求权
权利主体	物权人（包括所有权人与他物权人）。	占有人（包括直接占有人与间接占有人）。
相对人	现时的无权占有人。	侵夺人及其继受人（善意特定继受人除外）。
构成要件	无权占有。	占有被侵夺。
期限限制	一般无期限（未登记动产除外）。	自侵夺之日起一年内。

例 14　高某向周某借用一头耕牛，在借用期间高某意外死亡，其子小高不知耕牛非属高某所有而继承。不久耕牛产下一头小牛。期满后周某要求小高归还耕牛及小牛，但此时小牛已因小高管理不善而死亡。下列哪一选项是正确的？

A. 周某有权请求小高归还其耕牛，但无权请求返还小牛

B. 周某有权请求小高归还其耕牛及小牛

C. 周某有权请求小高返还其耕牛及小牛，但应向小高支付必要费用

D. 周某可以请求小高赔偿小牛死亡的损失

提示：本题中借用期满后小高对于耕牛由有权占有转为无权占有，故此时周某有权要求小高返还耕牛。根据《物权法》第 243 条规定，不动产或者动产被占有人占有的，权利人可以请求返还原物及其孳息。小牛属于耕牛的孳息，故周某本有权利要求小高返还耕牛，但小牛已经死亡，小高不再是小牛的现时无权占有人，所以周某无权要求周某返还小牛。因此选项 A 正确，选项 B、C 错误；那么周某是否可以请求小高赔偿小牛死亡的损失呢？根据《物权法》第 244 条规定，占有的不动产或者动产毁损、灭失，该不动产或者动产的权利人请求赔偿的，占有人应当将因毁损、灭失取得的保险金、赔偿金或者补偿金等返还给权利人；权利人的损害未得到足够弥补的，恶意占有人还应当赔偿损失。因为小高并不知道耕牛不属于其父所有，其属于“善意占有人”，而小牛已经死亡，对于已经消耗掉的孳息，善意占有人不负返还责任，也不用承担赔偿责任，故选项 D 错误。

例 15　丁某将其所有的房屋出租给方某，方某将该房屋转租给唐某。下列哪些表述是正确的？

C. 如丁某与方某的租赁合同约定，方某未经丁某同意将房屋转租，丁某有权解除租赁合同，则在合同解除后，其有权请求唐某返还房屋

D. 如丁某与方某的租赁合同约定，方某未经丁某同意将房屋转租，丁某有权解除租赁合同，则在合同解除后，在丁某向唐某请求返还房屋时，唐某可以基于与方某的租赁关系进行有效的抗辩

提示：返还原物请求权的构成要件为：①权利人为物权人，包括所有权人或他物权人，但抵押权人以及丧失占有的留置权人、质权人不得行使此项请求权；②相对人为现时的无权占有人。出租人丁某解除房屋租赁合同后，有权行使返还原物请求权，要求次承租人腾退房屋，故选项 C 表述正确，当选。房屋占有人唐某与出租人丁某没有合同关系，依据债权相对性，唐某对于丁某的腾退请求，无权抗辩，故选项 D 错误，不当选。

（2）排除妨害请求权

①含义：排除妨害请求权，是指当物权的圆满状态受到他人以占有以外的方式妨害时，物权人对妨害人享有的请求其排除妨害，从而使自己的权利恢复圆满状态的权利。妨害情形例如：因天灾致使自家围墙倒于邻居院中；在他人土地上堆放物品；制造难以忍受的噪音等。

②构成要件：权利人为物权人；妨害人以占有之外的方法妨害物权人行使物权；妨害必须是非法的、不正当的，超出了正常的容忍限度；妨害状态继续存在；被请求人应为对妨害的除去具有支配力的人。

③效力：中止妨害的继续存在；被请求人对于妨害的产生具有过错的，应当独自承担排除妨害的费用；无过错的，由双方合理分担排除妨害的费用。

（3）消除危险请求权

①含义：消除危险请求权，又称损害防止请求权，是指物权人的物权有被他人侵害或损害的可能时，物权人享有的请求其消除危险的权利，例如请义务人对其可能倒塌的建筑物予以拆除。

②构成要件：请求权人为物权人；物权人的物权有被他人妨害或损害的现实危险；提出请求时危险仍现实存在；被请求人应对危险的除去具有支配力。

③效力：防止侵害实际发生；消除危险的费用原则上由被请求人承担，但若危险的产生是由不可抗力所致，或者危险的产生与请求权人自身有关时，应由请求人与被请求人合理分担费用。

（三）债权保护方法

在物权保护中采取债权保护方法，主要是通过行使侵权损害赔偿请求权得以实现。损害赔偿请求权是指在无法恢复物的原状的情况下，由权利人向侵害人所提出的以货币的方式赔偿损失的请求权。

第八章　所有权

重要法条及司法解释

《物权法》第84~92、106~116条。

《最高人民法院关于适用〈中华人民共和国物权法〉若干问题的解释（一）》第15~21条。

《最高人民法院关于适用〈中华人民共和国担保法〉若干问题的解释》第62、63、91、114条。

《合同法》第163条。

《最高人民法院关于适用〈中华人民共和国婚姻法〉若干问题的解释（三）》第5条。

命题分析

所有权制度集中体现了物权法的基本原理、核心理念和主要的制度构造。全面掌握所有权知识点，具有重要的体系意义。

“善意取得”几乎每年必考，是物权法中考查分数最高的知识点，足可见其重要性。该知识点覆盖广、与其他知识点的衔接性强，加上《最高人民法院关于适用〈中华人民共和国物权法〉若干问题的解释（一）》将该制度进行了更新，近年来考试难度也在递增。须全面掌握善意取得的构成要件，还须重点把握善意取得与拾得遗失物制度之间的联系。

“拾得遗失物”属于基础考点，近年考查次数较多。考查视角为善意取得与遗失物之间的关系、拾得人与失主之间的权利义务等。

所有权的特殊取得制度属于较为偏僻的考点，主要包括添附、孳息与从物这几个考点，近年考查的次数不多，但是考生全面把握才能从容应对法考的“突袭”。

相邻关系也属于较偏僻的考点。考生必须把握相邻关系与地役权之间的联系与区别。

知识点精讲

一、善意取得

（一）善意取得概述

现代民法基于公示公信原则，为了保护第三人利益规定了善意取得制度。善意取得是指动产或不动产的占有人无权处分该财产，并将该财产以市场价格转让给第三人或向第三人设立物权负担，受让人取得该财产物权时出于善意且无重大过失，则受让人依法取得该财产的相关物权。

1. 特点

（1）善意取得以无权处分为前提。

（2）善意取得是原始取得。【法理意义在于：该标的物上其他的权利负担视为消灭】

(3) 范围广泛：善意取得制度适用于动产物权和不动产，且适用于所有权、用益物权以及担保物权的取得。

(4) 适用例外：盗赃物、遗失物、埋藏物等原则上不适用善意取得（注意例外情形）。

2. 效力

(1) 物权效力

①善意受让人取得物权（所有权、担保物权、用益物权）；真正物权人丧失所有权或者承受他物权负担；原物权人基于物权的追及效力受到阻碍。

②因善意取得系原始取得，故善意受让人不承担标的物上原有的权利负担。

例外：动产善意受让人善意取得所有权之时知道该动产上存在抵押权或质权的，抵押权和质权不消灭。

(2) 债权效力

发生善意取得时，在债权法领域仍存在对原所有权人因善意取得遭受损害予以救济的渠道，即原所有权人可以对无权处分人主张违约损害赔偿、不当得利返还、侵权损害赔偿。

3. 善意取得的排除情形：处分合同存在效力瑕疵

具有下列情形之一，受让人不能通过善意取得制度主张物权：

(1) 转让合同因违反合同法第五十二条规定被认定无效；

(2) 转让合同因受让人存在欺诈、胁迫或者乘人之危等法定事由被撤销。

（二）不动产善意取得的构成

1. 一般构成要件：①不动产登记簿出现权属登记不实；②不动产的登记名义人以自己的名义对该不动产实施无权处分；③受让人受让之时为善意；④转让人以合理的价格转让；⑤受让人已经办理完毕不动产过户登记。

2. “善意”的认定：

“善意”的含义	受让人不知转让人无处分权，且其对此不知无重大过失。
“善意”的时间	受让人须在“依法完成不动产物权移转登记之时”为善意，此后变为恶意的，不影响善意取得的发生。
“善意”的证明	原则上，推定受让人为善意，真实权利人主张受让人不构成善意的，应当承担举证证明责任。真实权利人有证据证明不动产受让人应当知道转让人无处分权的，应当认定受让人具有重大过失。
“善意”的除外	(1) 登记簿上存在有效的异议登记。
	(2) 预告登记有效期内，未经预告登记的权利人同意。
	(3) 登记簿上已经记载司法机关或者行政机关依法裁定、决定查封或者以其他形式限制不动产权利的有关事项。
	(4) 受让人知道登记簿上记载的权利主体错误。
	(5) 受让人知道他人已经依法享有不动产物权。

3. “合理价格”的认定：应当根据转让标的物的性质、数量以及付款方式等具体情况，参考转让时交易地市场价格以及交易习惯等因素综合认定。

注意：（1）赠与、继承时，受让人以“明显不合理的低价”受让的，都不是以“以合理的价格”，故不适用善意取得。

（2）受让人是否已经支付合理的价格不影响善意取得的发生。

例1 甲、乙结婚后购得房屋一套，仅以甲的名义进行了登记。后甲、乙感情不和，甲擅自将房屋以时价出售给不知情的丙，并办理了房屋所有权变更登记手续。对此，下列哪一选项是正确的？

A. 买卖合同有效，房屋所有权未转移　　B. 买卖合同无效，房屋所有权已转移

C. 买卖合同有效，房屋所有权已转移　　D. 买卖合同无效，房屋所有权未转移

提示：根据《最高人民法院关于审理买卖合同纠纷案件适用法律问题的解释》第3条规定，无权处分的买卖合同有效，因此买卖合同有效，选项B、D错误。不动产善意取得的构成要件为：①不动产登记簿出现权属登记错误；②不动产的登记名义人以自己的名义对该不动产实施无权处分；③受让人受让之时为善意；④转让人以合理的价格转让；⑤受让人已经办理完毕不动产过户登记。甲乙婚后购得的房屋虽然登记在甲名义下，但属于夫妻共同财产，故甲擅自将房屋出售给丙属于无权处分，丙对此不知情，为善意且无重大过失，并且丙是以时价购买，属于以合理价格，房屋已办理登记手续，因此房屋所有权已转移。故选项C正确，选项A错误。

（三）动产善意取得的构成

1. 动产须为占有委托物。

占有委托物：基于原占有人的“委托”意思取得占有的动产，例如保管物、租赁物、借用物、质押物等。

注意：不适用善意取得的动产

（1）占有脱离物（如盗赃物、遗失物、埋藏物等），例外：占有脱离物通过转让被他人占有的，权利人自知道或者应当知道受让人之日起二年内可向受让人请求返还原物。可合理推导：超过二年期限的，受让人善意取得该动产。

（2）货币和无记名有价证券，因为此二者适用“占有即所有”，不存在无权处分的问题。

（3）禁止流通物。

2. 动产占有人以自己的名义对该动产实施无权处分。

3. 受让人受让之时为善意：

（1）“善意”的含义：同不动产所有权善意取得。

（2）“善意”时间：受让人须于“动产交付之时”为善意，此后变为恶意的，不影响善意取得的发生。动产交付之时：①简易交付：动产交付之时为转让动产法律行为生效之

时；②指示交付：动产交付之时为转让人与受让人之间关于让与返还原物请求权的约定生效之时；③占有改定不发生善意取得。

（3）“善意”的证明：原则上，推定受让人为善意，真实权利人主张受让人不构成善意的，应当承担举证责任。受让人受让动产时，交易的对象、场所或者时机等不符合交易习惯的，应当认定受让人具有重大过失。

4. 转让人以合理的价格转让。

5. 转让人与受让人之间已完成动产交付。

例2 甲发现去年丢失的电动自行车被路人乙推行，便上前询问，乙称从朋友丙处购买，并出示了丙出具的付款收条。如甲想追回该自行车，可以提出下列哪些理由支持请求？

A. 甲丢失该自行车被丙拾得

B. 丙从甲处偷了该自行车

C. 乙明知道该自行车是丙从甲处偷来的仍然购买

D. 乙向丙支付的价格远远低于市场价

提示：本题中，如果甲想追回该自行车，使乙不能依善意取得获得自行车的所有权，则其可以提出的要求可以有：①甲丢失该自行车被丙拾得（因为遗失物不适用善意取得）；②丙从甲处偷了该自行车（因为盗赃物不适用善意取得）；③乙明知道该自行车是丙从甲处偷来的仍然购买（因为动产所有权善意取得要求受让人在受让之时为善意）；④乙向丙支付的价格远远低于市场价（因为动产所有权善意取得要求转让人以合理的价格转让）。据此，本题选项A、B、C、D均为正确。

（四）担保物权的善意取得

担保物权的善意取得VS所有权的善意取得
质权、抵押权的设立中，因质押合同、抵押合同属于无偿合同，因此质权和抵押权的善意取得不以“转让人以合理的价格转让”为构成要件。
动产抵押中，抵押合同成立生效时抵押权即设立，因此动产抵押权的善意取得不以“转让人与受让人之间已完成动产交付”为构成要件，不动产抵押的善意取得仍以已完成抵押登记为构成要件。
留置权的善意取得不以“无权处分”构成要件。 留置权的善意取得构成要件：①动产不归债务人所有；②债权人对动产不归债务人所有不知情；③符合留置权的其他成立要件。

例3 甲为乙的债权人，乙将其电动车出质于甲。现甲为了向丙借款，未经乙同意将电动车出质于丙，丙不知此车为乙所有。下列哪些选项是正确的？

A. 丙因善意取得而享有质权

B. 因未经乙的同意丙不能取得质权

提示：本题中，甲占有电动车是基于质权，故电动车属于占有委托物，其将电动车出质于丙属于无权处分，丙善意且无重大过失，且质权的善意取得不以“转让人以合理的价格转让”为构成要件，因此丙因善意取得而享有质权。故选项A正确，选项B错误。

（五）用益物权的善意取得

用益物权的善意取得在考试中鲜少涉及，但应注意一点：因地役权的转让不需要登记，故地役权的善意取得不以“受让人已经办理完毕登记”为要件。

（六）占有脱离物的善意取得

1. 占有脱离物：包括盗赃物、遗失物、漂流物、埋藏物、隐藏物、失散的动物等。

2. 占有脱离物原则上不适用善意取得。

对于占有脱离物，所有权人或者其他权利人有权追回，该遗失物通过转让被他人占有的，权利人有权向无处分权人请求损害赔偿，或者自知道或者应当知道受让人之日起两年内向受让人请求返还原物。【即可有条件的善意取得】

3. 对于遗失物通过转让被他人占有的，受让人通过拍卖或者向具有经营资格的经营者购得该遗失物的，权利人请求返还原物时应当支付受让人所付的费用。权利人向受让人支付所付费用后，有权向无处分权人追偿。除上述两种情形之外，权利人均无须向善意受让人支付其所付的费用。

4. 占有脱离物恒为占有脱离物，不论转让多少次，每轮交易中的善意受让人均不能善意取得。

例4 甲有一块价值一万元的玉石。甲与乙订立了买卖该玉石的合同，约定价金11000元。由于乙没有带钱，甲未将该玉石交付与乙，约定三日后乙到甲的住处付钱取玉石。随后甲又向乙提出，再借用玉石把玩几天，乙表示同意。隔天，知情的丙找到甲，提出愿以12000元购买该玉石，甲同意并当场将玉石交给丙。丙在回家路上遇到债主丁，向丙催要9000元欠款甚急，丙无奈，将玉石交付与丁抵偿债务。后丁将玉石丢失被戊拾得，戊将其转卖给己。关于该玉石的返还问题，下列说法正确的是?

A. 戊已取得了该玉石的所有权，原所有权人无权请求返还该玉石

B. 该玉石的真正所有权人请求己返还该玉石不受时间限制

C. 该玉石的真正所有权人可以在戊与己的转让行为生效之日起两年内请求己返还该玉石

D. 该玉石的真正所有权人可以在知道或者应当知道该玉石的受让人己之日起两年内请求己返还该玉石

提示：根据《物权法》第107条规定，所有权人或者其他权利人有权追回遗失物。该遗失物通过转让被他人占有的，权利人有权向无处分权人请求损害赔偿，或者自知道或者应当知道受让人之日起二年内向受让人请求返还原物，但受让人通过拍卖或者向具有经营资格的经营者购得该遗失物的，权利人请求返还原物时应当支付受让人所付的费用。权利人向受让人支付所付费用后，有权向无处分权人追偿。据此可知，玉石的真正所有人有权请求戊返还玉石，因此选项A错误，但请求返还玉石的权利受时间限制，即自知道或者应当知道受让人之日起二年内向受让人请求返还原物。因此，选项D正确，选项B、C错误。

二、拾得遗失物

（一）拾得人的义务

1. 返还义务：拾得遗失物应当向权利人返还遗失物及孳息。拾得人应当及时通知权利人领取，或者送交公安等有关部门。有关部门收到遗失物，知道权利人的，应当及时通知其领取；不知道的，应当及时发布招领公告。

2. 保管义务：拾得人在遗失物送交有关部门前，有关部门在遗失物被领取前，应当妥善保管遗失物。因故意或者重大过失致使遗失物毁损、灭失的，应当承担相应赔偿责任。

（二）拾得人的权利

1. 必要费用返还请求权：权利人领取遗失物时，应当向拾得人或者有关部门支付保管遗失物等支出的必要费用。必要费用是指保管和维持遗失物的存在必须支出的费用。

2. 赏金支付请求权：权利人悬赏寻找遗失物的，领取遗失物时应当按照承诺履行义务。

> **注意：**拾得人侵占遗失物（或恶意占有遗失物）的，无权请求失主返还保管遗失物等支出的必要费用，也无权请求失主按照悬赏承诺履行义务；而且恶意占有人还需承担因一般过失导致遗失物毁损灭失的赔偿责任。

3. 遗失物留置权：由于拾得人与失主成立法定保管关系，产生保管之债，若失主不支付必要管理费用，拾得人有权留置遗失物，以担保其必要费用债权实现。但权利人已经支付必要费用，只是未按照悬赏广告支付报酬的，拾得人不得留置遗失物（理由是：拾得行为与悬赏行为不存在“同一法律关系”）。

例5 一日清晨，甲发现一头牛趴在自家门前，便将其拴在自家院内，打探失主未果。时值春耕，甲用该牛耕种自家田地。其间该牛因劳累过度得病，甲花费300元将其治好。两年后，牛的主人乙寻牛来到甲处，要求甲返还，甲拒绝返还。下列哪一说法是正确的？

A. 甲应返还牛，但有权要求乙支付300元

B. 甲应返还牛，但无权要求乙支付300元

C. 甲不应返还牛，但乙有权要求甲赔偿损失

D. 甲不应返还牛，无权要求乙支付300元

提示：根据《物权法》第109条规定，拾得遗失物，应当返还权利人。拾得人应当及时通知权利人领取，或者送交公安等有关部门。甲应当将牛返还给失主，故选项C、D错误。根据《物权法》第112条第1款规定，权利人领取遗失物时，应当向拾得人或者有关部门支付保管遗失物等支出的必要费用。甲为牛花费的300元治病费不属于必要费用，是因为其过度使用牛而支出医疗费的，因此甲无权要求乙支付300元，故选项B正确，选项A错误。

（三）遗失物归属

1. 原则上“物归原主”（倡导拾金不昧）。

2. 遗失物自发布招领公告之日起六个月内无人认领的，归国家所有。

3. 拾得人擅自向第三人有偿转让遗失物的，权利人（失主）有权向拾得人请求损害赔偿，或者自知道或者应当知道受让人之日起二年内向受让人请求返还原物，但受让人通过拍卖或者向具有经营资格的经营者购得该遗失物的，失主请求返还原物时应当支付受让人所付的费用。失主向受让人支付所付费用后，有权向拾得人人追偿。

4. 拾得漂流物、发现埋藏物或者隐藏物的，参照拾得遗失物的有关规定。

三、所有权的特殊取得

（一）添附取得

添附是指由数个不同人所有的物结合成一物，以及所有人以外的人将原物加工成新物的法律事实，添附包括附合、混合、加工。

1. 附合

附合是指由数个不同所有人所有的物合成难以分离的一物，但原来各所有人的物仍然能够识别的情形。包括：

（1）动产与动产的附合（例如将金子与玉佩合成金镶玉）

①构成要件：

A. 动产与动产结合在一起，但二者仍能从外观上加以分辨；

B. 动产为不同的人所有；

C. 其中一动产称为另一动产的重要成分（重要成分是指被结合之物，非经毁损或变更其性质不能自他物中分离），不经毁损不能分离或者分离费用过高。

②物权效果：原则上各所有人按照份额享有附合物的所有权。但如果其中一动产成为主物的，或者一方的价值高于另一方，该附合物归为主物或者价值较高的动产的所有权人所有，另一动产的所有权消灭。

（2）动产与不动产的附合（例如使用砖瓦、木材装修别人的房屋）

①构成要件：

A. 动产附合于不动产之上；

B. 动产与不动产分别为不同的人所有；

C. 动产成为不动产的重要成分。

②物权效果：不动产所有权人取得附合物的所有权，动产所有权人的所有权因此而消灭。

2. 混合

混合是指由数个不同所有的动产相互混合而难以识别的情形。混合准用附合的规定，即构成要件与物权效果准用动产与动产的附合的相关规则。

3. 加工

加工是指在他人动产上进行劳动创造活动，使之成为新物。

（1）构成要件

①加工的标的物须为动产，不包括不动产；

②标的物须为他人所有；

③因加工而制成了新物或者原来的物的价值发生较大增加。

（2）物权效果

①原则上加工物的所有权归属于原材料的所有人。但如果加工物的价值明显超过了原材料的价值，则归属于加工人，加工人为恶意的除外。

②前述规则不适用加工承揽合同，因为加工承揽合同中当事人已经对加工物的所有权进行了约定。

4. 添附的其他法律后果

（1）因添附而丧失所有权的人，可以对取得添附物所有权的人主张不当得利请求权。

（2）因添附而受有损失的原所有权，可以对有过错的行为人主张侵权损害赔偿请求权。

（3）动产所有权因添附而消灭时，该动产上的其他权利也随之消灭。但是该动产上的抵押权、质权不因添附而消灭（依据：担保物权的物上代位性）：①抵押物因添附而为第三人所有时，抵押权的效力及于补偿金；②抵押物的所有权为添附物的所有人的，抵押物的效力及于该添附物（附合物、混合物、加工物）；③添附物为第三人与抵押物所有人共有的，抵押物的效力及于抵押人的共有份额。

（二）孳息取得

1. 概念：原物是指依自然属性或法律的规定，能够产生收益的物。孳息是指由原物产生之物，包括天然孳息和法定孳息。天然孳息是指依原物的自然属性而产生的物，例如果树所结的果实、母牛生下的小牛、土地上生长的粮食等。法定孳息是指原物依照法律规定而产生的物，例如出租房屋收取的租金、彩票中奖所获奖金或奖品。

2. 孳息的归属：

（1）天然孳息。当事人之间有约定的按照约定取得；没有约定的由所有权人取得，既有所有权人又有用益物权人的，由用益物权人取得。

（2）法定孳息。当事人有约定的按照约定取得；没有约定或者约定不明确的，按照交易习惯取得。

3. 孳息规则的具体适用：

（1）抵押权人（在抵押物被法院扣押后）、质权人、留置权人（在质押、留置期间）有权收取孳息，但“收取”孳息不等于“取得”孳息所有权，收取孳息之后，该孳息应先冲抵收取孳息的费用；也可以在原物价值减少时，纳入担保物的价值范围内。

（2）《合同法》第163条：标的物在交付之前产生的孳息，归出卖人所有，交付之后产生的孳息，归买受人所有。

（3）夫妻一方个人财产在婚后产生的收益，除孳息和自然增值外，应认定为夫妻共同财产。

（三）从物取得

1. 概念：按照物在物理上的独立性与经济用途上的联系的标准，物可以分为主物和从物。主物是指在两种以上的物相互配合、按照一定的经济目的组合在一起时发挥主要作用的物。从物是指配合为实现主物的功能而起辅助作用的物。

2. 从物的成立条件：

（1）独立于主物，非主物的成分；

（2）在功能上对主物起辅助作用，协助主物发挥经济效益，例如伞套之于雨伞、手机壳之于手机、独立的厨房、厕所之于房屋；

（3）与主物有一定程度上的场所之联系；

（4）主物和从物为于同一人管领控制。

3. 从物的归属：从物的所有权随同主物的所有权的移转而移转，除非法律另有规定或当事人另有约定。

4. 从物的其他法律效果——主物上成立担保物权的，效力有条件地及于从物：

（1）主物上设立抵押权的，如果在抵押权设立之前抵押人已经取得从物的，抵押权的效力及于从物；如果抵押权设立之后抵押人才取得从物的，抵押权的效力不及于从物。

（2）主物上设立质权的，若从物已经交付质权人占有，则质权的效力及于从物；若从物未交付给质权人占有，则质权的效力不及于从物。

（3）留置权人同时留置主物和从物的，留置权的效力及于从物；没有留置从物的，留置权的效力不及于从物。

四、相邻关系

（一）相邻关系的概念和特征

1. 概念：相邻关系是指不动产的相邻权利人，在行使对不动产的所有权或者使用权时，应相互给予一定的便利或者受到一定的限制所产生的权利义务关系。相邻关系不是一种独立的物权，而是一种受保护的法益。它包括相邻土地关系、相邻建筑物关系、相邻用水、排水关系、相邻环保关系等。

2. 特征：

（1）相邻关系的产生必须以不动产相邻事实的存在为前提。

（2）相邻关系的主体是不动产的相邻权利人，包括不动产所有权人、用益物权人与占有人。

（3）相邻关系的客体是行使不动产权利时体现的利益，既可以是经济利益，也可以是非经济利益。

（4）相邻关系的内容是不作为义务，包括两方面：一是相邻一方有权要求他方提供必要的便利，他方应当给予此种便利；二是相邻各方行使自己的权利时不得损害他方的权利。

（二）相邻权与地役权的区别

地役权关系与相邻关系之辨析

产生的原因不同	地役权主要通过约定产生	相邻关系基于法律规定产生
性质不同	地役权是独立的用益物权	相邻关系是不动产所有权或使用权的延伸与扩张，不是独立的物权
内容不同	地役权的内容由当事人约定	相邻关系的内容是请求相邻的不动产
有偿性不同	地役权的取得可有偿可无偿	相邻关系的取得是无偿的
是否需要登记不同	地役权以登记为条件，未经登记，不得对抗善意第三人	相邻关系无须登记
期限不同	地役权通常是有期限的	相邻关系通常无固定期限

例 6 某郊区学校为方便乘坐地铁，与相邻研究院约定，学校人员有权借研究院道路通行，每年支付一万元。据此，学校享有的是下列哪一项权利？

A. 相邻权　　B. 地役权

提示： 地役权是指利用他人土地以便有效的使用或经营自己的土地的权利。相邻关系是指两个或两个以上相互毗邻不动产的所有人或使用人，在行使占有、使用、收益、处分权利时发生的权利义务关系。二者的区别在于地役权提供较高程度的便利利益，而相邻关系是最低限度的便利利益和容忍义务。本题郊区小学为方便地铁乘坐才借地通行，不是最基本的通行便利，因此双方之间是关于地役权的约定，选项 B 正确，选项 A 错误。

（三）侵害相邻关系的救济

相邻权受到侵害时，受害人可向加害人主张停止侵害、排除妨害、消除危险、赔偿损失等。

第九章　共有

重要法条及司法解释

《物权法》第94～104条。

《最高人民法院关于适用〈中华人民共和国物权法〉若干问题的解释（一）》第9～14条。

命题分析

物权法中的“共有”分为共同共有和按份共有，两者之间很重要的区别就在于共同共有以所有人之间存在共同关系为前提，且不分份额地享有所有权。

“共有制度”是高频考点，而且近年连续考查，热度较高，未来也是考试的热门考点之一。本知识点中常常考查两种共有的内部关系和外部关系，尤其以内部关系为主。该考点经常与其他制度综合起来考查，如合伙制度、婚姻家庭制度等，存在有一定的综合性和难度系数。

知识点精讲

一、共同共有与按份共有

共有是指二人以上共同分享同一财产所有权，包括共同共有和按份共有。

（一）共同共有

1. 概念

共同共有是指二人以上根据共同关系对共有物不分份额地共同享有权利并承担义务的共有关系。

2. 特征

（1）共同共有的主体是两个或两个以上的人；

（2）共同共有以共同关系存在为前提；

（3）共同共有人对共有财产不分份额地共同享有权利并承担义务；

（4）共同共有人的权利义务及于全部共有财产（而不仅仅局限于其占有或使用的部分）。

3. 类型

共同共有类型包括：①夫妻共同共有；②家庭共同共有；③继承开始后遗产分割前，继承人对遗产的共有；④被宣告无效或者撤销的婚姻，当事人同居期间所得的财产的共有。

（二）按份共有

1. 概念

按份共有是指二人以上按照各自确定的份额对共有物享有权利和承担义务的共有关系。

2. 特征

（1）按份共有的主体是两个或两个以上的人；

（2）按份共有人对共有财产的权利和义务存在一定份额；

（3）按份共有人对其应有份额享有处分权，有权自主决定转让、抵押其份额。

3. 按份共有的推定

共有人共有的动产或不动产没有约定为按份共有或者共同共有的，或者约定不明确的，除共有人具有家庭关系等外，视为按份共有。

二、共有的内部关系

（一）共有的份额

按份共有人对共有的动产或不动产享有的份额，没有约定或者约定不明确的，按照出资额确定，不能确定出资额的，视为等额享有。

共同共有人对共有的动产或不动产不分份额地共同享有权利并承担义务。

（二）共有权的内容

共有人对共有的不动产或者动产享有占有、使用、收益、处分权。

（三）债权债务的承受

1. 在共有人内部关系上，除共有人另有约定外，按份共有人按照份额享有债权、承担债务，共同共有人共同享有债权、承担债务。

2. 按份共有人对于偿还对外债务超过自己应当承担份额的，有权向其他共有人追偿。

（四）共有财产的管理

1. 有约定的按约定；没有约定或者约定不明确的，各共有人都有管理的权利和义务。

2. 对共有财产的处分以及重大修缮：有约定的按约定，没有约定或者约定不明确的，应当经占份额三分之二以上的按份共有人或者全体共同共有人同意。

注意：部分共有人擅自处分共有财产的，构成无权处分，适用善意取得制度。

3. 管理费用的负担：有约定的按照约定；没有约定或者约定不明确的，按份共有人按照其份额负担；共同共有人共同负担。

例1 红光、金辉、绿叶和彩虹公司分别出资50万元、20万元、20万元、10万元建造一栋楼房，约定建成后按投资比例使用，但对楼房管理和所有权归属未作约定。对此，下列哪一说法是错误的？

A. 该楼发生的管理费用应按投资比例承担

B. 该楼所有权为按份共有

C. 红光公司投资占50%，有权决定该楼的重大修缮事宜

D. 彩虹公司对其享有的份额有权转让

提示：按份共有管理费用的负担规则为有约定的按照约定；没有约定或者约定不明确的，按份共有人按照其份额负担，份额约定不明的，按投资比例承担。红光、金辉、绿叶和彩虹公司对楼房管理费用未作约定，因此该楼发生的管理费用应按投资比例承担，故选项A表述正确，不当选。根据《物权法》第103条规定，红光、金辉、绿叶和彩虹公司出资合建房屋，对所有权未作约定，因此该楼所有权系按份共有，故选项B表述正确，不当选。对共有财产的重大修缮：有约定的按约定，没有约定或者约定不明确的，应当经占份额三分之二以上的按份共有人或者全体共同共有人同意。本题中，尽管红光公司投资占50%，但低于三分之二，仍无权单独决定该楼的重大修缮事宜，故选项C表述错误，当选。红光、金辉、绿叶和彩虹公司对该楼形成按份共有，各共有人对其享有的份额有权转让，故选项D表述正确，不当选。

例2　甲公司将1台挖掘机出租给乙公司，丁公司以机器设备设置抵押为乙担保。因乙公司一直未向甲公司支付租金，甲公司便将挖掘机以48万元的价格出卖给王某，王某通过指示交付的方式取得了挖掘机所有权。王某未及取得挖掘机便死亡。王某临终立遗嘱，其遗产由其子大王和小王继承，遗嘱还指定小王为遗嘱执行人。因大王一直在外地工作，同意王某遗产由小王保管，没有进行遗产分割。在此期间，小王将挖掘机出卖给方某，没有征得大王的同意。关于小王将挖掘机卖给方某的行为，下列表述正确的是：

B. 小王出卖挖掘机应当取得大王的同意

D. 小王是王某遗嘱的执行人，出卖挖掘机不需要大王的同意

提示：王某死后，在遗产分割之前，大王和小王对于王某的遗产形成共同共有。共同共有中，处分共有财产须经全体共同共有人的同意，因此小王将挖掘机卖给方某必须经过大王同意，未经大王同意的这构成无权处分，适用善意取得制度。故选项B正确，选项D错误。

例3　甲、乙、丙、丁共有1套房屋，各占1/4，对共有房屋的管理没有进行约定。甲、乙、丙未经丁同意，以全体共有人的名义将该房屋出租给戊。关于甲、乙、丙上述行为对丁的效力的依据，下列哪一表述是正确的？

A. 有效，出租属于对共有物的管理，各共有人都有管理的权利

B. 有效，对共有物的处分应当经占共有份额2/3以上的共有人的同意，出租行为较处分为轻，当然可以为之

C. 无效，对共有物的出租属于处分，应当经全体共有人的同意

D. 有效，出租是以利用的方法增加物的收益，可以视为改良行为，经占共有份额2/3以上的共有人的同意即可

提示：对于共有财产的管理有约定的按约定；没有约定或者约定不明确的，各共有人都有管理的权利和义务。此处的“管理”是指实际的利用，对于共有物利用方法的选择并

不包括在内。故选项A错误。出租行为不属于处分行为，而属于收益行为，故选项C错误。改良行为是指不变更共有物的性质，而增加其效用或价值的行为，如开垦荒地为果园，重大修缮行为亦包括在内，如修复毁损之旧画，但出租行为不能说改良，故选项D错误。理论界认为，对于包括出租在内的利用方法选择，类推适用《物权法》第97条（处分共有的不动产或者动产以及对共有的不动产或者动产作重大修缮的，应当经占份额三分之二以上的按份共有人或者全体共同共有人同意，但共有人之间另有约定的除外）因此根据当然解释，处分行为时三分之二即可，出租较处分为轻，当然可以为之。故选项B正确。

（五）共有财产的分割

1. 共有人约定不得分割共有的不动产或者动产，以维持共有关系的，应当按照约定，但共有人有重大理由需要分割的，可以请求分割。因分割对其他共有人造成损害的，应当给予赔偿。

重大理由包括但不限于以下情形：①共有人破产；②法院对共有财产采取强制执行措施；③少数共有人对共有物的处分持不同意见的；④家人病重急需用钱，共有人除共有财产外无其他财产。

2. 分割事由：没有约定或者约定不明确的，按份共有人可以随时请求分割；共同共有人在共有的基础丧失或者有重大理由需要分割时可以请求分割。

3. 分割方式：共有人可以协商确定分割方式。达不成协议，共有财产可以分割并且不会因分割减损价值的，应当对实物予以分割；难以分割或者因分割会减损价值的，应当对折价或者拍卖、变卖取得的价款予以分割。

4. 共有人分割所得的不动产或者动产有瑕疵的，其他共有人应当分担损失。

（六）按份共有人的优先购买权

按份共有人向第三人（按份共有人之外）转让其享有的不动产或者动产份额的，其他共有人在同等条件下享有优先购买的权利。

1. “同等条件”应当综合考虑，根据转让份额的转让价格、价款履行方式及期限等确定（按份共有人虽然主张优先购买，但是提出减少转让价款等实质性变更要求的，不享有优先购买权，必须是在“同等条件”下）。

2. 下列情形，按份共有人不享有优先购买权：①按份共有人之间转让按份共有份额（但按份共有人之间有约定的除外）；②共有份额的权利主体因继承、遗赠等原因发生转让的（但按份共有人之间另有约定的除外）。

3. 优先购买权的行使期间：按份共有人之间有约定的，按照约定处理；没有约定或者约定不明的，按照下列情形确定：①转让人向其他按份共有人发出的包含同等条件内容的通知中载明行使期间的，以该期间为准；②通知中未载明行使期间，或者载明的期间短于通知送达之日起十五日的，为十五日；③转让人未通知的，为其他按份共有人知道或者应当知道最终确定的同等条件之日起十五日；④转让人未通知，且无法确定其他按份共有人知道或者应当知道最终确定的同等条件的，为共有份额权属转移之日起六个月。

4. 两个以上其他按份共有人均主张优先购买权：内部协商；协商不成时，按照转让时各自份额比例行使优先购买权。

5. 按份共有人优先购买权遭受侵害时的救济：按份共有人向共有人之外的第三人转让其份额未通知其他按份共有人的，侵犯其他按份共有人的优先购买权的：①其他按份共有人知道后，在其优先购买权行使期限内仍可以主张优先购买权；②其他共有人不得以其优先购买权受到侵害为由，仅请求撤销共有份额转让合同或者认定该合同无效；③其他按份共有人知道之时已经超出其权利行使期限的，不再享有优先购买权，但可以对出让人请求损害赔偿。

注意：房屋按份共有人的优先购买权优先于房屋承租人的优先购买权。

三、共有的外部关系

（一）共有人对第三人的权利

1. 因共有财产产生的债权，在对外关系上，共有人享有连带债权，但法律另有规定或者第三人知道共有人不具有连带债权关系的除外。

2. 各共有人对外部的侵害，可为全体共有人的利益独立行使物权请求权和债权请求权。

（二）共有人对第三人的义务

因共有财产产生的债务，在对外关系上，共有人享有连带债务，但法律另有规定或者第三人知道共有人不具有连带债务关系的除外。

例 4　甲、乙、丙按不同的比例共有一套房屋，约定轮流使用。在甲居住期间，房屋廊檐脱落砸伤行人丁。下列哪些选项是正确的?

A. 甲、乙、丙如不能证明自己没有过错，应对丁承担连带赔偿责任

B. 丁有权请求甲承担侵权责任

C. 如甲承担了侵权责任，则乙、丙应按各自份额分担损失

提示：根据《物权法》第 102 条规定，因共有的不动产或者动产产生的债权债务，在对外关系上，共有人享有连带债权、承担连带债务，但法律另有规定或者第三人知道共有人不具有连带债权债务关系的除外，因此甲、乙、丙如不能证明自己没有过错（基于《侵权法》中的过错推定规则），应对丁承担连带赔偿责任，故选项 A 正确；受害人丁有权选择他们中任何一人承担责任，也有权同时选择他们三者一起承担责任。按份共有人对于偿还对外债务超过自己应当承担份额的，有权向其他共有人追偿。因此如果甲承担了侵权责任，有权向乙、丙追偿，乙丙应按各自份额分担损失，故选项 B、C 正确。

第十章 用益物权

重要法条及司法解释

《物权法》第127~129、133、157、158、164~168条。

《农村土地承包法》第3、15、32、47、48条第1款、49、50条。

命题分析

用益物权制度涉及我国财产制度的守成和变革的兼顾、不同利益诉求的调和，以及物权制度与债权制度的交叉，具有一定的综合性。而且，该考点关涉我国农村土地改革的热点问题，从而容易进入命题范围。本考点重点把握土地承包经营权和地役权制度。

"土地承包经营权"为近年的高频考点，本知识点命题频率呈现明显的上升趋势。从考查内容来看，"土地承包经营权的取得"则属于重中之重，如取得的条件以及取得方式都是历年真题的常考点。"地役权"是物权法用益物权体系中的重要内容，理论性较强，属于基础考点，近年来本知识点的命题频率呈现明显的下降趋势。从考查的内容来看，考点集中在"地役权的从属性与不可分性"以及"地役权与相邻关系的区分"。

知识点精讲

用益物权，是指对他人所有的不动产或者动产享有占有、使用、收益的权利。用益物权是物权法中十分重要的制度，与担保物权共同构成了他物权体系。用益物权作为他物权，具有与担保物权不同的法律属性，这主要体现在：用益物权是直接支配他人之物的物权、用益物权的内容是利用物的使用价值、我国用益物权的客体以不动产为限、用益物权是独立性的物权、用益物权的实现通常以占有标的物为前提等。基于不同的历史文化传统与经济制度，各国民法上的用益物权类型多有不同，体现了较为突出的固有法特征。在我国现行民法与民法学理论中，主要有土地承包经营权、建设用地使用权、宅基地使用权、地役权。其中，土地承包经营权和地役权制度是法考的重要内容。

一、土地承包经营权

（一）土地承包经营权的概念

土地承包经营权就是承包人（个人或单位）因从事种植业、林业、畜牧业、渔业生产或其他生产经营项目而承包使用、收益集体所有或国家所有的土地或森林、山岭、草原、荒地、滩涂、水面的权利。土地承包经营权属于用益物权性质，当事人可以通过合同行为设立、流转、消灭土地承包经营权。

（二）土地承包经营权的取得

1. 土地承包经营权的取得条件

当事人通过订立土地承包经营合同可设定土地承包经营权，承包形式分为家庭承包及以招标、拍卖、公开协商等方式进行的承包。通过这两种方式承包的，都应当签订承包合同，承包合同自成立之日起生效，承包方于合同生效时取得土地承包经营权。县级以上地方人民政府应当向土地承包经营权人发放土地承包经营权证、林权证、草原使用权证，并登记造册，确认土地承包经营权。登记造册仅作为承包经营权的确认程序。

例 关于土地承包经营权的设立，下列哪些表述是正确的？

A. 自土地承包经营合同成立时设立

B. 自土地承包经营权合同生效时设立

C. 县级以上地方政府在土地承包经营权设立时应当发放土地承包经营权证

D. 县级以上地方政府应当对土地承包经营权登记造册，未经登记造册的，不得对抗善意第三人

提示：《物权法》第127条规定，土地承包经营权自土地承包经营权合同生效时设立。县级以上地方人民政府应当向土地承包经营权人发放土地承包经营权证、林权证、草原使用权证，并登记造册，确认土地承包经营权。据此，选项A表述错误，而选项B、C表述正确。根据《物权法》第129条规定，土地承包经营权人将土地承包经营权互换、转让，当事人要求登记的，应当向县级以上地方人民政府申请土地承包经营权变更登记；未经登记，不得对抗善意第三人。而登记造册仅作为承包经营权的确认程序。可见选项D说法不准确。

2. 土地承包经营权的取得方式

（1）家庭承包方式取得土地承包经营权

集体经济组织的成员以农户的名义，与集体经济组织签订承包合同，可创设土地承包经营权。农村土地承包采取农村集体经济组织内部的家庭承包方式，家庭承包的承包方是本集体经济组织的农户。

（2）招标、拍卖、公开协商等方式取得土地承包经营权

对于不宜采取家庭承包方式的荒山、荒沟、荒丘、荒滩等农村土地，可以采取招标、拍卖、公开协商等方式承包。

集体经济组织之外的人承包的，只能采用招标、拍卖、公开协商等方式承包。

发包方将农村土地发包给本集体经济组织以外的单位或者个人承包，应当事先经本集体经济组织成员的村民会议三分之二以上成员或者三分之二以上村民代表的同意，并报乡（镇）人民政府批准。

在同等条件下，本集体经济组织成员享有优先承包权。

（3）家庭承包方式与招标、拍卖、公开协商等方式取得土地承包经营权的区别

不同点	家庭承包方式 取得土地承包经营权	招标、拍卖、公开协商等方式取得土地承包经营权
主体不同	本集体组织内部成员	可以是本集体经济组织成员以外的自然人、法人；也可以是本集体组织内部成员
客体不同	农用地使用权	荒山、荒沟、荒丘、荒滩的使用权
权利限制不同	流转受限制；禁设抵押权	可自由流转；可设立抵押权

（三）土地承包经营权的流转

土地承包经营权的流转是指土地承包经营权人将土地承包经营权或其中的部分权能转移给他人的行为。

1. 通过家庭承包取得的土地承包经营权，可以依法采取转包、出租、互换、转让或者其他方式流转。流转的期限不得超过承包期的剩余期限。未经依法批准，不得将承包地用于非农建设。

2. 通过招标、拍卖、公开协商等方式设立的“四荒”土地承包经营权的，其土地承包经营权可以依法采取转让、出租、入股、抵押或者其他方式流转。

“四荒”土地承包经营权的流转较为灵活，不仅可以转让，而且可以抵押、入股，而以家庭承包方式取得的土地承包经营权不能以抵押、入股的方式流转。

土地承包经营权人将土地承包经营权互换、转让，当事人要求登记的，应当向县级以上地方人民政府申请土地承包经营权变更登记；未经登记，不得对抗善意第三人。我国《物权法》对土地承包经营权的流转（仅限于互换、转让方式）采取的是登记对抗主义。土地承包经营权流转有转包、出租、互换、转让等方式，其中互换与转让涉及承包经营权的主体发生了变更；而转包和出租不发生权利主体的更迭，因此不要求对转包和出租进行变更登记。

（四）土地承包经营权的消灭

土地承包经营权的消灭是指既存的土地承包经营权因一定法律事实的出现而不复存在，主要法律事实包括：

（1）土地承包经营权期限届满未继续承包。

（2）土地承包经营权提前被收回。

（3）承包地灭失或使用价值丧失。

（4）承包地被征收。

（5）承包方死亡无继承人或者继承人放弃继承。

（五）土地承包经营权的继承

根据《农村土地承包法》第50条的规定，土地承包经营权通过招标、拍卖、公开协商等方式取得的，该承包人死亡，其应得的承包收益，依照继承法的规定继承；在承包期内，其继承人可以继续承包。据此可知，土地承包经营权具有一定的专属特征，一般不得继承。究其原因有二：其一，土地承包经营权带有集体组织成员身份属性，农户的经营资格一般不存在继承问题；其二，土地承包经营权承担着社会保障功能，如果由集体成员以外的人继承，有可能损害集体所有权制度。

虽然土地承包经营权不能继承，但土地承包收益可以继承。根据《继承法》第4条规定，个人承包应得的个人收益，依照本法规定继承。个人承包，依照法律允许由继承人继续承包的，按照承包合同办理。

《农村土地承包法》有限地认可土地承包经营权的继承：①以家庭承包方式取得的林地承包经营权，承包人死亡的，其继承人可以在承包期内继续承包；②以招标、拍卖、公开协商等方式设立的承包经营权，承包人死亡的，其继承人可以在承包期内继续承包。

二、地役权

（一）地役权的概念和特征

地役权是以他人土地供自己土地便利而使用以提高自己不动产效益的权利。

1. 地役权是使用他人土地的权利

地役权的客体是土地，并以该土地属于他人所有或者使用为要素。由于地役权的内容在于以此土地供彼土地之役，因而地役权的成立，必须有两块土地的存在。其一是为其便利而使用他人土地之地，称需役地；其二是为该土地便利而供其使用的土地，称供役地。

由于地役权不限于需役地所有人与供役地所有人的关系，供役地的承包经营权人、地上权人、典权人、采矿权人、承租人也应当受地役权的约束，自属当然之理。

2. 地役权是为自己土地的便利的权利

使用供役地的目的，乃是为了需役地的便利。否则，如果供役地不能提供需役地的便利，就不必设定地役权。而其所供便利，不是为需役地承受，而为特定人享受时，也不是地役权问题，而是人役权问题。至于所谓“便利”，泛指开发、利用需役地的各种需要，其内容只要不违反法律的强制性规定，不违背社会公共利益，可以由当事人根据实际情况约定。就一般情况而论，其内容无非是以下几类：

（1）以供役地供使用，如通行地役权。

（2）以供役地供收益，如用水地役权。

（3）避免相邻关系的任意性规范的适用。

（4）禁止供役地为某种使用，如禁止在邻地建高楼，以免妨碍眺望。

3. 地役权具有从属性和不可分性

（1）地役权的从属性

地役权虽然是一种独立的权利，并非需役地所有权或者使用权的扩张，但它仍应当与需役地的所有权或者使用权共命运，这就是地役权的从属性。

它主要体现在两个方面：

①地役权必须与需役地所有权或者使用权一同转移，不能与需役地分离而让与，即需役地所有人或者使用人不得自己保留需役地所有权或者使用权，而单将地役权让与他人，不得自己保留地役权而将需役地所有权或者使用权让与他人，也不得以需役地所有权或者使用权与地役权分别让与两个人。

我国《物权法》第164条规定，地役权不得单独转让。土地承包经营权、建设用地使用权、宅基地使用权等转让的，地役权一并转让，但合同另有约定的除外。

②地役权不得与需役地分离而为其他权利的标的，如果在需役地上设定其他权利，则地役权亦包括在内，例如，在需役地上设定建设用地使用权，则建设用地使用权人也得行使地役权，不能单独将地役权作为其他权利的标的，如单独以地役权抵押、出租。

根据我国《物权法》165条的规定，地役权不得单独抵押。土地承包经营权、建设用地使用权等抵押的，在实现抵押权时，地役权一并转让。

（2）地役权的不可分性

是指地役权为不可分的权利，即地役权不得被分割为两个以上的权利，也不得使其一部分消灭。在需役地分割时，地役权在分割后的地块的利益仍然存续。

《物权法》第166条规定，需役地以及需役地上的土地承包经营权、建设用地使用权部分转让时，转让部分涉及地役权的，受让人同时享有地役权。

《物权法》第167条规定，供役地以及供役地上的土地承包经营权、建设用地使用权部分转让时，转让部分涉及地役权的，地役权对受让人具有约束力。

（二）地役权的内容

1. 地役权人的权利

（1）使用土地。地役权是为自己土地的便利而使用他人土地的权利，在地役权的目的范围内使用供役地，自然是地役权人的最主要的权利。地役权的目的范围应当依设定地役权的行为所限定的目的范围确定。地役权人在目的范围内对供役地的使用，不必是独占性的使用；除了可以与供役地人共同使用外，只要不是性质不相容，同一供役地上，还可设定数个地役权，依其情形同时使用。例如，一是通行地役，一是眺望地役，可以依次使用。

（2）实施附属行为。地役权人为行使其权利，在供役地内可以为必要的附属行为，如汲水地役权，可以在供役地上通行；通行地役权，可以开辟道路。

2. 地役权人的义务

（1）地役权人对供役地的使用应当选择损害最小的地点及方法为之。我国物权法规定，地役权人应当按照合同约定的利用目的和方法利用供役地，尽可能减少对供役地权利人物权的限制。另外，地役权人因其行使地役权的行为对供役地造成变动、损害的，应当在事后恢复原状并补偿损害。

（2）地役权人对于为行使地役权而在供役地修建的设施，如电线、管道、道路，应当注意维修，以免供役地人因其设施损坏而受到损害。另外，地役权人对于上述设施，在不妨碍其地役权行使的限度内，应当允许供役地人使用这些设置。

（三）地役权的取得

地役权的取得，有基于民事法律行为的，也有基于法律行为以外原因的，分别说明如下：

1. 基于民事行为而取得地役权——设立合同

基于民事行为而取得地役权，主要有基于设定行为和基于转让行为两种。基于转让行为取得地役权将在“地役权的移转”中阐述。

地役权的设定，通常采用合同方式，也有遗嘱的方式设立。地役权合同是要式合同，当事人应当采取书面形式订立地役权合同。地役权自地役权合同生效时设立。当事人要求登记的，可以向登记机构申请地役权登记；未经登记，不得对抗善意第三人。

2. 基于民事行为以外的原因取得地役权——主要是继承

需役地权利人死亡时，需役地的财产性权利由继承人继承，则其地役权亦当然由其继承人继承；但该通过继承取得的地役权，非经登记，不得处分。

（四）地役权的移转

地役权可以流转，但是由于地役权具有从属性，因此不得单独转让。我国《物权法》第 164 条规定："地役权不得单独转让。土地承包经营权、建设用地使用权等转让的，地役权一并转让，但合同另有约定的除外。"因此，只能与需役地所有权或者用益物权共同转让，包括继承在内。

（五）地役权的消灭

地役权是一种不动产物权，则不动产物权的一般消灭原因，当然适用于地役权。以下是地役权消灭的几项特殊原因：

1. 土地灭失

土地灭失是任何以土地为标的的物权消灭的原因，但地役权不但因为作为其标的物的土地（供役地）灭失时消灭，而且地役权也因需役地的灭失而消灭。

2. 目的事实不能

设定地役权的目的不能实现，即供役地事实上不能再供需役地便利时，地役权消灭。

3. 供役地权利人解除地役权关系

《物权法》第 168 条规定，地役权人有下列情形之一的，供役地权利人有权解除地役权合同，地役权消灭：①地役权人（需役地人）违反法律规定或者合同约定，滥用地役权；②有偿利用供役地，约定的付款期间届满后在合理期限内经两次催告未支付费用。

4. 抛弃

地役权人如将其地役权抛弃，供役地则恢复其无负担的状态，地役权归于消灭；但如果是有偿的地役权，地役权人抛弃地役权后，仍应支付地役权全部期间的租金。

5. 存续期间的届满或其他预定事由的发生

地役权如有存续期间，因期间的届满而消灭。其设定行为附有解除条件的，因条件的成就，地役权消灭。

第十一章　抵押权

重要法条及司法解释

《物权法》第174、181、189、192、196、203～207条。

《担保法》第50条。

《最高人民法院关于适用〈中华人民共和国担保法〉若干问题的解释》第71、72、75、83条。

命题分析

担保物权体系中的抵押权，历来是考试的高频考点，必须全面掌握各个重要制度。尤其对“抵押权的基本属性”“共同抵押”“最高额抵押权”“动产浮动抵押权”须从理论上深度把握。

从考查内容来看，抵押权的从属性、不可分性、物上代位性属于基础考点，通常以案例的形式考查；在共同抵押中，重点把握抵押人承担了担保责任后的追偿顺序问题；“最高额抵押权”需要注意最高额抵押权的设立、最高额抵押权在移转上从属性的特殊规定，以及最高额抵押权确定的几种情形；对于“动产浮动抵押权”，其作为市场经济融资担保的一种新方式，自出现以来就备受关注，要重点掌握其概念、设定、效力等问题。

知识点精讲

抵押权是指债权人对于债务人或第三人提供的、不移转占有而作为债务履行担保的财产，在债务人不履行债务或发生当事人约定的实现抵押权情形时，可就该财产折价或者就拍卖、变卖该财产的价款优先受偿的权利。抵押作为一种物权担保形态，就特定物的优先受偿性使之比人的担保具有更强劲的担保功能，对抵押权人颇为有利。同时，不移转抵押财产的占有，无碍于抵押人对抵押财产的使用收益，抵押人可以充分利用该物的使用价值，创造物质财富，强化其履约能力，其为对抵押人和抵押权人均可接受之制度安排。因此，抵押制度对交易的安全与效益最大化的双重关爱，使之获得担保各方的共同推崇，进而成为罗马法以降各国民法中最重要的担保制度，被誉为“担保之王”，因而也成为“法考座上宾”！

一、抵押权的属性

抵押权是就供担保标的物变价所得优先受偿的权利，是以支配不动产的交换价值、具有优先清偿效力之担保作用，其基本属性包括：从属性、不可分性及物上代位性。

（一）抵押权具有从属性——以抵押权与主债权的关系为视角

抵押权从属于主债权，抵押权的产生、移转、消灭以及效力发挥都从属于主债权。《物权法》第 192 条规定："抵押权不得与债权分离而单独转让或者作为其他债权的担保。债权转让的，担保该债权的抵押权一并转让，但法律另有规定或者当事人另有约定的除外。"《担保法》第 50 条规定："抵押权不得与债权分离而单独转让或者作为其他债权的担保。"

例外规定：根据《物权法》第 204 条的规定，最高额抵押担保的债权确定前，部分债权转让的，最高额抵押权不得转让，但当事人另有约定的除外。这是关于最高额抵押权在移转上从属性的"特别"的规定。在其担保的债权确定之前，最高额抵押权不具有移转上的从属性（但是当事人另有约定的除外）；在其担保的债权确定后，最高额抵押才具有移转上的从属性。

（二）抵押权具有不可分性——以抵押权与担保标的物或担保债权的关系为视角

抵押权的不可分性，是指抵押权及于抵押物的全部，并及于债权全部。《最高人民法院关于适用〈中华人民共和国担保法〉若干问题的解释》第 71 条规定："主债权未受全部清偿的，抵押权人可以就抵押物的全部行使其抵押权。抵押物被分割或者部分转让的，抵押权人可以就分割或者转让后的抵押物行使抵押权。"《最高人民法院关于适用〈中华人民共和国担保法〉若干问题的解释》第 72 条规定第 1 款："主债权被分割或者部分转让，各债权人可以就其享有的债权份额（对原标的物）行使抵押权。"

（三）抵押权的物上代位性——以抵押权的价值支配力为视角

抵押权的物上代位性是指抵押权的效力及于抵押财产的变形物（价值替代）。《物权法》第 174 条：担保期间，担保财产毁损、灭失或者被征收等，担保物权人可以就获得的保险金、赔偿金或者补偿金等优先受偿。被担保债权的履行期未届满的，也可以提存该保险金、赔偿金或者补偿金等。

二、共同抵押

共同抵押是为同一债权就数个物设定的抵押。在共同抵押中，数个抵押物并非结合而视为一物，而是在担保同一债权的目的上互相结合进行担保。所以共同抵押与一般抵押不同，是一种特殊的抵押。共同抵押分为按份共同抵押和连带共同抵押。

（一）按份共同抵押

若两个以上的抵押人在设立抵押权时，分别或者共同与债权人约定各自仅对全部债权的特定份额承担担保责任的，为按份共同抵押，债权人行使抵押权时，只能按照约定的份额行使抵押权。

抵押人承担了担保责任后只能向债务人追偿，不能向其他按份共同抵押人追偿，按份责任人之间不得相互追偿。

（二）连带共同抵押

对同一债权提供担保时，若两个以上的抵押人在设立抵押权时，未与债权人约定债权人行使抵押权的顺序与份额，为连带共同抵押。债权人行使抵押权时，不受顺序与份额的限制，可以就其中的任一抵押权行使担保权，也有权对所有的抵押权同时行使担保物权。

抵押人承担了担保责任后，既可以向债务人全额追偿，也可以直接按照内部份额比例向其他连带共同抵押人追偿。

例1 甲公司向乙银行借款100万元，丙、丁以各自房产分别向乙银行设定抵押，戊、己分别向乙银行出具承担全部责任的担保函，承担保证责任。下列哪些表述是正确的？

A. 乙银行可以就丙或者丁的房产行使抵押权

B. 丙承担担保责任后，可向甲公司追偿，也可要求丁清偿其应承担的份额

提示：《最高人民法院关于适用〈中华人民共和国担保法〉若干问题的解释》第75条第2款和第3款规定，“同一债权有两个以上抵押人的，当事人对其提供的抵押财产所担保的债权份额或者顺序没有约定或者约定不明的，抵押权人可以就其中任一或者各个财产行使抵押权。抵押人承担担保责任后，可以向债务人追偿，也可以要求其他抵押人清偿其应当承担的份额。”据此，丙丁构成连带共同抵押，抵押权人乙行使抵押权无顺序限制，选项A正确；在连带共同抵押中，某一抵押人承担担保责任后，其追偿权的行使也无顺序限制，选项B正确。

三、最高额抵押

（一）最高额抵押权概述

1. 最高额抵押权的含义

最高额抵押是指为担保债务的履行，债务人或者第三人对一定期间内将要连续发生的债权提供抵押担保，债务人不履行到期债务或者发生当事人约定的实现抵押权情形的，抵押权人有权在最高债权额限度内就该担保财产优先受偿。

2. 最高额抵押权的特征

(1)	债权数额的可变性	最高额抵押担保的债权可增可减、可为先前债权或嗣后债权。
(2)	从属性的特殊性	最高额抵押的主债权在确定前转让时，抵押权并不随之转移。
(3)	债权限额的预定性	最高额抵押权须在订立合同时预定最高担保债权限额。
(4)	债权实现的确定性	最高额抵押权的实现以对债权进行决算为必要。

（二）最高额抵押权的设定

1. 最高额抵押合同

设定最高额抵押权，抵押人和抵押权人应当以书面形式订立最高额抵押合同。与一般抵押合同不同的是，最高额抵押合同应当约定被担保债权的种类范围和最高债权限额。最高额抵押合同中通常还约定债权确定期间。但是，债权确定期间约定与否，并不影响最高额抵押合同的成立。

2. 最高额抵押权设定登记

根据《物权法》第207条，最高额抵押权应适用一般抵押权登记的规定。最高额抵押权的设定登记，依其抵押财产的性质，分别采登记要件主义和登记对抗主义。

3. 主债权的范围

最高额抵押所担保的主债权只能是一定期限内连续发生的债权，这类债权一般都是连续性交易。在最高额抵押权设立前就已经存在的债权，也可以成为被最高额抵押所担保的债权，但需要与其他不特定债权结合才行，否则不能单独为最高额抵押所担保。

（三）最高额抵押权的变更与转让

1. 变更

《物权法》第205条规定："最高额抵押担保的债权确定前，抵押权人与抵押人可以通过协议变更债权确定的期间、债权范围以及最高债权额，但变更的内容不得对其他抵押权人产生不利影响。"债权范围变更形态包括取代、追加和缩减。

2. 转让

《物权法》第204条规定："最高额抵押担保的债权确定前，部分债权转让的，最高额抵押权不得转让，但当事人另有约定的除外"。对此，需注意以下几点：

（1）可转让的债权必须是已经确定的债权。在担保债权额确定前，最高额抵押所担保的债权无法转化为一个内容具体的债权，不具有转让的可能性（即标的不能）；但已经确定的债权可以转让。

（2）所谓"部分债权转让"，通常不是指某特定债权被分割成若干部分债权而转让，而是指抵押合同约定的一定期间内已经发生的某个或某些债权的转让。

（3）最高额抵押担保的债权确定前，部分债权转让的，最高额抵押权不随之转让。当事人约定部分债权转让、最高额抵押权也随之转让的，依当事人的约定。

（4）最高额抵押担保的债权确定前，债权人转让部分债权的，除当事人另有约定外，房屋登记机构不得办理最高额抵押权移转登记。

（四）最高额抵押债权的确定

最高额抵押权的确定，也称最高额抵押担保债权的确定，是指最高额抵押权所担保的一定范围内的不特定债权，由于一定事由的发生而变为具体、特定之债权。最高额抵押权的确定有利于确定最高额抵押权人的优先受偿范围，明确利害关系人的利益保护。

根据我国《物权法》的规定，最高额抵押权的确定事由主要有以下几类：

最高额抵押权所担保债权的确定条件（《物权法》第206条）	（1）约定的债权确定期间届满。
	（2）没有约定债权确定期间或者约定不明确，抵押权人或者抵押人自最高额抵押权设立之日起满两年后请求确定债权。
	（3）新的债权不可能发生。
	（4）抵押财产被查封、扣押。
	（5）债务人、抵押人被宣告破产或者被撤销。
	（6）法律规定债权确定的其他情形。

四、动产浮动抵押

（一）动产浮动抵押权的概念

根据我国《物权法》第181条的规定，浮动抵押权是指企业、个体工商户、农业生产经营者以现有及将有的生产设备、原材料、半成品、产品抵押，债务人不履行到期债务或者发生当事人约定的实现抵押权的情形时，债权人有权就实现抵押权时的动产优先受偿的权利。

（二）动产浮动抵押权的设定

1. 浮动抵押的主体范围

浮动抵押不同于固定抵押，我国《物权法》将浮动抵押人限定为企业、个体工商户、农业生产经营者。

2. 浮动抵押的客体范围

我国《物权法》将浮动抵押财产限定为生产设备、原材料半成品、产品。除此以外的动产不得设立浮动抵押，不动产之上也不得设立浮动抵押权。

3. 浮动抵押权的设立——登记对抗主义

企业、个体工商户、农业生产经营者设定浮动抵押权的，应当向抵押人住所地的工商行政管理部门办理登记。抵押权自抵押合同生效时设立；未经登记，不得对抗善意第三人。

（三）动产浮动抵押权的效力

浮动抵押权的效力大体与动产抵押权的效力相同，二者最大的差别在于浮动抵押权有一个效力休眠期。浮动抵押的效力休眠，是指在抵押财产确定之前，抵押权人没有支配具体抵押财产的权利，或不产生禁止抵押人在正常经营范围内处分抵押财产的权利，除非在抵押合同中对某些财产或处分行为作相反的约定。

浮动抵押权设定后，抵押权人享有优先受偿权。但浮动抵押权不得对抗正常经营活动中已支付合理价款并取得抵押财产的买受人。之所以这样规定，主要因为：浮动抵押是以现有的和将有的财产设定担保，抵押期间抵押人可以占有、使用、处分抵押财产，如果以全部或者部分动产抵押，又不让抵押人处分该财产，抵押人的经营活动就无法进行了。

例2 个体工商户甲将其现有的以及将有的生产设备、原材料、半成品、产品一并抵押给乙银行，但未办理抵押登记。抵押期间，甲未经乙同意以合理价格将一台生产设备出卖给丙。后甲不能向乙履行到期债务。对此，下列哪一选项是正确的？

A. 该抵押权因抵押物不特定而不能成立

B. 该抵押权因未办理抵押登记而不能成立

C. 该抵押权虽已成立但不能对抗善意第三人

D. 乙有权对丙从甲处购买的生产设备行使抵押权

提示：《物权法》第189条规定动产抵押的，抵押权自抵押合同生效时设立；未经登记，不得对抗善意第三人。由此，本题中选项C的说法是正确的，选项A和选项B的说法错误；第189条第2款的规定，依照本法第181条规定抵押的，不得对抗正常经营活动中已支付合理价款并取得抵押财产的买受人。由于丙是以合理价格取得抵押财产的买受人，乙无权对现在已经归丙所有的生产设备行使抵押权，所以选项D错误。

（四）浮动抵押财产的确定

浮动抵押最大的制度价值在于，赋予抵押人对抵押财产的自由处分权，使抵押人既能获得来自债权人的资金支持，又能使自己的正常经营免受不利影响。浮动抵押权设定后，因抵押人可对抵押物自由处分，所以抵押物具有不特定性，其形态变动不居，价值漂浮不定。

抵押权人要实现抵押权，首先要使浮动抵押“停止浮动”，让其固定下来，此即浮动抵押的结晶，我国《物权法》称其为浮动抵押财产的确定。

浮动抵押财产的确定是因法定或约定事件的发生，抵押人丧失对抵押财产的自由处分权，抵押权人获得其对抵押财产的价值控制权，抵押财产形态及价值特定，浮动抵押转为固定抵押，抵押权人可就抵押财产主张优先受偿权。浮动抵押财产的确定是抵押权人实现抵押权的前提。

浮动抵押财产的确定条件	债务履行期满，债权未实现的。
	抵押人被宣告破产或者被撤销的，抵押人停止营业，进入清算程序。
	发生当事人约定的实现抵押权的情形的。
	发生严重影响债权实现的其他情形。

例3 某农村养殖户为扩大规模向银行借款，欲以其财产设立浮动抵押。对此，下列哪些表述是正确的?

A. 该养殖户可将存栏的养殖物作为抵押财产

B. 抵押登记机关为抵押财产所在地的工商部门

C. 抵押登记可对抗任何善意第三人

D. 如借款到期未还，抵押财产自借款到期时确定

提示：《物权法》第181条规定，经当事人书面协议，企业、个体工商户、农业生产经营者可以将现有的以及将有的生产设备、原材料、半成品、产品抵押，债务人不履行到期债务或者发生当事人约定的实现抵押权的情形，债权人有权就实现抵押权时的动产优先受偿。选项A中的财产可以作为浮动抵押财产。第189条规定，企业、个体工商户、农业生产经营者以本法第181条规定的动产抵押的，应当向抵押人住所地的工商行政管理部门办理登记。故选项B错误。根据第189条第2款的规定，已经登记的动产浮动抵押，不得对抗正常经营活动中支付合理价款并取得抵押财产的买受人。动产浮动抵押的重要特点之一是，动产浮动抵押有一个休眠期，只要《物权法》第196条规定的情形尚未出现，动产浮动抵押不受《物权法》第191条第2款的限制，抵押人可以不经抵押权人的允许转让抵押的动产，并且，只要受让人（无论受让人善意还是恶意）支付了价款并且已经完成交付，已经转让的抵押财产（无论动产浮动抵押是否登记）自动解除抵押关系，不再属于抵押财产。故选项C错误。第196条规定，依照本法第181条规定设定抵押的，抵押财产自下列情形之一发生时确定：（一）债务履行期届满，债权未实现……借款到期未还，债权没有实现，因此抵押财产此时可以确定。选项D正确。

第十二章　质权

重要法条及司法解释

《物权法》第 208、209、212 ~ 215、218、220、223 ~ 228 条。

《最高人民法院关于适用〈中华人民共和国担保法〉若干问题的解释》第 84、87、90 条。

命题分析

“质权”颇受命题人的垂爱，可谓高频考点。从考查内容来看，质权分为动产质权和权利质权，对于动产质权，考生应重点掌握动产质权的设立、质权人和出质人的相关权利和义务等；而权利质权往往会结合其他知识点一起考查，如债权转让、抵销等，难度较大。从考查形式来看，基本是以案例的方式考查。

从命题趋势分析，“质权”虽然每次考查的分数不多，但是基本每年都会考到。

知识点精讲

质权是指债务人或第三人将出质的财产或财产性权利交债权人占有或控制，作为债权的担保，在债务人不履行债务或者发生当事人约定的实现质权的情形时，债权人以该财产或权利折价或拍卖、变卖所得价款优先受偿的权利。在质权法律关系中，享有质权的人称为质权人；将财产移转于质权人占有而供债权担保的债务人或第三人，称为出质人；出质人移转给债权人占有以供债权担保的财产，称为质物或质押财产。质权为担保物权之一种，除具有担保物权的共有属性之外，还有其自身的特点：质权以占有为公示方法；质权的标的为动产或财产权利，但不包括不动产；质权具有留置效力，并就标的物直接支配以实现质权（故质权可称为“约定的留置权”）。质权分为动产质权和权利质权。

一、动产质权

动产质权，是指债务人或者第三人将其动产移交债权人占有，将该动产作为债权的担保。债务人不履行债务时，债权人依法以该动产折价或者以拍卖、变卖该动产的价款优先受偿的权利。

（一）动产质权的标的物

动产充作质押财产须具备以下条件：

（1）须为特定化的动产，包括特定物和特定化的种类物。

（2）须为有交换价值的动产。

（3）须具可让与性。

（二）动产质权的设立

1. 质押合同

动产质押须采取书面形式订立质押合同；在质权合同中，出质人和质权人不得约定在债务履行期届满，质权人未受清偿时，质物的所有权转移为质权人所有。质押合同中的此种“流质”约定无效，但该部分内容的无效不影响质押合同其他部分内容的效力。

2. 动产质押合同的生效与动产质权的设立

动产质押合同自合同成立之时起生效，但法律另有规定或当事人另有约定的除外；动产质权自质押合同出质人向质权人移转质押财产占有时设定。

出质人向质权人移转占有的行为，也就是交付行为。交付有多种形式，如现实交付、简易交付、指示交付、占有改定等。出质人移转质押财产的占有，并不以现实交付为必要，但出质人不得以占有改定代替质权人对质押财产的占有。

> **注意：**质权成设立后，质权人将质物交还出质人的，此时质权不能对抗除出质人的第三人。

3. 动产质权的善意取得

动产质权以占有为公示方法。对于动产，其所有人为何人第三者一般只能根据动产的占有来判断。占有发生移转，便“推定”发生权利移转。因此，从占有公信力的角度，善意债权人取得占有便应取得质权。同时，基于确保交易安全的目的，也应承认在无权处分人处分他人财产的情况下，善意第三人取得质物的占有便可以取得质权。

动产质权的善意取得的构成要件	须以设定质权为目的。
	须出质人无处分质押财产的权利。
	须质权人已占有该质押财产。
	须质权人受让质押财产的占有时为善意，而不知出质人无处分权。

例1 甲为乙的债权人，乙将其电动车出质于甲。现甲为了向丙借款，未经乙同意将电动车出质于丙，丙不知此车为乙所有。下列哪些选项是正确的？

A. 丙因善意取得而享有质权

提示：本题中，甲将电动车出质于丙的时候，实际上甲就是出质人，其不具有所有权但是合法占有动产，因此丙基于善意取得享有质权，选项A的说法正确，当选。

（三）动产质权当事人的权利和义务

1. 质权人的权利和义务

权利	**占有质物**	质权人有权在债权受清偿前占有质物，并以质物的全部行使其权利。
	收取孳息	质权人有权收取质物的孳息，但质权合同另有约定的除外。
	保全质权	因不能归责质权人的事由可能使质押财产毁损或者价值明显减少，足以危害质权人权利的，质权人有权要求出质人提供相应的担保。

续表

权利	优先受偿	债务人不履行到期债务或者发生当事人约定的实现质权的情形，质权人可以与出质人协议以质押财产折价，也可以就拍卖、变卖质押财产所得的价款优先受偿。
	转质	质权人在质权存续期间，为担保自己的债务，经出质人同意，以其所占有的质物为第三人设定质权的，应当在原质权所担保的债权范围之内转质，超过部分无优先受偿力；转质权的效力优于原质权。
	放弃质权	质权人可以放弃质权。
义务	保管质押财产	质权人在享有占有质押财产的权利的同时，也负有在占有期间妥善保管质押财产的义务。
	返还质押财产	债务人履行债务或者出质人提前清偿所担保的债权的，质权人应当返还质押财产

2. 出质人的权利和义务

权利	处分质物	出质人并不丧失所有权，其仍有权处分质押财产。
	追偿	出质人代债务人清偿债务，或者因质权人行使质权致使其丧失质押财产的所有权时，有权向债务人求偿。
	保全质物	质权人的行为可能使质押财产毁损、灭失的，出质人可以要求质权人将质押财产提存，或者要求提前清偿债务并返还质押财产。
义务	损害赔偿	质物有隐蔽瑕疵造成质权人其他财产损害的，应由出质人承担赔偿责任。但质权人在质物移交时明知质物有瑕疵而予以接受的除外。
	偿还必要费用	出质人对于质权人因保管质物所支出的必要费用，负有偿还义务。

（四）动产质权的消灭情形

1. 被担保的债权依法消灭。
2. 质权因行使而消灭。
3. 质权因质物灭失、且无替代价值而消灭。
4. 质权因质权人抛弃而消灭。

> **注意：**质权人丧失对质物的直接占有，并不必然消灭质权。

二、权利质权

权利质权是为了担保债权清偿，就债务人或第三人所享有的权利设定的质权。权利质权，可准用动产质权的规定，权利质权是一种准质权。

权利质权与动产质权的区别如下：

	动产质权	权利质权
标的物不同	动产，有体物	权利，无体物
标的物所受限制不同	标的物范围广泛	标的物范围较窄
权利公示方式不同	占有	交付并占有权利凭证或者登记
权利保全方法不同	质权人对质押动产的实际掌握、控制	出质人处分质押权利的法律限制
权利实现方法不同	折价、拍卖、变卖	较复杂，还可以向出质人的债务人主张权利

（一）可以出质的权利的特征与范围

1. 可以出质的权利的特征

权利质权的标的是权利，作为权利质权的标的的权利，在性质上必须具有下列特点：

财产性	财产权包括物权、债权及无体财产权等可以用金钱价格评估的权利。自然人、法人的人格权、身份权等人身权，不能作为权利质权的标的。
可让与性	只有可让与的财产权才可以作为权利质权的标的。设定权利质权，目的是就该权利受偿。
动产性	质权是动产质权，不动产原则上不能设定质权。因此不动产物权，如典权、地上权，不能设定权利质权。

2. 可以出质的权利的范围

《物权法》第223条规定了可以出质的权利的范围：债务人或者第三人有权处分的下列权利可以出质：

（1）汇票、本票、支票；

（2）债券、存款单；

（3）仓单、提单；

（4）可以转让的基金份额、股权；

（5）可以转让的注册商标专用权、专利权、著作权等知识产权中的财产权；

（6）应收账款；

（7）法律、行政法规规定可以出质的其他财产权利。

例2 根据《物权法》的规定，下列哪一类权利不能设定权利质权？

A. 专利权　　B. 应收账款债权

C. 可以转让的股权　　D. 房屋所有权

提示：本题考核权利质权。根据《物权法》第223条规定，本题的正确答案是选项D。

（二）权利质权的设定

权利质权的设定可分为两类：一是具有一般权利凭证的权利；二是需要登记的权利。

1. 具有一般权利凭证的权利

具有一般权利凭证的权利主要是指汇票、本票、支票、债券、存款单、仓单、提单。以这些权利出质的，当事人应当订立书面质权合同，并将权利凭证交付给质权人。质权自权利凭证交付质权人时设立；没有权利凭证的，质权自有关部门办理出质登记时设立。

例3 甲对乙享有10万元的债权，甲将该债权向丙出质，借款5万元。下列哪一表述是错误的?

A. 将债权出质的事实通知乙不是债权质权生效的要件

B. 如未将债权出质的事实通知乙，丙即不得向乙主张权利

C. 如将债权出质的事实通知了乙，即使乙向甲履行了债务，乙不得对丙主张债已消灭

D. 乙在得到债权出质的通知后，向甲还款3万元，因还有7万元的债权额作为担保，乙的部分履行行为对丙有效

提示：《物权法》第228条规定，“以应收账款出质的，当事人应当订立书面合同。质权自信贷征信机构办理出质登记时设立。应收账款出质后，不得转让，但经出质人与质权人协商同意的除外。出质人转让应收账款所得的价款，应当向质权人提前清偿债务或者提存。”债权质权自信贷征信机构办理出质登记时设立，所以将债权出质的事实通知乙不是债权质权生效的要件，选项A正确，不选。质权自办理出质登记时设立，通知第三债务人是质权设立后于质权实行时请求第三债务人为清偿的条件，类似于债权让与，未将债权出质的事实通知乙，乙对丙享有抗辩，选项B正确，不选。应收账款质权的实现，取决于第三债务人（应收账款请求权人的债务人）的清偿，因而应当将设质的事实通知第三债务人，若未通知，则不具有对抗该第三债务人的效力，该第三债务人仍可向应收账款请求权人清偿，无须对应收账款质权人负担任何责任，但第三债务人恶意的除外。选项C中，乙在知情的情况下对甲履行，不能对丙主张债已消灭，选项C正确，不选。债权质权一旦通知债务人，债务人即不得向债权人再为履行。质权具有不可分性，以质押财产或财产权利的全部担保债权的实现，选项D错误，当选。

2. 需要登记的权利

需要登记的权利主要是指股份、股票、商标专用权、专利权、著作权中的财产权、公路桥梁公路隧道或者公路渡口等不动产收益权等。以这些权利出质的，不仅要求当事人订立书面质权合同，还需要进行登记。

3. 禁止流质

《物权法》第211条规定：“质权人在债务履行期届满前，不得与出质人约定债务人不履行到期债务时质押财产归债权人所有。”

（三）权利质权的效力

1. 权利质权对于出质人的效力

权利质权对于出质人的效力，主要体现在对其就权利的处分权的限制上，即非经质权人同意，出质人不得以法律行为使其消灭或变更，以保护质权人的权利。

所谓以法律行为使其消灭，如以免除或抵销的方式使作为标的物的债权消灭。

所谓以法律行为使其变更，是指以契约的方式使债权额期限延长或减少利息或变更债的内容等。这些均对质权人不利，因此法律对此必须加以特别限制。

2. 权利质权对于质权人的效力

（1）质权人的权利：对证书或证券的留置权、孳息收取权、权利转质、优先受偿权。

（2）质权人的义务：质权人应以一个善良管理人的注意义务对质权标的进行保全。

第十三章　留置权

重要法条及司法解释

《物权法》第230、231、136、240条。

《最高人民法院关于适用〈中华人民共和国担保法〉若干问题的解释》第108、112条。

命题分析

“留置权”基本上是每年必考，命题方式近年都是采用案例分析法，属于典型的高频考点。“留置权”是一种法定担保物权，具有一定的理论特殊性和独立性。

从考查内容来看，涉及合同法、商法和物权法的相关制度，有一定的综合性。留置权的考查难度不大，需重点掌握留置权取得的积极要件、留置权的善意取得、商事留置权以及留置权的消灭等知识点。

知识点精讲

一、留置权概述

（一）留置权的概念

留置权是指债务人不履行到期债务时，债权人所享有的留置其已经合法占有的债务人动产，并就该动产优先受偿的权利。其中，债权人为留置权人，占有的动产为留置财产。

（二）留置权的特征

（1）法定的担保物权	不论债权人和债务人是否有约定，只要具备我国《物权法》规定的条件，留置权当然产生
（2）与担保债权有牵连性	债权人留置的财产与债权属于同一法律关系（商事留置权除外）
（3）合法先占留置动产	留置权以动产的占有为要件；债权人丧失占有即丧失留置权
（4）效力具有双重性	留置效力＋留置财产的变价受偿

注意：正确理解《物权法》第240条规定：留置权人对留置财产丧失占有或者留置权人接受债务人另行提供担保的，留置权消灭。

（三）留置权与同时履行抗辩权的区别

区别点	留置权	同时履行抗辩权
权利性质	物权担保功能	债权自力救济功能

续表

区别点	留置权	同时履行抗辩权
制度目的	担保债权实现，维护一方利益	促使双方履行义务，衡平保护双方利益
成立要件	一方合法占有对方财产	双务合同、有偿合同
适用范围	不限于合同之债	一般发生在双务合同中
行使效力	留置 + 变价受偿	中止履行 + 阻却违约

二、留置权的取得

留置权是法定权利，只有在符合法律规定的条件下，债权人才取得留置权，包括积极要件和消极要件。

（一）留置权取得的积极要件

1. 须债权人占有债务人的动产

根据《担保法》第84条的规定，债权人可以就履行保管合同、运输合同、加工承揽合同而占有的债务人动产行使留置权。债权人须合法占有债务人的财产，其占有方式是直接占有还是间接占有均可（占有需具备主客观要件）。但单纯的持有不是占有，故不能成立留置权，如雇用人操持家务，则其在工作中使用家中的器具，是持有，不成立留置权。债务人代债权人占有留置物的，留置权不成立。

债权人合法占有债务人交付的动产时，不知道债务人无处分该动产的权利，债权人仍可以依法享有留置权（留置权的善意取得与行使）。

2. 须债权已届清偿期

债权人虽占有债务人的动产，但在债权尚未届清偿期时，尚不发生债务人不履行债务的问题。只有在债权已届清偿期，债务人仍不履行债务时，债权人才可以留置债务人的动产。

债权人的债权未届清偿期，其交付占有标的物的义务已届清偿期的，不能行使留置权。但是，债权人能够证明债务人无支付能力的除外（类似于“不安留置权”，《最高人民法院关于适用〈中华人民共和国担保法〉若干问题的解释》第120条）。

3. 须债权的发生与该动产有牵连关系

留置权中，债权人占有债务人的动产必须与其债权的发生有牵连关系，即债权的成立与标的物的占有是基于同一合同关系。但企业之间留置权的成立不必具备法律关系的同一性。

例1 辽东公司欠辽西公司货款200万元，辽西公司与辽中公司签订了一份价款为150万元的电脑买卖合同，合同签订后，辽中公司指示辽西公司将该合同项下的电脑交付给辽东公司。因辽东公司届期未清偿所欠货款，故辽西公司将该批电脑扣留。关于辽西公司的行为，下列哪一选项是正确的？

C. 属于行使留置权

提示： 法律对企业之间的留置规定较为宽松，不要求留置的动产和债权属于同一法律关系，本题辽东公司与辽西公司的债务关系属于企业债务关系，选项C正确，当选。

例2 小贝购得一只世界杯指定用球后兴奋不已，一脚踢出，恰好落入邻居老马家门前的水井中，正在井边清洗花瓶的老马受到惊吓，手中花瓶落地摔碎。老马从井中捞出足球后，小贝央求老马归还，老马则要求小贝赔偿花瓶损失。对此，下列哪些选项是正确的？

D. 如小贝拒绝赔偿，老马可对足球行使留置权

提示：《物权法》第231条规定，债权人留置的动产，应当与债权属于同一法律关系，但企业之间留置的除外。小贝因侵权行为对老马承担赔偿的义务，但是老马对于足球的返还不是基于该义务，所以二者是两个法律关系，老马不能对足球行使留置权，选项D错误。

（二）留置权取得的消极条件

1. 对动产的占有不是因侵权行为取得（不符合“合法占有”条件）。例如加工人又通过盗抢手段再次取得加工物的占有，也不享有留置权。

2. 对动产的留置不得违反公共利益或善良风俗（不符合广义的“合法”条件）。对动产的留置如果违反公共利益或善良风俗，如留置他人的居民身份证、留置他人尸体、骨灰等，为法律所不许。

3. 对动产的留置不得与债权人的义务或者合同的特殊约定相抵触（《最高人民法院关于适用〈中华人民共和国担保法〉若干问题的解释》第111条）。债权人留置债务人的动产如果与其所承担的义务相抵触时，亦不得为之。例如，承运人有将货物运送到指定地点的义务，在运送途中，不得以未付运费而留置货物。

4. 当事人没有在合同中约定排除留置权。留置权虽为法定担保物权，但可以依约事先排除。

三、留置权的效力

（一）留置权人的权利

扣押留置财产	在债务人不履行债务时，债权人就可以留置标的物，拒绝债务人交付标的物的请求。
收取留置物孳息	收取的孳息，应先充抵收取孳息的费用。
请求偿还保管费用	债权人因保管留置物所支出的必要费用，有权向债务人请求返还。
就留置物优先受偿	债务履行期届满后一定宽限期过后，留置权人可行使优先受偿权。

（二）留置权人的义务

容留宽限期	留置权成立的，留置权人应当给债务人两个月以上履行债务的期间，但当事人约定合理期间者或留置鲜活易腐等不易保管的动产除外。
相应留置可分物	留置的财产为可分物的，留置物的价值应当相当于债务的金额（《担保法》第86条）。
保管留置物	留置权人负有妥善保管留置财产的义务；因保管不善造成留置财产毁损、灭失的，应当承担民事赔偿责任。
返还留置物	在留置权所担保的债权消灭，或者债权虽未消灭，债务人另行提供担保时，债权人应当返还留置物给债务人。

第十四章　担保的竞合、混合以及新型担保

重要法条及司法解释

《物权法》第176、194条第2款、218、239条。

《最高人民法院关于适用〈中华人民共和国担保法〉若干问题的解释》第38、79条。

命题分析

"担保物权的竞合"是同一标的物（一般为动产）上存在多个担保物权的组合担保，而"混合担保"是对同一债权存在不同担保方式的组合担保。二者极容易引起混淆，且具有一定的综合性。"担保的竞合"与"混合担保"属于本学科的高频、高难考点。

"担保物权的竞合"主要体现为"抵押权与质权的冲突""抵押权与留置权的冲突""留置权与质权的竞合"。考生在记忆各类担保物权的优先规则时，应注意比较，综合把握。"混合担保"属于法考必考点，且难度较大，考生需要全面掌握《物权法》第176条所涉及的担保规则。

"让与担保""买卖型担保""以物抵债"等具有担保功能的民间创造机制近年来连续考查，这是法考对融资商务实践的热烈回应，也是对"物权法定"原则以及"禁止流押或流质"僵硬性规则的反思，对今后的考试具有导向意义。

知识点精讲

一、担保物权的竞合的概念和成立条件

（一）担保物权的竞合的概念

担保物权的竞合，亦称为"物的担保的竞合"，是指在同一标的物上存在不同种类的担保物权，此时各担保债权人（亦即担保物权人）应以何类担保物权的效力优先的问题。

（二）担保物权的竞合的成立条件

担保物权的竞合须具备以下条件：

1. 须同一标的物上同时存在数个不同的物上担保权

只有在用于设定物上担保的同一项财产上，存在数个不同种类的物上担保时，才会发生担保物权的竞合。所谓同时存在数个担保物权，是指于实现物上担保时，在标的物上存在着不同种类的担保物权，而不是指标的物上曾先后存在过数个担保物权。

2. 须各个担保物权人不为同一人

担保物权的竞合不仅须为担保权客体的竞合，而且其权利主体须不为同一人。所谓"权利主体不为同一人"，是指数个不同的担保物权所担保的并非同一个债权。因为在同一

权利主体有不同的担保物权时，则属于数个担保物权担保同一债权（即共同担保），而不是不同的担保物权担保不同的债权。

二、抵押权与质权的竞合

（一）先设立抵押权，后设立质权

因抵押权是不移转标的物占有的，而质权是以移转标的物占有为成立要件的；所以在设定抵押权后，抵押人可以将标的物再向第三人设定质押，成立质权。此情形下，后设定的质权无害于抵押权，发生抵押权与质权的竞合。

根据《最高人民法院关于适用〈中华人民共和国担保法〉若干问题的解释》第79条规定："同一财产法定登记的抵押权与质权并存时，抵押权人优先于质权人受偿。"对该条文解释适用的通说认为，若该抵押权属于可不予登记即成立而当事人又未为抵押权登记的，则因未登记的抵押权不具有对抗第三人的效力，未登记的抵押权虽成立在前，质权的效力也应优先于抵押权。若当事人将该抵押权进行了登记，该抵押权的效力自然优先于质权的效力（当事人另有约定、同意放弃优先利益者除外）。

（二）先设立质权，后设立抵押权

出质人于设定质权后可否再设定抵押权，即先质后押呢？一般而言，设定质权后不宜设定抵押权。若当事人同意于出质的财产上再设定抵押权时，抵押权与质权竞合。于此情形下，质权的效力应优先于抵押权，不问该抵押权是否办理抵押权的登记。

三、抵押权与留置权的竞合

留置权的标的物为动产，因此只有动产抵押权才可能与留置权发生竞合。抵押权与留置权竞合的发生同样有两种情况：

（一）先设定抵押权，后成立留置权

先设定抵押权后因标的物不移转占有，所以在抵押人将抵押物交由他人占有时，在具备留置权的成立条件下可在抵押物上再成立留置权，发生抵押权与留置权的竞合。通说认为，留置权优先于抵押权，因为留置权人占有标的物，并且因留置权的行使往往是有利于保全抵押权人利益。对此，我国《物权法》第239条明确规定：同一动产上已设立抵押权，该动产又被留置的，留置权人优先受偿。

（二）先成立留置权，后设定抵押权

留置物所有人将留置物抵押，此时在留置物上又成立抵押权，抵押权与留置权竞合。因留置权成立在先，留置权的效力当然优先于抵押权。

另外，留置权人也可将留置物再行设立抵押权。无论是否经留置物所有人同意，留置权人基于自己的债务履行向其债权人设定抵押权的，善意债权人均可取得抵押权，从而发生抵押权与留置权的竞合。在此情形下，抵押权的效力应优先于留置权：因为留置权人自己作为抵押人不能以该留置权对抗自己的抵押权人（亦即债权人）。

四、留置权与质权的竞合

由于留置权与质权都是以占有标的物为其存续要件的，留置权得因占有的丧失而消灭，

质权在占有丧失而又不能回复时也消灭。但因质权占有不以直接占有为限，所以在同一标的物上可以发生留置权与质权的竞合。《物权法》第239条规定，同一动产上已设立质权，该动产又被留置的，留置权人优先受偿。即在“先质后留”情形下，留置权优先行使并实现。

在质物由质权人占有期间，质权人将质物交由第三人直接占有，而自己间接占有时，第三人得基于留置权的成立事由而取得留置权。例如，质权人将质物交由第三人保管，保管人得于具备留置权条件下取得留置权。于此情形下，因质权人的质权并不消灭，发生留置权与质权的竞合，留置权的效力优先于质权。理由在于：留置权是担保基于维护或保存标的物而发生的债权，并且标的物由留置权人直接占有，质权人仅为间接占有人。

例1 同升公司以一套价值100万元的设备作为抵押，向甲借款10万元，未办理抵押登记手续。同升公司又向乙借款80万元，以该套设备作为抵押，并办理了抵押登记手续。同升公司欠丙货款20万元，将该套设备出质给丙。丙不小心损坏了该套设备送丁修理，因欠丁5万元修理费，该套设备被丁留置。关于甲、乙、丙、丁对该套设备享有的担保物权的清偿顺序，下列哪一排列是正确的？

A. 甲乙丙丁　　B. 乙丙丁甲　　C. 丙丁甲乙　　D. 丁乙丙甲

提示：同一动产上同时并存抵押权、质权、留置权，且分别担保不同的债权，称为动产担保物权的竞合。当各动产担保物权发生竞合时，就存在各担保物权清偿顺序问题。《物权法》第239条规定：“同一动产上已设立抵押权或者质权，该动产又被留置的，留置权人优先受偿。”可知留置权优先于抵押权、质权。

当同一动产上抵押权和质权并存时，原则上按照设立时间的先后确定清偿顺序，但有例外情形。《物权法》第188条规定：“以本法第一百八十条第一款第四项、第六项规定的财产或者第五项规定的正在建造的船舶、航空器抵押的，抵押权自抵押合同生效时设立；未经登记，不得对抗善意第三人。”可知如果先设立的动产抵押权未经登记，则该未登记的动产抵押权不得对抗在后取得的质权和已经登记的抵押权的善意第三人。在这里，我们可以总结一个公式：留置权 > 登记抵押权 > 质权 > 未登记的抵押权。因此本题中应优先受偿的是留置权人丁，其次是经过抵押登记的抵押权人乙，再是质权人丙，最后是未经抵押登记的抵押权人甲，所以选项D正确，当选。

五、混合担保

（一）混合担保概述

所谓混合担保，指针对同一个债务既有物权担保（抵押、质押），又有第三人的保证担保（人保）而形成的多人、多种类的共同担保，其与共同抵押、共同保证等担保相区别。

混合担保的法律意义在于：当债务人不履行到期债务或担保权实现条件均已成就时，担保债权人按照何种比例、何种顺序向担保人行使担保权利、实现担保利益。混合担保问题较为复杂，需对担保权利的行使规则、担保人的免责规则以及担保人承担责任后的追偿规则作一体把握，尤其要注意是否有债务人提供的物权担保混合其中，其对担保权利的行使规则有重要影响。

（二）混合担保的适用规则

被担保的债权既有物的担保又有人的担保的，债务人不履行到期债务或者发生当事人约定的实现担保物权的情形时，债权人行使担保权、实现自己的债权利益，依照下述规则：

1. 约定优先规则

根据《物权法》第 176 条的规定，物保和人保的实现顺序应当首先根据当事人之间的约定来确定。该规定充分尊重当事人的意思自治，适用“约定优先于法定”规则。

2. 债务人物保优先人保规则

债务人的物保与第三人物保或人保“混合”时，且没有约定或未达成约定的，债权人应当先就债务人自己提供的物权担保实现债权，如果通过实现针对债务人的担保物权不能满足其债权时，再对其他担保人主张相应的担保责任，否则，其他担保人享有“先诉抗辩权”。该规则衍生规则是：若债权人放弃实现债务人提供的物的担保，则其他担保人在债权人丧失优先受偿权益的范围内免责（《物权法》第 194 条第 2 款、第 218 条）。

3. 第三人物保和人保效力平等规则

既有第三人提供物保，也有第三人提供人保的，债权人可以就物保实现债权，也可以要求保证人承担保证责任，即物保和人保效力平等。

4. 担保人的追偿规则

承担了担保责任的第三人，应先向债务人追偿，追偿不足部分可向其他第三担保人追偿。

虽然《最高人民法院关于适用〈中华人民共和国担保法〉若干问题的解释》第 38 条规定，承担了担保责任的担保人，可以向债务人追偿，也可以要求其他担保人清偿其应当分担的份额，并未明确“优先追偿债务人”规则，但按照担保人“追偿权”制度立法本旨，在事先约定不明情形下，第三人替代债务人代位承担清偿责任后，理应先行向承担行使追偿权是没有顺序限制的。

例 2　甲公司与乙公司约定，由甲公司向乙公司交付 1 吨药材，乙公司付款 100 万元。乙公司将药材转卖给丙公司，并约定由甲公司向丙公司交付，丙公司收货后 3 日内应向乙支付价款 120 万元。张某以自有汽车为乙公司的债权提供抵押担保，未办理抵押登记。抵押合同约定：“在丙公司不付款时，乙公司有权就出卖该汽车的价款清偿自己的债权。”李某为这笔货款出具担保函：“在丙公司不付款时，由李某承担保证责任”。丙公司收到药材后未依约向乙公司支付 120 万元，乙公司向张某主张实现抵押权，同时要求李某承担保证责任。关于乙公司要求担保人承担责任，下列表述正确的是：

C. 乙公司应先向张某主张实现抵押权

D. 乙公司可以选择向张某主张实现抵押权或者向李某主张保证责任

提示：《物权法》第 176 条规定：“被担保的债权既有物的担保又有人的担保的，债务人不履行到期债务或者发生当事人约定的实现担保物权的情形，债权人应当按照约定实现债权；没有约定或者约定不明确，债务人自己提供物的担保的，债权人应当先就该物的担保实现债权；第三人提供物的担保的，债权人可以就物的担保实现债权，也可以要求保证人承担保证责任。提供担保的第三人承担担保责任后，有权向债务人追偿。”本题中，为了担保两公司对乙公司的债务，张某以自有汽车设立抵押权，李某提供保证，构成混合担保，且对债权人乙公司行使权利的顺序与份额没有约定，当债务人丙不履行到期债务时，乙公司既可以就张某的汽车行使抵押权，也可以要求李某承担保证责任。故选项C错误，选项D正确。

例3 陈某向贺某借款20万元，借期2年。张某为该借款合同提供保证担保，担保条款约定，张某在陈某不能履行债务时承担保证责任，但未约定保证期间。陈某同时以自己的房屋提供抵押担保并办理了登记。如果贺某打算放弃对陈某的抵押权，并将这一情况通知了张某，张某表示反对，下列选项正确的是：

B. 若贺某放弃抵押权，张某仍应对全部债务承担保证责任

C. 若贺某放弃抵押权，则张某对全部债务免除保证责任

D. 若贺某放弃抵押权，则张某在贺某放弃权利的范围内免除保证责任

提示：在混合担保中，如果当事人没有对债权人行使权利的顺序与份额作出约定，若债务人以自己的财产提供抵押或质押，债权人应先就债务人提供的物保行使担保物权，提供担保的第三人享有先诉抗辩权。《物权法》第194条第2款规定：“债务人以自己的财产设定抵押，抵押权人放弃该抵押权、抵押权顺位或者变更抵押权的，其他担保人在抵押权人丧失优先受偿权益的范围内免除担保责任，但其他担保人承诺仍然提供担保的除外。”据此，在本题中，若贺某放弃债务人陈某提供的抵押权，则张某在陈某因此丧失优先受偿权益范围内免责。故选项B、C错误，选项D正确。

六、买卖型担保

（一）“买卖型担保”的定义

“买卖型担保”是指通过签订买卖合同的形式达成将来让与标的物所有权来担保债权人的债权。从合同关系的构成角度而言，该合同的合意旨在创设将来需让与标的物所有权的担保关系，而不是关于标的物所有权以及支付相应对价的买卖关系。其实质是以买卖合同名义将标的物所有权对借贷之债进行担保。

“买卖型担保”只是约定债务人未能履行到期债务时，债权人（担保权人）在履行清算义务基础上可以请求债务人转移买卖合同标的物所有权。该约定并不会使标的物所有权或其他权利直接转移到债权人名下，债权人需经过双方债权债务的清算才能实现受偿权。该制度只是根据买卖合同来调整双方的担保权利义务关系。

（二）“买卖型担保”的性质（以房屋买卖担保为中心）

以房屋买卖合同设置的担保是债权性担保还是物权性担保？

对于以商品房买卖合同设置担保究竟是合同本身债权的担保，还是合同的标的物担保，司法实践及理论界都具有争议。一种观点认为，双方签订的买卖合同是一种合同债权，是通过买卖合同形成的债权来担保借贷关系，是一种债权担保。另一种观点认为，对借贷关系进行担保的并不是买卖合同的本身，而是以买卖合同的形式达成将来让与合同标的物所有权的担保，是一种新型的物的担保。本书认为：这种新型的“买卖型担保”其实质是通过买

卖合同的履行对借贷债权的实现实施“担保”，即担保人（出卖人）承诺如果借款不能清偿履行时交付并转移买卖标的物所有权，其属于附生效条件的担保合同。该种担保合同的“债权性”类似于其他“抵押合同”“质押合同”“让与担保合同”“以物抵债协议”“保证合同”等；该类担保并不能直接产生“担保物权”的设立效果。质言之，属于“以债保债”。

注意： 买卖型担保合同仍属于“从合同”，其成立、消灭从属于主借贷关系。

（三）“买卖型担保”的效力

对于“买卖型担保”的效力问题长期以来一直是司法实务中及理论学术界争议的焦点。当前“买卖型担保”的效力有三种不同的观点。第一种观点认为只要买卖合同当事人适格，意思表示真实，且合同的内容不违反法律的规定就认为合同有效；第二种观点认为“买卖型担保”并没有法律的明确规定，违背“物权法定”原则，因此，合同无效。第三种观点认为买卖合同的约定类似存流“流押条款”，因而合同无效。笔者认为，从“债权合同”性质而言，只要符合合同生效的三个构成要件就应认定合同有效。“买卖型担保”并不违背物权法定原则及流押（流质）的约定而无效。而且，根据“物权变动区分原则”，买卖型担保合同的有效性应该独立考量，即使不能创设有效的担保物权，但其本身的债权行为效力不受影响。

（四）“买卖型担保”的司法认可

2015 年 9 月 1 日起施行的最高人民法院《关于审理民间借贷案件适用案件适用法律若干问题的规定》（以下简称《民间借贷司法解释》）第 24 条明确对“买卖型担保”予以承认。该条第 1 款规定：“当事人以签订买卖合同作为民间借贷合同的担保，借款到期后借款人不能还款，出借人请求履行买卖合同的，人民法院应当按照民间借贷法律关系审理，并向当事人释明变更诉讼请求。当事人拒绝变更的，人民法院裁定驳回起诉。”第 2 款规定：“按照民间借贷法律关系审理作出的判决生效后，借款人不履行生效判决确定的金钱债务，出借人可以申请拍卖买卖合同标的物，以偿还债务。就拍卖所得的价款与应偿还借款本息之间的差额，借款人或者出借人有权主张返还或补偿。”根据对该条司法解释的解读，我们可以得出以下结论：

（1）上述司法解释第 24 条的内容表明最高院认可了以买卖合同为民间借贷进行担保的担保方式，就该条的设立而言，某种程度上是填补了现今的法律空白，也实际上以司法解释的形式承认了“买卖型担保”的效力。

（2）该条规定中的“出借人请求履行买卖合同的，人民法院应当按照民间借贷法律关系审理”意味着“买卖型担保”具有从属性，从属于主合同民间借贷合同。当产生争议时只能按民间借贷法律关系审理，而不能按买卖合同审理。双方之间存在的基础法律关系为民间借贷法律关系，而买卖合同作为担保合同从属于民间借贷的主法律关系。

（3）该条第 2 款规定“借款人不履行生效判决确定的金钱债务，出借人可以申请拍卖买卖合同标的物，以偿还债务。”这表明债权人在实现“买卖型担保”时，可间接地通过申请强制履行买卖合同，以标的物的拍卖款来实现借款债权，则实际上按照担保物权的实现方式变通处理了“买卖合同纠纷”。

第十五章　占有

重要法条及司法解释

《物权法》第241、242、245条第1款。

命题分析

占有是现代民法上的一项重要制度，占有制度在于保护物的流转顺畅，维护交易安全。

从考查内容来看，这一考点综合性大、理论性强，需要注意相关易混知识点。考查集中在“占有的分类”和“占有保护”。对于“占有的种类”应当重点掌握有权占有与无权占有、善意占有与恶意占有的区分；“占有保护”的内容包括：“占有人的自力救济权”“占有保护请求权”以及“占有的损害赔偿请求权”，重点掌握“占有返还请求权”，并将其与“物权请求权”加以区别。

知识点精讲

一、占有的种类

（一）自主占有与他主占有

1. 含义区分

以占有人的意思为标准，占有可分为自主占有与他主占有。自主占有是指以物属于自己所有（所有的意思）的占有；他主占有并无所有的意思，仅于某种特定关系支配物的意思而占有。

自主占有中的“所有的意思”，是指具备所有人占有的意思，不必是真正的所有人或要求其自信为所有人。因此，所有人对其物的占有为自主占有，盗贼对于盗赃的占有亦为自主占有。至于他主占有，如典权人对于典物的占有，承租人对于租赁物的占有，质权人对于质物的占有。

2. 区别意义

自主占有与他主占有区别的意义在于：作为所有权取得的时效要件的占有和先占要件的占有，应当是自主占有。另外，在占有物毁损、灭失时，自主占有人与他主占有人的责任范围不同。

（二）直接占有与间接占有

1. 含义区分

以占有人在事实上是否占有物为标准，占有可以分为直接占有与间接占有。直接占有是指在事实上对物的占有，如居住房屋、穿着衣服；间接占有是指基于一定法律关系，对于事实上占有物的人（即直接占有人）有返还请求权，因而间接对物管领的占有。间接占有的特点在于间接占有人与直接占有人间存在特定的法律关系。基于这种法律关系，间接占有人对于直接占有人有返还请求权。例如质权人、承租人、保管人基于质权、租赁、保管法律关系占有标的物，是直接占有人；而享有返还请求权的出质人、出租人、寄托人为间接占有人。

2. 区分意义

直接占有与间接占有区别的意义在于这两种占有的取得手段不同，保护方法也不一样。

（三）有权占有与无权占有

1. 含义区分

根据占有是否依据本权，占有可以分为有权占有与无权占有。所谓“本权”，是指基于法律上的原因，可对物进行占有的权利，如所有权、地上权、典权、质权、留置权。

有权占有即指有本权的占有，如地上权人依地上权对土地的占有；无权占有是指无本权的占有，如拾得人对于遗失物的占有。

2. 区分意义

有权占有与无权占有区别的意义在于：无权占有人在本权人请求返还原物时，有返还的义务；另外，作为留置权要件的占有，限于有权占有。

例 1 丙找甲借自行车，甲的自行车与乙的很相像，均放于楼下车棚。丙错认乙车为甲车，遂把乙车骑走。甲告知丙骑错车，丙未理睬。某日，丙骑车购物，将车放在商店楼下，因墙体倒塌将车砸坏。下列哪些表述是正确的？

A. 丙错认乙车为甲车而占有，属于无权占有人

提示：丙错认乙车为甲车，缺乏占有的权源，属于无权占有，选项 A 正确。

（四）善意占有与恶意占有

1. 含义区分

对占有人的主观心理状态的不同，无权占有可以进一步分为善意占有与恶意占有。善意占有是占有人不知其无占有的权利的占有；恶意占有是占有人知道其无占有的权利的占有。

2. 区分意义

善意占有与恶意占有区别的意义在于：取得时效中善意占有与恶意占有的期间不同，即时取得以善意占有为要件；另外，善意占有与恶意占有受保护的程度不同。

例 2 甲、乙是邻居。乙出国 2 年，甲将乙的停车位占为己用。其间，甲将该停车位出租给丙，租期 1 年。期满后丙表示不再续租，但仍继续使用该停车位。下列哪一表述是错误的？

A. 甲将乙的停车位占为己用，甲属于恶意、无权占有人

提示：无权占有又称无权源的占有，无本权的占有，是指没有法律上的根据或者原因

的占有，如对赃物，遗失物的占有。甲将乙的停车位占为己用，自然缺乏权源，属于无权占有。善意占有和恶意占有，是对无权占有的再分类。善意占有：是指占有人不知道也不可能知道对财产的占有是非法的。恶意占有：是指占有人知道或应当知道其占有财产是非法的，但为了某种私利仍然占有他人财产。甲属于恶意占有，选项A正确。

二、占有的保护

占有虽然只是一种事实状态，而不是一项民事权利，但是，为维护社会财产秩序和生活秩序的稳定，法律对占有也同样给予保护。法律对占有的保护可以分为自力救济和公力救济、物权法保护和债权法保护。

（一）占有人的自力救济

占有人在其占有受到侵害时，如果侵害人没有比占有人更强的权利，则占有人有权依其占有进行自力救济。

占有人的自力救济权包括：

1. 自力防御权

占有人对于侵夺或妨害其占有的行为，例如侵入占有人的房屋，可以以自己的力量进行防御，例如将侵入者驱逐出房屋。自力防御权的保护，重在占有的事实状态，因此只有直接占有人可以行使，间接占有人无此权利。

2. 自力取回权

即占有人对于被他人侵夺的占有物，有权取回。例如占有人的动产，被他人非法侵夺时，占有人可以当场或追踪取回。

（二）占有保护请求权

占有保护请求权，又称为占有人的物上请求权、占有人的请求权、占有物上请求权、基于占有而发生的请求权。我国《物权法》第245条第1款的规定了占有保护请求权：占有的不动产或者动产被侵占的，占有人有权请求返还原物；对妨害占有的行为，占有人有权请求排除妨害或者消除危险；因侵占或者妨害造成损害的，占有人有权请求损害赔偿。可见，占有保护请求权包括占有物返还请求权、排除妨害请求权、消除危险请求权三种。

1. 占有物返还请求权

占有物返还请求权，是指占有人在其占有物被他人侵夺以后，可依法请求侵占人返还占有物的权利。其构成要件是：

第一，必须存在侵夺占有物的事实。所谓侵夺，是指占有人对占有物的控制被他人非法夺取，占有人丧失对物的控制和支配。

第二，请求权人必须为占有人，包括直接占有人和间接占有人，但占有辅助人一般不得行使该请求权。

第三，必须针对侵占占有物的行为人提出该项请求。占有物返还请求权的实现将使占有人恢复对占有物的占有。

第四，须在占有被侵夺之日起一年内行使。

例3 丙找甲借自行车，甲的自行车与乙的很相像，均放于楼下车棚。丙错认乙车为甲车，遂把乙车骑走。甲告知丙骑错车，丙未理睬。某日，丙骑车购物，将车放在商店楼下，因墙体倒塌将车砸坏。下列哪些表述是正确的？

C. 无论丙是否知道骑错车，乙均有权对其行使占有返还请求权

提示：选项C，丙擅自取走乙的自行车，侵夺了乙对自行车的占有，原占有人乙对丙可以行使占有返还请求权，占有返还请求权与侵夺人丙主观上善意还是恶意无关。

2. 占有妨害排除请求权

排除妨害请求权，是指占有人在其占有受到他人妨害时，有权请求他人除去妨害。其构成要件是：

第一，必须存在着妨害行为。妨害是指采用侵占以外的方法而妨碍占有人对占有物的控制和支配。

第二，请求权人必须是占有人。

第三，必须向妨害人提出请求。不管是对直接实施妨害行为的人，还是对间接造成他人占有妨害的人，占有人均可以向其提出请求。占有人请求妨害人排除妨害时，也有权请求侵害人负担排除妨害的费用。

3. 消除危险请求权

消除危险请求权，又称防止妨害请求权，是指占有人的占有有可能遭受他人的妨害时，占有人有权请求他人采取一定的措施以防止发生妨害占有的后果。占有人可否行使该项请求权，必须根据一般社会观念和当时周围环境加以判断，而不能根据占有人的主观臆断决定。

4. 占有保护请求权与物权请求权的区别

	占有保护请求权	物权请求权
主体不同	占有人。	物权人。
基础不同	事实上的占有。	所有权或他物权。
功能不同	恢复占有人对物的占有状态，使其继续保持占有状态，并不涉及占有物的权利归属问题。	恢复物权的圆满状态，使法律确认的物权关系得到保护。
举证责任不同	仅需证明存在原本占有事实。	需证明其享有相应的实体权利。
是否适用除斥期间	适用1年除斥期间。	不适用。

（三）占有的损害赔偿请求权

如果占有人是基于物权而有权占有某物时，他人对该物加以侵占或妨害并造成损失时，该占有人不仅可以基于物权而行使物权请求权，还可以行使占有保护请求权，就所受的损害可以行使侵权损害赔偿请求权或违约损害赔偿请求权。

《物权法》第245条第1款规定："因侵占或者妨害造成损害的，占有人有权请求损害赔偿。"这一规定，意味着将占有这一事实状态纳入侵权法的保护范围，赋予了占有人损害赔偿请求权。这是因为：我国民法没有将侵权行为法的保护范围限制在权利，利益也能得到法律保护。占有虽然是一种事实，但它对占有人毕竟有经济上的利益，所以可以成为侵权行为法的保护对象。

第十六章　债的概述

重要法条及司法解释

《民法通则》第84～87条。

《民法总则》第118～121条。

《最高人民法院关于适用〈中华人民共和国合同法〉若干问题的解释（二）》第3条。

命题分析

债是一种相对性法律关系，也是一种动态的财产法律关系，更是一套具有法律实践意义的法律制度。几乎所有的案例分析都是债法关系的展开。债的概述主要是债法基本原理的一般性说明，对理解和把握整个债法体系，乃至整个民法体系都具有重要意义。

从考查视角来看，主要考查债的发生和债的分类，其中债的发生中以单方允诺以及悬赏广告的性质为考查重点；债的分类通常考查合同之债和侵权之债、按份之债与连带之债、单一之债与简单之债等范畴区分。常用的考查套路是准确判断案件当事人在债法上的请求权基础为何。本章具有一定的理论性，但难度不大。

知识点精讲

一、债的分类

（一）意定之债与法定之债——以债的产生为依据

1. 意定之债

由当事人自主决定债权、债务内容的债，如合同之债、单方允诺之债。

2. 法定之债

法定之债是指债权债务的内容由法律直接规定的债，如不当得利之债、无因管理之债、侵权之债等。

例1　婷婷满一周岁，其父母将某影楼摄影师请到家中为其拍摄纪念照，并要求影楼不得保留底片用作他途。相片洗出后，影楼违反约定将婷婷相片制成挂历出售，获利颇丰。本案中存在哪些债的关系？

A. 承揽合同之债　　B. 委托合同之债　　C. 侵权行为之债　　D. 不当得利之债

提示：本题中，影楼既构成违约也构成侵权，所以既存在合同之债也存在侵权之债，而婷婷的父母将摄影师请到家中为其拍摄纪念照，并支付一定报酬的行为，属于承揽合同，因此正确答案为选项A、C、D。

（二）简单之债与选择之债——以标的的单复数为依据

债的标的种类包括：①交付财物；②移转权利；③支付价金；④提供劳；⑤提交成果；⑥不作为。

1. 简单之债

简单之债是指只有一种标的的债。债务人只能按照一种确定的标的进行给付，否则构成债的不履行。

2. 选择之债

选择之债是指存在多种标的的债。债务人选择多种标的中的任意一种进行给付，即可构成债的履行。

> **注意：**一是对于同一类履行标的数量约定，不构成选择之债，如当事人约定出售A产品10台或11台或至少10台等；二是当事人没有约定或者约定不明时，选择权归债务人。

（三）特定之债与种类之债——以标的物的确定性为依据（财物之债的再划分）

1. 特定之债

特定之债是指以特定物为给付标的的债。标的物毁损灭失的，即发生履行不能，债务人继续履行的义务即告消灭。

2. 种类之债

种类之债是指以种类物为给付标的的债。标的物毁损灭失的，不必然导致履行不能，债权人可以要求债务人承担继续履行的责任。

（四）单一之债与多数人之债——以主体单复数为依据

1. 单一之债

单一之债是指债的双方当事人均为一人的债。单一之债仅涉及债的双方的外部关系，不涉及债的一方的内部关系。

2. 多数人之债

多数人之债是指债的一方或双方当事人人数为两人或两人以上的债。多数人之债既包括债的双方或多方的外部关系，也涉及债的一方当事人的内部关系。

（五）按份之债与连带之债：多数人之债的再划分

1. 按份之债

按份之债是指债的关系多数人一方当事人，各自按照自己的份额对外享有债权或承担债务的债。在按份之债中，多数人一方内部不存在追偿的问题。

2. 连带之债

连带之债是指债的关系多数人一方当事人，每人均得对外主张全部债权，或均需对外承担全部债务的债。连带债务人承担全部债务的，有权按照内部的份额向其他连带债务人追偿。连带之债又可以分为以下两种：

连带之债的分类			
	适用范围	外部关系	内部关系
真正连带之债	多个债权人 VS 多个债务人	债权人可请求任一或全部债务人履行债务	连带的多数人内部按份进行分配，按份追偿
不真正连带之债	单个债权人 VS 多个债务人	债权人只能请求其中一个债务人履行债务	多数债务人之间追偿具有“单向性”，存在终极责任人

二、债权的权能

当债权有效成立之后，债权人依法可以自行决定是否实现其权利，或抛弃或等待或主张或起诉并强制执行或自力救济，这种法律赋予债权人的效力或功能，就是债权的权能。完全债权，“五项全能”，具有五种效力或权能：请求权能、受领并保持权能、处分权能、保全权能、自力救济权能。

（一）请求权能

1. 概念

请求权能即债权人可以直接请求债务人履行债务或者通过诉讼的方式要求债务人为或不为一定行为的权能。

2. 特征

（1）请求他人为或不为一定行为的权利。

（2）债权人不能自己实现该利益，必须通过他人实施特定的行为才能实现。

（3）是相对权，仅对相对人产生效力。

（二）给付受领权能

即债权人基于其合法的债权，有权接受债务人的给付并有权维持该给付效果的权利。如已丧失法律强制执行力的自然债权，也可以接受债务人的给付，并可对抗债务人的不当得利请求权。

（三）保全权能

当债务人的某些行为对债权人的债权造成损害时，债权人得采取一定的措施以维护债权利益实现的权能。债权人可以通过行使撤销权和代位权来保全其债权。

（四）处分权能

即债权人有权按照自己的意愿处分其债权，比如通过抵销债务、免除债务、让与债权、设定债权质权甚至是抛弃等方式来处分其债权。

（五）自力救济权能

债权人可以通过自力救济方式实现对债权利益的有效保护。当债权受到侵害或妨碍，情势紧迫而又不能及时得到公力救济时，债权人可拘束债务人人身自由、扣押或毁损债务人财物等，以强制债务人履行其义务，实现债权。债务人的自力救助行为应满足必要性、适当性要求。债务人自助行为，不同于紧急避险行为或正当防卫行为，后者属于绝对权的自力救济手段。

三、单方允诺

（一）单方允诺概述

1. 含义

单方允诺属于债的发生根据之一，是指以允诺人承担给付义务为内容的单方法律行为。单方允诺之债也属于“意定之债”。单方允诺常见类型主要有悬赏广告、商家的有奖销售、广告促销等行为。法考中要特别注意针对悬赏招领遗失物的组合命题。

2. 特点

（1）单方允诺是允诺人单方意思表示，不需要相对人承诺；

（2）单方允诺之债的内容是允诺人为自己设定给付义务，为他人设定权利；

（3）单方允诺一般是向不特定的人发出，也可向特定相对人发出；

（4）单方允诺往往附一定条件，要求相对人完成指定行为；当然也可无偿捐赠。

3. 单方允诺 VS 单务合同

	单方允诺	单务合同
行为性质	单方法律行为	双方法律行为
成立时间	表意人作出意思表示之时即成立	双方意思表示一致才能成立

（二）悬赏广告

法考中涉及的单方允诺之债主要是悬赏广告。

悬赏广告是指以广告的方式公开表示对于完成一定行为的人给予报酬的意思表示。

悬赏广告作为单方允诺，属于附条件的法律行为，须相对人完成指定行为即为条件成就，产生单方允诺之债。悬赏人有义务履行该债务，支付相应报酬。

补充：当两个以上的人完成指定行为时：

（1）完成时间有先后顺序的，仅最先完成者享有报酬请求权。但悬赏人善意向最先通知者支付报酬的，最先完成者的报酬请求权消灭。

（2）同时完成或者共同完成的，则由其共同取得报酬，悬赏人善意向最先通知者支付报酬的，其他完成者支付报酬请求权消灭，最先通知者对其他共同完成者负有返还不当得利的义务。

例2 甲与同学打赌，故意将一台旧电脑遗留在某出租车上，看是否有人送还。与此同时，甲通过电台广播悬赏，称捡到电脑并归还者，付给奖金500元。该出租汽车司机乙很快将该电脑送回，主张奖金时遭拒。下列哪一表述是正确的？

A. 甲的悬赏属于要约　　B. 甲的悬赏属于单方允诺

提示：对于悬赏广告的性质，官方观点采单方允诺说。因此选项B正确。

第十七章　债的履行

重要法条及司法解释

《民法通则》第88条。

《合同法》第60~63、111、122、148~149条、第114条第3款。

《最高人民法院关于适用〈中华人民共和国合同法〉若干问题的解释（二）》第26条。

命题分析

债的履行是债法的核心部分，债的担保、债的保全与债的消灭都离不开债的履行。基于债的履行的基础性地位，本知识点颇受命题人的垂爱，可谓高频考点。几乎是每年都会涉及这一知识点。

从考查内容来看，主要考查债的履行规则、延迟履行和瑕疵履行，考查套路是判断当事人不适当履行的后果。瑕疵履行会结合“加害给付”进行考查，涉及违约责任和侵权责任竞合问题，具有一定的理论性，难度中等。

知识点精讲

一、债的履行概述

（一）含义

指依债之内容，债务人按照约定或者依照法律的规定，全面地、适当地完成自己所负义务，实现债权人利益的行为。

（二）性质

1. 债的履行是以满足债权为目的的“给付”行为。

2. 债的履行是以消灭债之关系的“清偿”行为。

（三）内容

1. 从具体方式分为：①交付财物或移转权利；②支付价金；③提供劳务；④提交成果；⑤不作为。

2. 从义务类型上分为：①主给付义务；②从给付义务；③附随义务。

（四）履行原则

1. 当事人应当按照约定全面履行自己的义务。

2. 当事人应当遵循诚实信用原则，根据合同的性质、目的和交易习惯履行通知、协助、保密等义务。

二、债的履行规则（以合同履行为中心）

（一）补充规则（约定不明的确定规则）

在履行中若出现没有约定或约定不明的事项，可依法对欠缺内容予以补充。依据《合同法》第61条、第62条规定，没有约定或约定不明的，可以协议补充；不能达成补充协议的，按照合同有关条款或者交易习惯确定。仍不能确定的，适用下列规则确定。

1. 质量标准的确定：按照国家标准、行业标准履行；没有国家标准、行业标准的，按照通常标准或者符合合同目的的特定标准履行。

2. 价款和报酬的确定：按照订立合同时履行地的市场价格履行；依法应当执行政府定价或者政府指导价的，按照规定履行。

3. 履行地点的确定：给付货币的，在接受货币的一方所在地履行；交付不动产的，在不动产所在地；其他标的，在履行义务一方所在地履行。即“送钱上门；上门取货；原地不动”。

4. 履行期限的确定：债务人可以随时履行，债权人也可以要求债务人随时履行，但应当给债务人必要的准备时间。

5. 履行方式的确定：按照有利于实现合同目的的方式履行。

6. 履行费用的负担不明确的，由履行义务一方负担。

（二）履行顺序的确定规则（债务充抵规则）

1. 有约定的依约定。

2. 不足以清偿数笔相同种类的全部债务的，优先充抵已到期的债务。

3. 几项债务均到期的，优充抵没有担保或担保最少的债务。

4. 担保数额相同的，优先充抵债务负担较重的债务。

5. 负担相同的，按债务到期的先后顺序充抵。

6. 同时到期的，按比例充抵。

（三）情势变更规则（基于公平原则的履行规则）

1. 含义

指债之关系产生后，作为其基础或环境的情事，于债之关系消灭前，因不可归责于当事人之事由，发生了非当初所能预料之变更，如仍依原债之本旨、贯彻原定债之效力，则会显失公平、有违诚信原则，法律允许变更原债内容或解除原债关系。

2. 要件

（1）须有情事变更之事实（法律关系成立之基础或环境状况发生异常变动）。

（2）发生在债成立之后、消灭之前。

（3）不可归责当事人（意外事件）。

（4）于成立时不可预见（≠合理商业风险）。

（5）原债履行显失公平（≠可撤销的显失公平：成立之时、利用优势或经验对行为人真实意思实施不当影响）。

3. 效力：产生两种形成权

（1）变更权（维持原债）（增减给付、延期或分期履行、变更履行顺序、变更标的物等）。

（2）解除权（终止或消灭原债）。

三、迟延履行

迟延履行包括债权人的迟延和债务人的迟延两种，债权人的迟延指迟延受领，债务人的迟延指迟延给付。

（一）迟延受领

1. 概念

指债权人对于债务人的履行应当在合理期限内受领而不受领。

2. 构成要件

（1）须有债权的存在；

（2）债务人履行债务需要债权人的协助；

（3）债务的履行期届满，没有约定履行期限的，债务人提出履行债务；

（4）债权人无正当理由拒绝受领。

（二）迟延给付

1. 概念

指债务履行期限届满，债务人能够履行债务而没有按期履行。

2. 构成要件

（1）须有债务存在；

（2）债务人能够履行债务；

（3）债务履行期已届满；

（4）可归因于债务人的原因而未履行；

（5）债务人未履行债务无正当理由。

3. 法律后果

（1）债权人可诉至法院要求强制执行；

（2）债务人需赔偿因迟延给付给债权人造成的损失；

（3）债务人迟延给付后，标的物因不可抗力而毁损灭失的，债务人应承担履行不能的责任；

（4）不得以不可抗力主张免责，但是债务人能证明按期履行标的物仍会毁损灭失的除外；

（5）当事人一方迟延履行债务，经催告后在合理地期限内仍未履行的，或当事人一方迟延履行债务致使合同的目的不能实现的，另一方当事人可以请求解除合同并要求赔偿损失。

四、瑕疵履行与加害给付

（一）瑕疵履行

1. 含义：指债务人虽然履行债务，但其履行存在瑕疵，即债务人的履行不符合规定或约定的条件，从而导致履行的价值减少或功能减损，影响债权人履行利益的实现。

2. 法律后果：

（1）瑕疵能补正的，债权人有权拒绝受领，并可要求其补正，并且不负受领迟延的责任；

（2）因标的物的补正而导致债务人迟延履行的，债务人应承担迟延履行的责任；

（3）经债权人催告而债务人不为补正的，债权人可以诉请法院强制执行；

（4）瑕疵不能补正的，债权人有权拒绝受领，并要求其承担不履行的损害赔偿责任，同时可以要求解除合同；

（5）瑕疵不能补正的，债权人受领后，可以要求债务人承担部分不履行的损害赔偿责任。

（二）加害给付

指债务人的履行有瑕疵且该瑕疵导致债权人履行利益以外的固有利益受有损害的情形（包括人身损害和财产损失）。在加害给付的情形下，债权人有权要求瑕疵履行方承担违约责任或者侵权责任，债权人原则上不能同时主张违约责任和侵权责任，可进行有利选择。

第十八章　债的保全

重要法条及司法解释

《合同法》第 73 ~ 75 条。

《最高人民法院关于适用〈中华人民共和国合同法〉若干问题的解释（一）》第 11 ~ 22 条、23 ~ 26 条。

命题分析

“债的保全”制度是债法中理论性较强的一个考点，它体现了“债的相对性原理”的突破，难度不大，但考试频率较高。考试视角大致为：通过相关法条的理解，能否把握债权人撤销权与代位权之间的联系与区别，以及与其他相类似制度的区别。此外，还要把握保全权的行使效果问题。

知识点精讲

一、债的保全概述

（一）含义

债的保全属于债的一般担保，是指为了避免债务人擅自处分其责任财产或者怠于向第三人主张债权，使其责任财产发生不当减少、从而损害债权人利益，确保其债务清偿能力以实现债权的法律制度。债的保全制度包括债权人代位权制度与撤销权制度。

（二）制度功能

债的保全制度是对债的相对性的突破，使债的效力扩及于第三人，旨在维护交易安全。债权人代位权制度使得当债务人怠于向第三人主张到期债权，导致其财产不当减少、降低履行债务的资力时，债权人得以越过债务人向第三人主张权利，从而维护自己的债权利益；债权人撤销权制度使得当债务人向第三人实施法律行为减少自己责任财产时债权人得以请求法院撤销其行为从而保护自己的债权利益。

二、债权人代位权

（一）含义

债权人代位权是指当债务人怠于行使其权利时，债权人为了保护自己的债权，得以自己的名义对第三人行使债务人之债权的权利。

（二）构成要件

1. 债权人对债务人的债权合法、有效、到期。【超过诉讼时效的债权也可保全，只不

过会受到时效抗辩】

2. 债务人对次债务人的债权合法、有效、到期。【即“双有效”；“双到期”】

3. 债务人对次债务人的债权属于金钱债权。

4. 债务人怠于行使对次债务人的金钱债权，并因此损害债权人的债权实现：

（1）“怠于”的判断标准：债务人未对次债务人起诉或者申请仲裁。次债务人不认为债务人怠于行使权利的，应当承担举证责任。

（2）“损害”的判断标准：债务人除了对第三人的金钱债权之外，其他财产不足以偿还对债权人的债务。

（3）若债务人与次债务人的合同中有仲裁条款，亦不妨碍债权人以起诉方式行使代位权。

5. 债务人对次债务人的债权不具有专属性。下列情形，债权人不得行使代位权：

（1）基于人身伤害产生的损害赔偿请求权；

（2）基于身份关系产生的债权，例如抚养（扶养）关系、赡养关系、继承关系产生的给付请求权；

（3）基于劳动关系产生的债权，如劳动报酬、养老金、安置费等；

（4）人寿保险合同（非财产保险）的保险金请求权。

例1　甲对乙享有2006年8月10日到期的六万元债权，到期后乙无力清偿。乙对丙享有五万元债权，清偿期已届满七个月，但乙未对丙采取法律措施。乙对丁还享有五万元人身损害赔偿请求权。后乙去世，无其他遗产，遗嘱中将上述十万元的债权赠与戊。对此，下列哪些选项是正确的？

B. 在乙去世前，甲可直接向法院请求丙向自己清偿

C. 在乙去世前，甲可直接向法院请求丁向自己清偿

提示：代位权构成要件为：①债权人对债务人的债权合法、有效、到期；②债务人对次债务人的债权合法、有效、到期；③债务人对次债务人的债权属于金钱债权；④债务人怠于行使对次债务人的金钱债权，并因此损害债权人的债权；⑤债务人对次债务人的债权不具有专属性。在乙去世前，甲对乙的债权合法有效到期，乙对丙的债权合法有效到期，且乙怠于行使其对丙的权利，并因此使其无力偿还对甲的债务，另外，乙对丙的债权属于金钱债权且不具有专属性，因此甲有权以自己的名义，直接向法院请求丙对自己清偿，故选项B正确。因为乙对丁享有的人身损害赔偿请求权具有专属性，因此不符合代位权构成要件，甲不能直接向法院请求丁向自己清偿。

（三）代位权的行使

1. 以诉讼方式（非仲裁）：债权人为原告；次债务人为被告；债务人为“无独”第三人。

2. 次债务人享有双重抗辩权。

3. 诉讼财产保全：须提供相应财产担保。

4. 保全债权的必要限度：既不能超过债权人对债务人可主张的债权额度，也不能超过

债务人对次债务人享有的债权额度，即“双不超”（《最高人民法院关于适用〈中华人民共和国合同法〉若干问题的解释（一）》第21条）。

5. 诉讼费用：《最高人民法院关于适用〈中华人民共和国合同法〉若干问题的解释（一）》第19条：“诉讼费用由次债务人承担，从实现的债权中优先支付。”而《合同法》第74条规定“必要费用”由债务人承担。

（四）代位权行使的法律后果

由次债务人向债权人履行清偿义务，债权人与债务人、债务人与次债务人之间相应的债权债务关系即予消灭。

（1）对于债权人：并非代为受领，而是直接获得清偿。

（2）对于债务人：不得实施诉讼处分行为，即债务人不得直接主张和解、免除等。

（3）对于次债务人：有义务向债权人清偿。

（4）对于其他债权人：破除“债权平等原则”。

（5）二重债权债务法律关系即告消灭。【“双消灭”】

例2 甲公司对乙公司享有5万元债权，乙公司对丙公司享有10万元债权。如甲公司对丙公司提起代位权诉讼，则针对甲公司，丙公司的下列哪些主张具有法律依据？

A. 有权主张乙公司对甲公司的抗辩

B. 有权主张丙公司对乙公司的抗辩

C. 有权主张代位权行使中对甲公司的抗辩

D. 有权要求法院追加乙公司为共同被告

提示： 代位权诉讼中，次债务人作为被告，可以主张的抗辩有：债务人对债权人享有的抗辩；次债务人对债务人享有的抗辩；代位权之债的抗辩。故选项A、B、C均正确。代位权诉讼中，债务人只能被追加为无独立请求权的第三人，故选项D错误。

三、债权人撤销权

（一）含义

债权人撤销权是指当债务人实施不当处分其责任财产的法律行为从而损害债权人利益时，债权人得请求法院撤销债务人处分行为以保全其债权的权利。

（二）构成要件

1. 债权人对债务人的债权合法有效（无须到期）。

2. 债务人实施的财产行为损害债权人的债权。

（1）损害债权人债权的“财产行为”的情形：

①无偿转让财产。

②放弃到期债权。

③以明显不合理低价转让财产；以明显不合理的高价收购他人财产（“明显不合理的低价/高价”：转让价格达不到交易时交易地的指导价或者市场交易价百分之七十的，一般可以视为明显不合理的低价；对转让价格高于当地指导价或者市场交易价百分之三十的，一

般可以视为明显不合理的高价）。

④放弃债权担保。

⑤恶意延长到期债权的履行期。

⑥债务人将自己的财产无偿为他人提供抵押。

（2）“损害”的判断标准：债务人除了对第三人的金钱债权之外，其他财产不足以偿还对债权人的债务。

（3）债务人即使实施了损害债权人债权的行为，债权人也不享有撤销权的情形：①债务人实施的身份行为；②债务人拒绝接受赠与；③债务人放弃继承；④债务人拒绝第三人代为清偿债务。

3. 债务人是在负担债务之后实施的财产行为（债务人实施的财产行为必须是在其承担债务之后，而不能是之前，因为债权人撤销权制度的功能在于恢复债务人的责任财产，而非增加其责任财产）。

4. 若债务人的行为为有偿行为，则债务人、受益人或者受让人须具有恶意（即明知为了损害债权人利益）。

> **注意：**债权人对债务人享有劳务债权的，不得行使撤销权（因为劳务之债的履行不需要责任财产的担保）。

例 3　甲公司在 2011 年 6 月 1 日欠乙公司货款 500 万元，届期无力清偿。2010 年 12 月 1 日，甲公司向丙公司赠送一套价值 50 万元的机器设备。2011 年 3 月 1 日，甲公司向丁基金会捐赠 50 万元现金。2011 年 12 月 1 日，甲公司向戊希望小学捐赠价值 100 万元的电脑。甲公司的 3 项赠与行为均尚未履行。下列哪一选项是正确的？

A. 乙公司有权撤销甲公司对丙公司的赠与

B. 乙公司有权撤销甲公司对丁基金会的捐赠

C. 乙公司有权撤销甲公司对戊学校的赠与

提示：债权人撤销权的构成要件为：①债权人对债务人的债权合法有效（无须到期）；②债务人实施的财产行为损害债权人的债权；③债务人是在负担债务之后实施的财产行为；④若债务人的行为为有偿行为，则债务人、受益人或者受让人须具有恶意。本题中，甲公司对丙公司的赠与、对丁基金会的捐赠行为均发生在其对乙负担债务之前，因此不符合撤销权的构成要件，乙公司无权撤销甲公司对丙公司的赠与以及对丁基金会的捐赠，故选项 A、B 错误。甲公司对戊学校的赠与发生在其对乙负担债务之后，且其无偿赠送属于不当减少其责任财产的行为，损害了乙公司的债权，因此乙公司有权撤销甲公司对戊学校的赠与，故选项 C 正确。

（三）撤销权的行使

1. 行使方式：只能诉讼（原告：债权人；被告：债务人；第三人：可以追加受益人或受让人为无独立请求权的第三人；管辖法院：被告住所地人民法院）。

2. 行使范围：以债权人债权为限。

3. 行使期限：

（1）撤销权自债权人知道或者应当知道撤销事由之日起一年内行使。

（2）自债务人的行为发生之日起五年内没有行使撤销权的，该撤销权消灭。

（四）法律效果（前提：债权人胜诉）

1. 自人民法院依法撤销债务人的财产行为之日起，债务人的行为自始无效。受益人已受领债务人财产的，负有返还不当得利的义务，不能返还财产的应当折价赔偿；已支付的对价有权要求债务人返还。

2. 受益人或受让人返还所受利益应当加入债务人的一般财产，作为全体一般债权人的责任财产，债权人无优先受偿权。

3. 债权人行使撤销权所支付的诉讼费用、律师代理费、差旅费等必要费用，由债务人负担；第三人有过错的，应当适当分担。

（五）债权人代位权 VS 债权人撤销权

区别点	代位权	撤销权
构成要件	债权人对债务人的债权合法、有效、到期（可为非金钱债权）	债权人对债务人的债权合法有效（无须到期）
	债务人对次债务人的债权属于金钱债权	不限于金钱债权
被告	次债务人	债务人
无独立请求权的第三人	债务人	受让人或者受益人
必要费用承担	次债务人承担诉讼费，其他必要费用由债务人承担。	债务人负担必要费用；第三人有过错的，应当适当分担。

第十九章　保证担保与定金担保

重要法条及司法解释

《担保法》第6～32条、第89～91条。

《最高人民法院关于适用〈中华人民共和国担保法〉若干问题的解释》第13～46条、第114～122条。

命题分析

“保证担保”是债法部分的“重量级”考点，是每年必考的知识点，有一定的理论深度，并且知识点比较琐碎，需要认真掌握。

从考查内容来看，保证”包括“保证的概念和特征”“保证的设立”“保证期间”“保证的效力”“无效保证及其法律后果”“保证责任的免除”等内容，这些部分在历年考试中都有所涉及，建议复习时全面把握，以应对综合化、案例化的考查方式。其中“保证的设立”“保证期间”“保证效力”属于重中之重，复习时应投入较多精力。在定金担保中，需要重点掌握定金罚则的适用。

知识点精讲

保证担保指债权人和第三人约定，当债务人不履行债务时，保证人按照约定履行债务或承担责任的行为。《担保法》第16条和第17条以及《最高人民法院关于适用〈中华人民共和国担保法〉若干问题的解释》第20条对保证担保作出了明确的规定，《担保法》第25条和第26条规定了保证期间。在保证担保中需要重点掌握一般保证责任和连带保证责任的区别以及保证期间的相关知识点。

定金担保是指合同当事人为了确保合同的履行，依据法律的规定或双方当事人的约定，由当事人一方在订立合同时，或订立后履行前，按照合同标的额的一定比例，预先给付给对方当事人的金钱或其他替代物。主要包括违约定金、立约定金、成约定金和解约定金。

一、保证的特征与保证的设立

（一）保证的特征

附从性	（1）成立上的附从性：保证以主合同的成立为前提，并于其存续中附从于主合同。
	（2）范围和强度上的附从性：保证的范围和强度原则上与主合同债务相同，不得大于或强于主合同债务。
	（3）变更、消灭上的附从性：主合同债务消灭时，保证债务也随之消灭；主合同债务变更时，保证债务一般随之变更，但不得增加其范围和强度。

续表

独立性	保证关系是另一个独立的法律关系，保证债务虽附从于主合同债务，并非主合同债务的一部分，而是独立于主合同债务的另一债务。
补充性	保证债务是对主债务的补充和加强，因而具有补充性。
单务性	在保证关系中，只有保证人承担代为清偿主债务的义务，被保证人没有对待给付的义务。
无偿性	保证人的保证债务不以从债权人取得一定财产权利为代价，债权人也无须支付任何代价即对保证人享有保证债权。

例1 甲公司向乙银行借款100万元丙、丁以各自房产分别向乙银行设定抵押，戊、己分别向乙银行出其承担全部责任的担保函，承担保证责任。下列哪些表述是正确的？

C. 乙银行可以要求戊或者己承担全部保证责任

D. 戊承担保证责任后，可向甲公司追偿，也可要求己清偿其应承担的份额

提示：《最高人民法院关于适用〈中华人民共和国担保法〉若干问题的解释》第20条规定："连带共同保证的债务人在主合同规定的债务履行期届满没有履行债务的，债权人可以要求债务人履行债务，也可以要求任何一个保证人承担保证责任。连带共同保证的保证人承担保证责任后，向债务人不能追偿的部分，由各连带保证人按其内部约定的比例分担。没有约定的，平均分担"戊、己构成连带共同保证。根据第1款的规定，在连带共同保证中，债权人乙可以请求任一保证人或者全部保证人承担保证责任。故选项C正确。根据第2款的规定，在连带共同保证中，某一保证人承担保证责任后，其追偿权具有顺序性，其应先向债务人全额追偿，向债务人不能追偿的部分，按照连带共同保证人内部的份额比例追偿。故选项D错误。

（二）保证的设立

1. 保证人的条件

（1）保证人主体合格。根据《担保法》第7条的规定，除法律另有规定者外，凡具有代为清偿债务能力的法人、其他组织或者公民，都可以作为保证人。

（2）禁止提供保证的主体。根据担保法及其司法解释，下列主体不得作为保证人：

①未经国务院批准的国家机关（即经国务院批准可为使用外国政府和国际经济组织贷款进行转贷担保）。

②学校、幼儿园、医院等以公益为目的的事业单位、社会团体。

③企业法人的分支机构、职能部门。

2. 保证合同的内容与形式

（1）保证合同的内容。

保证合同，是指保证人与债权人约定，在主债务人不履行其债务时由保证人承担保证债务的协议。保证合同是单务合同、无偿合同、诺成性合同、要式合同、附从合同。根据《担保法》第15条的规定，保证合同应当包括以下内容：

①被保证的主债权种类与数额。

②债务人履行债务的期限。

③保证的方式。

④保证担保的范围。

⑤保证期间。

⑥双方认为需要约定的其他事项。

（2）保证合同的形式可以归纳为以下几种：

①主从合同的形式，即保证人与债权人单独订立保证合同；

②主从条款形式，即债权人、债务人与保证人共同订立一个合同，作为从合同的保证合同仅作为保证条款出现在主合同中；

③以保证人身份在主合同上承保的形式，即保证人在债权人与债务人签订的主合同上以保证人身份或在“保证人”栏下签名或者盖章；

④保证人单方面出具保证承诺书的形式，即保证人单方以书面形式向债权人出具担保书，债权人接受且未提出异议。

例2 甲向乙借款5万元，乙要求甲提供担保，甲分别找到友人丙、丁、戊、己，他们各自作出以下表示，其中哪些构成保证？

A. 丙在甲向乙出具的借据上签署“保证人丙”

B. 丁向乙出具字据称“如甲到期不向乙还款，本人愿代还3万元”

C. 戊向乙出具字据称“如甲到期不向乙还款，由本人负责”

D. 己向乙出具字据称“如甲到期不向乙还款，由本人以某处私房抵债”

提示：根据《担保法》第13条、《最高人民法院关于适用〈中华人民共和国担保法〉若干问题的解释》第22条的规定，下列四种情形，应认定保证合同成立：①主从合同形式，即在主合同之外，保证人与债权人又订立独立的书面保证合同；②主从条款形式，即主合同中订有保证条款，保证人在主合同上签名的；③以保证人身份在主合同上承保的形式，即主合同虽然没有保证条款，但第三人以保证人身份在主合同上签名的；④保证人单方面出具保证承诺书的形式，即保证人单方面以书面形式向债权人出具担保书，债权人接受且未提出异议。据此，选项A正确、选项B正确、选项C正确。选项D是抵押而不是保证，故选项D错误。

例3 甲公司与乙公司签订10万元建材买卖合同后，乙交付建材，甲公司未付建材款。甲公司将该建材用于丙公司办公楼装修，丙公司需向甲公司支付15万元装修款，其中15万元已经支付完毕。丙公司给乙公司出具《担保函》：“本公司同意以欠甲公司的10万元装修款担保甲公司欠乙公司的10万元建材款。”乙公司对此并无异议。后，甲公司对乙公司的债务、丙公司对甲公司的债务均届期未偿，且甲公司怠于向丙公司主张债权。下列哪些表述是正确的？

B. 丙公司应对乙公司承担保证责任

提示：《最高人民法院关于适用〈中华人民共和国担保法〉若干问题的解释》第22条规定：第三人单方以书面形式向债权人出具担保书，债权人接受且未提出异议的，保证合同成立。丙公司单方面向乙公司出具担保函，乙公司接受且未提出异议，应认定丙、乙之间的保证合同成立。所以，选项 B 正确。

例 4 甲乙双方拟订的借款合同约定：甲向乙借款 11 万元，借款期限为 1 年。乙在签字之前，要求甲为借款合同提供担保。丙应甲要求同意担保，并在借款合同保证人一栏签字，保证期间为 1 年。甲将有担保签字的借款合同交给乙。乙要求从 11 万元中预先扣除 1 万元利息，同时将借款期限和保证期间均延长为 2 年。甲应允，双方签字，乙依约将 10 万元交付给甲。下列哪一表述是正确的？

A. 丙的保证期间为 1 年
B. 丙无须承担保证责任
C. 丙应承担连带保证责任
D. 丙应对 10 万元本息承担保证责任

提示：《担保法》第 13 条规定，保证人与债权人应当以书面形式订立保证合同。保证合同应当是保证人与债权人以书面形式订立，本案中，保证人丙与债权人乙之间保证合同的签订，亦需要经历要约、承诺阶段。丙在借款合同保证人一栏签字，同意保证期间为 1 年，实质是丙向乙发出了愿意签订保证合同的要约；后来，乙在甲提供的借款合同中签字，也意味着乙是针对丙的要约进行了承诺。但是，乙的承诺对丙的要约作出了实质性的变更，是一项新的要约。根据《合同法》第 20、30 条规定，保证合同的要约人是丙，承诺人是乙，而甲则属于使者的法律地位，为乙丙保证合同的签订传达意思表示。本案中，乙丙之间的保证合同尚未成立，丙无须承担保证责任。本题正确答案应是选项 B。

二、保证期间

保证期间，是指保证人承担保证责任的期间。保证人只在保证期间内对其担保的主债务负保证责任。保证期间的确定，分为约定的保证期间和法定的保证期间。

（一）约定的保证期间

按照合同自由原则，双方当事人对于保证期间有约定的，按照约定的期间确定。

（二）法定的保证期间

1. 未有约定的保证期间：法定为 6 个月

（1）明确未约定：保证人和债权人未约定保证期间的，保证期间均为主债务履行期届满之日起 6 个月。

（2）推定未约定：保证合同约定的保证期间早于或等于主债务履行期限的视为没有约定，保证期间为主债务履行期届满之日起 6 个月。

2. 约定不明的保证期间：法定为 2 年

保证合同约定保证人承担保证债务直至主债务本息还清时为止等类似内容的，视为约定不明，保证期间为主债务履行期届满之日起 2 年。

例 5 陈某向贺某借款 20 万元，借期 2 年。张某为该借款合同提供保证担保，担保条款约定，张某在陈某不能履行债务时承担保证责任，但未约定保证期间。陈某同时以自己的房屋提供抵押担保并办理了登记。关于贺某的抵押权存续期间及张某的保证期间的说法，下列选项正确的是：

C. 张某的保证期间为主债务履行期届满之日起六个月

D. 张某的保证期间为主债务履行期届满之日起二年

提示：《担保法》第25条规定：“一般保证的保证人与债权人未约定保证期间的，保证期间为主债务履行期届满之日起六个月。在合同约定的保证期间和前款规定的保证期间，债权人未对债务人提起诉讼或者申请仲裁的，保证人免除保证责任。”本题中，张某的保证方式属于一般保证，且未约定保证期间，应适用《担保法》第25条，其保证期间为主债务履行期届满之日起6个月，选项C正确、选项D错误。

三、保证方式

（一）一般保证

一般保证是指保证人仅对债务人不履行债务负补充责任的保证。

1. 一般保证的保证人在主合同纠纷未经审判或者仲裁，并就债务人财产依法强制执行仍不能履行债务前，对债权人可以拒绝承担保证责任（《担保法》第17条）一般保证是保证人享有先诉抗辩权的保证方式。

2. 先诉抗辩权的法定限制（对先诉抗辩权的“抗辩”）：

第一，债务人住所变更、债务人下落不明、移居境外，且无财产可供执行，致使债权人要求其履行债务发生重大困难的。

第二，人民法院受理债务人破产案件，中止执行程序的。

第三，保证人书面形式放弃先诉抗辩权的。

（二）连带保证

是指保证人在债务人不履行债务时与债务人负连带责任的保证。连带责任保证方式中，保证人的责任重于一般保证保证人的责任，因为保证人并不享有先诉抗辩权。

（三）保证方式的推定

1. 当事人对保证方式没有约定或约定不明的，推定为连带责任保证。

2. “债务人不能履行债务时，由保证人承担保证责任”，推定当事人明确约定了一般保证方式。

一般保证是指保证人仅对债务人不履行债务负补充责任的保证。一般保证的保证人在主合同纠纷未经审判或者仲裁，并就债务人财产依法强制执行仍不能履行债务前，对债权人可以拒绝承担保证责任，一般保证是保证人享有先诉抗辩权的保证方式。

例6 甲公司与乙公司约定，由甲公司向乙公司交付1吨药材，乙公司付款100万元。乙公司将药材转卖给丙公司，并约定由甲公司向丙公司交付，丙公司收货后3日内应向乙支付价款120万元。李某为这笔货款出具担保函：“在丙公司不付款时，由李某承担保证责任”。丙公司收到药材后未依约向乙公司支付120万元，乙公司向张某主张实现抵押权，同时要求李某承担保证责任。

关于乙公司要求担保人承担责任，下列表述正确的是：

B. 李某对乙公司享有先诉抗辩权

提示：《担保法》第 17 条规定，当事人在保证合同中约定，债务人不能履行债务时，由保证人承担保证责任的，为一般保证。一般保证的保证人在主合同纠纷未经审判或者仲裁，并就债务人财产依法强制执行仍不能履行债务前，对债权人可以拒绝承担保证责任。据此可知，李某为一般保证人，其享有先诉抗辩权。

四、共同保证

同一债务人有两个以上的保证人，保证人按合同约定或者法律的规定承担保证责任，没有约定保证份额的，承担连带保证责任。债权人可以要求任何一个保证人承担全部保证责任，保证人负有担保全部债权实现的义务。承担保证责任的保证人有权向债务人追偿，或要求其他承担连带责任的保证人清偿其应当承担的份额。

（一）按份共同保证

指共同保证的保证人与债权人约定保证份额的保证。按份保证的保证人仅就约定的份额向债权人承担保证责任，保证人在承担保证责任之后，仅能就其承担的保证份额向主债务人追偿。

（二）连带共同保证

指共同保证人在债务人不履行债务时与其他共同保证人连带承担保证责任，彼此没有份额分别，或内部的份额约定不具有外部对抗性。注意“双重连带”的成立。

（三）连带方式下的连带责任与共同保证人的连带责任之区别

连带方式保证	共同连带保证
属于外部关系，即保证人与债务人之间连带	属于内部关系，即保证人之间连带
保证人与债务人对债权人承担履行责任或赔偿损失的连带关系	每个保证人都有承担全部清偿债务的义务

五、最高额保证

（一）含义

《担保法》第 14 条规定：“保证人与债权人可以就单个主合同分别订立保证合同，也可以协议在最高债权额限度内就一定期间连续发生的借款合同或者某项商品交易合同订立一个保证合同。”

（二）特征

1. 最高额保证担保的债务仅限于一定期间发生的借款合同和某项商品交易合同。

2. 最高额保证是对将来发生的不确定债务担保，设定的担保对象一般是将来发生的债务（也可包括已经发生的债务），这些债务将来是否发生是不确定的，债务额是多少也不确定。

3. 所担保的债务必须具有连续性。

4. 最高额保证是限额担保，债权人只能在最高限额内要求保证人承担保证责任，不论将来实际发生时如何变动，均以最高限额为限，达不到最高限额的，以实际发生的债权余额为限；超过最高限额的，以最高限额为限。

（三）保证期间

1. 最高额保证合同约定有保证人清偿债务期限的，保证期间为清偿期限届满之日起六个月。

2. 没有约定债务清偿期限的，保证期间自最高额保证终止之日或自债权人收到保证人终止保证合同的书面通知到达之日起六个月。

六、保证债务的诉讼时效

（一）含义

如果债权人在保证期间内主张了权利，则保证期间的作用完结，开始计算保证债务的诉讼时效；反之，若债权人未在保证期间内主张保证债权，因保证责任消灭，保证债务随之消灭，其诉讼时效无讨论必要！

（二）一般保证的诉讼时效期间

《最高人民法院关于适用〈中华人民共和国担保法〉若干问题的解释》第 34 条规定，一般保证的债权人在保证期间届满前对债务人提起诉讼或者申请仲裁的，从判决或者仲裁裁决生效之日起，开始计算保证合同的诉讼时效。

（三）连带保证的诉讼时效期间

《担保法》规定，连带责任保证的债务人在主债规定的债务履行期届满没有履行债务的，债权人可以要求债务人履行债务，也可以要求保证人在其保证范围内承担保证责任。此条规定说明，就保证人的保证责任而言，连带保证合同与一般保证合同相比具有相对的独立性，连带责任保证合同的诉讼时效期间是从债权人要求保证人承担保证责任之日起开始计算。（而一般保证合同的时效起算是从债权人向债务人主张权利之日起算，原因是一般保证人拥有“先诉抗辩权”）。

（四）保证债务诉讼时效的中止和中断

1. 中止

一般保证和连带保证责任中，主债务诉讼时效中止的，保证债务的诉讼时效同时中止。

2. 中断

一般保证中，主债务诉讼时效中断，保证债务诉讼时效中断；

连带保证中，主债务诉讼时效中断，保证债务诉讼时效不中断。【相对独立性使然】

七、保证的效力

（一）保证担保的范围

保证担保的范围，亦即保证债务的范围，或称保证责任的范围。可以分为有限保证和无限保证两种不同的情况。

1. 有限保证。有限保证是保证人与债权人在保证合同中明确约定保证债务范围的保证。在有限保证中，保证人仅于当事人约定的范围内承担保证债务，对于超过约定范围的债务，保证人不负担保责任。

2. 无限保证。无限保证是指当事人未明确约定保证债务范围的保证。我国《担保法》第21条规定，“当事人对保证担保的范围没有约定或者约定不明确的，保证人应当对全部债务承担责任”。这里的全部债务包括主债务的全部、利息债务、违约金、损害赔偿金、实现债权的费用。

（二）对保证人与债权人之间的效力

保证人与债权人是保证合同的当事人，体现合同效力的相对性，是保证效力的主要表现。保证成立后，债权人对保证人享有权利而不负担义务，但保证人也享有一定的防御性权利。

1. 债权人的权利

债权人的权利是在主债务人不履行债务时，得请求保证人履行保证债务即承担保证责任。债权人请求保证人履行保证债务的，除应向保证人提出主张外，须证明债务人的债务清偿期届满而自己未受完全清偿。债权人保证请求权的行使，依保证方式的不同而不同。

（1）在一般保证中，债权人只有在就主债务人的财产强制执行而仍不能完全受偿时，才得请求保证人承担保证责任，否则保证人得行使先诉抗辩权。

（2）在连带责任保证中，只要主债务人于债务履行期限届满时未完全履行债务，债权人即得请求保证人承担保证责任。

2. 保证人的权利

保证人对债权人不享有请求给付的权利，所享有的只是抗辩权或其他防御性的权利。具体包括：

（1）主债务人享有的抗辩权与其他类似于抗辩权的权利。

保证人可以行使主债务人对债权人享有的抗辩权。我国《担保法》第20条规定：“一般保证和连带责任保证的保证人享有债务人的抗辩权。债务人放弃对债务的抗辩权的，保证人仍有权抗辩。”

主要有三类：①权利未发生的抗辩权；②权利已消灭的抗辩权；③拒绝履行的抗辩权。其他类似于抗辩权的权利，主要包括撤销权与抵消权。

（2）一般债务人应享有的权利。如保证人得主张保证合同无效的抗辩、保证债务履行期未到的抗辩、保证债务消灭的抗辩。保证合同有可撤销的事由的，保证人得主张撤销；保证人对债权人享有同种类债权的，得以其债权与债权人的债权抵销。保证债务罹于诉讼时效时，保证人亦可拒绝履行。

（3）一般保证的保证人特别享有的权利。一般保证的保证人特有的权利主要是先诉抗辩权。指保证人于债权人未就主债务人的财产强制执行而无效果前，对于债权人得拒绝清偿保证债务的权利。连带责任保证的保证人不享有先诉抗辩权。

一般保证人不得行使先诉抗辩权的情况：

①债务人住所变更，致使债权人要求其履行债务发生重大困难的；②人民法院受理债务人破产案件，中止执行程序的；③保证人书面形式放弃先诉抗辩权的。

（三）对保证人与主债务人之间的效力

针对保证人与主债务人的保证效力，主要表现为保证人的求偿权，又称保证人的追偿权。其指保证人承担保证责任后，可以向主债务人请求偿还的权利。保证人求偿权的产生必须具备以下要件：

（1）保证人已经对债权人承担了保证责任。

（2）主债务人对债权人因保证履行而免责；如果主债务人的免责不是由保证人承担保证责任的行为引起的，保证人不得主张求偿权。

（3）保证人没有赠与的意思。保证人事先没有明确抛弃追偿权的意思表示。

（4）保证人求偿权的预先行使。我国《担保法》第32条规定："人民法院受理债务人破产案件后，债权人未申报债权的，保证人可以参加破产财产分配，预先行使追偿权。"

> **注意：**如果双方成立了反担保关系，债务人还需要向保证人承担反担保责任。

例7　甲公司从乙公司采购10袋菊花茶，约定："在乙公司交付菊花茶后，甲公司应付货款10万元。"丙公司提供担保函："若甲公司不依约付款，则由丙公司代为支付。"乙公司交付的菊花茶中有2袋经过硫黄熏蒸，无法饮用，价值2万元。乙公司要求甲公司付款未果，便要求丙公司付款10万元。下列哪些表述是正确的？

A. 如丙公司知情并向乙公司付款10万元，则丙公司只能向甲公司追偿8万元

B. 如丙公司不知情并向乙公司付款10万元，则乙公司会构成不当得利

C. 如甲公司付款债务诉讼时效已过，丙公司仍向乙公司付款8万元，则丙公司不得向甲公司追偿

D. 如丙公司放弃对乙公司享有的先诉抗辩权，仍向乙公司付款8万元，则丙公司不得向甲公司追偿

提示：在甲、乙的买卖合同中，乙应先交付菊花茶，然后甲公司支付价款。因乙交付的价值2万元的菊花茶不符合约定质量，甲公司可以行使顺序履行抗辩权，拒绝支付相应的价款，换言之，甲对乙的付款义务仅有8万元。

《担保法》第20条第1款规定："一般保证和连带责任保证的保证人享有债务人的抗辩权。债务人放弃对债务的抗辩权的，保证人仍有权抗辩。"因此，丙作为保证人，有权援用债务人甲的顺序履行抗辩权，拒绝对2万元的价款承担保证责任。《最高人民法院关于适用〈中华人民共和国担保法〉若干问题的解释》第43条规定："保证人自行履行保证责任时，其实际清偿额大于主债权范围的，保证人只能在主债权范围内对债务人行使追偿权。"据此，据此，若丙公司知情并向乙公司付款10万元，则丙公司只能向甲公司追偿8万元，故选项A正确。反之，若丙公司不知情并向乙公司付款10万元，其中的两万元构成"非债清偿"，符合不当得利的构成要件，乙公司会构成不当得利，故选项B正确。

《最高人民法院关于审理民事案件适用诉讼时效制度若干问题的规定》第21条规定："主债务诉讼时效期间届满，保证人享有主债务人的诉讼时效抗辩权。保证人未主张前述诉讼时效抗辩权，承担保证责任后向主债务人行使追偿权的，人民法院不予支持，但主债务人同意给付的情形除外。"故选项C正确（严格而言，保证人事后是可以向主债务人追偿的，主债务人是否抗辩或法院是否支持，属于另一问题）。若丙公司为一般保证人，丙放弃

对债权人乙公司享有的先诉抗辩权，意味着放弃自己享有的抗辩利益，不会对债务人甲公司产生不利影响，丙承担保证责任后，不丧失对债务人甲的追偿权。故选项D错误。

八、无效保证与保证责任的减免

（一）无效保证的情形

1. 保证合同因主合同无效而无效（《担保法》第30条）。

2. 保证合同因自身原因无效（保证人不适格；保证人意思表示不真实；违反法律和社会公共利益的保证合同无效）。

（二）无效保证的后果

1. 对于保证合同因主合同无效而无效情况下保证人的民事责任，《最高人民法院关于适用〈中华人民共和国担保法〉若干问题的解释》第8条规定："主合同无效而导致担保合同无效，担保人无过错的，担保人不承担民事责任；担保人有过错的，担保人承担民事责任的部分，不应超过债务人不能清偿部分的三分之一。"

2. 对于保证合同自身无效而主合同仍属有效情况下保证人的民事责任，《最高人民法院关于适用〈中华人民共和国担保法〉若干问题的解释》第7条规定："主合同有效而担保合同无效，债权人无过错的，担保人与债务人对主合同债权人的经济损失，承担连带赔偿责任；债权人、担保人有过错的，担保人承担民事责任的部分，不应超过债务人不能清偿部分的二分之一。"

（三）保证责任的免除情形

1. 保证期间届满而债权人未为请求。

2. 债权人放弃物的担保。

3. 主债务转让给第三人未经保证人书面同意。【保证责任可以随主移转】

4. 主债务变更、消灭。【加重无责，减轻有效】

5. 保证合同的解除或终止。

例8 甲公司将1台挖掘机出租给乙公司，为担保乙公司依约支付租金，丙公司担任保证人，丁公司以机器设备设置抵押。乙公司欠付10万元租金时，经甲公司、丙公司和丁公司口头同意，将6万元租金债务转让给戊公司。在乙公司将6万元租金债务转让给戊公司之后，关于丙公司和丁公司的担保责任，下列表述正确的是：

A. 丙公司仅需对乙公司剩余租金债务承担担保责任

C. 丙公司仍应承担全部担保责任

提示：《担保法》第23条规定："保证期间，债权人许可债务人转让债务的，应当取得保证人的书面同意，保证人对未经其同意转让的债务，不再承担担保责任"。乙公司将对甲的10万元租金债务中的6万元转让给戊公司时，仅取得了保证人丙的口头同意，未取得其书面同意，因此，对于转让给戊的6万元债务，丙公司不再承担担保责任。故选项A正确，选项C错误。

九、定金担保

（一）定金合同的成立与生效

定金是指为担保债权的实现，而由一方当事人向对方当事人预先交付的一定数额金钱。定金应当以书面形式约定。当事人在定金合同中应当约定交付定金的期限。定金合同从实际交付定金之日起生效。定金的数额由当事人约定，但不得超过主合同标的额的百分之二十。

（二）定金罚则

定金制度最重要的一个特征就是适用定金罚则，即给付定金的一方如果不履行约定的债务的，无权要求返还定金；收受定金的一方不履行约定的债务的，应该双倍返还定金。

（三）定金制度的适用

1. 成约定金

当事人约定以交付定金作为主合同成立或者生效要件的，给付定金的一方未支付定金，但主合同已经履行或者已经履行主要部分的，不影响主合同的成立或者生效。

2. 定金合同的实践性

实际交付的定金数额多于或者少于约定数额，视为变更定金合同；收受定金一方提出异议并拒绝接受定金的，定金合同不生效。

3. 定金适用比例

当事人一方不完全履行合同的，应当按照未履行部分所占合同约定内容的比例，适用定金罚则。

4. 定金的部分无效

当事人约定的定金数额超过主合同标的额百分之二十的，超过的部分，人民法院不予支持。

5. 定金的退还

定金中未纳入定金罚则计算的部分，应退还给支付定金一方。具体包括：

（1）当因定金与违约金并存不能同时适用的，若守约方选择违约金主张救济，其交付的定金应当予以返还。

（2）按比例执行定金法则后，剩余定金应予退还。

（3）超额定金可以主张退还。

（4）《商品房销售管理办法》第22条规定：不符合商品房销售条件的，开发商不得销售商品房，也不得收取任何预订款性质的费用。因此，如果商品房不符合销售条件，而购房者已经交纳了“定金”，那么无论双方是否约定“定金”退还事项，开发商都应无条件退还定金给购房者。

（5）根据《最高人民法院关于审理商品房买卖合同纠纷案件适用法律若干问题的解释》第4条的规定，因不能归责于当事人双方的事由，导致商品房买卖合同未能订立的，出卖方也是应当返还定金的。

例9　甲、乙约定：甲将100吨汽油卖给乙，合同签订后三天交货，交货后十天内付货款。还约定，合同签订后乙应向甲支付十万元定金，合同在支付定金时生效。合同订立后，乙未交付定金，甲按期向乙交付了货物，乙到期未付款。对此，下列哪一表述是正确的？

A. 甲可请求乙支付定金

B. 乙未支付定金不影响买卖合同的效力

C. 甲交付汽油使得定金合同生效

D. 甲无权请求乙支付价款

提示：本案定金为成约定金。当事人约定以交付定金作为主合同成立或者生效要件的，给付定金的一方未支付定金，但主合同已经履行或者已经履行主要部分的，不影响主合同的成立或者生效（《最高人民法院关于适用〈中华人民共和国担保法〉若干问题的解释》第116条）。既然主合同买卖合同成立且生效，甲当然有权请求乙履行价款支付义务。选项B正确，而选项D不正确。定金合同从实际交付定金之日起生效（《担保法》第90条），该条规定实际上否认了当事人依定金合同请求实际交付定金的可能。所以选项A、C均错误。

第二十章　债的移转

重要法条及司法解释

《合同法》第79～90条。

命题分析

“债的移转”是债法部分的十分重要的一个考点，主要以综合性选择题的形式进行考查，是每年必考的知识点，有一定的理论深度，需要认真掌握。

从考查内容来看，“债的移转”包括“债的移转的概念和特征”“债权让与”“债务承担”“债的概括承受”等内容，其中，债权让与和债务承担属于考试重点，在复习时应当重点把握。

知识点精讲

债的移转，是指债的内容不改变同一性，而只改变债的主体的法律制度。债的移转包括债权让与、债务承担、债权债务的概括承受三种情形。债的移转有以下法律特征：一是债的移转仅限于债的主体发生变更，债的内容并没有变化；二是债的转移不会产生新债，债的关系前后保持其同一性。债的移转原因有两种：一是基于法律规定，如法定继承；二是基于法律行为，如债权让与行为和债务承担行为。

一、债权让与

（一）债权让与的概念与分类

1. 概念

债权让与，又称“债权移转”“债权转让”，是指不改变债的内容，债权人将其债权移转给第三人享有的法律制度。债权让与涉及三方当事人，即让与人（原债权人）、受让人（新债权人）和债务人。

2. 分类

（1）全部让与是指债权人将债权完全移转给受让人而脱离债的关系，受让人成为债的关系的新债权人；

（2）部分让与是指受让人加入债权法律关系中，与债权人共享债权。

（二）债权让与的限制

我国《合同法》第79条规定了三种不可让与的债权：

（1）依债权性质不得让与的债权。性质上不得让与的债权，是指变更债的主体将会导致债权目的不能实现或丧失债的同一性的债权。主要包括：①具有人身属性或较强信任基础的债权，如专业劳务债权、特殊委债权托、租赁债权等；②以特定的身份为基础的债权，如抚养请求权；③不作为的债权；④从属于主权利的债权。

（2）依当事人约定不得让与。由于债权让与的内部约定不具有对世性，故不能对抗善意第三人。同时，因债权让与行为的“无因性”，让与合同对转让双方当事人有效。原债务人受有损失的，可向让与人请求承担违约责任。

（3）依法律规定不得让与。《最高人民法院关于审理人身损害赔偿案件适用法律若干问题的解释》第18条第2款禁止精神损害抚慰金的请求权的让与，但赔偿义务人已经以书面方式承诺给予金钱赔偿，或者赔偿权利人已经起诉的，可以让与。

（三）债权让与的通知

1. 含义：债权让与的通知是将让与的事实告知债务人，不以债务人同意为要件。

2. 目的：让债务人了解债权让与的事实，并知晓新的债务履行受领人。

3. 主体：根据《合同法》第80条的规定，通知的主体为让与人（原债权人）。将通知的主体限于债权人的目的是保证债权让与的真实性。让与通知的对方是债务人或其代理人，在债务人死亡时为其继承人，债务人破产的为其清算人。

4. 效力：通知自到达债务人或其代理人时对债务人生效，但债务人不得以不同意进行抗辩。

5. 通知的撤销：债权让与的通知不得撤销，但经受让人同意的除外。

（四）债权让与的效力

债权让与的效力，涉及让与人、受让人和债务人，在让与合同的当事人之间的法律效果是债权让与的对内效力，在让与合同当事人与债务人或第三人之间的法律效果是债权让与的对外效力。

1. 债权让与在债权人与受让人之间的法律效力

（1）债权由让与人移转至受让人；

（2）从权利随同移转；

（3）债权人应履行交付债权证明文书等附随义务；

（4）让与人对债权承担权利瑕疵担保责任。

2. 债权让与在受让人与债务人之间的法律效力

（1）在让与通知到达债务人前，债权让与仅在让与人与受让人之间发生效力，对债务人并不发生效力；

（2）让与通知到达债务人后，债权让与即对债务人发生法律效力。具体包括：①受让人取代让与人的地位成为债权人；②债务人对让与人的抗辩可以向受让人主张；③债务人可行使双重抵销权，一是就其对让与人的债权向受让人主张抵销权，二是就其对受让人的债权向受让人行使抵销权。

3. 债权让与在受让人与第三人之间的效力

债权让与发生效力时，债权即移转于受让人，因为债权不具有公示性，债权人仍有可能将债权移转给第二受让人。在比较法上，对债权二重让与有三种基本处理规则：①时间优先规则（德国民法典、英美法等）；②通知优先规则（法国、日本、意大利民法典等）；

③登记优先规则（联合国国际贸易应收款转让公约等）。我国没有关于债权双重让与处理规则的明确规定。

> **注意：**债权让与对原债务保证人的效力：随主移转；限保免责。

例　甲向乙借款300万元于2008年12月30日到期，丁提供保证担保，丁仅对乙承担保证责任。后乙从甲处购买价值50万元的货物，双方约定2009年1月1日付款。2008年10月1日，乙将债权让与丙，丙于同月15日通知甲，但未告知丁。对此，下列哪些选项是正确的？

A. 2008年10月1日债权让与在乙丙之间生效

B. 2008年10月15日债权让与对甲生效

C. 2008年10月15日甲可向丙主张抵消50万元

D. 2008年10月15日后丁的保证债务继续有效

提示：当债权让与双方当事人意思表示一致时，该合同即成立并生效，即发生债权移转之效力。通知只是债权让与对债务人生效的条件，并非债权让与生效的条件，通知自到达债务人或其代理人时对债务人生效。故选项A和选项B正确。

《合同法》第83条规定，债务人接到债权让与通知时，债务人对让与人享有债权，并且债权人的债权先于转让的债权到期或者同时到期的，债务人可以向受让人主张抵销。本题中，乙对甲的债权先到期，而甲对乙的债权后到期，后到期的债权人甲并不享有对先到期债权受让人丙的抵销权。故选项C错误。

一般情况下，债权让与并不影响保证责任的承担，但是如果保证人与债权人约定仅为该债权人提供保证的，则债权转让后保证责任免除。本题中，乙在与丁签订的保证合同中约定，丁仅对乙承担保证责任，但乙将债权让与丙时未经丁同意，因此丁的保证责任免除。故选项D错误。

二、债务承担

（一）债务承担的概念和分类

1. 概念。债务承担是指不改变债的内容，债务人发生变化的法律制度。

2. 分类：

（1）免责的债务承担。又称“债务转让”，是指由第三人取代债务人的地位承担其债务，债务人则退出债务关系。《合同法》第84条规定了免责的债务承担。

（2）并存的债务承担。又称为“债务加入”，是指第三人加入债的关系，与债务人共同负担债务的情形。

（二）债务承担的性质

1. 债务承担为处分行为。该行为的目的在于使新债务人取代原债务人，直接发生债务移转的效力。

2. 债务承担为无因行为。债务的承担通常基于债务承担人与原债务人的内部原因，如为赠与或清偿其他债务等目的，但原因行为无效的，不影响债务承担的效力。

（三）债务承担的条件

1. 存在有效的债务。可撤销合同产生的债务，在其撤销之前是有效的，故也可成为债务承担的标的。

2. 债务具有可移转性。依法律规定、债务的性质或当事人约定不得让与的债务不能成为债务承担合同的标的。

3. 有以债务承担为内容的合同。合同生效即发生债务承担的效力。

4. 经债权人同意。不同的债务人其履行能力存在差异，由不同的债务人履行合同对债权人利益影响很大。《合同法》第 84 条规定，为保护债权人的利益，债务人将合同的义务全部或部分移转给第三人的，应当经债权人同意（其实，在并存的债务承担中，由于原债务人仍须承担全部债务的连带清偿责任，故并不必需债权人的同意）。

（四）债务承担的效力

1. 债务人的更替。原债务人脱离债务关系，债权人无权要求其履行债务（在并存的债务承担中，债权人仍然可以要求原债务人履行债务）；第三人作为新的债务人，有履行债务的义务，债权人也有权要求其履行债务。

2. 从债务随之移转。《合同法》第 86 条规定，债务人移转义务的，新债务人还应当承担主债务的从债务，但该从债务专属于原债务人自身的除外。

3. 抗辩事由并不切断。债务承担未改变债的同一性，原债务存在的抗辩不发生任何影响，都可以由新债务人向债权人主张。

三、债权债务的概括承受

（一）债权债务的概括承受概述

债权债务的概括承受是指一方当事人经对方同意，将债权债务一并移转给第三人，由第三人成为债的一方主体，享有权利并承担义务的法律制度。其特点是由第三人全部继受债权债务，承受人完全取代原当事人的法律地位，成为债的关系的主体。

债权债务概括承受按产生的依据不同，分为意定概括承受和法定概括承受。法定债权债务概括承受发生的情形，主要包括法人合并、法定继承、《合同法》第 229 条规定的“买卖不破租赁”等情形。

（二）意定的债权债务概括承受的要件

1. 债的关系必须具有可让与性。《合同法》第 88 条规定，当事人一方经对方同意，可以将合同中的权利义务一并让与给第三人。但也有法律或当事人禁止让与约定的限制，如依《招标投标法》规定必须通过强制招标程序订立的合同，当事人不能将合同债权债务让与给他人；再如违法分包之禁止。

2. 债应为双务之债。只有双务合同才存在债权债务概括承受，单务合同只能成立债权让与或债务承担。

3. 须有让与合同。让与合同由一方当事人与第三人订立时，需要取得对方当事人的同意，债的移转自对方同意时发生法律效力。如果让与合同是由原合同双方当事人共同与第三人订立的，则自合同生效时起发生法律效力。

（三）债权债务概括承受的效力

原合同当事人利益相关的解除权和撤销权也可以随之一同移转。根据《合同法》第 89 条的规定，债权让与和债务承担规则中关于从权利或从义务的移转、抗辩权的移转等都适用于债权债务概括承受。

第二十一章　债的消灭

重要法条及司法解释

《合同法》第 91、99 ~ 104 条。

《提存公证规则》。

命题分析

债的消灭是指债权、债务因一定法律事实的发生而在客观上不复存在。债的消灭原因有三类：①基于当事人的意思表示，如债务免除、合同解除；②基于债的目的，如不能履行、清偿；③基于法律的规定，如提存、混同。“债的消灭”属于债法总论部分较为重要的知识点，主要以综合性考查为主，是每年必考的知识点，有一定的理论深度。

从考查内容来看，“债的消灭”包含“清偿”“提存”“抵销”等知识点。其中清偿具有极为重要的地位，清偿又分为“代物清偿”“第三人代为清偿”等知识点。“清偿”部分没有对应的法条，掌握起来相对有一定难度；“提存”和“抵销”部分有对应的法条及司法解释，掌握起来相对容易。在研究历年真题的基础上掌握本部分的重点知识点解析就能确保得分。

知识点精讲

一、清偿

清偿是指债务人或者第三人向清偿受领人全面适当履行债务，使债务消灭的行为。

清偿为发生私法上效果的合法行为，并非全为民事法律行为。关于行为能力的规定，不当然适用于清偿，只有在必须以法律行为实行给付时，才适用行为能力的规定。

清偿制度重点掌握第三人代为清偿（履行）和代物清偿。

二、第三人代为清偿（履行）

（一）第三人代为清偿的含义及构成要件

第三人代为清偿是指第三人基于为债务人清偿的意思而向债权人为清偿的行为。第三人代为清偿的构成要件如下：

（1）依据债务的性质允许第三人代为清偿。具有专属性的债务未经债权人同意，不允许第三人代为清偿。例如，不作为债务（如竞业禁止）；特别注重债务人技术、技能、资质的债务；因债权人与债务人之间的特别信任关系所生的债务。

（2）须债权人与债务人之间无相反的约定。若债权人与债务人约定不得由第三人代为清偿，则不发生第三人代为清偿的效力。

（3）债权人未拒绝第三人代为清偿。具体言之，若第三人与债务的清偿无法律上的利害关系，债权人可拒绝第三人代为清偿；若第三人与债务的清偿有法律上的利害关系，无论债务人是否提出异议，债权人均不得拒绝第三人代为清偿。

（4）第三人有为债务人清偿的意思。若为清偿人之错误，误为自己债务而清偿时，不成立代为清偿；连带债务人、不可分债务人的清偿，不构成第三人代为清偿。

（二）第三人代为清偿的效果

1. 债权人与债务人的债务因第三人代为清偿而消灭。

2. 在第三人与债权人的关系上：若第三人对债务的清偿有法律上的利害关系，则第三人享有代位求偿权，在其对债务人追偿的范围内，第三人取得债权人的权利。

3. 第三人与债务人的关系上：若第三人基于赠与合同代为清偿，第三人对债务人无追偿权；若第三人基于委托合同代为清偿，第三人可基于委托合同向债务人追偿；若第三人基于其他原因代为清偿，第三人可基于无因管理或者不当得利向债务人追偿。

例1 甲公司对乙公司负有交付葡萄酒的合同义务。丙公司和乙公司约定，由丙公司代甲公司履行，甲公司对此全不知情。下列哪一表述是正确的？

A. 虽然甲公司不知情，丙公司的履行仍然有法律效力

B. 因甲公司不知情，故丙公司代为履行后对甲公司不得追偿代为履行的必要费用

C. 虽然甲公司不知情，但如丙公司履行有瑕疵，甲公司需就此对乙公司承担违约责任

D. 虽然甲公司不知情，但如丙公司履行有瑕疵从而承担违约责任的，丙公司可就该违约赔偿金向甲公司追偿

提示：因甲对乙的债务不具有专属性，丙替甲清偿债务的行为得到了债权人乙的同意，清偿行为有效，选项A正确。在丙代为清偿后，丙可依据无因管理或不当得利的规定向甲公司追偿，选项B错误。因乙公司接受丙的代为清偿，债务人甲对债权人乙的债务消灭，因此，若丙的履行有瑕疵，甲公司无须担责，选项C错误。第三人丙对债务人甲的追偿权，以其实际给付并使债务人甲免责的范围为限，丙因其违约行为支付的违约金不在其追偿的范围内，选项D错误。

（三）不同类型第三人履行的比较

	代为履行	代位履行	代理履行	债的移转
含义	第三人代替债务人履行或代替债权人受领履行。	第三人基于特定利害关系代替债务人的地位实施履行	代理人实施履行或接受履行	因债权移转或债务承担，发生向第三人履行或由第三人履行
履行根据	基于约定、无因管理、不当得利	一定的法律地位（如监护人、财产代管人、共同侵权责任人、合伙人、债权保全人等）	代理权	合同移转或法定移转
相对性	遵守相对性	突破相对性	遵守相对性	遵守相对性

三、代物清偿

（一）代物清偿的含义及构成要件

代物清偿是指债务人以他种给付代替原定给付，从而使债务消灭的行为。原则上债务人应以债的标的履行债务，不得以其他标的代替，但是在双方合意的情况下，债务人也可以进行代物清偿，并且发生债消灭的法律后果。代物清偿的构成要件如下：

（1）须有合法债务的存在。

（2）须以他种给付代替原定给付。

（3）代物清偿的目的是为了消灭原来的债务。

（4）须债权人与债务人达成代物清偿的协议。

（5）须完成他种给付的履行行为（通说认为代物清偿协议是实践合同，因此除达成协议外，尚须完成履行行为，即动产须交付，不动产须交付并完成物权移转登记行为，达到“清偿”的效果）。

（二）代物清偿的法律效果

代物清偿的法律效果使得以原定给付为内容的债权债务关系消灭。

（三）以物抵债

以物抵债是指当事人约定，以债务人的动产或不动产（实物）抵偿其对债权人的到期债务，从而消灭相应的债权债务关系，它是狭义的“代物清偿”。

> **注意：**所谓的“以物抵债”有两种解释、两种效果：一是“清偿型以物抵债”，其目的是在清偿期到来时清偿债务；二是“担保型以物抵债”，其目的是在清偿期到来之前约定以某项财产设置抵押担保债务履行。两种机制俨然有别，不可不察。

四、抵销

（一）抵销的概念及分类

1. 概念

抵销是指双方当事人互负债务时，各以其债权充当债务之清偿，从而使其债务与对方的债务在对等额度内相互消灭的制度。为抵销的债权，即债务人的债权，称为主动债权；被抵销的债权，即债权人的债权，称为被动债权。

2. 分类

（1）法定抵销是由法律规定其构成要件，当要件具备时，依据一方当事人的意思即可发生抵销的效力。依据一方当事人的意思即可发生抵销效力的权利，被称为抵销权，抵销权属于形成权。

（2）约定抵销是指按照双方当事人的合意所为的抵销。约定抵销是当事人意思自治的体现，可不受法律规定的抵销要件的限制。

（二）法定抵销的构成要件

1. 双方当事人互负债务、互享债权。抵销以在对等额度内使双方的债权消灭为目的，所以以双方的债权存在为前提。但是需要注意以下特殊情形：①根据《合同法》第83条的规定，债务人的债权先于转让的债权到期或同时到期的，债务人可以向受让人主张抵销；②超过诉讼时效的债权不得作为主动债权而主张抵销；③在保证中，债权人请求保证人承担保证责任时，保证人可以就主债务人对债权人所享有的债权主张抵销保证债务。

2. 双方互负的债务标的物的种类、品质相同。

3. 主动债权已届清偿期。

4. 非依债的性质不能抵销。不得主张抵销的债务，大致包括以下三类：①性质上不得抵销的；②法律规定不得抵销的。例如，强制执行时为被执行人保留必要的生活费用，对于这些费用不得主张抵销；③当事人约定不得抵销的。

5. 抵销权可经约定排除：对于依法可以抵销的到期债权，当事人约定不得抵销的，人民法院可以认定该约定有效（《最高人民法院关于适用〈中华人民共和国合同法〉若干问题的解释（二）》第23条）。

（三）抵销权的行使

1. 通知：法定抵销权人主张抵销的，应当发出抵销的通知，通知到达对方时，产生抵销的效力。

2. 单方行为：法定抵销权为形成权，抵销权人行使抵销权时，无须对方当事人的同意，抵销时也不得附条件或附期限。

3. 抵销相对人的异议期：对于债务抵销虽有异议，但在约定的异议期限届满后才提出异议并向人民法院起诉的，人民法院不予支持；当事人没有约定异议期间，在债务抵销通知到达之日起3个月以后才向人民法院起诉的，人民法院不予支持（同“合同解除”的异议期，《最高人民法院关于适用〈中华人民共和国合同法〉若干问题的解释（二）》第24条）。

（四）法定抵销的效力

1. 到达时生效。一方在行使法定抵销权时，抵销的通知到达对方时，发生法定抵销的效果，即双方的债权在对等额内消灭（但受“异议期”的限制）。

2. 具有溯及力。法定抵销的效果具有溯及力，双方互负的债务不是于抵销通知到达对方时消灭，而是溯及主张抵销之人享有法定抵销权时（法定抵销权成立之时）消灭。

（1）溯及自抵销适状时，因抵销而消灭的债务不再发生支付利息的债务。如果在抵销适状发生后，一方债务人已向对方支付利息，嗣后因抵销而使债的关系消灭时，对方已受领的利息可构成不当得利。

（2）溯及自抵销适状时，因抵销消灭的债务不发生债务人迟延履行责任。自抵销适状时，债务人不承担迟延支付利息或违约金等的违约责任。

（3）溯及自抵销适状时，债务发生变化（如债权让与、主动债权罹于诉讼时效、被动债权被扣押等）对抵销权的行使不产生影响。

（五）约定抵销

约定抵销，又称为“合意抵销”“任意抵销”，约定抵销的实质是互负债务的双方当事人订立一个全部或者部分消灭彼此债务的合同，它是双方当事人意思自治的体现，因此可以不受法定抵销各种条件的限制，只要双方当事人协商一致即可抵销。

五、提存

（一）提存的概念及原因

提存是指由于债权人的原因无法向其交付标的物时，债务人将该标的物交给提存部门而消灭债务的制度。提存的法定原因包括：

（1）债权人无正当理由拒绝受领的。

（2）债权人下落不明的。

（3）债权人死亡未确定继承人或丧失民事行为能力未确定监护人的。

（4）债权人分立、合并或变更住所没有通知债务人的，致使债务人履行债务发生困难的。

> **注意：**变价提存
>
> （1）标的物不适合提存的（如鲜活易腐败物品）；或提存费用过高的，不能提存。
>
> （2）不能提存的标的物，债务人可变卖或者拍卖标的物，并提存所得价款。

（二）提存的法律效果

1. 对提存人（提存机构或提存部门）的效力

（1）保管义务：债务人向提存部门完成提存后，将成立一个向第三人履行的保管合同，提存人系寄存人，提存部门为保管人，债权人（提存受领人）为利益第三人。提存部门负有妥善保管的义务，因保管不善造成保管物毁损、灭失的，提存部门应承担赔偿责任。

（2）向债权人交付提存物义务：债权人可以随时向提存领取提存物。但债权人对债务人负有到期债务的，在债权人未履行债务或者提供担保之前，提存部门根据债务人的要求应当拒绝其领取提存物（《合同法》第104条）。

（3）向债务人交还提存物义务：如果提存人另行向债权人清偿了债务，提存人对提存部门享有取回原提存物的权利。

2. 对债务人的效力

（1）债务人的债务得以清偿。

（2）债务人负有通知义务：应将提存的事实通知债权人或其继承人、监护人。债务人怠于通知的，虽不影响提存的效力，但债务人应赔偿怠于通知给对方造成的损失。

（3）债务人对提存物享有附条件的取回权。

3. 对债权人的效力

（1）免除债务人的履行负担。

（2）取得提存物的所有权（间接占有）：提存物的孳息归债权人所有；提存物毁损、

灭失的风险自提存之日起由债权人承担。

（3）建立与提存人的保管合同关系：提存物提存费用（含保管费用）由债权人承担；债权人有权自提存之日起5年内向提存机关领取提存物，超过5年未领取的，扣除提存费用后所有权属于国家。

例2　乙在甲提存机构办好提存手续并通知债权人丙后，将2台专业相机、2台天文望远镜交甲提存。后乙另行向丙履行了提存之债，要求取回提存物。但甲机构工作人员在检修自来水管道时因操作不当引起大水，致乙交存的物品严重毁损。下列哪一选项是错误的？

A. 甲机构构成违约行为　　B. 甲机构应承担赔偿责任

C. 乙有权主张赔偿财产损失　　D. 丙有权主张赔偿财产损失

提示：乙向提存机构完成提存后，在两者之间成立了一个向第三人履行的保管合同，因工作人员的失误引起大水，致使保管物品严重毁损的，甲的行为构成违约，应承担赔偿责任，因此选项A和选项B正确，不当选。由于乙另行向丙履行了债务，乙和丙之间的债务消灭，相机和天文望远镜的所有权归乙所有，因此，乙有权主张损害赔偿责任，丙无权主张财产损失，故选项C正确，不当选，选项D错误，当选。

第二十二章　不当得利

重要法条及司法解释

《民法总则》第 122 条。

《民通意见》第 131 条。

命题分析

"不当得利"属于每年必考的知识点，但掌握起来难度不大，考查方式相对固定，考查形式主要为综合性选择题，通常不会单独进行考查，一般在某个选项中会涉及，需要结合其他的相关知识点进行掌握。

从考查内容来看，不当得利包括"不当得利的概念和特征""不当得利的成立要件""不当得利之债的内容"。其中，后两项属于考试的重点。不当得利的命题角度与无因管理制度较为相似，考生需要重点掌握不当得利的构成要件，以及不当得利双方的权利义务关系。

知识点精讲

不当得利是指无法律上的原因而受利益，致使他人受损失的事实。作为债的发生依据之一，不当得利一旦成立，即在受益人与受损人之间产生不当得利之债：受损人有权请求受益人返还其无法律根据而获得的利益。

一、不当得利的成立要件

依据《民法总则》第 122 条的规定，不当得利的成立要件有四项：一方取得财产利益；一方受有损失；所得利益与所受损失之间具有因果关系；没有法律上的根据。

（一）一方取得财产利益

本要件要求一方所得为财产利益，即可以用金钱价值衡量的利益，精神利益被排除在外。受益人是否取得财产利益，判断标准在于其现在的财产或利益与未与他人发生利益变动情形下所应有的财产或利益是否存在差额。具体而言，主要表现为下列两种类型：

类型	内涵
财产利益的积极增加	通过取得权利、增强权利效力、获得财产利益或减弱义务等扩大积极财产范围（典型如物权、债权、知识产权等财产权的获得）。
财产利益的消极增加	因财产利益本应减少而未减少所得的利益（典型如债务的减少或消灭、劳务或物的使用价值降低）。

（二）一方受有损失

与一方取得财产利益类似，受损人所受的损失也可包括两种形式：财产利益的积极减少与消极减少。后者指应增加而未增加利益（可得利益）的丧失。此处“应增加”的认定不以“必然增加”为必要，只需依通常情形受损人利益可增加即可。

（三）所得利益与所受损失之间具有因果关系

对于所得利益与所受损失之间的因果关系，存在直接因果说与非直接因果说。

1. 直接因果关系说要求取得利益与受有损失必须基于同一事实发生；

2. 非直接因果关系说则主张取得利益与受有损失不必基于同一事实发生，只要两者之间具有依社会观念认可的牵连关系，即如果没有受益事实，他方就不会受有损失，则认定二者存在因果关系。司法部三大本所持立场为非直接因果关系说。

（四）没有法律上的根据

没有法律上的根据是指利益的取得缺乏法律上的原因，区分给付型不当得利与非给付型不当得利。

1. 给付型不当得利，无法律上的原因指自始或嗣后欠缺给付目的（原因）。

2. 非给付型不当得利，无法律上的原因是指欠缺受有利益的法律权利。

注意：下列情形中虽无给付原因，但排除不当得利的成立：

（1）给付系履行道德义务。

（2）清偿未到期债务。

（3）明知无债务而为给付。

（4）因不法原因而为给付。

例 甲将某物出售于乙，乙转售于丙，甲应乙的要求，将该物直接交付于丙。下列哪一说法是错误的？

A. 如仅甲、乙间买卖合同无效，则甲有权向乙主张不当得利返还请求权

B. 如仅乙、丙间买卖合同无效，则乙有权向丙主张不当得利返还请求权

C. 如甲、乙间以及乙、丙间买卖合同均无效，甲无权向丙主张不当得利返还请求权

D. 如甲、乙间以及乙、丙间买卖合同均无效，甲有权向乙、乙有权向丙主张不当得利返还请求权

提示：不当得利依据是否基于给付行为而发生，可分为给付不当得利与非给付不当得利。给付不当得利是指受益人受领他人基于给付行为而转移的财产或利益，因欠缺给付目的而发生的不当得利。甲直接将某物交付给丙，但在法律上拟制为：甲先将该物交付给乙，乙经“法律上的瞬间”交付给丙。因此甲对乙已为给付，如果甲、乙间买卖合同无效，两者间成立给付型不当得利。故选项 A 表述正确。同理，乙对丙已为给付，选项 B、选项 D 均表述正确。甲、丙之间虽无给付关系，但题干已说明两个合同均无效，丙无构成善意取

得的事实，故甲基于所有权，可以请求丙返还不当得利。该得利既可表现为丙对物的占有，也可能表现为丙对物的使用、收益等，属于非给付型不当得利中的权益侵害型不当得利。故选项C表述错误。

二、不当得利之债的内容

不当得利的基本内容是受益人与受损人之间产生不当得利返还的债权债务关系。由于不当得利返还请求权的规范目的在于利益返还而非损害填补，因此根据通说，如果受益人获益少于受损人损失，其利益返还范围以获益为限。如果获得利益多于损失，则受益人只在损失限度内负返还义务。

（一）受益人的返还义务

受益人主观状态	返还义务内容
善意（受益人受益时不知其受益无法律上的根据；因过失而不知的，亦属善意）	（1）返还义务范围以现存利益为限（包括原物、孳息、代偿利益等）。 （2）善意受益人为取得利益或维持利益所支出的必要、有益费用，可以在返还现存利益时要求权利人偿还或予以扣除。
恶意（明知无法律根据而取得利益）	（1）返还其初始所受的一切利益及本于该利益所产生的利益。 （2）为取得或维持利益所支出的必要费用，可以要求权利人偿还或在返还额中予以扣除。 （3）所支出有益费用，只能在现存的增加额限度内予以返还或予以扣除。 （4）依上述方法仍无法弥补受损人损失的，恶意受益人负有损害赔偿责任。

（二）第三人的返还义务

不当得利受领人将其受领标的物无偿让与给第三人，则于受领人因此免除返还义务的限度内，第三人对受损人负返还责任。

第二十三章　无因管理

重要法条及司法解释

《民法总则》第121条。

《民通意见》第132条。

命题分析

“无因管理”是债法中十分重要的一个知识点，为高频考点，但近年来本知识点的命题频率呈现明显的下降趋势。主要以综合性选择题的形式进行考查，是每年必考的知识点，掌握起来难度不大。

从考查内容来看，“无因管理”包括“无因管理的概念和特征”“无因管理的成立要件”“无因管理之债的内容”。其中，后两项属于考试的重点。判断是否构成无因管理、无因管理中管理人的权利和义务都是考查概率很大的命题角度。

知识点精讲

无因管理是指没有法律规定或者约定的义务而为他人管理事务。管理事务的人称为“管理人”，该他人称为“本人”。一般而言，在没有法律规定或者约定义务的情况下对他人事务予以干预，是对他人依自由意志自行管理事务的妨害。但民法着眼于社会生活的连带关系，为鼓励互相帮助、见义勇为等道义行为，特规定无因管理制度，赋予无因管理行为以阻却违法性的效力，并在管理人与本人之间形成债权债务关系。

一、无因管理的成立要件

依据《民法总则》第121条的规定，无因管理的成立要件有以下三项：管理他人事务；有为他人利益的意思；无法律上的原因。

（一）管理他人事务（客观要件）

其中，“管理”“他人”“事务”三个词语的规范意义丰富，须逐一辨明。

1. “事务”的范围

无因管理中的他人“事务”，指一切能够满足生活利益并适于作为债之客体的事项。

无因管理的事项分类

序号	事项	示例
（1）	财产性事项	为他人修缮房屋。
	非财产性事项	抢救落水儿童。

续表

序号	事项	示例
(2)	继续性事项	长期照看他人生病的父母。
	一次性事项	将他人果树上成熟的水果摘下并出售。
(3)	民事法律行为	将昏迷的路人送往医院病办理住院手续。
	事实行为	救火。

无因管理的除外情形

行为	示例
违法行为	替他人打架并受伤；替他人隐匿赃物并支出保管费用。
不能发生债之关系的纯粹道德、宗教行为或好意施惠行为	养子女对生父母的照料；为患病者祈祷。
依法必须由本人亲自办理的事项	登记结婚；诉讼离婚。
非经本人授权不得办理的事项	放弃继承权；公司股东出席股东会并行使表决权。
单纯的不作为	眺望地役权合同中，供役地权利人负有的不作为义务，无法成立无因管理。

2. 须属于“他人”之事务

他人事务包括两种：①客观的他人事务。指事务在性质上与他人具有当然结合关系，事务内容属于他人利益的范畴（如他人小孩走失，管理人予以收留并出钱治病）。②主观的他人事务。指事务本身系属中性，依其内容或性质不当然与他人具有结合关系，但可因正当的管理意思成为他人事务。

注意：（1）误将自己事务当成他人事务管理，即使具有管理意思，也不成立无因管理。

（2）他人须为“特定”的人。须为特定的一人或数人。若管理的是不特定多数人的事务，则不成立无因管理。因为无因管理是债，而债的双方主体均须特定。

（3）只要是为了他人利益，管理人即使对本人发生误认，不妨碍就真实的本人成立无因管理。

3. “管理”他人事务

管理，是对事务进行处理、实现事务内容的行为。管理行为包括事实行为与法律行为。

（1）无论管理行为属于事实行为还是法律行为，管理事务的承担本身均属于事实行为，不要求管理人具有民事行为能力。

（2）管理人因管理实施法律行为时，可以自己名义为之，也可以本人（被管理人）名义为之。以本人名义为之构成无权代理的，无因管理的成立不会因为无权代理而受影响。

（二）为他人利益的意思（主观要件）

为他人利益的意思，又称“管理意思”，指管理人知道其所管理的是他人事务，并欲使管理利益归于他人。有三点需特别强调：

（1）当管理人误将他人事务作为自己事务为自己利益管理时，因缺乏“为他人而管理”的主观意思而不构成无因管理。

（2）当管理人在具备为他人管理意思的同时，兼为自己利益而管理他人事务的，也构成无因管理。

（3）无因管理只要求管理人在主观上有为他人利益的管理意思，管理的主观目的是否实现则在所不问。

例1 下列行为中，哪些构成无因管理？

A. 甲错把他人的牛当成自家的而饲养

B. 乙见邻居家中失火恐殃及自己家，遂用自备的灭火器救火

C. 丙（15岁）租车将在体育课上昏倒的同学送往医院救治

D. 丁见门前马路下水道井盖被盗致路人跌伤，遂自购一井盖铺上

提示：误将他人事务当作自己事务进行管理，缺乏管理意思，不构成无因管理。选项A中甲不构成无因管理，但可构成不当得利。选项B中，李某的行为在具备为他人管理意思的同时，兼具为自己利益而管理他人事务，构成无因管理。选项C中，需注意区分管理行为本身与无因管理的承担。管理人的行为能力会影响管理行为效力（当管理行为是法律行为时），但不影响无因管理的承担这一事实行为的成立。丙虽为限制民事行为能力人，但无因管理之债依然成立。选项D中丁铺设井盖行为的受益人并非不特定的路人，而是负有道路维护义务的市政部门，满足债的主体特定性要求，构成无因管理之债。

（三）无法律上的原因

无法律上的原因，指没有法律规定的或约定的义务。具体而言：

（1）虽负有义务，但超过其义务的范围而为管理事务时，就其超出的部分属于无义务，可成立无因管理。

（2）管理人有无义务，以事务开始时为基准，并采客观判断标准，不以管理人主观状态为据。

（3）义务的类别（法律原因的类型）：

类别	内容
法律规定的义务	（1）私法上的义务：如父母对未成年子女的抚养、监护义务，破产管理人对破产财产的管理义务； （2）公法上的义务：如警察的救助行为。
约定的义务	（1）合同一方当事人基于合同所负义务； （2）第三人利益合同中，第三人虽非合同当事人，但义务方对第三人的义务是以对于合同另一方当事人的给付为内容，故对第三人也不成立无因管理。

二、无因管理之债的内容

（一）管理人的义务

1. 适当管理义务。管理人自管理承担时起，就应依本人明示或可推知的意思，以利于

本人的方法，依照善良管理人的注意标准，为管理行为。

2. 管理开始时通知本人的义务。如管理人无法通知（如不知本人是谁）或本人已知悉，则免除通知义务。

3. 继续管理的义务。管理人一般不负继续管理的义务，但于管理开始后如其停止管理较之不开始管理对本人更加不利，则其有继续管理的义务。

4. 报告及交还义务。管理过程中及结束后，管理人应向本人报告管理事务、交付管理所得。

（二）管理人的权利

管理的承担利于本人，且不违反本人明示或可推知的意思时，管理人享有以下权利：

（1）请求偿还必要费用及自支出时起的利息。

（2）请求清偿必要债务负担。

（3）因管理事务受有损害的损害赔偿请求权。

> **注意：** 管理的承担不利于本人、违反本人明示或可推知的意思时，管理人只有在本人向管理人主张无因管理的利益时才享有上述三项权利，且以本人所受利益范围为限。

（三）管理人的赔偿责任

1. 原则

管理人未尽到适当管理义务，造成本人损害的，应向本人承担债务不履行的责任。

2. 例外

管理人为免除本人生命、身体或财产上的急迫危险时，对本人造成的损害，除非具有故意或重大过失，否则不承担损害赔偿责任（即“轻过失免责”，因为属于无偿行为）。

例2 刘某承包西瓜园，收获季节突然病故。好友刁某因联系不上刘某家人，便主动为刘某办理后事和照看西瓜园，并将西瓜卖出，获益5万元。其中，办理后事花费1万元、摘卖西瓜雇工费以及其他必要费用共5000元。刁某认为自己应得劳务费5000元。关于刁某的行为，下列哪一说法是正确的？

A. 5万元属于不当得利　　B. 应向刘某家人给付3万元

C. 应向刘某家人给付4万元　　D. 应向刘某家人给付3.5万元

提示： 刁某在无法定或约定义务情况下，为刘某家人利益而管理其事务，客观上有利于刘某家人利益且不违反其可得推定的意思，构成无因管理。无因管理具有阻却不当得利的效力，亦即无因管理之债的成立属于5万元获益在法律上的根据，5万元不构成不当得利。故选项A错误。无因管理关系中，管理人应向本人交付管理所得，也可以请求本人偿付必要费用，但无报酬请求权或劳务费用请求权。因此刁某应向刘某家人给付3.5万元，选项B、C错误，选项D正确。

第二十四章　合同的订立与成立

重要法条及司法解释

《合同法》第9～43条。

《民法通则》第85条。

命题分析

要约和承诺的构成要件、法律效力是考生在学习合同法时首先必须掌握的知识点，这对于理解合同的具体内容，判定合同的成立生效至关重要。重点掌握合同成立的一般要件和特殊要件，以及格式条款的注意事项和缔约过失责任。

从考查内容和命题角度来看，格式条款的无效情形、缔约过失责任的构成要件及法律后果是考查的重点，需要考生在复习时予以重视。

知识点精讲

合同是平等主体的自然人、法人及其他组织之间设立、变更、终止民事权利义务关系的协议。当事人须遵守合同自由原则、诚实信用原则、鼓励交易原则而缔结合同。

合同的订立需要经过要约和承诺两个阶段。

一、要约

（一）要约的概念及构成要件

1. 概念：要约是当事人一方向对方发出的希望与对方订立合同的意思表示。要约是一种意思表示。

2. 要约的构成要件：

主体	要约是特定人向相对人发出的意思表示。即要约人必须是特定的、可以确定的人，相对人则可以是特定的人也可以是不特定的人。
目的	要约的目的必须是缔结合同。不以缔结合同为目的意思表示不是要约。
内容	要约的内容具体明确。至少包括拟订立合同的必要条款（当事人、标的、数量），以供当事人考虑是否承诺。
受约束意旨	要约中要表明一旦经受要约人承诺，要约人即受该意思表示的约束。

（二）要约 VS 要约邀请

		要约	要约邀请
含义		是当事人一方向对方发出的希望与对方订立合同的意思表示。	是一方向他方作出的希望他方向自己发出要约的意思表示。 典型代表：寄送的价目表、拍卖公告、招标公告、招股说明书、商业广告
相同点		（1）均由特定人向特定人或不特定人发出。（2）均为意思表示。	
不同点	目的	希望和他人订合同，获得对方的承诺以订立合同。	希望他人向自己发出要约，即引出对方要约。
	条件	即上述的构成要件	无须具特定的条件，只要邀请人足以确定即可。
	效力	要约人要受要约的约束	要约邀请本身没有法律效力，故要约邀请人不受要约邀请的约束

（三）要约的生效

1. 要约生效的意义

对要约人而言：要约生效后，要约人应受要约的约束，在要约有效期内不得随意撤销或者变更要约。

对受要约人而言：受要约人则取得了承诺的权利，受要约人有权在要约的有效期内做出是否接受要约的答复，并且不负担必须承诺的义务。即使受要约人不承诺，也没有通知的义务。

2. 要约生效的时间

（1）对不特定人发出的要约，一经发出即发生效力。

（2）对特定人发出的要约，有两种情况：

①以对话方式作出的要约，自相对人了解时生效。

②非以对话方式作出的要约，自到达相对人时生效。

（四）要约的撤回与撤销

1. 要约的撤回

要约的撤回发生在要约生效之前，撤回要约的通知应当在要约到达受要约人之前或者与要约同时到达受要约人。撤回要约的效力是阻止要约生效。

2. 要约的撤销

（1）要约的撤销则发生在要约生效之后。撤销要约的通知应当在受要约人发出承诺通知之前到达受要约人。撤销要约的法律效力是要约失去效力，受要约人丧失承诺的权利。要约人的行为若构成缔约过失，需要承担缔约过失责任。

（2）在以下三种情况下，要约不可撤销。

①要约人确定了承诺期限。

②要约人明示要约不可撤销。

③要约人有理由认为要约不可撤销，并已经为履行合同作了准备工作。

（五）要约的失效

1. 要约失效的法律后果，对要约人而言，是解除要约人必须接受承诺的义务；对受要约人而言，是终止其享有承诺的权利。要约失效是以要约已经发生法律效力为前提的。

2. 要约失效的原因主要有以下四种情况：

（1）受要约人拒绝要约的通知到达要约人。

（2）受要约人未在承诺期限内作出承诺。

（3）受要约人对要约的内容作出实质性变更。

（4）要约人依法撤销要约。

> **注意：**要约的撤回不是要约失效的原因。

例1　王某是甲公司的法定代表人，以甲公司名义向乙公司发出书面要约，愿以10万元价格出售甲公司的一块清代翡翠。王某在函件发出后2小时意外死亡，乙公司回函表示愿意以该价格购买。甲公司新任法定代表人以王某死亡，且未经董事会同意为由拒绝。关于该要约，下列哪一表述是正确的？

A. 无效　　B. 效力待定　　C. 可撤销　　D. 有效

提示：法定代表人是法人的代表机关，其权限来自公司的章程，而非董事会。因此，法人的法定代表人所作的意思表示不需要经过董事会的同意，其法律效力直接归于法人，即使法定代表人变更也不影响该意思表示的效力。本题中，王某是甲公司的法定代表人，其对乙公司发出书面要约的行为不需要经过董事会的同意，该要约的法律效力直接归于甲公司，之后虽然王某去世，但该要约依然有效。后乙公司针对该要约作出了有效承诺，买卖合同成立。故选项D表述正确。

二、承诺

（一）承诺的概念及构成要件

1. 概念：承诺是受要约人向要约人作出的同意要约的意思表示。承诺也属于表意行为。

2. 承诺的构成要件：

主体	承诺必须是由受要约人本人或者其代理人向原要约人作出意思表示。
时间	（1）承诺必须在要约确定的承诺期限作出；并在到达要约人时生效。 （2）要约没有确定期限的，若要约是以对话方式作出的，应当即时作出承诺，但当事人另有约定的除外。 （3）若要约以非对话方式作出的，承诺应当在合理的期限内做出。
内容	（1）承诺的内容应该与要约的内容一致。 （2）承诺人对有关合同标的、数量、质量、价款或者报酬、履行期限、履行地点和方式、违约责任和解决争议方法等的变更，是对要约内容的实质性变更。作出实质性变更，该承诺视为新要约。 （3）承诺人若对其他非实质性内容做出变更，除要约人及时表示反对或要约表明承诺不得对要约做出任何变更外，要约有效。

续表

主体	承诺必须是由受要约人本人或者其代理人向原要约人作出意思表示。
方式	（1）承诺原则上要以明示的方式作出。 （2）特殊情况下可以依照交易习惯或者要约的规定作出。 （3）除法律特别规定或者当事人事先明确约定外，沉默不能视为承诺的形式。

（二）承诺的撤回

承诺的通知发出之后，承诺人是可以撤回承诺的，但是撤回承诺的通知必须发生在承诺生效以前，即撤回承诺的通知需要在承诺通知到达要约人之前或者与承诺通知同时到达受要约人。

注意：承诺只有撤回的说法没有撤销的说法，因为一旦承诺生效，合同即成立，此时如果想要消除合同，只能通过合同撤销机制或合同解除机制。

（三）承诺的效力

1. 承诺生效的意义

承诺生效意味着合同成立，双方当事人由此承担合同产生的权利义务。

2. 承诺的生效时间

对于承诺的生效时间我国采取“到达主义”，规定承诺在到达要约人时生效。承诺不需要通知的，根据交易习惯或者要约的要求作出承诺的行为时生效。

3. 承诺迟延

一般来说，承诺需要在承诺期限内做出。但发生承诺迟延时，该承诺的效力依情况而定。

（1）因受要约人的原因，发生的承诺迟延，原则上为新要约，除非要约人及时通知受要约人该承诺有效。

（2）非因受要约人的原因，发生的承诺迟延，原则上有效，除非要约人及时通知受要约人因承诺超过承诺期限不接受该承诺。

三、合同的成立

（一）合同成立的法律意义

合同的成立是指合同双方完成缔约过程，达成合意，在当事人之间客观上产生并存在合同法律关系。一般而言，承诺生效时，合同即告成立。依法成立的合同对合同当事人具有法律拘束力（《民法总则》第136条，《合同法》第44条）。合同的成立是合同生效的前提。合同成立的要件分为一般成立要件和特殊要件。一般要件是所有合同成立均需要具备的条件。具体包括：①主体要件：有双方或者多方当事人。②内容要件：合同必备条款明确、具体，即须具备当事人、标的、数量等要素。③意思表示要件。当事人就合同主要条款达成客观合意（是否存在合意瑕疵不问）。

（二）合同成立的认定

1. 基于合意认定：承诺生效时合同成立。承诺生效的地点为合同成立的地点。

2. 基于内容认定：能够确定当事人名称或者姓名、标的和数量的，一般应当认定合同成立（《最高人民法院关于适用〈中华人民共和国合同法〉若干问题的解释（二）》第1条）。

3. 采合同书的，双方签字或盖章时成立；最后一方在确认书上签字、盖章、摁手印时合同成立。注意，约定的地点与最后一方签字、盖章、摁手印的地点不一致的，约定的地点为合同成立的地点。

4. 采书信、数据电文等并要求签订确认书的，签订确认书时合同成立。

5. 事实合同的推定成立：欠缺表示方式的，若基于民事行为能够推定当事人有订立合同意愿的，合同成立（《最高人民法院关于适用〈中华人民共和国合同法〉若干问题的解释（二）》第2条）。

6. 要式合同的推定成立：欠缺形式要件，但一方已经履行主要义务且对方接受的，该合同成立。

例2　张某和李某采用书面形式签订一份买卖合同，双方在甲地谈妥合同的主要条款，张某于乙地在合同上签字，李某于丙地在合同上摁了手印，合同在丁地履行。关于该合同签订地，下列哪一选项是正确的？

A. 甲地　　B. 乙地　　C. 丙地　　D. 丁地

提示：本题中，双方当事人并没有约定合同签订地，张某首先在乙地签字，李某后来于丙地在合同上摁了手印，而当事人在合同书上摁手印与签字或者盖章具有同等的法律效力。对于双方当事人签字或者盖章不在同一地点的，以最后签字或者盖章的地点为合同签订地，故后签字的李某签字或者盖章的地点即丙地为合同签订地，选项C当选。

（三）要式合同与要物合同

1. 要式合同

要式合同是相对于不要式合同而言的，要式合同是指法律规定或当事人约定须具备特定形式的合同，也即要式合同除具备合同成立的一般要件之外，还需要具备特定的形式才能成立。常见的要式合同有：金融机构贷款人的借款合同、融资租赁合同、建设工程合同、技术开发合同、技术转让合同。形式要件对合同效力的影响须区别对待：

（1）成立要件：原则上，要式合同欠缺形式要件，合同不成立：如合同书签字、签署确认书则合同成立；约定经公证后合同成立等。

（2）生效要件：法律、行政法规规定应当办理批准、登记等手续生效的，依照其规定。如对外专利转让合同、中外合营合作合同等。

（3）形式要件的推定补正：法律、行政法规规定或者当事人约定采用书面形式订立合同，当事人未采用书面形式但一方已经履行主要义务，对方接受的，该合同成立。采用合同书形式订立合同，在签字或者盖章之前，当事人一方已经履行主要义务，对方接受的，该合同成立（《合同法》第36、37条）。

（4）不影响合同效力但影响物权变动效力（《物权法》第15条：不动产物权变动合

同，自合同成立生效，未办理物权登记，不影响合同效力）。

2. 要物合同（实践合同）

要物合同也即实践合同，是指合同的成立除当事人双方意思表示一致外，还须完成交付标的物或完成其他交付行为。常见的要物合同有：定金合同、借用合同、保管合同、自然人之间的借款合同。注意“交付”的法律效果是影响合同成立或是影响合同生效，在理论中存在争议，但应以立法态度为准。

（1）自然人之间的借款合同，自贷款人提供借款时生效（《合同法》第210条）。

（2）保管合同自保管物交付时成立，但当事人另有约定的除外（《合同法》第367条）。

（3）客运合同自承运人向旅客交付客票时成立，但当事人另有约定或者另有交易习惯的除外（《合同法》第293条）。

（4）质押合同应当采取书面形式订立。质押合同自质物移交于质权人占有，或自权利凭证交付之日时生效（《担保法》第64条、第76条。建议以《物权法》区分原则处理）。

（5）定金应当以书面形式约定。定金合同从实际交付定金之日起生效。

四、格式合同（格式条款）

（一）概念

所谓“格式合同（条款）”，是指当事人为了重复使用而预先拟定，并在订立合同时未与对方协商的条款（合同）。

（二）特征

格式条款相较于一般的合同条款，有自己的独特之处，具体如下：

（1）格式条款是由一方为了反复使用而预先制定的。也即格式条款是未经与合同相对人事先协商合意的条款。

（2）格式条款的内容具有定型化的特点，其内容一般是固定的。

（3）相对人在订立合同时处于“附和”地位，相对人对格式条款要么接受要么拒绝。

（三）合同法对格式条款的特殊规制

1. 提供格式条款一方的提请注意义务及说明义务

在采用格式条款订立合同时，提供格式条款的一方除了遵循公平原则确定当事人之间的权利义务，还要采取合理的方式提请对方注意免除或者限制其责任的条款，按照对方的要求，对该条款予以说明。提请注意的合理方式要求：采取足以引起对方注意的文字、符号、字体等特别标识，并按照对方的要求对条款进行说明。

另外，提供格式条款的一方对已尽合理提示及说明义务承担举证责任（《最高人民法院关于适用〈中华人民共和国合同法〉若干问题的解释（二）》第6条）。

2. 提供格式条款一方违反提示说明义务的后果：对方当事人拥有申请撤销权

提供格式条款的一方当事人违反提示说明义务，导致对方没有注意免除或者限制其责任的条款，对方当事人有权申请撤销该格式条款（《最高人民法院关于适用〈中华人民共和国合同法〉若干问题的解释（二）》第9条）。

3. 格式条款的无效情形

（1）《合同法》第52条中提及的合同无效的情形（欺诈、胁迫损害国家利益，恶意串通、以合法形式掩盖非法目的、损害公共利益等）。

（2）提供格式条款一方免除其责任、加重对方责任、排除对方主要权利的。

（3）格式条款中的造成对方人身损害的、因故意或者重大过失造成对方财产损失的免责条款。

例3　甲手机专卖店门口立有一块木板，上书“假一罚十”四个醒目大字。乙从该店购买了一部手机，后经有关部门鉴定，该手机属于假冒产品，乙遂要求甲履行其“假一罚十”的承诺。关于本案，下列哪一选项是正确的？

A. “假一罚十”过分加重了甲的负担，属于无效的格式条款

提示：格式条款无效的情形之一是提供格式条款的一方免除其责任，加重对方责任、排除对方主要权利，在本题中，提供格式条款的一方加重的是自身的责任，是自己真实的意思表示，因此应当是合法有效的。

4. 格式条款的解释

在对格式条款的理解发生争议时，通常有三种解释方式：

（1）按照通常理解予以解释。即按照订约者合理的理解方式进行解释。

（2）若格式条款有两种以上不同的解释，则对条款制作人做出不利的解释。

（3）格式条款与非格式条款不一致时采用非格式条款。

五、缔约过失责任

（一）概念

缔约过失责任是指在订立合同的过程中，当事人一方因违反依据诚实信用原则产生的先合同义务，而致另一方信赖利益损失时所应承担的损害赔偿责任。

（二）构成要件

时间	缔约过失责任是在订立合同的过程中发生的。当事人为了订立合同而接触或者磋商。
原因	一方违背依诚实信用原则应负的先合同义务（通知、协助、保密、照顾、忠实、保护）。
结果	对方信赖利益受损（包括缔约费用及利息、为准备履行合同所支出的合理费用及利息、丧失与第三人订立合同所遭受的损失）。
过失	违反先合同义务的一方具有过失。如果损失的发生并非基于违反合同一方的过失，而是由于受害人或不可抗力造成的，则违法合同义务一方不承担缔约过失责任。

（三）适用情形

（1）假借订立合同，恶意进行磋商。注意“假借”与“恶意”：“假借”是根本就没有与对方订立合同的目的，与对方谈判只是一个借口而已，真实的目的是损害对方的利益。“恶意”即有故意造成对方损害的主观心理状态。

（2）故意隐瞒与订立合同有关的重要事实和提供虚假情况。重要情况主要包括财产状况、履约能力、标的物瑕疵、性能和使用方法等。

（3）泄露或者不正当使用商业秘密。

注意： 该种情形在民法总则时代已成为一般侵权责任承担问题了。

（4）其他违背诚实信用原则的行为。比如：违反有效的要约邀请和要约人违反有效的要约；合同无效或被撤销，一方有过错并给对方造成损失；违反先契约义务。

（四）法律后果

有过错的一方应当赔偿他方所受到的损失，双方都有过错的，各自对他方承担责任。

缔约过失责任的赔偿范围：缔约费用、准备履行合同所支出的费用、丧失与第三人另订合同的机会所造成的损失。

例 4 甲、乙同为儿童玩具生产商。六一节前夕，丙与甲商谈进货事宜。乙知道后向丙提出更优惠条件，并指使定假借订货与甲接洽，报价高于丙以阻止甲与丙签约。丙经比较与乙签约，丁随即终止与甲的谈判，甲因此遭受损失。对此，下列哪一说法是正确的？

A. 乙应对甲承担缔约过失责任

B. 丙应对甲承担缔约过失责任

C. 丁应对甲承担缔约过失责任

D. 乙、丙、丁无须对甲承担缔约过失责任

提示：《合同法》第 42 条规定，当事人在订立合同的过程中有假借订立合同，恶意进行磋商的情况，给对方造成损失的，该当事人应当承当损害赔偿责任。在本题当中，丁假借订立合同，与甲进行接洽、磋商，违反了诚实信用原则，因此丁应当承担缔约过失责任，赔偿甲基于对其的信任而遭受的损失。乙、丙因不是合同的相对方，所以无须对甲承担缔约过失责任。因此选项 C 正确。

第二十五章 合同履行抗辩权

重要法条及司法解释

《合同法》第67~69条。

命题分析

合同履行抗辩权属于合同法部分的重点，命题具有一定的难度和灵活性。从考查规律来看，本知识点每年必考，其中先履行抗辩权每年都有所涉及，不安抗辩权基本呈现轮流考的态势。

考生须全面掌握三种抗辩权的概念特征、成立要件、行使及效力。其中，三种抗辩权的成立要件和效力是考试的重点，在复习时务必重点注意。

知识点精讲

合同履行抗辩权是指在符合法定条件时，当事人一方可以对抗对方当事人的履行请求权，暂时拒绝履行债务的权利。该抗辩机制是一种“合理合法的违约行为”，有其重要的正当性基础和严格的构成要件。

合同履行抗辩权包括同时履行抗辩权、先履行抗辩权、不安抗辩权。

一、同时履行抗辩权

同时履行抗辩权，是指双务合同的一方当事人在对方当事人不履行合同义务或履行义务不符合约定时，得拒绝履行（相应）对待给付义务的权利（《合同法》第66条）。同时履行抗辩权基于双务合同的牵连性，体现着诚实信用原则中“一手交钱一手交货”的交易观念，具有督促合同当事人履行合同义务的作用。正因此，若对方履行给付义务已不可能时，不发生同时履行抗辩权，应依照合同解除制度处理。

（一）同时履行抗辩权的构成要件

1. 须因同一双务合同互负债务。

同时履行抗辩权的存在基础在于双务合同的牵连性，因此它不适用于单务合同和不真正的双务合同。“牵连性”要求双方当事人所为给付须具有交换关系，即须为基于同一双务合同产生的具有对价关系的债务。互负债务且具有牵连性通常表现为主给付义务关系之间，但是若从给付义务对合同目的的实现具有重要意义，该从给付义务与主给付义务之间也具有牵连性，可以产生同时履行抗辩权。

2. 双方的债务没有履行的先后顺序，若一方当事人负有先履行之义务，应由适用后述的不安抗辩权或顺序履行抗辩权制度。

3. 双方的债务已届履行期。

同时履行抗辩权的作用在于督促双方债务的同时履行，因此该抗辩权产生的前提是双方的债务已届履行期。

4. 请求履行方自己未履行义务或履行义务不符合约定。

当请求履行方自己未履行义务或履行义务不符合约定时，被请求履行方可以主张同时履行抗辩权，对抗对方的履行请求权。若请求履行方已为部分给付，则被请求方仅可就对方未履行部分主张同时履行抗辩权。

（二）同时履行抗辩权的效力及适用

1. 同时履行抗辩权的效力

（1）行使的效力

当对方当事人自己未履行义务或履行义务不符合约定时提出履行请求，享有同时履行抗辩权的一方须主张该抗辩权，产生对抗对方履行请求权的法律效果。如果权利人未主张该抗辩权，法院不得依职权主动援用，应当判决请求履行方胜诉。

（2）存在的效力

"存在的效力"不需要权利人主张即存在，主要包括以下两方面：①享有同时履行抗辩权的一方当事人不陷于履行迟延，因此对方当事人若提出履行请求，须先履行自己的债务；②相对人不得主张将附同时履行抗辩权的债权作为主动债权进行抵销，否则将损害权利人的同时履行抗辩权，不过权利人自己可以主动放弃同时履行抗辩权。

2. 同时履行抗辩权的适用

同时履行抗辩权主要适用于双务合同。此外，在第三人利益合同、债权让与、债务承担的场合，同样可以适用。

二、先履行抗辩权

先履行抗辩权，又称顺序履行抗辩权，是指双方互负具有先后履行顺序的债务，先履行方不履行债务或履行债务不符合约定，后履行方享有拒绝对方（相应）履行请求的权利（《合同法》第67条）。应注意，顺序履行抗辩权（先履行抗辩权）适用于先履行方违约的场合，是后履行方所享有的权利。

（一）顺序履行抗辩权的构成要件

1. 须因同一双务合同互负债务。

2. 双方的债务须有先后履行顺序：先后履行顺序的判断应以债务清偿期届满的时间点为标准。

3. 先履行方不履行债务或履行债务不符合约定。

4. 先履行方请求后履行方履行。

例1 某热电厂从某煤矿购煤200吨，约定交货期限为2007年9月30日，付款期限为2007年10月31日。9月底，煤矿交付200吨煤，热电厂经检验发现煤的含硫量远远超过约定标准，根据政府规定不能在该厂区燃烧。基于上述情况，热电厂的哪些主张有法律依据？

A. 行使顺序履行抗辩权

提示：根据题意，先履行方为某煤矿，后履行方为某热电厂。9月底，先履行方交付了煤矿，但是不符合约定标准，所以作为后履行方的热电厂享有顺序履行抗辩权。故选项A正确，当选。

（二）顺序履行抗辩权的效力

后履行方行使顺序履行抗辩权能够产生对抗先履行方的履行请求并中止履行自己债务的效力，顺序履行抗辩权的行使不影响后履行方向先履行方主张违约责任。若先履行方基于行使不安抗辩权而中止履行自己的义务，后履行方仍然可以行使顺序履行抗辩权。若先履行方采取补救措施并适当履行了义务，顺序履行抗辩权消失。

三、不安抗辩权

不安抗辩权是指在同一双务合同的履行中，先履行方发现后履行方存在财产状况恶化，可能危及先履行方债权实现时，先履行方可以中止履行的权利。中止履行后，后履行方在合理期限内未能恢复履行能力或提供担保，先履行方可以解除合同（《合同法》第68、69条）。不安抗辩权适用于后履行方可能违约的场合，是先履行方享有的权利。

例2　甲、乙订立一份价款为十万元的图书买卖合同，约定甲先支付书款，乙两个月后交付图书。甲由于资金周转困难只交付五万元，答应余款尽快支付，但乙不同意。两个月后甲要求乙交付图书，遭乙拒绝。对此，下列哪一表述是正确的？

A. 乙对甲享有同时履行抗辩权

B. 乙对甲享有不安抗辩权

提示：根据题意，甲为先履行方，乙为后履行方，双方的债务具有先后履行的顺序，显然不满足同时履行抗辩权的构成要件，故选项A错误，不当选。甲为先履行方，乙为后履行方，而不安抗辩权是先履行方享有的权利，所以作为后履行方的乙不可能享有不安抗辩权，故选项B错误，不当选。

（一）不安抗辩权的构成要件

1. 须因同一双务合同互负债务。

2. 双方的债务须有先后履行顺序，履行顺序的判断应以债务清偿期届满的时间点为标准。应注意，先履行方的债务是否到期不予考虑。

3. 先履行方有确切证据证明后履行方存在丧失或可能丧失履行能力的情形，如：①经营状况严重恶化；②转移财产、抽逃资金，以逃避债务；③丧失商业信誉；④其他丧失或可能丧失履行债务能力的情形（《合同法》第68条）。应注意，这些情形应发生在合同有效成立之后，否则先履行方在缔约之前便明知的，无须法律特别保护；而且这些情形的存在须达到“丧失履行能力”的程度，否则“擅自抗辩”，可能构成违约。

（二）不安抗辩权的行使与效力

1. 先履行方行使不安抗辩权，有权中止自己的履行，但应当及时通知后履行方（《合同法》第69条）。此外，为了防止不安抗辩权的滥用，先履行方若没有确切证据便中止履行，应当承担违约责任（《合同法》第68条第2款）。

2. 后履行方在合理期限内恢复履行能力或提供适当担保，不安抗辩权消灭，先履行方应当恢复履行（《合同法》第69条）。

3. 后履行方在合理期限内未恢复履行能力或提供适当担保，先履行方可以解除合同（《合同法》第69条）或要求后履行方提前清偿债务或请求后履行方承担预期违约责任（《合同法》第108条）。

例3 2011年5月6日，甲公司与乙公司签约，约定甲公司于6月1日付款，乙公司6月15日交付“连升”牌自动扶梯。合同签订后10日，乙公司销售他人的“连升”牌自动扶梯发生重大安全事故，质监局介入调查。合同签订后20日，甲、乙、丙公司三方合意，由丙公司承担付款义务。丙公司6月1日未付款。下列哪一表述是正确的？

C. 丙公司有权行使不安抗辩权

D. 乙公司有权要求甲公司和丙公司承担连带债务

提示：甲、乙双方基于同一自动扶梯买卖合同互负债务，甲公司为先履行方，乙公司为后履行方。后经三方合意，甲公司付款义务交由丙公司承担，所以丙公司成为先履行方。由于乙公司的自动扶梯发生安全事故，因此作为先履行方的丙公司有理由相信乙公司可能丧失履行能力，因此丙公司享有不安抗辩权，故选项C正确，当选。因为丙公司享有不安抗辩权，有权中止自己的履行，所以乙公司在未恢复履行能力或提供担保前不能要求丙公司承担债务，故选项D错误，不当选。

四、三种抗辩权的对比分析

同时履行抗辩权、顺序履行抗辩权和不安抗辩权都是基于同一双务合同互负债务而产生的抗辩权，都是一时的抗辩权、延缓的抗辩权，仅能在一定期限内中止履行合同，并不能产生消灭合同履行的效力。

三者的不同点主要在于构成要件的区别，解题时首先判断债务的先后履行顺序，其次厘清抗辩权主体。

	债务的履行顺序	权利人
同时履行抗辩权	无先后履行顺序	被请求履行方
顺序履行抗辩权（或先履行抗辩权）	有先后履行顺序	后履行方
不安抗辩权	有先后履行顺序	先履行方

例4 甲公司与乙公司签订服装加工合同，约定乙公司支付预付款一万元，甲公司加工服装1000套，3月10日交货，乙公司3月15日支付余款九万元。3月10日，甲公司仅加工服装900套，乙公司此时因濒临破产致函甲公司表示无力履行合同。下列哪一说法是正确的？

A. 因乙公司已支付预付款，甲公司无权中止履行合同

B. 乙公司有权以甲公司仅交付900套服装为由，拒绝支付任何货款

C. 甲公司有权以乙公司已不可能履行合同为由，请求乙公司承担违约责任

D. 因乙公司丧失履行能力，甲公司可行使顺序履行抗辩权

提示：根据题意，归纳双方的履行顺序如下：①乙公司支付预付款一万元；②甲公司于3月10日交付1000套服装；③乙公司于3月15日支付余款九万元。在义务②③之间，甲公司为先履行方，乙公司为后履行方，3月10日甲公司发现乙公司濒临破产并致函无力履行合同，所以甲公司具有不安抗辩权，可以中止履行合同，故选项A、D错误。

在义务②③之间，甲公司为先履行方，乙公司为后履行方，甲公司仅加工了900套服装，不符合合同约定，此时作为后履行方的乙公司享有顺序履行抗辩权，可以拒绝相应的请求，但不能拒绝支付任何货款，故选项B错误。

根据《合同法》第108条的规定："当事人一方明确表示或者以自己的行为表明不履行合同义务的，对方可以在履行期限届满之前要求其承担违约责任"，所以选项C正确，当选。

第二十六章　合同的解除

重要法条及司法解释

《合同法》第93～97条。

命题分析

“合同的解除”属于合同法部分极为重要的考点，具有一定的理论深度和命题灵活性，每年必考。

合同的解除包括合同解除的概念、合同解除的条件、合同解除的程序、合同解除的效力等内容，其中合同解除的条件尤其是各种法定解除权的规定，属于考试的重点。此外，合同解除的效力和解除的程序也是较为重要的知识点，在复习时应当注意。

知识点精讲

合同关系成立之后、履行完毕之前，当事人可依法解除合同，从合同约束中摆脱出来。它实际上起着合同救济的功能；兼顾着合同自由与合同正义、效益等不同价值诉求。本制度具有一定的实践性和理论性。

一、合同解除概述

（一）合同解除的概念及类型

合同解除是指合同成立以后，未履行或未完全履行前，经当事人协议，或者当具备合同解除的条件时，由解除权人行使解除权使合同关系自始或向将来消灭的一种行为。

合同解除类型	合同解除内涵
协议解除	指合同成立后，未履行或未完全履行前，当事人协商一致协议解除，使合同关系消灭的合同解除方式。
约定解除	指当事人在合同中约定解除权成立的条件，在合同履行完毕之前约定解除权条件成就的，由解除权人通过行使解除权使合同关系消灭的一种合同解除方式。
法定解除	指在合同成立之后，没有履行或履行完毕之前，当事人一方通过行使法定的解除权而使合同关系消灭的合同解除方式。

（二）相关概念的辨析

协议解除和约定解除	协议解除是以协议直接使合同解除，而约定解除是约定解除权的行使条件而解除合同。

续表

附解除条件的合同解除与约定解除	附解除条件的合同，在所附条件成就后，发生合同自然失效的后果； 约定解除，即在合同中约定一定的解除条件，解除条件成就后，则解除权发生，但合同并不当然失效。

（三）合同解除的效力

合同解除的效力原则上不溯及既往，但可以根据合同性质将履行结果予以回转或补救。非继续性合同的解除可溯及于合同成立之时，继续性合同（如租赁合同、借用合同、雇佣合同等）的解除不具有溯及力。

根据《合同法》第97条规定，合同解除后，尚未履行的，终止履行；已经履行的，根据履行情况和合同性质，当事人可要求恢复原状、采取补救措施，并有权要求赔偿损失。

合同解除不影响合同中结算和清理条款、争议解决条款的效力。

二、法定解除权

（一）一般法定解除条件

1. 因不可抗力致使合同目的不能达到

双方当事人均享有解除权，且对因合同解除产生的损害不承担赔偿责任，但债务人迟延履行期间发生不可抗力导致合同解除的，迟延履行一方应承担损害赔偿责任。

2. 预期违约

在履行期限届满之前，当事人一方明确表示或者以自己的行为表明不履行主要债务，另一方当事人可以解除合同。

3. 迟延履行

（1）履行期限与合同目的的实现不具有密切联系时，当事人一方迟延履行主要债务，经催告后在合理期限内仍未履行，对方当事人有权解除合同。

（2）履行期限与合同目的的实现具有密切联系，当事人一方迟延履行债务致使合同目的不能实现，对方当事人无须经过催告即可行使法定解除权。

4. 根本违约

一方当事人的履行不符合法律的规定或者合同的约定，致使合同目的不能实现（即根本违约）。

5. 不安抗辩

在双务合同的履行中，不安抗辩权人中止履行后，后履行方在合理期限内未能恢复履行能力或提供担保，先履行方可以解除合同（《合同法》第69条）。

6. 情势变更

合同成立以后客观情况发生了当事人在订立合同时无法预见的、非不可抗力造成的不属于商业风险的重大变化，继续履行合同对于一方当事人明显不公平或者不能实现合同目的，当事人请求变更或解除合同的，人民法院应当根据公平原则，并结合案件的实际情况确定是否变更或解除（《最高人民法院关于适用〈中华人民共和国合同法〉若干问题的解释（二）》第26条）。

例 1 某热电厂从某煤矿购煤200吨，约定交货期限为2007年9月30日，付款期限为2007年10月31日。9月底，煤矿交付200吨煤，热电厂经检验发现煤的含硫量远远超过约定标准，根据政府规定不能在该厂区燃烧。基于上述情况，热电厂的哪些主张有法律依据？

D. 解除合同

提示： 本题考查的是一般法定解除条件中的根本违约。《合同法》第94条规定，有下列情形之一的，当事人可以解除合同：……（四）当事人一方迟延履行债务或者有其他违约行为致使不能实现合同目的……因为煤矿提供的煤含硫量远远超过约定标准，根据政府规定此种煤不能在该厂区燃烧，致使热电厂订立购煤合同的目的无法实现，所以热电厂有权解除合同，选项D的说法正确。

（二）特殊法定解除条件

1. 双方均享有法定任意解除权

任意解除权是指不以违约行为、不可抗力等作为成立条件的法定解除权，但解除权人应赔偿因行使任意解除权给对方造成的损失。

（1）委托合同（《合同法》第410条）。

（2）不定期租赁合同，分为三类：

① 6个月以上，当事人未采取书面形式的合同；

② 当事人对租赁期限没有约定或者约定不明的合同；

③ 租赁期间届满，承租人继续使用租赁物，出租人没有提出异议的。

2. 特定一方享有法定任意解除权

（1）加工承揽合同中的定作人（《合同法》第258、268条）。

（2）货运合同中的托运人（货交收货人之前）（《合同法》第308条）。

（3）保管合同中的寄存人；未约定保管期限的保管合同中，保管人也享有任意解除权（《合同法》第376条）。

（4）保险合同中的投保人（《保险法》第15条）。

3. 特殊法定条件的合同解除（特殊违约解除权）

（1）分期付款买卖合同：买受人未支付到期价款的金额达到全部价款的五分之一的，出卖人有权解除合同。

（2）借款合同：借款人未按照约定的借款用途使用借款的，贷款人有权解除合同。

（3）租赁合同：承租人擅自转租的，出租人有权解除合同。

（4）承揽合同：承揽人擅自将承揽的主要工作交由第三人完成的，定作人有权解除合同。

例 2 关于合同解除的表述，下列哪一选项是正确的？

A. 赠与合同的赠与人享有任意解除权

B. 承揽合同的承揽人享有任意解除权

C. 没有约定保管期间的保管合同的保管人享有任意解除权

D. 居间合同的居间人享有任意解除权

提示： 赠与人在赠与财产的权利转移之前，可以撤销赠与，具有救灾、扶贫等社会公益、道德义务性质的赠与合同和经过公证的赠与合同，不得撤销。这是关于赠与人的任意撤销权的规定，与任意解除权不同。此外《合同法》第 195 条规定的是赠与人的法定解除权。在加工承揽合同中享有任意解除权的是定作人而非承揽人。委托合同的双方当事人均享有任意解除权，但合同法并未规定居间合同的居间人享有任意解除权。故选项 C 正确，选项 A、B、D 错误。

三、解除权的行使

（一）协议解除的程序

协议解除需要有效的要约和承诺。在合同解除需经有关部门批准时，有关部门批准解除的日期即为合同解除的日期；在合同解除无须有关部门批准时，双方当事人协商一致之时即为合同解除生效之日。

（二）行使解除权的程序

（1）行使解除权以通知的方式为之，通知到达对方时发生合同解除的效力（解除权是形成权，不需要对方当事人的同意）。

（2）对解除合同有异议的，应当在一定期限内提出。《最高人民法院关于适用〈中华人民共和国合同法〉若干问题的解释（二）》第 24 条规定，当事人对合同解除虽有异议，但在约定的异议期限届满后才提出异议并向人民法院起诉的，人民法院不予支持；当事人没有约定异议期限，在解除合同通知到达之日起 3 个月以后才向人民法院起诉的，人民法院不予支持。

（3）法律规定解除合同应当办理批准、登记等手续的，依法办理批准、登记手续后，才发生合同解除的效果。

（4）解除权的除斥期间

《合同法》第 95 条规定，法律规定或者当事人约定解除权行使期限的，期限届满不行使解除权的，该权利消灭；无此期限的，经对方催告后在合理期限内不行使的，该权利消灭。

> **特殊情形：**（1）房屋租赁合同：承租人非法转租的，出租人应自知道或者应当知道之日起 6 个月内行使解除权。
>
> （2）商品房买卖合同：出卖人迟延交付房屋或者买受人迟延支付购房款的，经催告后在 3 个月内仍未履行的，对方当事人才享有法定解除权；一方享有法定解除权的，对方催告其行使的，应在催告后的 3 个月内行使，对方未催告的，应在解除权发生之日起 1 年内行使。逾期不行使的，解除权消灭。

例 3　甲公司与乙公司签订并购协议：“甲公司以 1 亿元收购乙公司在丙公司中 51% 的股权。若股权过户后，甲公司未支付收购款，则乙公司有权解除并购协议。”后乙公司依约履行，甲公司却分文未付。乙公司向甲公司发送一份经过公证的《通知》：“鉴于你公司严重违约，建议双方终止协议，贵方向我方支付违约金；或者由贵方提出解决方案。”3日后，乙公司又向甲公司发送《通报》：“鉴于你公司严重违约，我方现终止协议，要求你方依约支付违约金。”下列哪一选项是正确的？

A.《通知》送达后，并购协议解除

B.《通报》送达后，并购协议解除

C. 甲公司对乙公司解除并购协议的权利不得提出异议

D. 乙公司不能既要求终止协议，又要求甲公司支付违约金

提示：行使解除权以通知的方式为之，通知到达对方时发生合同解除的效力，本题中，解除的通知是《通报》而非《通知》，故选项A错误，选项B正确。根据《最高人民法院关于适用〈中华人民共和国合同法〉若干问题的解释（二）》第24条规定，当事人对合同解除有异议的，可以在一定期限内提出，故选项C错误。合同因违约被解除，不影响违约责任的承担。故选项D错误。

第二十七章 违约责任

重要法条及司法解释

《合同法》第107～111条。

《消费者权益保护法》第55条。

《食品安全法》第148条。

《侵权责任法》第47条。

《最高人民法院关于审理商品房买卖合同纠纷案件适用法律若干问题的解释》第8～9条。

命题分析

“违约责任”属于合同法部分的重中之重，每年考查分值较多，掌握起来有一定难度。

从考查内容来看，违约责任包括违约责任的构成要件、免责事由、违约行为形态以及继续履行责任、采取补救措施责任、赔偿损失责任和违约金责任等各种承担违约责任的形式等内容，各个知识点之间具有很强的关联性，建议体系性地复习。

知识点精讲

违约责任，从违约方看，是不履行合同义务时应当承担的负担或不利益；从非违约方看，是违约方违约后法律给守约方提供的救济机制。违约责任是民事责任体系中的重要内容，具有一定的综合性、理论性和实践性。

一、违约责任的构成

决定违约责任的构成因素有两个，一是归责原则，二是违约责任的具体形式。违约责任的构成要件一般分为一般构成要件和特殊构成要件。一般构成要件，指违约当事人承担任何违约责任都必须具备的要件。特殊构成要件，指各种具体的违约责任形式所要求的责任构成要件。

（一）违约责任的一般构成要件

违约责任的一般构成要件有二：①具有违约行为；②不存在法定或者约定的免责事由（实际上只有一个实质要件：违约行为）。

（二）违约责任的特殊构成要件

违约责任的特殊构成要件，指承担具体的违约责任时，结合归责原则和责任承担方式，在一般构成要件之外，还需要具备的其他条件。简要说明如下：

（1）采用过错归责原则的，要求违约方具有过错。

（2）实际履行要求继续履行可能或者可行。

（3）损害赔偿要求另外两个构成要件：①受有损失；②违约行为与损失之间具有因果关系。

（三）违约责任的归责原则

1. 原则：根据《合同法》第107条规定，违约责任采严格的无过错归责原则。法定的免责事由只有不可抗力。无约定时，债务人因为意外事件不履行合同义务的，不能免责。

2. 例外：对于法律明文规定的某类合同，或者法律规定的某类特定违约行为，若属于违反合同履行中的附随义务或成立加害给付，则依照过错归责原则处理。

（1）赠与合同：因赠与人故意或者重大过失致使赠与的财产毁损、灭失的，赠与人应当承担损害赔偿责任（《合同法》第189条，由于赠与人的反悔权存在，这一条无实际意义）。

（2）租赁合同：承租人应当妥善保管租赁物，因保管不善造成租赁物毁损、灭失的，应当承担损害赔偿责任（《合同法》第222条，严格而言，保管义务，并非约定义务，属于诚信附随义务）。

3. 加工承揽合同：承揽人应当妥善保管定作人提供的材料以及完成的工作成果，因保管不善造成毁损、灭失的，应当承担损害赔偿责任（《合同法》第265条，违反诚信附随义务而产生的责任）。

4. 客运合同：在运输过程中旅客自带物品毁损、灭失，承运人有过错的，应当承担损害赔偿责任（《合同法》第303条第1款，实际上属于加害给付的侵权责任）。

5. 多式联运合同：因托运人托运货物时的过错造成多式联运经营人损失的，即使托运人已经转让多式联运单据，托运人仍然应当承担损害赔偿责任（《合同法》第320条，加害给付）。

6. 保管合同：保管期间，因保管人保管不善造成保管物毁损、灭失的，保管人应当承担损害赔偿责任，但保管是无偿的，保管人证明自己没有重大过失的，不承担损害赔偿责任（《合同法》第374条、第394条，可解释为加害给付的侵权责任）。

7. 委托合同：有偿的委托合同，因受托人的过错给委托人造成损失的，委托人可以要求赔偿损失。无偿的委托合同，因受托人的故意或者重大过失给委托人造成损失的，委托人可以要求赔偿损失（《合同法》第406条，解释同上）。

二、实际履行（继续履行）

继续履行又称“实际履行”，是指债务人违反合同义务时，应当依照另一方的请求依据合同的规定继续履行其承担的合同义务。继续履行是与合同解除完全对立的救济方式，如果选择解除合同，债权人则无法享有继续履行的权利（《合同法》第109条、第110条）。

继续履行是一种相当重要的违约救济措施，它既可以适用于不履行合同义务的违约行为，如拒绝履行、迟延履行等，又可使用与履行合同义务不符合约定的违约行为，如不完全履行或瑕疵履行。具体适用范围如下：

（一）金钱债务的实际履行

根据《合同法》第109条的规定，请求债务人对金钱债务（支付价款或者报酬）承担实际履行的违约责任，具有一定的实用性、可行性。由于“金钱债务不发生履行不能”，只要债务人未履行支付金钱的义务，债权人就有请求其实际履行。

（二）非金钱债务的实际履行

根据《合同法》第110条规定，符合下列三种情形之一的非金钱债务，不能要求违约方实际履行：

（1）法律上或者事实上不能履行的。例如：债务人破产；诉讼时效期间届满；作为合同的特定的标的物毁损灭失的。

（2）债务标的不适于强制履行或者履行费用过高的。例如：劳务合同（演出合同等）。

（3）债权人在合理的期间内未要求履行。此时推定债权人放弃实际履行的请求。

注意：（1）实际履行可以与违约金、定金、损害赔偿责任并用，但不能与解除合同并用。

（2）实际履行可以与价格制裁并用。合同的标的物的价款应当执行政府定价的，实际履行时恰遇政府调整定价，可以适用《合同法》第63条规定的价格制裁。

例1　甲公司与乙公司签订了一份手机买卖合同，约定：甲公司供给乙公司某型号手机1000部，每部单价1000元，乙公司支付定金30万元，任何一方违约应向对方支付合同总价款30%的违约金。合同签订后，乙公司向甲公司支付了30万元定金，并将该批手机转售给丙公司，每部单价1100元，指明由甲公司直接交付给丙公司。关于甲公司违约时继续履行债务，下列表述错误的是：

A. 乙公司在请求甲公司支付违约金以后，就不能请求其继续履行债务

B. 乙公司在请求甲公司支付违约金的同时，还可请求其继续履行债务

C. 乙公司在请求甲公司继续履行债务以后，就不能请求其支付违约金

D. 乙公司可选择请求甲公司支付违约金，或请求其继续履行债务

提示：本题就是考查违约金和继续履行债务的适用关系。根据《合同法》第114条第3款的规定，当事人就迟延履行约定违约金的，违约方支付违约金后，还应当履行债务。也就是说，违约金支付和继续履行债务并不是非此即彼的关系，乙公司在请求甲公司支付违约金的同时，还可请求其继续履行债务。故选项B正确，选项A、C错误。选项A、C是应选项。此外，该条款是给违约方设定的法律责任，不能择一承担。而对违约受害方而言，该条款是给予其救济权利，基于民事权利的可处分性，当然可以选择行使，是故同时请求违约金和继续履行，与在违约金和继续履行之间择一行使之间并不存在矛盾，故选项B和选项D是能够相容的。

三、赔偿损失责任

损失赔偿也称“损害赔偿”，指违约方对受害人因违约遭受的损失以金钱进行的补偿。在违约责任体系当中，损失赔偿是一种具有普遍适用性的救济权，它几乎可适用于各种不可免责的违约。

（一）损害赔偿的构成要件

损害赔偿的构成要件主要有三种：一是需发生违约行为；二是须因违约遭受损失；三是违约方或有过错。损失赔偿责任是否具备违约方的过错，应依据违反合同义务的性质而定。

（二）损害赔偿类型

1. 填补性损害赔偿

（1）完全赔偿原则。根据《合同法》第113条第1款的规定，违约方承担填补性损害赔偿的范围包括实际损失和可得利益的损失两个部分。①实际损失，指因违约行为遭受的财产损害和人身损害，不包括精神损害赔偿。②可得利益损失，主要是指利润的损失。

（2）填补性损害赔偿的限制（损害赔偿的范围）：

①可预见性规则。根据《合同法》113条的规定，损害赔偿的数额不得超过“违反合同一方”在“订立合同时”能够预见到或者应当预见到的因违反合同可能造成的损失。

②减损规则。根据《合同法》第119条的规定，当事人一方违约后，对方没有采取适当防范措施致使损失扩大的，不能就扩大的损失要求赔偿。

③与有过失规则。《合同法》第120条的规定，当事人双方都违反合同的，应当各自承担相应责任的规定。《最高人民法院关于审理买卖合同纠纷案件适用法律问题的解释》第30条规定：“买卖合同当事人一方违反合同造成对方损失。对方对损失的发生也有过错的，违约方主张扣减相应的损失赔偿额的，人民法院应予支持。”

④损益相抵规则。如果违约行为在给对方造成损失的同时，还给对方带来了收益或者给对方减少了费用的支出，则在计算损害赔偿的数额时应当减去该收益或者节约的费用。

2. 惩罚性损害赔偿

惩罚性损害赔偿，是指在弥补实际损失之外，根据法律规定，当事人另行主张的赔偿责任。惩罚性损害赔偿限于法律明文规定的情形，且均要求特别的构成要件。我国明文规定的惩罚性损害赔偿越来越多，将逐渐成为法律职业资格考试的重点。

（1）《消费者权益保护法》第55条第1款规定了欺诈经营的惩罚性赔偿。经营者提供商品或者服务有欺诈行为的，应当按照消费者的要求增加赔偿其受到的损失，增加赔偿的金额为消费者购买商品的价款或者接受服务的费用的三倍；增加赔偿的金额不足500元的，为500元。法律另有规定的，依照其规定。

（2）《消费者权益保护法》第55条第2款规定了缺陷产品的惩罚性赔偿。经营者明知商品或者服务存在缺陷，仍然向消费者提供，造成消费者或者其他受害人死亡或者健康严重损害的，受害人有权要求所受损失二倍以下的惩罚性赔偿。

（3）《食品安全法》第148条第2款规定了违反食品安全标准的惩罚性赔偿。生产不符合食品安全标准的食品或者经营明知是不符合食品安全标准的食品，消费者可以向生产者或者经营者要求支付价款十倍或者损失三倍的赔偿金；增加赔偿的金额不足1000元的，为1000元。

（4）《侵权责任法》第47条规定了生产、销售缺陷产品的惩罚性赔偿。明知产品存在缺陷仍然生产销售的，造成他人死亡或者健康严重损害的，被侵权人有权请求相应的惩罚性赔偿。

（5）《最高人民法院关于审理商品房买卖合同纠纷案件适用法律若干问题的解释》第8条、第9条也规定了欺诈经营的惩罚性赔偿。

《最高人民法院关于审理商品房买卖合同纠纷案件适用法律若干问题的解释》第8条	具有下列情形之一的，导致商品房买卖合同目的不能实现的，无法取得房屋的买受人可以请求解除合同、返还已付购房款及利息、赔偿损失，并可以请求出卖人承担不超过已付购房款一倍的赔偿责任： a. 商品房买卖合同订立后，出卖人未告知买受人又将该房屋抵押给第三人； b. 商品房买卖合同订立后，出卖人又将该房屋出卖给第三人。
《最高人民法院关于审理商品房买卖合同纠纷案件适用法律若干问题的解释》第9条	出卖人订立商品房买卖合同时，具有下列情形之一，导致合同无效或者被撤销、解除的，买受人可以请求返还已付购房款及利息、赔偿损失，并可以请求出卖人承担不超过已付购房款一倍的赔偿责任： a. 故意隐瞒没有取得商品房预售许可证明的事实或者提供虚假商品房预售许可证明； b. 故意隐瞒所售房屋已经抵押的事实； c. 故意隐瞒所售房屋已经出卖给第三人或者为拆迁补偿安置房屋的事实。

四、违约金与定金责任

（一）违约金责任

违约金，指违约方依据当事人的事先约定于违约发生时向对方支付的一定数额的金钱。

违约金的主要功能：免除受害方的损失举证责任；担保债权的实现。

1. 违约金的类型

（1）惩罚性违约金：合同当事人约定，若债务人违约，在支付违约金后，其他违约责任的承担不受影响。换言之，惩罚性违约金可以与任何其他违约责任形式并用，但是需要明确说明，若无明示则应默认为补偿性违约金。

（2）补偿性违约金：系违约损害赔偿的代替，因此，不能与定金、违约损害赔偿并用，且相对于违约损害赔偿具有适用上的优先性。

2. 违约金的调整

（1）违约金的调高：违约金过分低于实际的损失的，债权人可以请求法院或者仲裁机构予以增加。但是增加后的违约金以不超过实际损失额为限（《最高人民法院关于适用〈中华人民共和国合同法〉若干问题的解释（二）第28条）。

（2）违约金的调低：违约金过分高于实际损失的，债务人可以请求法院或者仲裁机构适当减少。一般认为，违约金高于实际损失的30%，可认定为过高。

（二）定金责任

定金，是合同当事人约定一方在合同订立时或者合同履行前预付给对方的一定数量的金钱。定金作为 种违约责任形式，主要体现在法律关于“定金罚则”的规定上，即根据《合同法》第115条第3句的规定：“给付定金的一方不履行约定的债务的，无权要求返还定金；收受定金的一方不履行约定的债务的，应当双倍返还定金。”

1. 违约定金

违约定金，指以定金作为违约的赔偿金。在具体的适用《合同法》第115条第3句时须注意：因当事人一方迟延履行或者其他违约行为，致使合同目的不能实现，可以适用定金罚则。但是法律另有规定或者当事人另有约定的除外。当事人一方不完全履行合同的，应当按照未履行部分所占合同约定的比例，适用定金罚则。因不可抗力而不能履行债务的，不适用定金罚则。

2. 定金与违约金的关系

我国法律中的定金兼具证约定金和违约定金的双重功能。另外在《最高人民法院关于适用〈中华人民共和国担保法〉若干问题的解释》中，还明确承认了立约定金（第115条）、成约定金（第116条）和解约定金（第117条）。

当事人既约定违约金，又约定定金的，一方违约时，对方可以选择适用违约金或者定金条款，违约金和定金不能同时主张。

但是笔者认为，《合同法》第116条将违约金与定金立于二者择一的关系，并没有充分考虑定金类型及其规范目的的复杂多样性，简单化一，殊有不当。两者关系如下：

类型	关系	理由
惩罚性违约定金与违约金	可以并用	惩罚性违约定金因其本身作为对违约的惩罚，对违约责任不产生任何影响，故可以并用
赔偿性违约定金与违约金	不可并用	赔偿性违约定金其本身可以理解为对损害赔偿额的预定，它同样相当于损害赔偿额预定的违约金，规范目的相同，自然不应当并用。

例2 甲公司与乙公司签订了一份手机买卖合同，约定：甲公司供给乙公司某型号手机1000部，每部单价1000元，乙公司支付定金30万元，任何一方违约应向对方支付合同总价款30%的违约金。合同签订后，乙公司向甲公司支付了30万元定金，并将该批手机转售给丙公司，每部单价1100元，指明由甲公司直接交付给丙公司。但甲公司未按约定期间交货。关于返还定金和支付违约金，乙公司向甲公司提出请求，下列表述正确的是：

A. 请求甲公司双倍返还定金60万元并支付违约金30万元

B. 请求甲公司双倍返还定金40万元并支付违约金30万元

C. 请求甲公司双倍返还定金60万元或者支付违约金30万元

D. 请求甲公司双倍返还定金40万元或者支付违约金30万元

提示：本题考查的是定金和违约金的适用关系、定金的限制。根据《合同法》第116条的规定，当事人既约定违约金，又约定定金的，一方违约时，对方可以选择适用违约金或者定金条款。也就是说，定金罚则和违约金只能选择适用，而不能合并适用。故选项A、B错误，不是应选项。另根据《合同法》第115条的规定，收受定金的一方不履行约定的债务的，应当双倍返还定金。但是由《担保法》第91条和《最高人民法院关于适用〈中华人民共和国担保法〉若干问题的解释》第121条关于定金数额限制的规定可知，定金的数额由当事人约定，但不得超过主合同标的额的20%。约定数额超过的，超过部分不予支持。在本题中，约定的定金是30万元，主合同标的额的20%是20万元，所以20万元的定金有效，适用定金罚则的后果是甲公司双倍返还定金40万元。故选项C错误，选项D正确。选项D是应选项。

第二十八章　买卖合同

重要法条及司法解释

《合同法》第 142 ~ 149 条。

《最高人民法院关于审理买卖合同纠纷案件适用法律问题的解释》第 11 ~ 14 条。

《最高人民法院关于审理商品房买卖合同纠纷案件适用法律若干问题的解释》第 3 条。

命题分析

买卖合同作为合同法分论中最典型的有名合同，属于每年必考的知识点。本身内容较为琐碎，但理论性不强，难度相对不是很大。

从考查内容来看，买卖合同包括买卖合同的概念和特征、买卖合同的成立及效力、标的物的交付和所有权转移、标的物风险负担和孳息归属、标的物检验、所有权保留、特种买卖合同、商品房买卖合同等内容，其中所有权转移、标的物风险负担、所有权保留、特种买卖合同和商品房买卖合同属于较为重要的知识点，在复习时应当特别注意。

知识点精讲

一、买卖合同概述

（一）概念

出卖人交付标的物并转移所有权于买受人，买受人受领标的物并支付价款的合同。

（二）特征

1. 出卖人须转移标的物所有权于买受人，即发生所有权的得丧变更。
2. 买受人须向出卖人支付价款。
3. 双务、有偿。
4. 诺成。
5. 不要式。

（三）买卖合同的效力

合同一经成立，出卖人负有按照约定的时间、地点、数量、质量、包装方式交付标的物的义务；买受人负有受领标的物、支付价款、检验并通知的义务。

（四）合同内容的补充规则

合同生效后，当事人就质量、价款或者报酬、履行地点等内容没有约定或者约定不明的，可以协议补充；不能达成补充协议的，按照合同的有关条款或者交易习惯确定（合同法第 61 条）。仍不能确定的，适用下列规则：

买卖合同内容不明确的补充规则

1	履行期限不明	随时履行，但买受人应当给予出卖人必要的准备时间，提前交付应取得买受人同意；
2	履行地点不明	（1）交付不动产的，在不动产所在地； （2）交付动产的，在出卖人所在地； （3）需要运输的，货交第一承运人； （4）不需要运输的，双方订立合同时知道标的物所在地，在该地点交付；不知道的，在出卖人订立合同时的营业地交付。
3	包装方式不明	按照通用方式；没有通用方式的，采取足以保护标的物的包装方式。
4	质量要求不明	依次按照国家标准、行业标准——通常标准、特定标准予以执行。
5	价款报酬不明	（1）支付数额约定不明，按照订立合同时履行地的市场价； （2）支付地点不明，在出卖人营业地付款。但约定“交货付款”的，在交付标的物或者交付提取标的物单证的所在地付款； （3）支付时间不明，在收货时付款。

二、多重买卖

（一）多重买卖的含义

多重买卖是指出卖人以同一标的物（动产或不动产）先后与多位买受人之间分别订立买卖合同的行为。多重买卖涉及两个问题：一是出卖人与买受人之间签订的买卖合同的效力；二是标的物所有权的最终归属问题。

多重买卖常涉及“一物数卖”的问题，但并非所有的“一物数卖”都是多重买卖，例如甲将一辆汽车出卖给乙，交付后并办理了登记，后甲又将该汽车出卖给丙。甲的行为属于“一物数卖”，但是其将汽车出卖给乙并办理登记后，乙已取得汽车所有权并可以对抗善意第三人，后甲将汽车出卖给丙属于无权处分，而多重买卖是各买受人均未取得标的物所有权，故该“一物数卖”不属于多重买卖。反言之，多重买卖中，出卖人属于有权处分。

（二）多重买卖的合同效力及违约责任

一般情况下，出卖人就同一标的物订立多重买卖合同的，多个买卖合同均有效。该类合同不因买受人知情而构成恶意串通损害其他买受人利益而无效；也不会因为出卖人构成无权处分而无效。若合同均不具有合同法第五十二条规定的无效情形的，买受人因不能按照合同约定取得标的物所有权，请求追究出卖人违约责任的，人民法院应当予以支持（《最高人民法院关于适用〈中华人民共和国合同法〉若干问题的解释（二）第 15 条）。

（三）多重买卖的实际履行规则

多重买卖中，在买卖合同均有效的情况下，买受人均要求实际履行合同的，应当按照标的物不同类型分别处理。

1. 对于不动产的多重买卖，先开始办理过户登记手续的，先取得不动产的所有权（实际上是听凭出卖人的选择）。

2. 普通动产多重买卖的处理规则：

（1）标的物已经交付的，所有权归受领交付的买受人，其他买受人对出卖人无实际履行请求权，只能主张其他救济方式（如解除合同，请求损害赔偿）；

（2）标的物尚未交付的，仅先支付价款的买受人有权请求出卖人交付，其他买受人无实际履行请求权，只能主张其他救济方式；

（3）既未交付标的物也未支付价款的，仅买卖合同成立在先的买受人有权请求出卖人实际履行，其他买受人无实际履行请求权，只能主张其他救济方式。

3. 特殊动产多重买卖的处理规则。出卖人就同一船舶、航空器、机动车等特殊动产订立多重买卖合同，在买卖合同均有效的情况下，买受人均要求实际履行合同的，应当按照以下情形分别处理：

（1）标的物已经交付的，所有权归受领交付的买受人，其他买受人对出卖人无实际履行请求权，只能主张其他救济方式（如解除合同，请求损害赔偿）；

（2）标的物尚未交付但已办理登记的，所有权归已办理登记手续的买受人，其他买受人无实际履行请求权，只能主张其他救济方式；

（3）既未交付标的物也未办理登记的，仅买卖合同成立在先的买受人有权请求出卖人实际履行，其他买受人无实际履行请求权，只能主张其他救济方式。

（4）出卖人将标的物交付给买受人之一，又为其他买受人办理所有权转移登记的，已受领交付的买受人有权请求法院将标的物所有权登记在自己名下（即享有变更登记请求权）。

三、标的物的瑕疵担保责任

（一）概念

出卖人应确保所交付的标的物具有应有的价值、效用或品质，并且担保其权利完整无负担，否则应承担相应的违约责任。类型包括：物的瑕疵担保责任和权利的瑕疵担保责任。

（二）性质

1. 单方责任，为买受人利益的实现而由出卖人一方承担。

2. 违约责任，出卖人交付的标的物不符合质量要求的，应承担违约责任。

3. 无过错责任，违约责任坚持严格责任原则。

4. 公平责任，基于买卖合同的有偿性，体现公平交易。

（三）物的瑕疵担保

1. 概念

出卖人担保其所交付的标的物符合买卖合同的约定或者法律规定的品质、价值和效用。

2. 构成要件

（1）出卖人交付的标的物不符合质量要求。

（2）标的物瑕疵在风险转移于买受人时已经存在。

（3）买受人及时履行检验义务，并适时履行瑕疵通知义务。

（4）买受人善意且无重大过失（最高人民法院关于审理买卖合同纠纷案件适用法律问题的解释》第33条）。

（5）当事人没有约定免除瑕疵担保责任，但出卖人故意或者重大过失隐瞒瑕疵者的除外。

3. 效力

（1）承担违约责任。

（2）瑕疵导致合同目的不能实现的，买受人可以拒绝受领或者解除合同，并可主张违约赔偿。

（3）质量瑕疵若构成加害给付，出卖人应承担侵权责任，形成责任竞合。

（四）权利瑕疵担保

1. 概念

出卖人就交付的标的物负有保证第三人不得向买受人主张任何权利的义务。

2. 权利瑕疵类型

（1）标的物所有权全部或者部分归属于第三人。

（2）标的物存在第三人的合法权利负担，如担保物权。

（3）标的物存在知识产权负担。

3. 构成要件

（1）权利瑕疵在买卖合同订立时已经存在。

（2）履行时未能消除。

（3）买受人善意，即订立合同时不知道或者不应当知道存在权利瑕疵。

（4）当事人没有约定免除权利瑕疵担保责任。

（5）除外情形：第三人主张相邻权的，不构成标的物的权利瑕疵。

4. 效力

（1）买受人有确切证据证明第三人可能就标的物主张权利的，可中止付款，但出卖人提供担保时除外。

（2）买受人可以主张违约金、实际履行、损害赔偿、解除合同等。

四、标的物的风险负担

（一）概念

标的物的风险是指买卖合同成立后、履行完毕前，因不可归责于当事人的事由而导致标的物毁损灭失造成的损失。

（二）风险负担的一般规则

1. 概述

风险负担的一般规则是交付主义，即标的物毁损灭失的风险，在标的物交付前由出卖人承担，在交付后由买受人承担，法定或约定的除外（《合同法》第142条）。这里的“交付”包括现实交付、简易交付、指示交付和占有改定。

2. “交付”的具体情形与风险负担

货交第一承运人	（1）没有约定交付地点或者约定不明确； （2）标的物需要运输，由出卖人办理托运； （3）货交第一承运人之后，风险转移给买受人承担。

续表

指定地点的承运	（1）合同约定交付地点； （2）标的物需要运输，由出卖人办理托运； （3）货物运到指定地点时，风险由买受人承担。
提存视为交付	债务人依法提存标的物后，提存物毁损、灭失的风险由债权人承担。

（三）风险负担的特殊规则

标的物未交付，风险已转移	（1）在途货物买卖，自买卖合同成立时起，风险已转移给买受人承担，但出卖人在订立合同时知道或者应当知道标的物已毁损、灭失而未告知的除外； （2）买受人过错，包括延迟受领和延迟提货，因买受人的原因致使标的物不能按照约定交付的，买受人承担毁损、灭失的风险。
标的物已交付，风险未转移	出卖人根本违约或标的物不符合要求，致使合同的目的不能实现的，买受人有权拒绝接受标的物或解除合同，此时标的物毁损、灭失的风险由出卖人承担。

（四）两点注意事项

1. 买卖标的物在特定化之前，毁损、灭失的风险一律由出卖人承担。适用风险转移规则的标的物必须是特定物；

2. 风险负担与所有权的转移并没有必然联系。不动产买卖中，虽办理了过户登记，但房屋没有交付，风险就不转移；动产所有权保留买卖也是如此。

五、所有权保留的买卖合同

（一）概述

指附有保留所有权条款的买卖，即出卖人依特约将标的物交付给买受人占有，但仍然保留该标的物的所有权，待买受人支付价款或完成特定条件时，标的物所有权才发生转移的买卖。

1. 物权法定的例外

《物权法》第23条规定，动产物权的设立和建立，自交付时发生效力，但法律另有规定的除外。动产所有权保留买卖中的物权变动即属例外规定。

2. 适用范围

限于动产。《最高人民法院关于审理买卖合同纠纷案件适用法律问题的解释》第34条规定，买卖合同当事人主张《合同法》第134条关于标的物所有权保留的规定适用于不动产的，人民法院不予支持。

3. 性质

（1）非典型担保。

（2）所有权转移的附停止条件。

4. 风险负担

标的物占有发生转移，标的物毁损、灭失的风险应当由买受人承担。

（二）所有权保留买卖的效力

效力机制	构成条件
买受人的期待权，即买受人对所有权的期待利益。	出卖人的主给付义务尚未完成； 出卖人应承担瑕疵担保责任； 出卖人侵害、处分标的物的责任，出卖人仍享有处分权。
出卖人的取回权，即出卖人在买受人未完成约定条件或出现法定情形时，从买受人处取回出卖物的权利。	（1）有下列条件之一即可（《最高人民法院关于审理买卖合同纠纷案件适用法律问题的解释》第35条）： ①买受人未按约定支付价款的； ②买受人未按约定完成特定条件的； ③买受人将标的物出卖、出质或者作出其他不当处分的； ④取回的标的物价值显著减少，出卖人有权要求买受人赔偿损失。 （2）对取回权的限制（《最高人民法院关于审理买卖合同纠纷案件适用法律问题的解释》第36条）： ①买受人已经支付标的物总价款的75%以上； ②第三人善意取得。
买受人的回赎权	出卖人取回标的物后，买受人在双方约定的或者出卖人指定的回赎期间内，消除出卖人取回标的物的事由，可主张赎回标的物。
出卖人再卖权	买受人在回赎期间内没有回赎标的物的，出卖人可另行出卖标的物。

例1 甲将一辆汽车出卖给乙，约定价款30万元。乙先付了20万元，余款在6个月内分期支付。在分期付款期间，甲先将汽车交付给乙，但明确约定付清全款后甲才将汽车的所以权转移给乙。嗣后，甲又将该汽车乙20万元的价格卖给不知情的丙，并以指示交付的方式完成交付。下列哪一说法是正确的？

B. 在乙分期付款期间，汽车虽然已经交给乙，但甲保留了汽车的所以权，故乙不能取得汽车的所有权

C. 丙对甲、乙之间的交易不知情，可以根据善意取得制度取得汽车所有权

D. 丙不能依甲的指示交付取得汽车所有权

提示：保留所有权买卖中，在所附条件成就前，所有权仍归出卖人。甲是出卖人，享有所有权，有权处分自己的物权，当然可以把汽车卖给丙，是有权处分，不存在善意取得的问题，根据《物权法》第26条的规定，丙能依甲的指示交付取得汽车所有权。

六、特种买卖合同

（一）分期付款买卖

1. 概念

分期付款买卖是指买受人将应付的总价款在一定期间内至少分三次向出卖人支付的买卖。

2. 出卖人的权利

买受人未支付的到期价款的金额达到全部价款的五分之一以上的，出卖人有权择一行使下列权利：

（1）要求买受人支付剩余的全部价款；

（2）行使法定解除权解除合同；

（3）要求买受人支付标的物的使用费。当事人对标的物的使用费没有约定的，人民法院可以参照当地同类标的物的租金标准确定（《最高人民法院关于审理买卖合同纠纷案件适

用法律问题的解释》第 39 条第 2 款）。

3. 买受人的保护

对买受人期待利益之保护。《合同法》第 167 条规定的“五分之一以上”这一比例，系强制性规范，当事人的约定违反该比例，损害买受人利益的，该约定无效（《最高人民法院关于审理买卖合同纠纷案件适用法律问题的解释》第 38 条第 2 款）。

例 2 曾某购买某汽车销售公司的轿车一辆，总价款 20 万元，约定分 10 次付清，每次两万元，每月的第一天支付。曾某按期支付六次共计 12 万元后，因该款汽车大幅降价，曾某遂停止付款。下列哪些表述是正确的？

1. 汽车销售公司有权要求曾某一次性付清余下的八万元价款
2. 汽车销售公司有权通知曾某解除合同
3. 汽车销售公司有权收回汽车，并且收取曾某的汽车使用费
4. 汽车销售公司有权收回汽车，但不退还曾某已经支付的 12 万元价款

提示：《合同法》第 167 条第 1 款规定，分期付款的买受人未支付到期价款的金额达到全部价款的五分之一的，出卖人可以要求买受人支付全部价款或者解除合同，本案中，曾某未支付的到期价款为 8 万元，超过全部价款的五分之一，所以汽车销售公司可以要求其支付剩余的价款或者解除合同。第 2 款规定，出卖人解除合同的，可以向买受人要求支付该标的物的使用费，所以汽车销售公司可以收回汽车，并要求曾某支付一定的使用费，但应当归还曾某已经支付的 12 万元价款。

（二）试用买卖

1. 概念

试用买卖是指当事人约定由出卖人交付标的物、买受人试用或检验标的物，并以买受人认可标的物为合同生效要件的买卖。

2. 试用期间

约定不明的，由出卖人确定

3. 性质

附生效条件的合同。认可权或者拒绝权为形成权。具体内容包括以下几点（《最高人民法院关于审理买卖合同纠纷案件适用法律问题的解释》第 42 条）：

（1）约定标的物经过试用或者检验符合一定要求时，买受人应当购买标的物；

（2）约定第三人经试验对标的物认可时，买受人应当购买标的物；

（3）约定买受人在一定期间内可以调换标的物；

（4）约定买受人在一定期间内可以退还标的物。

4. 认可权的行使

（1）明示方式：试用期间，买受人没有对质量提出异议的，不能认定为认可；

（2）作为的默示方式：试用期间，买受人支付部分或全部价款，或者将标的物用于试用以外的用途时，视为购买；

（3）不作为的默示方式：试用期届满，买受人对是否购买未作表示的，视为购买；

（4）拒绝权必须通过明示的方式或者作为的默示，如退还标的物的行为。

5. 效力

（1）买受人拒绝认可的，买卖合同确定不发生履行效力，买受人应当返还标的物；

（2）买受人拒绝购买时，出卖人无权要求支付使用费。

6. 风险负担问题

区分两个阶段：

（1）“试用”阶段，原则上依照“所有权主义”：标的物意外毁损、灭失的，没有约定或无特殊交易习惯的，由标的物所有权人负担损失；

（2）“买卖”阶段，仍采取“交付主义”：因试用人的“认可行为”视为购买时起，风险由买受人承担。

（三）凭样品买卖

1. 概念

凭样品买卖是指出卖人交付的标的物须与当事人选定的样品及其说明的质量具有同一品质的买卖。其中，出卖人与买受人按照约定封存的样品及关于样品的质量说明，均系出卖人交付的标的物的质量标准。若出卖人交付的标的物与封存的样品及其文字说明不符，出卖人应当承担违约责任。

2. 若封存的样品与样品的文字说明不一致的，当事人又不能就质量标准达成一致意见的，分两种情况处理（《最高人民法院关于审理买卖合同纠纷案件适用法律问题的解释》第40条）

（1）样品封存后外观和内在品质没有发生变化的，以样品为准。

（2）样品封存后外观和内在品质发生变化的，或者当事人对是否发生变化有争议而又无法查明的，以文字说明为准。

（四）商品房买卖

1. 相关概念

商品房买卖合同是指房地产开发企业将尚未建成或已竣工的房屋向社会公众销售并转移房屋所有权于买受人，买受人支付价款的合同。其具体包括预售合同和正式合同。

2. 风险负担

采“交付主义”，即商品房交付之前由出卖人负担风险，交付之后由买受人负担。但买受人接到书面交房通知无正当理由拒绝接收房屋的，自该交房通知确定的交付使用之日起，风险由买受人承担。

3. 容纳规则

（1）商品房的销售广告和宣传资料为要约邀请。

（2）但具体、确定并对合同的订立以及房屋的价格有重大影响的，视为要约，该说明和允诺即使未载入商品房买卖合同，亦应视为合同内容。

4. 合同无效的认定

（1）出卖人未取得商品房预售许可证明而订立的预售合同，无效。但在起诉前取得预售许可证明的，可以认定有效（《最高人民法院审理商品房买卖合同纠纷案件适用法律若干问题的解释》第2条）。

（2）出卖人与第三人恶意串通订立合同，买受人可主张该合同无效（《最高人民法院关于审理商品房买卖合同纠纷案件适用法律若干问题的解释》第 10 条）。

（3）双方约定以办理商品房预售合同登记备案手续为合同生效要件的，从其约定，但一方已经履行主要义务、对方接受的除外（《最高人民法院关于审理商品房买卖合同纠纷案件适用法律若干问题的解释》第 6 条）。

5. 法定解除权成立要件

（1）房屋主体结构不合格；

（2）质量问题严重影响正常居住适用；

（3）建筑面积误差超出 3%；

（4）延迟交房或延迟付款，经催告后 3 个月内仍未履行；

（5）因出卖人的原因导致买受人无法办理房屋所有权登记。

6. 违约责任

由于出卖人的原因，买受人在下列期限届满未能取得房屋权属证书的，除当事人有特殊约定外，出卖人应当承担违约责任：

（1）商品房买卖合同约定的办理房屋所有权登记的期限；

（2）商品房买卖合同的标的物为尚未建成房屋的，自房屋交付使用之日起 90 日；

（3）商品房买卖合同的标的物为已竣工房屋的，自合同订立之日起 90 日。

7. 惩罚性赔偿

开发商的欺诈行为导致合同无效或者被撤销、解除的，承担不超过已付购房款一倍的赔偿责任（《消费者权益保护法》第 49 条、《最高人民法院关于审理商品房买卖合同纠纷案件适用法律若干问题的解释》第 9 条）：

（1）先出卖后抵押，未告知买受人；

（2）一房二卖，导致合同目的不能实现；

（3）隐瞒或提供虚假商品房预售许可证；

（4）隐瞒已经抵押的事实；

（5）隐瞒房屋为拆迁安置补偿房的事实。

例 3　某房地产开发公司埃销售中被查出大量欺诈消费者的事实。下列哪些情形中，买受人可以请求该公司返还已付购房款及利息、赔偿损失，并可以请求该公司承担不超过已付购房款一倍的赔偿责任？

A. 该公司故意隐瞒没有取得商品房预售许可证明的事实

B. 该公司故意隐瞒所售房屋已经抵押的事实

C. 该公司故意隐瞒所售房屋已经出卖给第三人的事实

D. 该公司故意隐瞒所售房屋存在严重的质量问题的事实

提示：《最高人民法院关于审理商品房买卖合同纠纷案件适用法律若干问题的解释》第 9 条规定，出卖人订立商品房买卖合同时，具有下列情形之一，导致合同无效或者被撤销、解除的，买受人可以请求返还已付购房款及利息、赔偿损失，并可以请求出卖人承担不超过已付购房款一倍的赔偿责任：①故意隐瞒没有取得商品房预售许可证明的事实或者提供虚假商品房预售许可证明；②故意隐瞒所售房屋已经抵押的事实；③故意隐瞒所售房屋已经出卖给第三人或者为拆迁补偿安置房屋的事实。

第二十九章　赠与合同

重要法条及司法解释

《合同法》第 85 ~ 95 条。

命题分析

赠与合同主要涉及 3 个考点，分别是“赠与合同的特征、效力”“赠与合同的终止事由”以及“附义务赠与合同的责任承担问题”。考点难度不大，以往考查不多。

从考查内容和命题角度来看，赠与合同的终止事由是考查的重点，考生需要注意。

知识点精讲

一、赠与合同的概念及效力

（一）概念

所谓“赠与合同”，是指赠与人将自己的财产无偿给予受赠人，受赠人表示接受赠与的合同。赠与的财产可以是物也可以是财产性利益。赠与合同是单务、无偿、诺成、不要式合同。

（二）效力

赠与人的义务：

（1）交付赠与财产并转移其权利。赠与人需要依照约定的期限、地点、方式等将赠与物移交给受赠与人并转移其权利。

（2）瑕疵担保义务。赠与的财产有瑕疵的，赠与人不承担责任。但在附义务的赠与中，赠与的财产有瑕疵的，赠与人在附义务的限度内承担与出卖人相同的责任。赠与人故意不告知瑕疵或者保证无瑕疵，造成受赠人损失的，应当承担损害赔偿责任（解释上属于“加害给付”责任）。

二、赠与合同的终止事由

<table>
<tr><td rowspan="2">赠与合同的撤销</td><td rowspan="2">任意撤销</td><td>一般来说，赠与人在赠与财产的权利转移之前可以撤销赠与。</td></tr>
<tr><td>例外情况：
①具有救灾、扶贫等社会公益；②具有道德义务性质的合同；③经过公证的赠与合同，赠与人不得任意撤销赠与合同。</td></tr>
</table>

续表

赠与合同的撤销	法定撤销	适用情形： （1）严重侵害赠与人或者赠与人的近亲属 （2）对赠与人有抚养义务而不履行 （3）不履行赠与合同约定的义务
		适用时间： （1）赠与人的撤销权，自知道或应当知道撤销原因之日起一年内行使。 （2）若受赠人的违法行为致使赠与人死亡或丧失民事行为能力的，赠与人的继承人或者法定代理人的撤销权，自知道或者应当知道撤销原因之日起6个月内行使。
赠与合同的解除	法定解除（穷困抗辩）	赠与人的经济状况显著恶化，严重影响其生产经营或家庭生活的，可以不再履行赠与合同。

例 神牛公司在H省电视台主办的赈灾义演募捐现场举牌表示向S省红十字会卷款100万元，并指明此款专用于S省B中学的校舍重建。事后，神牛公司仅支付50万元。对此，下列哪一选项是正确的?

A. H省电视台、S省红十字会、B中学均无权请求神牛公司支付其余50万元

B. S省红十字会、B中学均有权请求神牛公司支付其余50万元

C. S省红十字会有权请求神牛公司支付其余50万元

D. B中学有权请求神牛公司支付其余50万元

提示：《合同法》第186条规定，赠与人在赠与财产的权利转移之前可以撤销赠与。具有救灾、扶贫等社会公益、道德义务性质的赠与合同或者经过公证的赠与合同，不适用前款规定。本题中，对于神牛公司尚未支付的50万元，受赠人有权请求其支付，因赠与合同的相对人是S省红十字会，所以选项C正确。

三、附义务赠与的责任承担

附义务的赠与，这里的“义务”通常是给付义务，具有债务的效力。如果赠与人对赠与 的财产的用途附加一定的忠言或者希望，因为这种附条件没有法律约束力，所以不能认为是赠与所附义务。

1. 受赠人：赠与附义务的，受赠人应当按照约定履行义务。如果赠与人已经为给付，而受赠人不履行其义务的，赠与人得请求受赠人履行其义务，或者依法撤销赠与，以不当得利请求返还财产。

2. 赠与人：赠与人具有赠与的瑕疵担保责任。在附义务的赠与合同中，赠与的财产有瑕疵的，赠与人在附义务的限度内承担与出卖人相同的责任。

第三十章　借款合同

重要法条及司法解释

《合同法》第200～211条。

《民间借贷规定》第2～25条。

命题分析

“借款合同”属于合同法分论较为重要的一个有名合同，命题难度较小，主要以对法条的直接考查为主。从考查规律来看，借款合同在近几年属于每年必考的知识点，其中2015年通过的《民间借贷规定》成为命题的一个重要热点。

从考查内容来看，借款合同包括借款合同的概念和特征、借款合同双方当事人的权利和义务、民间借贷等内容。其中民间借贷属于考试的重点，复习时应当注意。

知识点精讲

一、自然人之间借款合同的生效要件

自然人之间的借款合同属于实践合同（《合同法》第210条）。合同自贷款人提供借款时生效。因此，贷款人不支付借款的，借款人不得主张违约责任；符合构成要件的，可主张缔约过失责任。“提供借款时”的具体认定包括：

（1）以现金方式支付的，自借款人收到借款时；

（2）以银行转帐、网上电子汇款或者网络贷款平台等形式支付的，自资金到达借款人账户时；

（3）以票据交付的，自借款人依法取得票据权利时；

（4）出借人将特定资金账户支配权授权给借款人的，自借款人取得对该账户实际支配权时；

（5）出借人以借款人约定的其他方式提供借款并实际履行完成时。

二、自然人之间借款合同的适用规则

（一）还款期限

1. 有约定的，按约定。

2. 没有约定，又不能协商确定的，借款人可以随时返还；贷款人可以随时催告借款人在合理期限内返还（《合同法》第206条）。

（二）支付利息的期限

1. 有约定的，按约定。

2. 没有约定，又不能协商确定的，借款期间不满一年的，应当在返还借款时一并支付；借款期间1年以上的，应当在每届满1年时支付，剩余期间不满1年的，应当在返还借款时一并支付。

（三）借款利息的预先扣除

利息预先在本金中扣除的，应当按照实际借款数额返还借款并计算利息（《合同法》第200条）。

（四）贷款人的法定解除权。

借款人未按照约定的借款用途使用借款的，贷款人可以停止发放借款，提前收回借款或者解除合同。

例 2012年4月，甲与张某签订借款意向书，约定甲以铺面房再作抵押向张某借款5万元，用于向乙还款。后因甲未办理抵押登记，张某拒绝提供借款。张某拒绝向甲提供借款是否构成违约？为什么？

提示：张某不构成违约。因为自然人之间的借款合同是实践性合同，自贷款人提供借款时生效。张某未向甲提供借款，借款合同未生效。

三、《民间借贷规定》的调整范围

（一）《民间借贷规定》调整三种借贷合同

1. 自然人之间的借款合同；
2. 自然人与（非金融机构的）法人、其他组织之间的借款合同；
3. （非金融机构的）法人、其他组织之间的借款合同。

（二）《民间借贷规定》不调整“贷款合同”

“贷款合同”，指金融机构作为出借方的“贷款”，具有三个特征：

（1）公众性：贷款对象是不特定的社会公众。

（2）经营性：以发放贷款为营业目的，并获取利润。

（3）特许性：须经批准。

四、民间借贷合同的无效情形

1. 套取金融机构信贷资金又高利转贷，且借款人事先知道或者应当知道的；
2. 以向其他企业借贷或者向本单位职工集资取得的资金又转贷给借款人牟利，且借款人事先知道或者应当知道的；
3. 出借人事先知道或者应当知道借款人借款用于违法犯罪活动仍然提供借款的；
4. 违背社会公序良俗的；
5. 其他违反法律、行政法规效力性强制性规定的。

> **注意**：(1)“转贷”。“转”者，出借的不属于自有资金。“贷”者，不属于“一般借款行为”，而是属于“金融”业务，具有公众性、经营性、特许性。
>
> (2)“用于违法犯罪活动”，如将借款用作赌资、毒资、嫖资。

五、民间借贷合同的利息和利率

(一) 借款人的利息支付

1. 自然人之间的借贷合同：①没有约定利息的，借款人不支付利息；②对利息约定不明的，借款人不支付利息。

2. 一方不属于自然人的民间借款合同：①没有约定利息的，借款人不支付利息；②对利息约定不明的，借款人应支付利息，利率通过合同漏洞填补规则确定。

(二) 无偿借贷合同中的自然债务

无偿借贷合同中的利息债务系自然债务。没有约定利息但借款人自愿支付，或者超过约定的利率自愿支付利息或违约金，且没有损害国家、集体和第三人利益，借款人又以不当得利为由要求出借人返还的，人民法院不予支持，但借款人要求返还超过年利率36%部分的利息除外。

> **注意**：(1) 借贷合同未约定利息的，借款人仅负担支付利息的道德义务，不负法律义务。
>
> (2) 借款人出于道德良心的原因，自愿支付利息的，系履行自然债务，该自然债务成为出借人保有利息的法律上原因，不成立不当得利之债。

(三) 利率上限

1. 借贷双方约定的利率未超过年利率24%，出借人请求借款人按照约定的利率支付利息的，人民法院应予支持。

2. 约定利率在24%至36%之间，属于“自然之债”，有效，但不保护。

3. 借贷双方约定的利率超过年利率36%，超过部分的利息约定无效。借款人请求出借人返还已支付的超过年利率36%部分的利息的，人民法院应予支持。

> **注意**：(1) 采用“统一规范模式”。不区分“生产经营性借贷”和“生活消费性借贷”，统一借贷利率的上限。
>
> (2) 采用“固定利率模式”。不再采用浮动利率模式。

(四) 复利 (“驴打滚”)

借贷双方对前期借款本息结算后将利息计入后期借款本金并重新出具债权凭证，如果前期利率没有超过年利率24%，重新出具的债权凭证载明的金额可认定为后期借款本金；

超过部分的利息不能计入后期借款本金。约定的利率超过年利率24%，当事人主张超过部分的利息不能计入后期借款本金的，人民法院应予支持。

按前款计算，借款人在借款期间届满后应当支付的本息之和，不能超过最初借款本金与以最初借款本金为基数，以年利率24%计算的整个借款期间的利息之和。出借人请求借款人支付超过部分的，人民法院不予支持。

注意：（1）存在两个以上的“计息期”，是复利产生的条件之一。

（2）当事人可约定计算复利，但约定受到两个限制：后期借款本金的认定；最终一期本息和上限。

（3）“后期借款本金”的认定。未超过年利率24%的前期借款之利息，可以计入后期借款的本金；超过年利率24%的前期借款利息，不得计入后期借款的本金。

（4）“后期本息和”之上限。最后一期借款的“本金与利息之和”，不得超过“最初借款本金”按照“24%年利率”在“整个借款期间内”所生利息与本金之和。

第三十一章　租赁合同

重要法条及司法解释

《合同法》第 212～236 条。

《物权法》第 190 条。

《最高人民法院关于审理城镇房屋租赁合同纠纷案件具体应用法律若干问题的解释》第 1～24 条。

命题分析

“租赁合同”属于合同法分论中较为重要的一个有名合同，命题综合性较强，有一定难度。从考查规律来看，租赁合同属于每年必考的知识点，每年所占分值为 2～3 分。

从考查内容来看，“租赁合同”包括“租赁合同的概念”“特征和种类”“租赁合同的内容和形式”“租赁合同当事人的权利和义务”“房屋租赁合同”等内容，其中房屋租赁合同是重要知识点，买卖不破租赁、房屋转租、优先购买权等都属于常考的命题角度，在复习时建议全面掌握。

知识点精讲

一、不定期租赁合同

（一）概念

不定期租赁合同指未约定租赁期限的租赁合同，包括三种情形：

（1）没有约定租赁期限的；

（2）租赁期限 6 个月以上的租赁合同未采用书面形式的；

（3）租赁期限届满，承租人继续使用租赁物，出租人没有提出异议的。

（二）任意解除权

不定期租赁合同的双方当事人均享有：

（1）出租人和承租人均有权随时解除合同；

（2）出租人解除合同应当在合理的期限之前通知承租人。

例 1　2005 年 1 月 1 日，甲与乙口头约定，甲承租乙的一套别墅，租期为五年，租金一次付清，交付租金后即可入住。甲乙之间租赁合同的期限如何确定？理由是什么？如乙欲解除与甲的租赁合同，应如何行使权利？

提示：《合同法》第215条规定，租赁期限6个月以上的，应当采用书面形式。当事人未采用书面形式的，视为不定期租赁。《合同法》第232条规定，当事人对租赁期限没有约定或者约定不明确，依照本法第61条的规定仍不能确定的，视为不定期租赁。当事人可以随时解除合同，但出租人解除合同应当在合理期限之前通知承租人。

二、租赁合同中的法定解除权

（一）出租人的法定解除权条件

1. 承租人未按照约定的方法或者租赁物的性质使用租赁物，致使租赁物受到损失的。

2. 房屋租赁合同中，承租人擅自变动房屋建筑物主体和承重结构或者扩建，在出租人要求的合理期限内仍不予恢复原状的。

3. 承租人未经出租人同意擅自转租的。

4. 承租人无正当理由未支付或者迟延支付租金，经出租人催告后在合理期间内仍未支付的。

（二）承租人的法定解除权

1. 因不可归责于承租人的事由，致使租赁物部分或者全部毁损、灭失，不能实现合同目的的。

2. 租赁物危及承租人的安全或者健康的，即使承租人订立的合同明知该租赁物质量不合格的。

3. 出租人就同一房屋订立数份有效的租赁合同，不能取得租赁房屋的承租人有权解除合同。

4. 房屋租赁合同中，因被依法查封、租赁房屋权属有争议、租赁房屋具有违反法律、行政法规关于房屋使用条件强制性规定，导致租赁房屋无法使用的。

三、买卖不破租赁

1. 买卖不破租赁的构成要件有三：①不动产或者动产租赁合同有效；②出租人已将租赁物交付给承租人，由承租人占有；③租赁期间内租赁物因买卖、互易、赠与、投资、抵押权的实现、继承、遗赠、企业合并等原因，租赁物的所有权发生变动。

2. “买卖不破租赁”产生原租赁合同的权利义务维持不变、新的所有权人法定承受该租赁合同的效果。

3. 买卖不破租赁的例外情形：①租赁物被没收、征收的；②先抵押后出租，抵押权已经登记的；③房屋在出租前已被人民法院依法查封的。

四、房屋租赁合同

（一）房屋租赁人的优先购买权

房屋租赁合同存续期间，出租人出卖（不包括继承、赠与）房屋、拍卖房屋、与抵押权人协议用租赁的房屋折抵债务（出租人将房屋抵押的情形），应提前在合理期间通知承租人，承租人享有同等条件优先受让的权利。承租人主张优先受让权的，自动在出租人与承租人间成立房屋买卖合同。

> **注意：** 不享有优先购买权的情形：
> （1）房屋的共有人行使优先购买权的；（即共有人的优先权优于承租人的优先权，这是物权优于债权的体现！）
> （2）出租人将房屋出卖给自己的近亲属的；
> （3）出租人履行通知义务后，承租人在十五日内未明确表示购买的；
> （4）出租人将房屋出卖给善意的第三人，并办理完毕过户登记的（成立履行不能）。

（二）房屋租赁合同的法定承受

房屋租赁合同的存续期间，承租人死亡、被宣告死亡或者被宣告失踪的，与承租人生前共同居住的人（不要求是近亲属或继承人）、承租人的共同经营人（限于承租人为个体工商户的情形）、承租人的其他合伙人（限于承租人参与个人合伙的情形）法定承受该房屋租赁合同。

> **注意：** 该制度仅适用于城镇房屋租赁合同；承租人须为自然人。

（三）一房数租问题

同一出租人就同一房屋与两个以上的承租人订立房屋租赁合同，数个承租人请求出租人实际履行债权的先后顺序为：已经合法占有租赁房屋的承租人优先；已经办理登记备案手续的承租人优先；合同成立在先的承租人优先（《最高人民法院关于审理城镇房屋租赁合同纠纷案件具体应用法律若干问题的解释》第6条）。

（四）房屋租赁中装饰装修物的处理

情形	双方达成协议	不能达成协议
承租人未经同意装修	按约定	①出租人有权请求承租人恢复原状； ②所有费用由承租人承担； ③装饰装修物是否形成附合不予考虑。
承租人经同意装修，未形成附合的装饰装修物	按约定	①承租人可以取回，出租人有权要求承租人取回； ②因取回造成房屋毁损的，承租人应恢复原状； ③承租人对出租人无费用补偿请求权。

承租人经同意装修，租赁合同终止时，对于构成附合部分的装饰装修物又分为三种情形：

租赁期满	对于形成附合部分的装饰装修物，承租人均无权请求出租人补偿。
合同无效	由出租人和承租人按照各自导致合同无效的过错分担现值损失。
合同解除	①因不可归责于双方的事由解除的，由双方按照公平原则分担； ②因出租人（承租人）违约解除，由出租人（承租人）承担； ③因双方违约解除，由双方根据各自的过错程度各自承担。

五、转租

转租是指承租人在维持与出租人间租赁合同的同时，将租赁物的全部或者一部分出租给第三人（次承租人）使用、收益，第三人向承租人（转租人）支付租金的行为。按照是否经过出租人同意，转租分为合法转租与非法转租。

（一）合法转租

1. 房屋租赁合同的合法转租，转租期限超过承租人剩余租赁期限且未经出租人同意的，超期的租赁合同无效。

2. 在房屋合法转租中，若承租人不支付到期租金，次承租人享有代位清偿请求权，有权提出替承租人代为支付到期租金。次承租人代为支付的租金和违约金超出其应付的租金数额，可以折抵租金或者向承租人追偿。

（二）非法转租

承租人非法转租，出租人享有法定解除权；房屋租赁合同中，出租人知道或者应当知道承租人非法转租，但在6个月内未提出异议的，6个月期间届满，出租人的法定解除权消灭。非法转租中，次承租人相对于出租人为无权占有人，作为所有权的出租人对次承租人享有返还原物请求权。

例2　甲将自己的一套房屋租给乙住，乙又擅自将房屋租给丙住。丙是个飞镖爱好者，因练飞镖将房屋的墙面损坏。下列哪些选项是正确的？

A. 甲有权要求解除与乙的租赁合同

B. 甲有权要求乙赔偿墙面损坏造成的损失

C. 甲有权要求丙搬出房屋

D. 甲有权要求丙支付租金

提示：根据《合同法》第224条第2款的规定，承租人未经出租人同意转租的，出租人可以解除合同。根据《合同法》第224条第1款的规定，承租人转租的，承租人与出租人之间的租赁合同继续有效，第三人对租赁物造成损失的，承租人应当赔偿损失。非法转租中，次承租人相对于出租人为无权占有人，作为所有权的出租人对次承租人享有返还原物请求权。出租人甲与责任转租中的次承租人丙并无租赁合同关系，甲不能追究丙的违约责任，也不能要求丙支付租金，但可以行使物权请求权或者追究其侵权责任，而要求丙搬出房屋。故该题选项A、B、C当选，选项D错误。

六、租赁合同效力

（一）出租人的义务

1. 出租人应当按照约定将租赁物交付承租人，并在租赁期间保持租赁物符合约定的用途。

2. 对于租赁物维修的义务，有约定的按约定，没有约定的，由出租人承担租赁物的维修义务。出租人未履行维修义务的，承租人可以自行维修，维修费用由出租人承担。

（二）承租人的义务

1. 承租人应当按照约定的方法使用租赁物，没有约定使用方法的，承租人应当按照租赁物的性质使用租赁物，致使租赁物受到损耗的，不承担损害赔偿责任。未按照约定的方法或者租赁物的性质使用租赁物，致使租赁物受到损失的，出租人可以解除合同并要求赔偿损失。

2. 承租人应当妥善保管租赁物，因保管不善造成租赁物毁损、灭失的，应当承担损害赔偿责任。

3. 承租人应当按照约定的期限支付租金。

4. 租赁期间届满，承租人应当返还租赁物，返还的租赁物应当符合按照约定或者租赁物的性质使用后的状态。

第三十二章　融资租赁合同

重要法条及司法解释

《合同法》第 237 ~ 250 条。

《最高人民法院关于审理融资租赁合同纠纷案件适用法律问题的解释》全文。

命题分析

“融资租赁合同”主要涉及两个考点，分别是“融资租赁合同的概念特征”“融资租赁合同的效力”。考点难度不大，以往偶有考查。

从考查内容和命题角度来看，“融资租赁合同”中“当事人及出卖人的权利义务”是考查的重点，考生需要注意。

知识点精讲

一、融资租赁合同概念及特征

（一）概念

融资租赁合同是出租人根据承租人对出卖物、租赁物的选择，向出卖人购买租赁物，提供给出租人使用，承租人支付租金的合同。

注意，融资租赁合同 = 买卖合同 + 租赁合同，该合同倾向于租赁合同的特征，在融资租赁合同中的当事人为出租人（买卖合同中的买受人），承租人。

（二）特征

1. 融资租赁合同中的出租人有资格限制。必须为经过有关机关批准有权经营融资租赁业务的法人。

2. 融资租赁合同中的承租人支付的租金并非单纯使用租赁物的代价，而是“融资”的代价。

3. 融资租赁合同的标的物是应承租人的要求购买的，而且通常是价值较高的固定资产。

4. 融资租赁合同是双务、有偿、诺成、要式合同，注意融资租赁合同需要采用书面形式。

二、融资租赁合同效力

<table>
<tr><td rowspan="6">融资租赁合同效力</td><td rowspan="2">出卖人</td><td>权利</td><td>出卖人享有请求出租人支付价款的权利。</td></tr>
<tr><td>义务</td><td>出卖人负有向承租人交付标的物的义务，若出卖人不履行买卖合同义务，向买受人（承租人）承担违约责任。</td></tr>
<tr><td rowspan="2">出租人</td><td>权利</td><td>（1）在租赁期间保有租赁物的所有权。
（2）收取租金。
（3）在合同终止后收回租赁物。</td></tr>
<tr><td>义务</td><td>（1）购买租赁物并向出卖人支付价款。
（2）支付租赁物给承租人。
（3）协助承租人向出卖人索赔。
（4）有条件地承担租赁物瑕疵责任（《合同法》第244条：承租人依赖出租人的技能确定租赁物或者出租人干预选择租赁物的，须承担）。</td></tr>
<tr><td rowspan="2">承租人</td><td>权利</td><td>（1）选择承租人并决定租赁物的条件，接受出卖人交付的标的物。
（2）有权请求出卖人承担瑕疵担保责任。
（3）优先购买权（比照一般租赁）。</td></tr>
<tr><td>义务</td><td>（1）及时接受标的物。
（2）支付租金。
（3）妥善保管、使用与维修租赁物。
（4）损害赔偿责任。
（5）返还标的物。</td></tr>
</table>

三、《最高人民法院关于审理融资租赁合同纠纷案件适用法律问题的解释》的特殊规定

（一）承租人回租

承租人出于融资目的先向出租人转让标的物，再将该物回租，也成立“融资租赁关系”，即卖出回租仅成立双方关系，也按融资租赁论。

（二）租金的性质

根据购买租赁物成本、出租人的合理利润确定。

（三）出租人与承租人的特殊地位

1. 出租人没有适租义务（但介入租赁物选择者除外）。
2. 出租人承担标的物权利瑕疵责任（原则不承担物的瑕疵责任）。
3. 承租人享有买受人的受领权和索赔权。
4. 承租人承担租赁物维修义务。

（四）租赁物风险

1. 承租人承担，即须继续支付租金（因为租金包含标的物对价）。
2. 因意外毁损灭失而解除的，出租人可要求承租人按照租赁物折价补偿。

（五）租赁物的处理

1. 约定不明，推定归出租人（立法趣旨在于将“所有权”作为租金债权之担保）。

2. 合同无效而租赁物返还主张的4个限制条件：①承租人原因；②出租人不要求；③正在使用；④归还显著降低租赁物价值和效用。

3. 合同无效或解除，租赁物依法或依约归一方的，另一方可根据租金支付情况和租赁物残值估价主张补偿。即出租人收回的，则应支持承租人的相应补偿主张；承租人保留的，则支持出租人的租金差价补偿。

（六）融资租赁合同的解除

1. 承租人擅自处分租赁物。

2. 经催告仍未支付租金，适用约定解除。

3. 未支付租金达2期或者达全部租金50%，适用法定解除。

第三十三章　建设工程合同

重要法条及司法解释

《合同法》第269～286条。

《最高人民法院关于审理建设工程施工合同纠纷案件适用法律问题的解释（一）》第3～26条。

2018年《最高人民法院关于审理建设工程施工合同纠纷案件适用法律问题的解释（二）》第11～22条。

命题分析

“建设工程合同”属于常考的典型合同类型，要重点掌握建设工程合同无效的情形与后果、建设工程合同承包人的优先受偿权、发生工程质量争议时当事人的确定等问题，这些问题都是考查重点。尤其注意2019年生效的《最高人民法院关于审理建设工程施工合同纠纷案件适用法律问题的解释（二）》。

知识点精讲

一、建设工程合同概念及内容

（一）概念

建设工程合同是指建设工程的发包人为完成工程建设任务，与承包人签订的约定由承包人按照发包人的要求完成工作并交付建设工程，由发包人支付价款的合同。建设工程合同包括勘察、设计合同和施工合同两种。

建设工程合同具有如下特点：

（1）建设工程合同是以完成工作交付工作成果的合同，这里的工作成果是承包人按照发包人的要求完成的建设工程，其标的物是建设工程。

（2）建设工程合同是双务、诺成、有偿、要式合同。

（二）内容

1. 勘察设计合同当事人的义务

（1）发包人的义务

①按照合同约定，全面、准确、及时地提供开展勘察、设计工作所需要的基础资料、技术要求，按照合同约定提供必要的协作条件。

②按照合同约定向勘察、设计人支付勘察、设计费。

③维护勘察、设计成果。

（2）承包人的义务

①按照合同约定按期完成勘察、设计工作。向发包人提交勘察、设计成果，并对勘察、设计成果负瑕疵担保责任。

②按照合同约定完成协作事项。

2. 施工合同当事人的义务

（1）发包人的义务

①做好施工前的准备工作，按照合同约定提供材料、设备、施工场地、建设资金、技术资料等。

②为承包人提供必要的条件。保证工程建设顺利进行。

③组织工程验收。

④接收建设工程并依约支付工程价款。

（2）承包人的义务

①按时开工和按要求施工。

②接受承包人的必要监督。

③按期完成并交付建设工程。

④对建设工程合理使用期限内的质量安全负担保责任。

二、建设工程合同无效情形及后果

（一）建设工程合同的无效情形

《合同法》第272条规定了建设工程合同的无效情形，《最高人民法院关于审理建设工程施工合同纠纷案件适用法律问题的解释（一）》第1条，对建设工程合同无效情形做了补充性规定，归纳如下：

（1）肢解后发包：发包人将应当由一个承包人完成的建设工程肢解成若干部分发包给几个承包人。

（2）全部转包：承包人将其承包的全部建设工程转包给第三人。

（3）肢解后分包：承包人将其承包的全部建设工程肢解以后以分包的名义分别转包给第三人。

（4）无资质分包：承包人将工程分包给不具备相应资质条件的单位。

（5）无资质承包：承包人未取得建设施工企业资质或者超越资质等级的。

（6）擅自转包：建设工程主体结构的施工必须由承包人自行完成，但由承包人以外的单位或个人完成。

（7）没有资质的实际施工人借用有资质的建筑施工企业名义的。

（8）建设工程必须进行招标而未招标或者中标无效的。

（9）分包单位将其承包的工程再分包。

（二）建设工程合同的无效后果

1. 建设工程施工合同无效，但建设工程经竣工验收合格，承包人可请求参照合同约定支付工程价款（《最高人民法院关于审理建设工程施工合同纠纷案件适用法律问题的解释》第2条）。

2. 建设施工合同无效，且建设工程经竣工验收不合格的，分为两种情况：

一是修复后工程竣工验收合格，发包人可请求承包人承担修复费用，承包人可请求支付工程价款；

二是修复后工程竣工验收不合格，承包人则不能请求支付工程价款（《最高人民法院关于审理建设工程施工合同纠纷案件适用法律问题的解释》第3条）。

3. 承包人非法转包、违法分包建设工程或者没有资质的实际施工人借用有资质的建筑施工企业名义与他人签订建设工程施工合同的行为无效。而行为无效法院有权收缴当事人已经取得的非法所得（《最高人民法院关于审理建设工程施工合同纠纷案件适用法律问题的解释》第4条）。

补充：对于因建设工程质量引发的争议，发包人可以以总承包人、分包人、实际施工人为共同被告提起诉讼（《最高人民法院关于审理建设工程施工合同纠纷案件适用法律问题的解释》第25条）。

三、建设工程合同施工人的优先受偿权

发包人未按照约定支付价款的，承包人可以催告发包人在合理期限内支付价款。发包人逾期不支付的，除按照建设工程的性质不宜折价、拍卖的以外，承包人可以与发包人协议将该工程折价，也可以申请人民法院将该工程依法拍卖。建设工程的价款就该工程折价或者拍卖的价款优先受偿。

（一）受偿范围之费用

建筑工程价款包括承包人应当支付的工作人员报酬、材料款等实际支出的费用，不包括承包人因发包人违约所造成的损失。

（二）存续期间六个月

建设工程承包人行使优先权的期限为六个月，自建设工程竣工之日或者建设工程合同约定的竣工之日起计算，或者自其他能够依法主张权利之日起算。

（三）优先效力之特别

建筑工程的承包人的优先受偿权优于抵押权和其他债权。

（四）对抗效力之特别

消费者交付购买商品房的全部或者大部分款项后，承包人就该商品房享有的工程价款优先受偿权不得对抗买受人。

例 甲公司将一工程发包给乙建筑公司，经甲公司同意，乙公司将部分非主体工程分包给丙建筑公司，丙公司又将其中一部分分包给丁建筑公司。后丁公司因工作失误致使工程不合格，甲公司欲索赔。对此，下列哪些说法是正确的？

A. 上述工程承包合同均无效

B. 丙公司在向乙公司赔偿损失后，有权向丁公司追偿

C. 甲公司有权要求丁公司承担民事责任

D. 法院可收缴丙公司由于分包已经取得的非法所得

提示：根据题意，本题共包含三个合同，分别是甲与乙、乙与丙、丙与丁的建设工程合同。根据《合同法》第272条的规定可知，甲与乙、乙与丙之间的合同是有效的，丙与丁之间的分包合同无效的，故选项A错误。根据合同相对性原理可知选项B正确。丙丁之间是违法分包，合同无效，丁公司存在过错导致损害，故甲可以要求丁公司承担相应的民事责任，选项C正确。违法分包合同无效，而合同无效人民法院收缴当事人已经取得的非法所得，选项D正确。

第三十四章 委托合同

重要法条及司法解释

《合同法》第 396 ~ 413 条。

命题分析

委托合同主要涉及三个考点，分别是“委托合同的概念特征”“委托合同的效力”及“终止事由”。考点难度不大，以往考查较少。

从考查内容和命题角度来看，委托合同中“当事人的确定”“委托合同的终止事由”，尤其是“委托合同当事人的单方任意解除权”是考查的重点，考生需要注意。

知识点精讲

一、委托合同概念及特征

（一）概念

委托合同是指委托人和受托人约定，由受托人处理委托人事务的合同。委托合同的当事人是委托人与受托人。

（二）特征

1. 受托人既可以以委托人的名义，也可以以自己的名义对外进行民事活动。
2. 委托合同通常建立在彼此信任的基础上，故委托人与受托人享有单方解除权。
3. 委托合同的标的物是受托人提供的劳务。
4. 委托合同是双务、诺成、不要式合同。
5. 委托合同既可以是有偿合同也可以是无偿合同。

二、委托合同效力

（一）委托人的义务

1. 偿付费用及支付报酬的义务。
2. 清偿受托人处理委托事务产生的债务。
3. 赔偿损失。受托人在处理委托时，因不可归责于自己的事由受到损失的，可以向委托人要求赔偿损失。

（二）受托人的权利及义务

1. 受托人需要亲自处理委托事务。

2. 报告义务，忠诚、勤勉义务。

3. 交付财产、转移权利给委托人的义务。

4. 注意义务及损害赔偿责任。①在有偿的委托合同中，因受托人的过错给委托人造成损失的，委托人可以要求赔偿损失。②在无偿的委托合同中，因受托人故意或重大过失给委托人造成损失的，委托人可以要求赔偿损失。③受托人超越权限给委托人造成损失的，应当赔偿损失。

三、委托合同终止

<table>
<tr><td rowspan="3">委托合同
终止原因</td><td>一般原因</td><td>通常合同终止的原因</td></tr>
<tr><td rowspan="2">特殊原因</td><td>当事人行使单方解除权。
若因解除合同给对方造成损失，除不可归责于该当事人的事由外，应当赔偿损失。</td></tr>
<tr><td>委托人或者受托人死亡、丧失民事行为能力或者破产，委托合同终止，但当事人另有约定或者根据委托事务的性质不宜终止的除外。</td></tr>
</table>

注意，因委托人死亡、丧失民事行为能力或破产，致使委托合同终止，将损害委托人的利益的，在委托人的继承人、法定代理人或者清算组织承受委托事务之前，受托人应当继续处理委托事务。

因受托人死亡、丧失民事行为能力或破产，致使委托合同终止的，受托人的继承人、法定代理人或者清算组织应该及时同时委托人。

第三十五章　行纪合同

重要法条及司法解释

《合同法》第 414 ~ 423 条。

命题分析

“行纪合同”主要涉及三个考点，分别是“行纪合同的概念”“特征”“效力”，考点难度不大，以往考查较少。

从考察内容和命题角度来看，当事人之间是成立行纪关系还是成立居间关系，经常拿来做对比，区分二者需要牢记“行纪合同”和“居间合同的定义”。另外，“行纪合同的效力”也是考查的重点，考生需要注意。

知识点精讲

一、行纪合同概念及特征

（一）概念

行纪合同是指行纪人以自己的名义为委托人从事贸易活动，委托人支付报酬的合同。

（二）特征

1. 行纪人是以自己的名义办理行纪事务的，并且行纪人有主体资格的限制，仅限于经过审查、登记可以从事贸易活动的主体，此处区别于委托合同的受托人。

2. 行纪人为委托人办理的事务仅限于商品的寄售、购销等贸易活动。此处亦区别于委托合同的委托事项。

3. 行纪合同是双务、有偿、诺成性的不要式合同。

二、行纪合同效力

（一）行纪人的权利

1. 报酬请求权。

2. 介入权。介入权是指除委托人有相反意思表示的以外，行纪人在接受委托买卖由市场定价的证券或其他商品时，享有的以自己作为出卖人或买受人的权利。注意，此种情形下，行纪人依然可以要求委托人支付报酬。

3. 委托物提存权。行纪人按照约定买入委托物，委托人应当及时受领。经行纪人催告，委托人无正当理由受领的，行纪人依规定可以提存委托物。委托物不能卖出或者委托人撤回出卖，经行纪人催告，委托人不取回或者不处分该物的，行纪人依规定可以提存委托物。

4. 委托物留置权。行纪人在完成或部分完成委托事务的，委托人应当向其支付相应的报酬。委托人逾期不支付报酬的，行纪人对委托物享有留置权，当事人另有约定的除外（《合同法》第422条）。

（二）行纪人的义务

1. 行纪人需依照委托人的指示从事贸易活动。行纪人低于委托人指定的价格卖出或高于委托人指定的价格买入的，应当经委托人同意，未经委托人同意的，行纪人需要补足差价。行纪人若高于委托人指定的价格卖出或低于委托人指定的价格买入的，可以按约定增加报酬，无约定或约定不明，该利益属于委托人。

2. 负担交易费用。行纪人处理委托事务支出的费用，由行纪人负担，另有约定的除外。

3. 行纪人可以直接履行与第三人签订的合同。

4. 保管并合理处分委托物。

例1　甲委托乙寄售行以该行名义将甲的一台仪器以3000元出售，除酬金外双方对其他事项未作约定。其后，乙将该仪器以3500元卖给了丙，为此乙多支付费用100元。对此，下列哪些选项是正确的？

A. 甲与乙订立的是居间合同

C. 如仪器出现质量问题，丙应向乙主张违约责任

B. 高于约定价格卖得的500元属于甲

D. 乙无权要求甲承担100元费用

提示：《合同法》第424条规定，居间合同是居间人向委托人报告订立合同的机会或者提供订立合同的媒介服务，委托人支付报酬的合同。由此看来本题并不符合居间合同的定义，不是居间合同，而是行纪合同。行纪合同是行纪人以自己的名义为委托人从事贸易活动，委托人支付报酬的合同，故选项A不当选。

《合同法》第418条规定，行纪人高于委托人指定的价格卖出或者低于委托人指定的价格买入的，可以按照约定增加报酬。没有约定或者约定不明确，依照本法第61条的规定仍不能确定的，该利益属于委托人，故选项B当选。

《合同法》第421条规定，行纪人与第三人订立合同的，行纪人对该合同直接享有权利、承担义务。行纪人为合同当事人，故选项C当选。

《合同法》第415条规定，行纪人处理委托事务支出的费用，由行纪人负担，但当事人另有约定的除外。乙自己承担100元的费用，故选项D当选。

例2　甲将10吨大米委托乙商行出售。双方只约定，乙商行以自己名义对外销售，每公斤售价两元，乙商行的报酬为价款的5%. 下列哪些说法是正确的？

A. 甲与乙商行之间成立行纪合同关系

B. 乙商行为销售大米支出的费用应由自己负担

C. 如乙商行以每公斤2.5元的价格将大米售出，双方对多出价款的分配无法达成协议，则应平均分配

D. 如乙商行与丙食品厂订立买卖大米的合同，则乙商行对该合同直接享有权利、承担

义务

提示：《合同法》第414条规定，行纪合同是行纪人以自己的名义为委托人从事贸易活动，委托人支付报酬的合同。本题中，乙是受托人，且是以自己的名义从事贸易活动的，而非是以委托人甲的名义从事贸易活动的，故甲乙之间属于行纪合同关系，故选项A当选。

《合同法》第415条规定，行纪人处理委托事务支出的费用，由行纪人负担，但当事人另有约定的除外。本题中，甲乙对处理委托事务支出的费用没有另外约定，根据法律的规定应由乙商行自己承担，故选项B当选。

《合同法》第418条第2款规定，行纪人高于委托人指定的价格卖出或者低于委托人指定的价格买入的，可以按照约定增加报酬。没有约定或者约定不明确，依照本法第六十一条的规定仍不能确定的，该利益属于委托人，故选项C不当选。

《合同法》第421条规定，行纪人与第三人订立合同的，行纪人对该合同直接享有权利、承担义务，故选项D当选。

第三十六章　居间合同

重要法条及司法解释

《合同法》第424～427条。

命题分析

居间合同主要涉及3个考点，分别是居间合同的概念、特征、效力，考点难度不大，以往考查较少。从考查内容和命题角度来看，居间合同的效力是考查的重点，考生需要注意。

知识点精讲

一、居间合同概念及特征

（一）概念

居间合同是指居间人向委托人报告订立合同的机会或者提供订立合同的媒介服务，委托人支付报酬的合同。

（二）特征

1. 居间人所提供的服务是为他人报告订约机会或者是提供订立合同的媒介服务，但是注意，居间人只是委托人与第三人之间交易的中介人，它既不是任何乙方的代理人也不是合同当事人，这一点是却区别于行纪合同的关键。

2. 委托人给付义务的履行具有不确定性。

3. 居间合同是有偿、诺成、不要式合同。

二、居间合同效力

（一）居间人的义务

1. 报告订约机会或者媒介服务的义务。此为居间人的主要义务。

2. 向委托人如实报告的义务。

3. 保密义务。

4. 促成合同成立时负担支出的费用，委托人则按照约定给付报酬。

（二）委托人的义务

1. 支付报酬。若居间人促成合同成立，委托人向居间人支付报酬。

2. 支付费用。若居间人未促成合同，委托人向居间人支付居间人从事居间活动支出的必要费用。

例 甲委托乙寄售行以该行名义将甲的一台仪器以3000元出售，除酬金外双方对其他事项未作约定。其后，乙将该仪器以3500元卖给了丙，为此乙多支付费用100元。对此，下列哪些选项是正确的？

A. 甲与乙订立的是居间合同

提示：《合同法》第424条规定，居间合同是居间人向委托人报告订立合同的机会或者提供订立合同的媒介服务，委托人支付报酬的合同。居间人的主要义务就是向委托人报告订约机会或者提供媒介服务。行纪合同即行纪人以自己的名义为委托人从事贸易活动，委托人支付报酬的合同。本题中甲与乙签订的是行纪合同而非居间合同，所以选项A错误。

第三十七章　技术合同

重要法条及司法解释

《合同法》第383～341条。

《最高人民法院关于审理技术合同纠纷案件适用法律若干问题的解释》。

命题分析

"技术合同"在合同法中是热门考点，基本属于每年必考的内容。

"技术合同"包括"技术开发合同""技术转让合同""技术咨询合同""技术服务合同"，其中"技术开发合同"和"技术转让合同"是考试重点。"技术合同"要重点掌握的知识点有："职务技术成果的归属""技术开发合同成果归属""技术合同无效的情形及其后果""技术转让合同的类型与转让方式"。这些都是常考内容。

知识点精讲

一、技术合同概述

（一）概念

技术合同包括技术开发合同、技术转让合同、技术咨询合同、技术服务合同四类。下面着重介绍技术开发合同与技术转让合同。

技术开发合同是指当事人之间就新技术、新产品、新工艺或新材料及其系统的研究开发所订立的合同，包括委托开发合同和合作开发合同。

技术转让合同是指当事人就专利权转让、专利申请权转让、技术秘密转让及专利实施许可所订立的合同。

（二）一般规定

1. 职务技术成果归属

职务技术成果是指执行本单位任务或者主要利用本单位的物质技术条件所完成的发明创造。该技术成果最终的归属要么是单位，要么是发明创造者本人。

归单位情形	归发明人或创造人情形（不包括提供资金、设备、材料、试验条件的人员；组织管理人员；协助绘制图纸、整理资料翻译文献等人员）
（1）执行本单位任务所完成的发明创造： ①在本职工作中做出的发明创造； ②履行本单位交付的本职工作之外的任务所作出的发明创造； ③退休、调离原单位后或劳动、人事关系终止后1年内做出的与其在原单位承担的本职工作或原单位分配的任务有关的发明创造。 （2）主要利用本单位的物质技术条件所完成的发明创造。	（1）利用法人技术条件，约定返还资金或交纳使用费的。 （2）技术成果完成后，利用法人的物质技术条件进行验证或测试的。
法人或其他组织与其职工就职工在职期间或者离职以后所完成的技术成果的权益有约定的，从约定（约定优先）。	

例1 工程师王某在甲公司的职责是研发电脑鼠标。下列哪些说法是错误的？

A. 王某利用业余时间研发的新鼠标的专利申请权属于甲公司

B. 如王某没有利用甲公司物质技术条件研发出新鼠标，其专利申请权属于王某

C. 王某主要利用了单位物质技术条件研发出新型手机，其专利申请权属于王某

D. 如王某辞职后到乙公司研发出新鼠标，其专利申请权均属于乙公司

提示：本题中王某的职责是研发鼠标，他在业余时间研发的新鼠标属于在本职工作中作出的发明创造的范畴，故选项A正确；执行本单位任务所完成的发明创造与主要利用本单位的物质技术条件所完成的发明创造是“或”的关系而不是“并且”的关系，研发鼠标是王某的本职工作，其专利申请权仍然属于甲公司，选项B错误；王某主要利用了单位物质技术条件研发出新型手机，属于主要是利用本单位的物质技术条件所完成的发明创造，是职务发明创造，专利申请权属于甲公司，故选项C错误；王某辞职后到乙公司研发出新鼠标，符合“退职、退休或者调动工作后1年内作出，与其在原单位承担的本职工作或者原单位分配的任务有关的发明创造”的条件，其专利申请权仍然属于甲公司，选项D错误。

2. 发明创造者的权利

职务发明创造的发明人或设计人在其技术成果归属单位之后，仍然享有的权利有：获得奖励权、获得报酬权、署名权、优先受偿权。

3. 技术合同的无效情形

（1）非法垄断技术的技术合同。

（2）妨碍技术进步的技术合同。

（3）侵害他人技术秘密的技术合同

4. 技术合同无效的后果

侵害他人技术秘密的技术合同无效后，使用人的法律后果有两种（《最高人民法院关于审理技术合同纠纷案件适用法律问题的解释》第12条）：

（1）善意当事人继续有偿使用；

（2）恶意当事人不得继续使用而且需要承担连带责任和保密义务。

例2　甲公司非法窃取竞争对手乙公司最新开发的一项技术秘密成果，与丙公司签订转让合同，约定丙公司向甲公司支付一笔转让费后拥有并使用该技术秘密。乙公司得知后，主张甲丙间的合同无效，并要求赔偿损失。下列哪些说法是正确的?

A. 如丙公司不知道或不应当知道甲公司窃取技术秘密的事实，则甲丙间的合同有效

B. 如丙公司为善意，有权继续使用该技术秘密，乙公司不得要求丙公司支付费用，只能要求甲公司承担责任

C. 如丙公司明知甲公司窃取技术秘密的事实仍与其订立合同，不得继续使用该技术秘密，并应当与甲公司承担连带赔偿责任

D. 不论丙公司取得该技术秘密权时是否为善意，该技术转让合同均无效

提示：根据《合同法》第239条的规定，侵害他人技术秘密的技术合同是无效合同，故选项A错误，选项D正确；根据《最高人民法院关于审理技术合同纠纷案件适用法律若干问题的解释》第12条的规定，侵害他人技术秘密的技术合同无效后，使用人的法律后果有两种：若为善意当事人，可继续有偿使用，若为恶意当事人不得继续使用而且需要承担连带责任和保密义务，故选项B错误，选项C正确。

二、技术开发合同

（一）技术开发合同内容

1. 委托开发合同

委托方的义务：按照合同约定支付研究开发费用和报酬，完成协作事项并按期接受研究开发成果（《合同法》第331条）。

受托方的义务：合理使用研究开发费用，按期完成研究开发工作并交付成果，同时提供有关的技术资料和必要的技术指导，帮助委托人掌握研究开发成果等后续义务（《合同法》第332条）。

2. 合作开发合同

在合作开发合同中，合作各方应当依合同约定参与研究开发工作并进行投资，并保守有关技术秘密（《合同法》第335条）。

（二）技术开发合同中技术成果权益归属

1. 委托开发合同

（1）若技术成果可以申请专利，有约定从约定，没有约定一般归研究开发人（《合同法》第339条）。

（2）若技术成果不可以申请专利，有约定从约定，没有约定，各方当事人都有权使用、转让该技术成果并获得利益。

2. 合作开发合同

（1）若技术成果可以申请专利，有约定从约定，没有约定，申请专利的权利属于合作开发的当事人共有（《合同法》第340条）。

（2）若技术成果不可以申请专利，或者虽能申请但不想申请的，有约定从约定，没有

约定的，合作开发各方都享有对该技术成果的使用、转让和收益的权利。

例3 甲公司与乙公司签订一份技术开发合同，未约定技术秘密成果的归属。甲公司按约支付了研究开发经费和报酬后，乙公司交付了全部技术成果资料。后甲公司在未告知乙公司的情况下，以普通使用许可的方式许可丙公司使用该技术，乙公司在未告知甲公司的情况下，以独占使用许可的方式许可丁公司使用该技术。下列哪一说法是正确的？

A. 该技术成果的使用权仅属于甲公司

B. 该技术成果的转让权仅属于乙公司

C. 甲公司与丙公司签订的许可使用合同无效

D. 乙公司与丁公司签订的许可使用合同无效

提示：根据《合同法》第341条的规定，委托开发或者合作开发完成的技术秘密成果的使用权、转让权以及利益的分配办法，由当事人约定。没有约定或者约定不明确，依照本法第61条的规定，若仍不能确定的，当事人均有使用和转让的权利，故选项A、B错误；根据《技术合同纠纷解释》第20条的规定，当事人一方将技术秘密成果的转让权让与他人，或者以独占或者排他使用许可的方式许可他人使用技术秘密，未经对方当事人同意或者追认的，应当认定该让与或者许可行为无效，故选项C错误，选项D正确。

例4 甲乙丙三人合作开发一项技术，合同中未约定权利归属。该项技术开发完成后，甲、丙想要申请专利，而乙主张通过商业秘密来保护。对此，下列哪些选项是错误的？

A. 甲、丙不得申请专利

B. 甲、丙可申请专利，申请批准后专利权归甲、乙、丙共有

C. 甲、丙可申请专利，申请批准后专利权归甲、丙所有，乙有免费实施的权利

D. 甲、丙不得申请专利，但乙应向甲、丙支付补偿费

提示：根据《合同法》第340条的规定，合作开发的当事人一方不同意申请专利的，另一方或者其他各方不得申请专利。本题中，乙不同意申请专利也没有声明放弃其共有的专利申请权，因此依据规定，甲、丙不得申请专利，选项A正确，选项B、C、D错误，本题为选非题，所以选项B、C、D当选。

例5 甲研究所与刘某签订了一份技术开发合同，约定由刘某为甲研究所开发一套软件。3个月后，刘某按约定交付了技术成果，甲研究所未按约定支付报酬。由于没有约定技术成果的归属，双方发生争执。下列哪些选项是正确的？

A. 申请专利的权利属于刘某，但刘某无权获得报酬

B. 申请专利的权利属于刘某，且刘某有权获得约定的报酬

C. 如果刘某转让专利申请权，甲研究所享有以同等条件优先受让的权利

D. 如果刘某取得专利权，甲研究所可以免费实施该专利

提示：《合同法》第339条规定，委托开发完成的发明创造，除当事人另有约定的以外，申请专利的权利属于研究开发人。研究开发人取得专利权的，委托人可以免费实施该

专利。研究开发人转让专利申请权的，委托人享有以同等条件优先受让的权利。故选项A错误，选项B、C、D正确。

三、技术转让合同

（一）概述

技术转让合同包括专利权转让合同、专利申请权转让合同、技术秘密转让合同、专利实施许可合同。

（二）专利实施许可的方式

1. 独占实施许可。在双方约定的范围内，该专利只许可一个受让人实施，让与人不实施该专利。

2. 排他实施许可。在双方约定的范围内，许可的一个受让人和让与人都可以实施该专利。

3. 普通实施许可。在双方约定的范围内，许可的他人（无人数限制）和让与人都可以实施该专利。

> **注意：** 当事人对专利实施许可方式没有约定或约定不明确的，认定为普通实施许可。

（三）技术转让合同后续改进技术成果的权益分配

《合同法》第354条规定，当事人可以按照互利原则，在技术转让合同中约定实施专利、使用技术秘密后续改进的技术成果的分享办法。没有约定或者约定不明确。依照本法第61条的规定仍然不能确定的，一方后续改进的技术成果，其他各方无权分享。

> **简单概括：** 有约定从约定；没有约定，按照本法第61条确定；仍不能确定，后续改进技术成果归改进人。

例6 甲公司与乙公司签订一份专利实施许可合同，约定乙公司在专利有效期限内独占实施甲公司的专利技术，并特别约定乙公司不得擅自改进该专利技术。后乙公司根据消费者的反馈意见，在未经甲公司许可的情形下对专利技术做了改进，并对改进技术采取了保密措施。下列哪一说法是正确的？

A. 甲公司有权自己实施该专利技术　　B. 甲公司无权要求分享改进技术

提示： 独占实施许可，意味着只有受让人（乙公司）可以使用该专利技术，其他人包括让与人（甲公司）均无权使用该专利技术，选项A错误；对于技术转让合同后续改进技术成果的权益分配，有约定从约定；没有约定，按照本法第61条确定；仍不能确定，后续改进技术成果归改进人。根据题意，甲公司未与乙公司对于专利技术的后续改进技术成果进行约定，所以后续改进技术成果归乙公司所有，甲无权要求分享改进技术，选项B正确。

第三十八章　婚姻的效力

重要法条及司法解释

《婚姻法》第5～7、10～12条。

《最高人民法院关于适用〈中华人民共和国婚姻法〉若干问题的解释（一）》第5、7～10、15条。

《最高人民法院关于适用〈中华人民共和国婚姻法〉若干问题的解释（二）》第1～7条。

命题分析

“婚姻的效力”涉及身份行为与财产行为的区分问题以及婚姻家庭法与总则法律行为的衔接问题，是法律行为制度在婚姻家庭法领域的特殊体现，将伦理性与法律性融合在一起，理论性较强。因此，该考点备受命题人青睐，是婚姻家庭法中每年必考的知识点。

从考查内容来看，主要考查“无效婚姻”和“可撤销婚姻”两个子知识点。从考查方式来看，主要考查考生对“无效婚姻”和“可撤销婚姻”具体情形的判断。

从命题趋势分析，命题人将会延续以往的出题套路，结合婚姻家庭法的其他知识点以选择题的形式考查该知识点。虽然该知识点的理论性较强，但是法考的重点在于对“无效婚姻”和“可撤销婚姻”的识别上。因此，只要熟练掌握《婚姻法》中规定的“无效婚姻”和“可撤销婚姻”的具体情形就能确保得分。

知识点精讲

一、婚姻的效力概述

婚姻的效力是指男女因结婚而产生的法律后果。它随婚姻关系的确立而发生，并随婚姻关系的消灭而终止。

婚姻的效力有直接效力和间接效力之分。所谓“婚姻的间接效力”是指基于亲属身份关系的连带性，因结婚或离婚而引起的其他亲属间的权利义务关系的变动；所谓婚姻的直接效力是指因婚姻而产生的夫妻间的权利义务关系。

婚姻的直接效力，依据性质不同可以分为两个方面，一是婚姻在身份法上的效力；二是婚姻在财产法上的效力。从域外立法的情况来看，前者包括姓名权、同居义务、忠实义务、婚姻住所决定权以及日常家事代理权；后者主要指夫妻财产关系，包括夫妻财产的管理、归属、使用、收益、处分以及债务的清偿等关系。

二、婚姻的缔结

（一）婚姻缔结的含义

婚姻的缔结又称为“婚姻的成立”，是指男女双方依照法律规定的条件和程序，建立夫妻关系的民事法律行为。婚姻的缔结必须具备实质要件和形式要件，欠缺婚姻成立要件的将不具有法律效力，可被认定为无效婚姻或者可撤销婚姻。

（二）结婚的要件

婚姻的要件包括实质要件和形式要件，其中实质要件又分为婚姻的必备条件和婚姻的禁止条件。《婚姻法》第 5、6、7 条规定了婚姻的必备条件和禁止条件。

1. 婚姻的必备条件，又称为婚姻的积极条件，指当事人结婚时必须具备的法定条件。结婚的必备条件有三个：第一，必须男女双方完全自愿；第二，必须达到法定婚龄，即男不得早于22 周岁，女不得早于 20 周岁；第三，必须符合一夫一妻制。

2. 结婚的禁止条件，又称为结婚的消极条件，是指法律不允许结婚的情况。禁止结婚的条件有两个：第一，禁止近亲结婚，即禁止直系血亲和三代以内旁系血亲结婚；第二，禁止患一定疾病的人结婚。

3. 结婚的形式条件，又称为结婚的程序，是指法律规定结婚必须采取的方式。符合结婚实质要件的当事人，必须履行法定的结婚程序，其婚姻关系才会被国家和社会承认，产生法律效力。在我国结婚的形式条件是指男女双方亲自到婚姻登记机关办理结婚登记。

（三）事实婚姻

事实婚姻为法律婚姻的对称，是指没有配偶的男女，未经结婚登记，便以夫妻名义共同生活，群众也认为他们是夫妻的两性结合。事实婚姻的主要特征是欠缺结婚的法定形式要件，即未办理结婚登记手续。

我国对待事实婚姻的态度日趋严格，1994 年 2 月 1 日《婚姻登记管理条例》的颁布实施是一个分界线。该条例第 24 条规定：“未达到法定婚龄的公民以夫妻名义同居的，或者符合结婚条件的当事人未经结婚登记以夫妻名义同居的，其婚姻关系无效，不受法律保护。”根据《婚姻法》以及《最高人民法院关于适用〈中华人民共和国婚姻法〉若干问题的解释（一）》的规定，没有配偶的男女，未办理结婚登记即以夫妻名义同居生活的，在 1994 年 2 月 1 日之前，同居的男女双方已经符合结婚实质要件的，按照事实婚姻处理。在 1994 年 2 月 1 日以后，男女双方符合结婚实质要件的，法院应当告知其在离婚案件受理前补办结婚登记。男女双方补办婚姻登记后，婚姻关系的效力从双方均符合结婚的实质要件时起算。

（四）非婚同居

非婚同居是指没有配偶的男女，没有办理结婚登记而公开同居生活。在 1994 年 2 月 1 日之后，欠缺结婚登记的男女同居生活构成非婚同居。根据《最高人民法院关于适用〈中华人民共和国婚姻法〉若干问题的解释（二）》第 1 条的规定，当事人起诉请求解除同居关系的，人民法院不予受理，但人民法院应当受理当事人在同居关系解除时因财产分割或者子女抚养而产生的纠纷。被认定为同居关系的，同居期间共同劳动所得和购置的财产，按照一般共同财产处理。如果当事人之间有约定，可以按照约定处理；没有约定的，按照共同共有处理。

三、无效婚姻

无效婚姻，是指不符合结婚实质条件的男女两性结合，在法律上不具有合法效力的婚姻，包括违反一夫一妻制的重婚、有禁止结婚的亲属关系的婚姻、患有禁止结婚疾病的婚姻、未达到法定婚龄的婚姻。

（一）无效婚姻的具体情形——“法定性”

我国关于无效婚姻的规定系封闭式规定，除了《婚姻法》第10条规定的情形外，当事人不得申请宣告婚姻无效。我国无效婚姻的具体情形有：①重婚的；②有禁止结婚的亲属关系的；③婚前患有医学上认为不应当结婚的疾病，婚后尚未治愈的；④未到法定婚龄的。因此除了上述四种情形外，当事人以其他理由申请宣告婚姻无效的，人民法院应当判决驳回当事人的申请。

例1 甲男与乙女通过网聊恋爱，后乙提出分手遭甲威胁，乙无奈遂与甲办理了结婚登记。婚后乙得知，甲婚前就患有医学上不应当结婚的疾病且久治不愈，乙向法院起诉离婚。下列哪一说法是正确的？

B. 法院应判决宣告该婚姻无效

提示：在我国无效婚姻情形的判定具有“法定性”，根据《婚姻法》第10条第（三）项的规定可知，该婚姻为无效婚姻，法院应判决宣告该婚姻无效，因此选项B正确。

例2 甲与乙登记结婚3年后，乙向法院请求确认该婚姻无效。乙提出的下列哪一理由可以成立？

A. 乙登记结婚的实际年龄离法定婚龄相差2年

B. 甲婚前谎称是海归博士且有车有房，乙婚后发现上当受骗

C. 甲与乙是表兄妹关系

D. 甲以揭发乙父受贿为由胁迫乙结婚

提示：根据《婚姻法》第10条第（四）项的规定，未达到法定婚龄的婚姻是无效婚姻，但在结婚3年后原本离法定婚龄相差2岁的乙已经达到法定婚龄，婚姻无效的情形已经消失，因此该婚姻有效，选项A不选。无效婚姻的认定具有法定性，即只能依据《婚姻法》第10条的规定进行判断，所以“上当受骗婚”和“被胁迫婚”不能认定为无效婚姻，因此选项B和选项D不选。选项C中甲和乙是表兄妹关系属于《婚姻法》第10条第（二）项规定的“有禁止结婚的亲属关系的”，因此是无效婚姻，选项C当选。

（二）确认婚姻无效的程序

无效婚姻是不发生合法婚姻效力的婚姻，目前在我国有权宣告无效婚姻的唯一机关是人民法院，婚姻登记机关无此权力。

1. 有权申请确认婚姻无效的主体包括婚姻当事人及利害关系人。利害关系人包括：

（1）以重婚为由申请宣告婚姻无效的，为当事人的近亲属及基层组织。

（2）以未到法定婚龄为由申请宣告婚姻无效的，为未达法定婚龄者的近亲属。

（3）以有禁止结婚的亲属关系为由申请宣告婚姻无效的，为当事人的近亲属。

（4）以婚前患有医学上认为不应当结婚的疾病，婚后尚未治愈为由申请宣告婚姻无效，为与患病者共同生活的近亲属。

2. 由于无效婚姻违反婚姻的强制性、禁止性规定，不利于社会的和谐稳定，因此人民法院对此可以进行干预。有关程序性规定包括：

（1）在人民法院审理当事人离婚案件的诉讼中，如果发现所受理的离婚案件确属无效婚姻，人民法院应该将无效婚姻的事由告诉当事人，并依法作出宣告婚姻无效的判决。

（2）针对夫妻一方或双方死亡的情形，婚姻法司法解释规定此情形下如果符合《婚姻法》第10条的规定，生存的一方或利害关系人一年内仍然可以向人民法院申请宣告婚姻无效。

（3）确认婚姻无效的利害关系人为申请人，婚姻关系当事人双方为被申请人。夫妻一方死亡的，生存一方为被申请人。夫妻双方均已死亡的，不列被申请人。

（4）如果同一法院分别受理了离婚和申请宣告婚姻无效的申请，法院应先针对无效婚姻的申请进行审查。因为离婚是以原有婚姻关系合法存在为前提的，无效婚姻当事人奢谈离婚。

（三）无效婚姻的补正

无效婚姻虽然具有法律强制性，但针对一些无效婚姻的情形可以进行补正，使其成为有效婚姻。《最高人民法院关于适用〈中华人民共和国婚姻法〉若干问题的解释（一）》第8条规定：当事人依据婚姻法第十条规定向人民法院申请宣告婚姻无效的，申请时，法定的无效婚姻情形已经消失的，人民法院不予支持。具体而言：①重婚的，有配偶一方已与原配偶解除婚姻关系（或者原配偶死亡）的；②患有医学上不应当结婚的疾病已经治愈的；③未到法定婚龄者已达到法定年龄的。以上三种情形均可补正，唯一不能补正的无效婚姻仅有当事人有禁止结婚的自然血亲关系。

（四）无效婚姻的法律后果

无效婚姻是违法婚姻，在当事人间自始不发生合法婚姻的效力，不产生夫妻人身和财产关系。同居期间所得的财产，除有证据证明为一方当事人所有的外，按共同共有处理。当事人所生的子女为非婚生子女，与婚生子女具有同等的权利义务。

四、可撤销婚姻

可撤销婚姻，是指婚姻当事人受到胁迫而成立的婚姻关系，因欠缺结婚的真实意思，受胁迫的一方当事人可以依法向婚姻登记机关或人民法院请求撤销该婚姻。婚姻自由是婚姻法的基本原则之一，结婚自由是其应有之义，因此要求婚姻双方当事人具有结婚的真实意思。基于胁迫而成立的婚姻关系违背了当事人的真实意思，按《婚姻法》的规定属于可撤销婚姻。我国关于可撤销婚姻的规定同样系封闭性规定，即只有符合《婚姻法》第11条规定的情形时，婚姻关系的当事人才可以申请撤销该婚姻。可撤销婚姻在撤销前，现存婚姻具有法律效力，一旦被撤销自始不发生法律效力。

（一）可撤销婚姻的要件

由于我国关于可撤销婚姻的规定是封闭性规定，可撤销婚姻必须是胁迫婚姻。胁迫婚姻必须具备以下要件：①须有胁迫的故意，胁迫行为人通过胁迫行为使被胁迫人产生恐惧心理并因此而为意思表示的故意。②须有胁迫行为，即胁迫人须有加害威胁被胁迫人的行为，并达到使被胁迫人产生恐惧的程度。③胁迫行为具有违法性，包括目的违法和手段违法。④须被胁迫人因恐惧心理而为意思表示与胁迫行为之间具有因果关系。此外，根据《最高人民法院关于适用〈中华人民共和国婚姻法〉若干问题的解释（一）》第10条的规定可知，"胁迫"行为既可以针对婚姻关系的一方当事人也可以针对其近亲属，凡是以生命、身体健康、名誉、财产等方面造成损害为要挟，迫使另一方当事人违背真实意愿结婚的情况都可以认定为胁迫行为，另一方当事人均可以申请撤销该婚姻。

例3 甲男与乙女通过网聊恋爱，后乙提出分手遭甲威胁，乙无奈遂与甲办理了结婚登记。婚后乙得知，甲婚前就患有医学上不应当结婚的疾病且久治不愈，乙向法院起诉离婚。下列哪一说法是正确的？

A. 法院应判决撤销该婚姻

提示：在我国可撤销婚姻的判定同样具有"法定性"，根据《婚姻法》第11条的规定，只有被胁迫的婚姻才属于可撤销的婚姻。本案中乙以甲婚前患有医学上不应当结婚的疾病且久治不愈为由向法院起诉离婚，该情形属于无效婚姻的情形，故法院应该判决婚姻无效而非可撤销。因此，选项A错误。

（二）婚姻撤销权的行使

可撤销婚姻只有行使撤销权以后，才自始不发生法律效力。有可撤销的事由而无撤销行为，其婚姻效力并不消灭。根据《最高人民法院关于适用〈中华人民共和国婚姻法〉若干问题的解释（一）》第10条第2款的规定可知，行使撤销权的只能是受胁迫一方的婚姻当事人本人，此点不同于申请婚姻无效的主体，应特别留意。当事人行使撤销权的意思表示既可以向婚姻登记机关作出，也可以向人民法院作出，而不必向另一方当事人作出。

（三）行使撤销权的法定期间

撤销权在性质上属于形成权，形成权的行使对法律关系的稳定将产生很大影响，因此法律对形成权的行使一般都规定了较短的除斥期间。申请婚姻为可撤销婚姻同样如此，法律规定了一定的行使期间，避免婚姻关系长期处于不稳定状态。《婚姻法》第11条规定："因胁迫结婚的，受胁迫的一方可以向婚姻登记机关或人民法院请求撤销该婚姻。受胁迫的一方撤销婚姻的请求，应当自结婚登记之日起一年内提出。被非法限制人身自由的当事人请求撤销婚姻的，应当自恢复人身自由之日起一年内提出。"因该期间为除斥期间，撤销权在此期间不行使将消灭，并且没有期间的中止、中断和延长的规定。

第三十九章　离婚

重要法条及司法解释

《婚姻法》第 31 ~ 34、46 条。

《最高人民法院关于适用〈中华人民共和国婚姻法〉若干问题的解释（一）》第 28 ~ 30 条。

《最高人民法院关于适用〈中华人民共和国婚姻法〉若干问题的解释（二）》第 8、9、27 条。

《最高人民法院关于适用〈中华人民共和国婚姻法〉若干问题的解释（三）》第 9 条。

命题分析

本章包括三个子知识点，即“协议离婚”“诉讼离婚”和“离婚损害赔偿”。该章节是婚姻家庭法的重要考点，特别是“离婚损害赔偿”是婚姻家庭法中重中之重的考点，它贯通婚姻法、财产法、侵权法等领域，融合了财产关系原理和身份关系原理的运用。具有一定的综合性和理论性，备受命题人垂青。

从考查内容来看，主要集中在“离婚损害赔偿”中“过错”的认定。从命题趋势分析，未来几年本章知识点的题型和考查方式不会发生大的变动，考生要熟悉每个知识点的细节，做到胸中有数、灵活运用。

知识点精讲

离婚是指夫妻双方按照法律规定的条件和程序解除婚姻关系的行为。在我国，离婚的方式分为协议离婚和诉讼离婚两种方式。

一、协议离婚

协议离婚是指夫妻双方按照法律规定协商解除婚姻关系的行为。

（一）协议离婚的条件

《婚姻法》第 31 条规定：“男女双方自愿离婚的，准予离婚。双方必须到婚姻登记机关申请离婚。婚姻登记机关查明双方确实是自愿并对子女和财产问题已有适当处理时，发给离婚证。”

男女双方自愿离婚的，离婚申请必须符合协议离婚的条件，婚姻登记机关才能受理。在我国，协议离婚的条件如下表所示：

协议离婚的条件
（1）婚姻登记机关对男女双方的离婚申请具有管辖权；
（2）男女双方亲自到婚姻登记机关提出申请（不允许代理）；
（3）男女双方均为完全民事行为能力人；
（4）男女双方持有离婚协议书，协议书中载明双方自愿离婚的意思表示且对子女抚养、财产分割、债务处理等事项协商一致；
（5）男女双方持有婚姻登记机关或者中国驻外使（领）馆颁发的结婚证。

存在下列情形之一的，婚姻登记机关将不受理男女双方的离婚申请：①仅一方当事人请求离婚，另一方当事人不同意离婚；②虽然双方当事人请求离婚，但是对子女抚养、财产分割、债务清偿未达成一致的；③双方或者一方为限制民事行为能力人或者无民事行为能力人；④男女双方未办理结婚登记的。

（二）离婚协议

1. 概述

离婚协议是指男女双方在自愿离婚之际对子女抚养、财产分割以及债务清偿等所进行的一种安排。离婚协议应当是男女双方在公平、自愿的基础上达成的且不得损害第三人的合法权益，根据的规定可知，男女双方达成的离婚协议对双方当事人均具有约束力，如果因履行财产分割协议发生纠纷，法院应当受理。此外，根据《最高人民法院关于适用〈中华人民共和国婚姻法〉若干问题的解释（二）》第 9 条的规定可知，男女双方协议离婚后一年内就财产分割反悔，请求变更或者撤销财产分割协议的，人民法院应当受理。然而，如果人民法院审理后，未发现订立财产分割协议时存在欺诈、胁迫等情形的，应当依法驳回当事人的诉讼请求。

2. 离婚协议的效力：注意区分内部效力与外部效力

（1）离婚协议对双方当事人均具有约束力（《最高人民法院关于适用〈中华人民共和国婚姻法〉若干问题的解释（二）》第 8 条）。

（2）离婚协议中涉及夫妻负有法定抚养义务的亲属合法权益处分的，不得对抗该亲属！

（3）离婚协议的财产处理部分不得损及第三人的合法利益，否则将会导致协议无效或者第三人可以向法院申请撤销（解释上可依据债权人保全撤销权）。

二、诉讼离婚

诉讼离婚是指夫妻双方对离婚问题不能达成一致时，一方向人民法院起诉，人民法院依诉讼程序审理后，调解或者判决解除婚姻关系的制度。

（一）诉讼离婚的法定条件

1. 概述

诉讼离婚的法定条件，是指一方当事人提起离婚诉讼的理由和人民法院审理离婚案件并据以作出是否准予离婚的依据。诉讼离婚的法定条件经历了过错主义离婚到感情破裂主义离婚。《婚姻法》第 32 条第 2 款规定："人民法院审理离婚案件，应当进行调解；如感情确已破裂，调解无效，应准予离婚。"由此可见，我国诉讼离婚的法定条件也是感情破裂主义。因此，即使提出离婚申请的一方当事人有过错，只要具备感情破裂的条件，在调解无效后，法院应该判决准予离婚。

2. “感情破裂”标准

由于“感情破裂”这一标准比较抽象，因此，《婚姻法》第32条第3款列举了认定感情破裂的具体情形：

（1）重婚或有配偶者与他人同居的。

（2）实施家庭暴力或虐待、遗弃家庭成员的。

（3）有赌博、吸毒等恶习屡教不改的。

（4）因感情不和分居满二年的。

（5）夫妻双方因是否生育发生重大纠纷的（《最高人民法院关于适用〈中华人民共和国婚姻法〉若干问题的解释（三）》第9条规定，夫以妻擅自中止妊娠侵犯其生育权为由请求损害赔偿的，人民法院不予支持；夫妻双方因生育问题发生纠纷且一方起诉离婚的，人民法院经调解无效可判决离婚）。

（6）其他导致夫妻感情破裂的情形。

（二）诉讼离婚中的特殊保护

1. 对现役军人的特殊保护

《婚姻法》第33条规定：“现役军人的配偶要求离婚，须得军人同意，但军人一方有重大过错的除外。”对现役军人的婚姻进行特殊保护有利于维护军队的稳定，因此，现役军人的配偶要求离婚的必须要征得军人的同意。该条只是规定军人的配偶离婚必须取得军人的同意，如果是军人主动提出离婚的不必征得其配偶的同意，除非该配偶也为军人。同时，如果军人一方有重大过错的，则不必取得军人的同意。

2. 对女方的特殊保护

《婚姻法》第34条规定：“女方在怀孕期间、分娩后一年内或中止妊娠后六个月内，男方不得提出离婚。女方提出离婚的，或人民法院认为确有必要受理男方离婚请求的，不在此限。”在诉讼离婚中对女方进行特殊保护，主要是为了保护妇女和子女的利益。在理解该条的规定时要注意，该条只是规定了禁止男方在女方怀孕期间、分娩后一年内或者中止妊娠后六个月内提起离婚诉讼，并未禁止女方在此期间主动提出离婚的诉讼请求。此外，即使在此期间之内，如果法院经过审理认为确有必要受理男方诉讼请求的，法院也会突破对女方利益的特殊保护而受理男方的离婚请求。

三、离婚损害赔偿

（一）离婚损害赔偿制度的适用条件

离婚损害赔偿是指在夫妻关系存续期间，夫妻一方有法定过错情形导致离婚的，无过错方有权要求过错方以个人财产给予经济赔偿的法律制度。过错方承担的损害赔偿责任包括物质损害赔偿和精神损害赔偿，涉及精神损害赔偿的，适用最高人民法院《关于确定民事侵权精神损害赔偿责任若干问题的解释》的有关规定。赔偿方式包括：①用过错方的个人财产进行经济赔偿。②分割共同财产时，过错方少分或不分。

离婚损害赔偿须具有以下适用条件：

（1）权利主体和义务主体是婚姻当事人——夫妻。享有离婚损害赔偿请求权的一方与承担义务的一方，必须有合法的婚姻关系，其他任何主体都不得向过错配偶主张离婚损害赔偿。

（2）离婚损害赔偿只能由夫妻侵权一方承担，也即只能由无过错方的配偶承担，不适用婚姻关系以外的第三人共同侵权赔偿制度（目前我国法律尚未规定重婚或婚外同居的第三者构成共同侵权）。

（3）损害行为必须发生在婚姻关系存续期间。一方的损害行为须发生在结婚后，离婚前。结婚前和离婚后发生的损害行为，属于一般损害赔偿的问题。

（4）侵权行为的损害后果须是直接导致离婚。夫妻一方实施损害行为，无过错方不要求离婚而单纯要求损害赔偿的，人民法院不予受理。

（5）该请求权具有不可转让性。该请求权专属于离婚时无过错方享有，是否请求损害赔偿完全由权利人决定，任何其他人均不享有此项权利。

（二）请求离婚损害赔偿的过错事由

在离婚损害赔偿中要求无过错方的配偶具有过错，我国关于过错情形的规定具有法定性，且系封闭性规定、穷尽式列举，只能依据下列四种情形认定过错：

（1）重婚的；

（2）有配偶与他人同居的；

（3）实施家庭暴力的；

（4）遗弃、虐待家庭成员的。

例 1 甲、乙结婚多年，因甲沉迷于网络游戏，双方协议离婚，甲同意家庭的主要财产由乙取得。离婚后不久，乙发现甲曾在婚姻存续期间私自购买了两处房产并登记在自己名下，于是起诉甲，要求再次分割房产并要求甲承担损害赔偿责任。下列哪些选项是正确的？

A. 乙无权要求甲承担损害赔偿责任

提示：甲虽然私自购买房屋并登记在自己名下，但是这不属于《婚姻法》第 46 条规定的过错情形，乙无权要求甲承担赔偿责任，因此，选项 A 正确，不当选。

例 2 2003 年 5 月王某（男）与赵某结婚，双方书面约定婚后各自收入归个人所有。2005 年 10 月王某用自己的收入购置一套房屋。2005 年 11 月赵某下岗，负责照料女儿及王某的生活。2008 年 8 月王某提出离婚，赵某得知王某与张某已同居多年。法院应支持赵某的下列哪些主张？

C. 王某与张某同居导致离婚，应对赵某进行赔偿

提示：王某在婚姻关系存续期间与张某同居，属于《婚姻法》第 46 条规定的过错情形，因此如果是因为同居导致的离婚，要对赵某进行赔偿，所以选项 C 正确，法院应该支持。

（三）离婚损害赔偿请求权的行使

离婚损害赔偿请求权的行使要区分情形对待：

（1）无过错方作为原告向人民法院提起损害赔偿请求的，必须在离婚诉讼的同时提出。

（2）无过错方作为被告的离婚诉讼案件，此时也应该在离婚诉讼中提出。但是司法解释规定了两个例外情形：①如果被告既不同意离婚也没有提起离婚损害赔偿的，可以在判决离婚后 1 年就此单独起诉；②一审期间没有提，二审期间提出的，法院应当先进行调解，调解不成告知当事人在离婚后 1 年内另行起诉。

（3）协议离婚的，如果已经明确放弃离婚损害赔偿请求的，不得反悔，不能再次主张；如果没有放弃的，应当在离婚后 1 年内提出。

第四十章　夫妻财产关系

重要法条及司法解释

《婚姻法》第 17 ~ 19、41、47 条。

《最高人民法院关于适用〈中华人民共和国婚姻法〉若干问题的解释（一）》第 19、31 条。

《最高人民法院关于适用〈中华人民共和国婚姻法〉若干问题的解释（二）》第 9、11 ~ 19、22 ~ 26 条。

《最高人民法院关于适用〈中华人民共和国婚姻法〉若干问题的解释（二）补充规定》。

《最高人民法院关于适用〈中华人民共和国婚姻法〉若干问题的解释（三）》第 4、5、7、10、13 ~ 15、18 条。

《最高人民法院关于审理涉及夫妻债务纠纷案件适用法律有关问题的解释》第 1 ~ 3 条

命题分析

随着社会的发展，家庭财富的增多，夫妻财产关系复杂多样，涉及夫妻财产关系的纠纷也日益增多。因此，“夫妻财产关系”具有较高的可考性！属于每年必考的考点。

“夫妻财产关系”知识点众多，包括“夫妻财产制”“家事代理权”“夫妻财产分割”“夫妻法定个人财产”“侵占夫妻共同财产的救济”以及“夫妻共同债务的认定和清偿”等。

以往主要考查“夫妻共同财产的认定和分割”以及“侵占夫妻共同财产的救济”。此外，2018 年公布了《最高人民法院关于审理涉及夫妻债务纠纷案件适用法律有关问题的解释》，今后命题人将加大对“夫妻共同债务的认定和清偿”这个知识点的考查。

知识点精讲

夫妻关系包括夫妻人身关系和夫妻财产关系。夫妻财产关系是指夫妻在财产方面所享有的权利和义务。夫妻财产关系具有依附性，其从属于夫妻人身关系，是夫妻生存的经济基础，是家庭经济职能的具体体现。

一、夫妻财产共有（共同制）

夫妻财产共有是指除夫妻双方另有约定以外，夫妻双方在婚姻关系存续期间所得的财产属于共同所有。即从男女双方登记结婚之日起，到夫妻双方离婚或者夫妻一方死亡时为止，这一特定时间内夫妻取得的财产由双方共同共有。我国的法定财产制也是婚后所得共同制。

例1 张某和王某系夫妻，张某想借钱炒股，王某不同意，张某说：“我自己借钱自己还！”二人书面约定此后各自收入归各自所有。张某以自己名义向不知有此约定的同事孙某借钱，双方未约定利息。下列哪些选项是正确的？

B. 孙某有权要求张某以张某和王某所有的财产还款

提示：虽然张某与王某夫妻两人采用了约定财产制，但是由于第三人孙某对此并不知情，因此按照《婚姻法》第19条第3款的规定可知，在债务到期时孙某有权要求张某以夫妻共有财产偿还债务，因此选项B正确，当选。

夫妻财产共有的范围	
除非另有约定，在婚姻关系存续期间，夫妻一方或者双方共同取得的下列财产为夫妻共同共有财产。	
1	工资、奖金；生产、经营的收益。
2	婚姻关系存续期间，实际取得或者已经明确可以取得的“知识产权上的财产性收益”。
3	继承或者遗赠所取得的财产，但继承或者遗赠合同明确只归夫或妻一方的财产除外。
4	双方实际取得或者应当取得的住房补贴、住房公积金、养老保险金、破产安置费。
5	一方个人财产在婚后产生的收益，除孳息和自然增值外，应认定为夫妻共同财产。
6	发放到军人名下的复员费、自主择业费等一次性费用的，以夫妻婚姻关系存续年限乘以年平均值，所得数额为夫妻共同财产。
7	由一方婚前承租、婚后用共同财产购买的房屋，房屋权属证书登记在一方名下的，应当认定为夫妻共同财产。
8	由一方以婚前个人财产支付首付，且登记在个人名下的不动产，婚后以夫妻共同财产还债的，除非当事人另有约定，原则上支付首付的为房屋所有权人，对婚后以共同财产还贷的部分及增值，应认定为夫妻共同财产。
9	由双方父母出资购买的不动产，产权登记在一方子女名下的，该不动产可认定为双方按照各自父母的出资份额按份共有，但当事人另有约定的除外。

二、夫妻共同财产的处理（处分）

《婚姻法》第17条第2款规定：“夫妻对共同所有的财产，有平等的处理权。”其包含两项制度。

（一）家事代理权

夫或妻在处理夫妻共同财产上的权利是平等的。因日常生活需要而处理夫妻共同财产的，任何一方均有权决定。任何一方的单独决定行为，对双方均有约束力。该代理行为的有效性，不得对抗善意第三人。

（二）共同商定权

夫或妻非因日常生活需要对夫妻共同财产做重要处理决定，夫妻双方应当平等协商，取得一致意见。他人有理由相信其为夫妻双方共同意思表示的，另一方不得以不同意或不知道为由对抗善意第三人。【表见商定】

三、夫妻共同财产的分割

（一）婚内财产分割

婚姻关系存续期间，除非当事人之间适用的是约定财产制，否则为坚持“共同体维持”原则，双方不得请求分割夫妻共同财产。但是，《最高人民法院关于适用〈中华人民共和国婚姻法〉若干问题的解释（三）》第4条规定了在婚姻关系存续期间可以请求分割夫妻共同财产的两种例外情形：

第一，一方有隐藏、转移、变卖、毁损、挥霍夫妻共同财产或者伪造夫妻共同债务等严重损害夫妻共同财产利益行为的；

第二，一方负有法定扶养义务的人患重大疾病需要医治，另一方不同意支付相关医疗费用的。

（二）离婚分割

根据《最高人民法院关于适用〈中华人民共和国婚姻法〉若干问题的解释（三）》第14条的规定可知，离婚分割是指当事人以达成登记离婚或者到人民法院协议离婚为条件的财产分割。如果双方协议离婚未成，一方在离婚诉讼中反悔的，人民法院应当认定该财产分割协议没有生效，应当根据实际情况依法对夫妻共同财产进行分割。【比照“所附条件未成就，协议不生效”来理解！】

（三）离婚后对夫妻共同财产的分割

1. 根据《最高人民法院关于适用〈中华人民共和国婚姻法〉若干问题的解释（二）》第9条的规定，协议离婚后，一方反悔请求重新分割夫妻共同财产的，符合下列条件的，法院应予受理：①一方在订立财产分割协议时受到欺诈或者胁迫等情形的；②应当在协议离婚后一年内起诉。【比照合同撤销权的除斥期间】

2. 根据《最高人民法院关于适用〈中华人民共和国婚姻法〉若干问题的解释（三）》第18条的规定可知，在离婚后，一方以尚有夫妻共同财产未处理为由向人民法院起诉请求分割的，如果该财产确实属于离婚时尚未处理的夫妻共同财产，人民法院应当依法予以分割。【未分割的财产仍属于共有财产，当事人主张物权请求权，不受时效限制，故本条没有规定起诉期限】

（四）夫妻特殊共同财产的分割规则

《最高人民法院关于适用〈中华人民共和国婚姻法〉若干问题的解释（二）》第16～18条对三类特殊的夫妻共同共有财产，采用了比较特殊的分割规则	
有限公司出资	分割夫妻一方在有限责任公司中的出资额，而另一方不是该公司的股东时应遵守的规则：①夫妻双方协议将该出资额部分或者全部转让给该股东的配偶，过半数股东同意，其他股东放弃优先购买权的，该股东的配偶成为该公司的股东；②夫妻双方就出资额转让份额和价格协商一致后：如果过半数股东不同意转让的，但愿意以同等价格购买该出资额的，可以对出资额转让所得的价款进行分割；如果过半数股东既不同意转让，又不愿意以同等价格购买，视为其同意转让，该股东的配偶成为该公司的股东。

续表

《最高人民法院关于适用〈中华人民共和国婚姻法〉若干问题的解释（二）》第16～18条对三类特殊的夫妻共同共有财产，采用了比较特殊的分割规则	
合伙企业出资	分割夫妻一方在合伙企业中的出资，而另一方不是该合伙企业的合伙人时应遵守的规则：夫妻双方协议将一方在合伙企业中的财产份额全部或者部分转让给对方的：①其他合伙人一致同意的，该配偶取得合伙人地位；②其他合伙人不同意转让，但同意行使优先购买权的，则对转让的所得进行分割；③其他合伙人既不同意转让，又不行使优先购买权，但同意该合伙人退伙或者退还部分财产份额的，可以对退还的财产进行分割；④其他合伙人既不同意转让，又不行使优先购买权，并且也不同意该合伙人退伙或者退还部分财产的，视为同意转让，该配偶取得合伙人地位。
独资出资	分割夫妻一方在独资企业中的投资时应遵守的规则：①仅一方主张经营的，经评估后，由取得企业的一方给对方相应地补偿；②如果双方均主张经营的，由竞价获胜方给予对方以补偿；③双方都不愿意经营的，清算后，分割剩余财产。

例2　2007年1月，甲、乙、丙设立一普通合伙企业。2008年2月，甲与戊结婚。2008年7月，甲因车祸去世。甲除戊外没有其他亲人，合伙协议对合伙人资格取得或丧失未作约定。下列哪一选项是正确的？

C. 经乙、丙一致同意，戊取得合伙人资格

提示：戊想成为该合伙企业的合伙人必须经过乙和丙的同意，因此选项C正确，当选。

四、法定夫妻个人财产

夫妻个人财产的范围	
1	一方的婚前财产；一方因身体受到伤害获得的医疗费、残疾人生活补助费等费用；遗嘱或赠与合同中确定只归夫或妻一方的财产；一方专用的生活用品。
2	军人的伤亡保险金、伤残补助金、医药生活补助费属于个人财产。
3	婚后由一方父母出资为子女购买的不动产，产权登记在出资人子女名下的，可按照《婚姻法》第18条第（三）项的规定，视为只对自己子女一方的赠与，该不动产应认定为夫妻一方的个人财产。
夫妻个人财产向夫妻共同财产的转化	
根据《最高人民法院关于适用〈中华人民共和国婚姻法〉若干问题的解释（一）》第19条的规定，夫妻个人财产，除非当事人约定为共同共有，否则，不因婚姻关系的延续而转化为共同财产。	

五、侵占夫妻共同财产的救济

根据《婚姻法》第47条的规定可知：

（1）离婚时，一方隐藏、转移、变卖、毁损夫妻共同财产，或伪造债务企图侵占另一方财产的，分割财产时，法院“可以”判决“不分或者少分”。

（2）离婚后，另一方发现对方有上述行为的，可以向人民法院起诉，请求再次分割夫妻共同财产，诉讼时效期间为2年，从当事人发现的次日开始计算。【比照侵权之债的时效规定】

例3　甲、乙结婚多年，因甲沉迷于网络游戏，双方协议离婚，甲同意家庭的主要财

产由乙取得。离婚后不久，乙发现甲曾在婚姻存续期间私自购买了两处房产并登记在自己名下，于是起诉甲。下列哪些选项是正确的？

C. 请求分割房产的诉讼时效，为乙发现或者应当发现甲的隐藏财产行为之次日起两年

提示：乙再次请求分割房产的诉讼时效为两年，从发现的次日开始计算，因此选项C正确，当选。

六、夫妻债务

（一）夫妻共同债务的认定

夫妻财产制度中不仅包括夫妻双方及个人的积极财产，也包括其消极财产。夫妻共同债务就属于消极财产。夫妻共同债务认定的一般原则：夫妻关系存续期间，一方或者双方对外所负的债务，为夫妻共同债务。夫妻共同生活所负的债务，应当共同偿还（《最高人民法院关于审理涉及夫妻债务纠纷案件适用法律有关问题的》第41条）。

结合《婚姻法》第41条、《最高人民法院关于适用〈中华人民共和国婚姻法〉若干问题的解释（二）》第24条以及2018年1月16日颁布的《最高人民法院关于审理涉及夫妻债务纠纷案件适用法律有关问题的解释》，对于夫妻关系存续期间双方或一方对外形成的共同债务，具体认定细则，见下表：

债务形成形态	举债用途或性质	举证负担	认定结论	法条依据
婚前双方举债	共同签字或事后追认	债权人	共同债务	《最高人民法院关于审理涉及夫妻债务纠纷案件适用法律有关问题的解释（一）》
婚后一方举债	债权人明知约定为个人债务或夫妻分别财产制	非举债配偶	个人债务	《最高人民法院关于适用〈中华人民共和国婚姻法〉若干问题的解释（二）》第24条第1款
婚后一方举债	用于婚后家庭共同生活	债权人	共同债务	《最高人民法院关于适用〈中华人民共和国婚姻法〉若干问题的解释（二）》第23条
婚后一方举债	符合家庭日常生活所需	非举债配偶	共同债务	《最高人民法院关于审理涉及夫妻债务纠纷案件适用法律有关问题的解释（二）》
婚后一方举债	超出家庭日常生活所需，但用于家庭共同生活、共同生产经营或基于共同意思	债权人	共同债务	《最高人民法院关于审理涉及夫妻债务纠纷案件适用法律有关问题的解释（三）》
婚后一方举债	非法债务或虚假债务	夫妻双方	不予保护	《最高人民法院关于适用〈中华人民共和国婚姻法〉若干问题的解释（二）》第24条第2、3款

（二）夫妻离婚的债务清偿

1	离婚时，夫妻共同债务的清偿遵循以下步骤： （1）用夫妻共同财产清偿。 （2）夫妻共同财产不足以清偿，或者财产归各自所有的，由双方协议清偿，协议不成由人民法院判决。

续表

2	根据《最高人民法院关于适用〈中华人民共和国婚姻法〉若干问题的解释（二）》第25条的规定可知，夫妻双方对其共同债务承担连带责任，无论一方在离婚时是否分得或者分得多少财产，债权人仍有权就夫妻共同债务向男女双方主张权利。
3	根据《最高人民法院关于适用〈中华人民共和国婚姻法〉若干问题的解释（二）》第26条的规定可知，夫或妻一方死亡的，生存一方应当对婚姻关系存续期间的共同债务承担连带清偿责任。

例4 黄某与唐某自愿达成离婚协议并约定财产平均分配，婚姻关系存续期间的债务全部由唐某偿还。经查，黄某以个人名义在婚姻存续期间向刘某借款10万元用于购买婚房。下列哪一表述是正确的?

C. 如黄某偿还了10万元，则有权向唐某追偿10万元

提示：该10万元债务属于夫妻共同债务，根据《最高人民法院关于适用〈中华人民共和国婚姻法〉若干问题的解释（二）》第25条的规定可知，刘某既可以向黄某，又可以向唐某主张10万元的债务；由于夫妻双方对共同债务承担连带责任，所以如果刘某向黄某主张10万元后，黄某有权向唐某追偿，因此选项C正确，当选。

第四十一章 亲属身份权

重要法条及司法解释

《婚姻法》第38、48条。

《最高人民法院关于适用〈中华人民共和国婚姻法〉若干问题的解释（一）》第24～26、32条。

《最高人民法院关于适用〈中华人民共和国婚姻法〉若干问题的解释（三）》第9条。

《最高人民法院关于确定民事侵权精神损害赔偿责任若干问题的解释》第3条。

命题分析

“亲属身份权”包括“生育权”“探望权”以及“死者人格利益保护”三个知识点。其中“生育权”和“探望权”是本章的重要内容，同时也是近年来的社会热点。

从考查频率来看，虽然以往考查较少，但是随着近年来关于亲属身份权的诉讼逐渐增多，亲属身份权可能逐渐会受到命题人的青睐。同时该知识点的理论性比较强，且存在理论争议，因此除了掌握相关法条及司法解释外，还要多关注最新的理论学说和实务动态，这样才能确保得分。

知识点精讲

一、亲属身份权概述

亲属身份关系是由婚姻、血缘和法律拟制而形成的、以特定身份利益为内容的社会关系。身份权系指两个自然人之间基于一定的身份关系所产生并享有的法律上利益，如父母与子女、夫与妻、其他近亲属之间相互享有和负担的合法利益。自然人基于特定的身份地位除了享有诸如继承权、被扶养权、经济帮助权等财产性权益之外，还享有许多纯粹的身份权益，如配偶权、亲权、子权、其他亲属权等类型。实务中有关夫妻同居请求权及忠实请求权问题、家事代理问题、死者人格利益保护问题、亲属祭奠权问题、未成年人或老年人监护问题、拐卖儿童问题、离婚父母对子女的探视权问题、第三者侵害夫妻关系的救济问题等均涉及亲属身份权侵权保护与救济问题。

身份权具有以下法律特征：

（1）亲属身份权产生于特殊的法律事实，包括：缔结婚姻的法律行为、自然人的出生、收养协议等。

（2）亲属身份权兼具身份和财产双重利益，但身份性内容是前提和基础，财产性内容是身份性的结果和体现。据此，身份权依据其利益类型再可分为纯粹身份权与身份财产权。

侵害纯粹身份权所生之损害一般为非财产上之损害，加害人所为之赔偿也仅为精神损害赔偿。

（3）身份权的内容具有“社会先在性”。内含于特定亲属身份关系中的权利义务内容，并非当事人理性选择和意定的结果，而是伦理社会长期自然形成的“强制性”要求，而且以“义务”为本位。

（4）身份权的效力对内具有相对性，而对外具有绝对性。如配偶权在夫妻内部，仅相对于对方配偶享有；同时夫妻作为一个共同人格体对不特定的第三人，享有绝对性配偶权，任何第三人不得妨碍、干扰、破坏配偶权的圆满状态。

（5）身份权利与相应的身份义务具有同等性与互换性。如丈夫对妻子享有同居权，同时也对妻子负有同等的同居义务，二者的权利义务相互交织、互换。

二、生育权

公民的生育权是一项基本人权，公民的生育权与生俱来的，是先于国家和法律的自然权利。在民法层面，生育权是指自然人自由决定生育子女的权利，它是意志自由、身体自由等人格利益的特殊体现，属于民法人格权范畴。而进入夫妻关系中的男女，二人作为一个共同体人格，生育权的内容变化为夫妻共同决定、相互协作产生婚生子女、繁衍后代的权利与义务，在此权利与义务交织，并以义务为根本。生育权不只是女性、妻子享有，男性、丈夫也享有生育权。

夫妻生育权具有身份权属性。该种权利的效力表现为内部的相对性（夫妻要相互协作、容忍并有所担当），外部的绝对性（任何第三人不得干涉和破坏）。在内部关系上，对丈夫生育权的实现，妻子作为生育的主动者，有隐忍、配合的法定义务。

生育权涉及当事人人格自由、身体自由等根本利益的保护问题，也涉及伦理正当性问题。法律虽然无法提供强制救济，但是法律的非难性评价和适当的救济手段，还是不能缺位，否则民事主体的这类合法权益会沦为没有救济的“裸权”。针对现代社会中已出现不少的关于生育权的诉求，司法实务中也已经开始谨慎地应对了。最高法院通过司法解释回应了这样的诉求。其观点是“不支持”夫以妻擅自中止妊娠侵犯其生育权为由请求损害赔偿《最高人民法院关于适用〈中华人民共和国婚姻法〉若干问题的解释（三）》第9条）。“不予支持”从侧面认可了“夫妻生育权”的存在，也认可了该生育权的“可侵害性”。因此，在夫妻一方侵害（消极妨害）另一方的生育权时，被侵权人无法通过赔偿损失获得救济，但是如果诉请“停止侵害”“排除妨害”“赔礼道歉”等救济手段则未尝不可。

三、探望权

探望权是指离婚后未直接抚养子女的配偶一方享有在一定时间、以一定方式探视、看望子女的权利。

1. 行使探望权的主体：离婚后，不直接抚养子女的父或母。

2. 行使探望权的方式：①逗留式探望，是指在约定或者判令的时间内，由探望人领走并按时送回被探望子女的探望方式；②看望式探望，是指探望人到对方家中或者指定的地点进行探望，方式比较灵活，但时间比较短，不利于探望人与子女的深入交流。

3. 探望权的行使与实现：探望权的行使和实现需要另一方的协助配合，另一方拒不配合的，可以申请法院对其采取强制措施（拘留、罚款等）。另外，采取强制措施的对象只能是不履行协助义务的一方配偶，不能对子女采取强制措施。

4. 探望权的中止与恢复：权利人行使探望权的过程中，因发生法定事由，人民法院依法中止权利人进行探望的情形。《婚姻法》第38条对探望权的中止作出了原则性规定，结合司法实践中的情况，探望权中止的事由包括以下情形：①探望权人成为限制民事行为能力或者无民事行为能力人；②探望权人患有医学上认为不宜与他人接触或具有传染可能的疾病；③探望人对子女有违法行为的。

探望权的恢复，是指根据《婚姻法》第38条第3款的规定，在中止探望的情形消失以后，探望权人有权重新行使探望权。

四、死者人格利益保护

民事权利能力始于出生，终于死亡。自然人死亡后不再享有权利，但死者的人格利益仍受法律保护。死者的人格利益包括：死者的姓名、肖像、名誉、荣誉、隐私以及死者的遗体和遗骨。侵犯死者人格利益属于侵犯死者近亲属身份权的行为，根据《最高人民法院关于确定民事侵权精神损害赔偿责任若干问题的解释》第3条的规定可知，下列行为属于侵犯死者人格利益的行为，死者的近亲属因下列行为遭受精神痛苦的，可以向人民法院起诉请求精神损害赔偿：第一，以侮辱、诽谤、贬损、丑化或者违反社会公共利益、社会公德的其他方式，侵害死者姓名、肖像、名誉、荣誉；第二，非法披露、利用死者隐私，或者以违反社会公共利益、社会公德的其他方式侵害死者隐私；第三，非法利用、损害遗体、遗骨，或者以违反社会公共利益、社会公德的其他方式侵害遗体、遗骨。另外，《民法总则》第185条也规定，侵害英雄烈士等的姓名、肖像、名誉、荣誉，损害社会公共利益的，应当承担民事责任。

侵害死者人格利益的民法救济方式，可以通过两个机制：一是一般侵权救济；二是公益诉讼救济。

一般侵权救济的法理基础（或请求权基础）在于：死者近亲属的身份利益受到侵害并遭受精神痛苦，可理解为亲属身份权受侵害的一种特殊情形。

例 张某因病住院，医生手术时误将一肾脏摘除。张某向法院起诉，要求医院赔偿治疗费用和精神损害抚慰金。法院审理期间，张某术后感染医治无效死亡。关于此案，下列哪些说法是正确的?

D. 张某死后其配偶、父母和子女有权另行起诉，请求医院赔偿自己的精神损害

提示：根据《最高人民法院关于确定民事侵权精神损害赔偿责任若干问题的解释》第7条的规定："自然人因侵权行为致死，或者自然人死亡后其人格或者遗体遭受侵害，死者的配偶、父母和子女向人民法院起诉请求赔偿精神损害的，列其配偶、父母和子女为原告；没有配偶、父母和子女的，可以由其他近亲属提起诉讼，列其他近亲属为原告。"因此张某因遭受医院的侵权行为死亡后，其配偶、父母、子女有权向法院起诉请求赔偿精神损害赔偿。故选项D正确，当选。

第四十二章　继承概述

重要法条及司法解释

《继承法》第1~7条。

《最高人民法院关于贯彻执行〈中华人民共和国继承法〉若干问题的意见》第46~52条。

命题分析

“继承概述”是继承法的基础内容，也是本学科的基础考点。从考查内容来看，主要考查“继承权的放弃”这一知识点。从考查方式来看，命题人主要让考生判断哪些行为能够引起放弃继承权的后果。考生应准确掌握“放弃继承权”的条件和方式，还应注意区分“继承权的放弃”和“遗产的放弃”。

从命题趋势分析，未来本知识点的题型和考查方式不会发生大的变动。总体来说，本考点的试题比较简单，在熟悉法条及相关司法解释的基础上就能确保得分。

知识点精讲

一、继承权的概念和特征

继承权是指自然人依照法律规定或被继承人遗嘱的指定，享有的承受被继承人遗产的权利。在我国继承分为法定继承和遗嘱继承。继承权具有以下特征：

（1）继承权的主体只能是自然人。按照我国继承法的规定，继承权只能由自然人享有，而不能由法人、其他组织或国家享有。法人、其他组织或国家可以作为受遗赠人的身份取得遗产，但不能以法定继承人或遗嘱继承人的身份取得遗产。

（2）继承权的取得以继承人和被继承人存在特定的身份关系为前提。只有与被继承人有特定的婚姻、血缘以及收养关系的人才能成为继承人。

（3）继承权是一项财产权，现代民法中的继承专指财产继承，既包括积极财产的继承也包括消极财产的继承。

（4）继承权具有不可转让性。继承权虽然是一项财产权，但是它同时也体现了一定的身份色彩。因此，继承人虽然可以放弃继承权但是不能将继承权转让给他人。

（5）继承权的取得是基于法律的规定或被继承人合法有效的遗嘱。

二、继承权的取得

（一）依据法律的直接规定取得法定继承权

1. 婚姻关系：配偶。

2. 血缘关系：父母、子女、兄弟姐妹、祖父母、外祖父母。

3. 扶养关系：丧偶儿媳、丧偶女婿。

（二）依据合法有效遗嘱取得遗嘱继承权

1. 有法定继承人资格。

2. 有合法有效的遗嘱。

三、继承权的放弃

继承人放弃继承权指继承人在继承开始后遗产分割前，以明确的方式作出放弃被继承人遗产的意思表示。

（一）放弃的时间

放弃继承权的意思表示应在继承开始后，遗产处理前作出。继承权是期待权，继承开始前作放弃意思表示的，不产生放弃继承权的效果；在遗产处理后，继承人已取得遗产，故放弃的不是继承权而是财产权。

（二）放弃的方式

放弃继承权的意思表示只能以明示的方式作出。在知道或者应当知道继承开始之后两个月内，继承人保持沉默的，视为接受继承（即不能通过沉默放弃继承，却可以通过沉默接受继承）。

继承人放弃继承应当以书面形式向其他继承人表示。用口头方式表示放弃继承，本人承认，或有其他充分证据证明的，也应当认定其有效。

（三）放弃继承的效力

放弃继承的效力，追溯到继承开始之时，即从继承开始就没有取得遗产所有权。如果出现了无人继承又无人受遗赠的遗产，归国家所有；死者生前为集体组织成员的，归集体所有。

继承权的放弃，与赡养义务不构成对价关系，不得以放弃继承权为由拒绝赡养。继承人因放弃继承权，致其不能履行法定义务的，放弃继承权的行为无效。

（四）继承权放弃的撤回

遗产处理前，放弃继承权的继承人反悔的，由人民法院酌情决定是否恢复其继承权；遗产分割后，放弃继承权的继承人反悔的，不予支持（《最高人民法院关于贯彻执行〈中华人民共和国继承法〉若干问题的意见》第50条）。

例 下列哪一行为可引起放弃继承权的后果？

A. 张某口头放弃继承权，本人承认

B. 王某在遗产分割后放弃继承权

C. 李某以不再赡养父母为前提，书面表示放弃其对父母的继承权

D. 赵某与父亲共同发表书面声明断绝父子关系

提示：继承人放弃继承应当以书面形式向其他继承人表示，用口头方式表示放弃继承，本人承认，或有其他充分证据证明的，也应当认定其有效。故选项A正确。放弃继承权的意思表示应在继承开始后，遗产处理前作出。本题中王某在遗产分割后放弃的不再是继承

权，而是所有权，故选项 B 错误。不得以放弃继承权为由来证明拒绝赡养的合法性，选项 C 错误。选项 D 违反公序良俗，声明无效，因而，不会产生放弃继承的效果，选项 D 不当选。

四、继承权的丧失（剥夺、取消）

继承权的丧失，又被称为继承权的剥夺，指法律规定在发生一定事由时，由法院取消继承人的继承权或其自动丧失继承权。

我国《继承法》第 7 条的规定了继承权丧失的法定事由：

1. 故意杀害被继承人

（1）主观上具有杀害被继承人的故意，不论其基于什么动机；

（2）客观上实施了非法剥夺被继承人生命的行为，不论其手段是作为或不作为，也不论其结果是既遂或未遂。

2. 为争夺遗产而杀害其他继承人的

（1）主观上具有杀害其他继承人的故意，且具有争夺遗产的动机；

（2）客观上实施了非法剥夺其他继承人生命的行为，不论是既遂或未遂。

3. 遗弃被继承人的，或者虐待被继承人情节严重的

凡继承人有遗弃被继承人的行为，不论其情节是否恶劣，后果是否严重，也不论其是否构成犯罪，均依法丧失继承权。虐待被继承人，需达到情节严重的程度才丧失继承权。继承人遗弃被继承人，或虐待被继承人情节严重的，如以后确有悔改表现，而且被遗弃人、被虐待人生前又表示宽恕的，可以不确认其丧失继承权。

4. 伪造、篡改或者销毁遗嘱，情节严重的

不论是伪造、篡改或者销毁遗嘱，主观上都应具有争夺或独占遗产的动机。

第四十三章　法定继承

重要法条及司法解释

《继承法》第10～14、27条。

《最高人民法院关于贯彻执行〈中华人民共和国继承法〉若干问题的意见》第25～31、52、53条。

命题分析

“法定继承”是继承法中的重要内容，也是本学科的高频考点，包括四个子知识点，即“法定继承的概念”“法定继承人的顺序和范围”“代位继承”和“转继承”。

从考查内容来看，主要考查“法定继承人的顺序和范围”“代位继承”与“转继承”的区分相关内容。从考查方式来看，主要是将“法定继承”与“遗嘱继承”“遗赠扶养协议”结合起来考查。

考生解题时，应准确把握法定继承的条件和特征，特别是“代位继承”与“转继承”之间的区别，并能熟练地确定继承人的范围和顺序，就可做到“稳操胜券”。

知识点精讲

一、法定继承概述

法定继承是我国现实生活中继承遗产的一种主要方式。法定继承，指在无合法有效的遗嘱时，直接依据法律规定的继承人范围、顺序及遗产分配原则进行遗产转移的一种继承方式。这种继承只能在无遗嘱时才能发生，所以又被称为“无遗嘱继承”。在没有合法有效的遗嘱的情况下，法定继承提供了严格、合理的遗产分配方式，有效地减少了遗产继承纠纷的出现。

法定继承有以下特征：

（1）法定继承以一定的人身关系为前提，即法定继承权的取得根据，是被继承人与继承人之间有婚姻关系、血缘关系或扶养关系。

（2）法定继承人的范围、顺序、应继份和遗产分配原则等都由法律明确规定，属于强制性规范，除法律另有规定外，其他任何单位、组织和个人均无权改变。

根据我国《继承法》第27条及有关规定，法定继承适用以下情况：

①被继承人未与他人订立遗赠扶养协议，或已订立的遗赠扶养协议无效的；

②被继承人生前未立遗嘱的；

③遗嘱继承人放弃继承权、丧失继承权或者受遗赠人放弃受遗赠权的；

④遗嘱继承人、受遗赠人先于遗嘱人死亡的；

⑤遗嘱无效部分所涉及的遗产，以及遗嘱未处分的遗产。

二、法定继承人的范围和顺序

（一）法定继承人的范围

法定继承的特征之一，是法定继承以一定的人身关系为前提，即法定继承权的取得根据，是被继承人与继承人之间有婚姻关系、血缘关系或扶养关系。根据《继承法》第10～12条的规定，我国法定继承人的范围如下：

（1）配偶：夫妻之间的相互称谓。配偶继承权的取得，是基于合法有效的婚姻关系成立和存续。我国《继承法》将配偶作为固定顺序的继承人，与血亲继承人共同继承遗产。

（2）子女：父母的法定继承人，不论其婚生还是非婚生，也不论其是男性还是女性，子女享有平等的继承权。我国《继承法》第10条规定："本法所说的子女，包括婚生子女、非婚生子女、养子女和有扶养关系的继子女。"

（3）父母：对子女有继承权的父母，依据《继承法》第10条规定，"包括生父母、养父母和有扶养关系的继父母"。

（4）兄弟姐妹（属于最近的旁系血亲）：有继承权的兄弟姐妹包括亲兄弟姐妹、养兄弟姐妹和有扶养关系的继兄弟姐妹。

（5）祖父母、外祖父母：除父母以外的血缘关系最近的长辈直系血亲。

（6）孙子女、外孙子女：对祖父母、外祖父母是隔代的晚辈直系血亲。根据我国《继承法》第11条和有关司法解释的规定，孙子女、外孙子女及晚辈直系血亲均为法定的代位继承人。

（7）对公婆尽了主要赡养义务的丧偶儿媳和对岳父母尽了主要赡养义务的丧偶女婿。

（二）法定继承人的顺序

法定继承的顺序，指法律规定的各法定继承人继承遗产的先后次序。顺序在前的法定继承人，有优先参加遗产继承的权利，在有第一顺序继承人继承的情况下，无第二顺序继承人的继承机会。依据我国《继承法》第10条的规定，遗产按照下列顺序继承：第一顺序：配偶、子女、父母。第二顺序：兄弟姐妹、祖父母、外祖父母。

依据我国《继承法》第12条的规定，丧偶儿媳对公、婆，丧偶女婿对岳父、岳母，尽了主要赡养义务的，可作为第一顺序继承人。孙子女、外孙子女，因法律规定其为代为继承人，他们不是基于自己固有的继承地位而继承，所以未列入法定继承顺位。

（三）适当分得遗产人

适当分得遗产的人，是我国继承法的一个独特概念，是指法定继承人及遗嘱继承人之外，依法应参与遗产分配、获得一定遗产份额的自然人。根据我国《继承法》第14条的规定，适当分得遗产人包括以下两类人：①虽然不是继承人，但是依靠被继承人生前扶养的无劳动能力又无生活来源的人，或者对被继承人扶养较多的人；②养子女不是其亲生父母的继承人，但是养子女对其生父母尽较多扶养义务的，可作为适当分得遗产人分得生父母遗产中的部分财产。

三、代位继承

代位继承，是指法定继承中被继承人的子女先于被继承人死亡时，由被继承人的子女的晚辈直系血亲代位继承其应继承份额。

代位继承人行使的是对被继承人遗产的继承权，而不是对被代位人的遗产继承权。我国《继承法》第11条规定："被继承人的子女先于被继承人死亡的，由被继承人的子女的晚辈直系血亲代位继承。代位继承人一般只能继承他的父亲或者母亲有权继承的遗产份额。"

代位继承必须具备下列条件：

（1）被代位人是被继承人的子女，且先于被继承人死亡。

（2）代位人是被代位人的直系血亲，在我国，代位继承不受代数限制。

（3）被代位人未丧失继承权。根据我国司法解释，代位人不是基于自己固有的继承地位，而是基于代替被代位人的地位取得继承权，因此被代位人必须享有继承权。

（4）代位人一般只能以被代位人的继承份额为限而继承；

（5）代位继承只适用于法定继承中，不适用于遗嘱继承和遗赠。

例 甲育有二子乙和丙。甲生前立下遗嘱，其个人所有的房屋由乙继承。乙与丁结婚，并有一子戊。乙因病先于甲死亡后，丁接替乙赡养甲。丙未婚。甲死亡后遗有房屋和现金。下列哪些表述是正确的？

A. 戊可代位继承　　B. 戊、丁无权继承现金

C. 丙、丁为第一顺序继承人　　D. 丙无权继承房屋

提示：根据我国《继承法》第11条的规定，被继承人的子女先于被继承人死亡的，由被继承人的子女的晚辈直系血亲代位继承。所以，戊作为乙的晚辈直系血亲可以代位继承甲的遗产。选项A当选。《继承法》第11条规定，被继承人的子女先于被继承人死亡的，由被继承人的子女的晚辈直系血亲代位继承。乙先于甲死亡，戊可代位继承甲的遗产。遗嘱继承人先于被继承人死亡，遗嘱无效，转为法定继承。《继承法》第10条的规定，遗产按照下列顺序继承：第一顺序：配偶、子女、父母。《继承法》第12条的规定，丧偶儿媳对公、婆，丧偶女婿对岳父、岳母，尽了主要赡养义务的，作为第一顺序继承人。因此，本题中甲的法定继承人包括法定继承人丙、代位继承人戊和尽到了主要赡养义务的丧偶儿媳丁。故选项B、D错误，选项C正确。

四、转继承

转继承，是指继承开始后，继承人没有表示放弃继承，并于遗产分割前死亡的，其继承遗产的权利转移给他的合法继承人。

我国《最高人民法院关于贯彻执行〈中华人民共和国继承法〉若干问题的意见》第52条规定："继承开始后，继承人没有表示放弃继承，并于遗产分割前死亡的，其继承遗产的权利转移给他的合法继承人。"转继承实质上是就被继承人的遗产连续发生的两次继承。转继承人享有的是分割被继承人遗产的权利，而不是对被继承人的遗产继承权。

转继承 VS 代位继承

区别	转继承	代位继承
发生时间 成立条件	转继承发生在继承开始后、遗产分割前，可因任一继承人的死亡而发生。	代位继承开始于被继承人死亡时，且只因被继承人的子女死亡而发生。
权利主体	转继承人是被转继承人死亡时生存的所有合法继承人。	代位继承人只限于被代位人的晚辈直系血亲。
适用范围	转继承可发生在法定继承，遗嘱继承和遗赠中。	代位继承只适用于法定继承。
继承人地位	转继承人是继承人的继承人。	代位继承人是被继承人的继承人。

第四十四章　遗嘱继承、遗赠和遗赠扶养协议

重要法条及司法解释

《继承法》第16~22、31条。

《最高人民法院关于贯彻执行〈中华人民共和国继承法〉若干问题的意见》第5、35~43条。

命题分析

“遗嘱继承”是继承法中的重要内容，也是本学科的高频考点，从考查内容来看，主要考查“遗嘱的撤销与变更”“遗嘱无效或部分无效”的相关知识点。从考查方式来看，命题人主要有两种考查方式，一种是专门考查遗嘱的效力问题，另一种是将“遗嘱继承”与“法定继承”“遗赠”或“遗赠抚养协议”结合起来考查。从命题趋势分析，多数情况下是考查“遗嘱的撤销与变更”的内容，所以考生应重点掌握撤销或变更遗嘱的方式和条件，以及遗嘱无效的法定情形。

“遗赠”与“遗赠扶养协议”考查的频率较小，命题人通常将其与“法定继承”“遗嘱继承”结合起来考查。考生只要熟练掌握相关概念和特征，并注意区分遗嘱继承、遗赠和遗赠扶养协议间的区别，即可准确答题。

知识点精讲

一、遗嘱继承

遗嘱是自然人生前依照法律的规定对个人所有财产的处分及其相关事务作出安排，于其死亡时生效的单方民事法律行为。遗嘱继承是与法定继承相对应的一种继承方式，它指在被继承人死亡后按被继承人生前所立的遗嘱继承其遗产，又被称为“指定继承”。

（一）遗嘱的生效条件

遗嘱作为一种单方法律行为，遗嘱人订立遗嘱必须符合法律规定的条件，遗嘱才能合法成立，从而具有法律约束力。根据我国《继承法》的规定，除被继承人死亡这一要件外，遗嘱有效还须具备以下要件：

（1）遗嘱人立遗嘱时必须具有遗嘱能力。根据我国《继承法》第22条、《最高人民法院关于贯彻执行〈中华人民共和国继承法〉若干问题的意见》第41条的规定，只有完全行为能力人才具有遗嘱能力，确定遗嘱人是否具有遗嘱能力，应以遗嘱人设立遗嘱时为准。

（2）遗嘱必须是遗嘱人的真实意思表示，即遗嘱中记载的有关遗产处分的意思表示是遗嘱人根据其真实意志自愿做出的。

（3）遗嘱的内容必须合法：①遗嘱处分的财产范围，限于遗嘱人个人所有的财产；②必须为法定的特定继承人保留必要的遗产份额；③遗嘱的内容不得违反《继承法》以外的其他法律的规定和社会的公序良俗。

（4）遗嘱的形式必须符合法律规定。遗嘱的形式是指遗嘱人处分个人财产的意思表示的方式。《继承法》第 17 条规定了遗嘱的五种形式：公证遗嘱、自书遗嘱、代书遗嘱、录音遗嘱、口头遗嘱。

（二）遗嘱无效的情形

根据我国《继承法》和《最高人民法院关于贯彻执行〈中华人民共和国继承法〉若干问题的意见》的有关规定，遗嘱无效的情形如下：

（1）限制、无行为能力人所立的遗嘱（欠缺遗嘱行为能力）。

（2）受胁迫、欺骗而立的遗嘱（意思表示不真实）。

（3）伪造的遗嘱（非遗嘱人的真实意思）。

（4）被篡改部分的遗嘱内容（非遗嘱人的真实意思）。

（5）处分了属于国家、集体、他人所有财产的遗嘱部分（内容不合法）。

（6）遗嘱未对缺乏劳动能力又没有生活来源的继承人保留必要的遗产份额的，对应当保留的必要份额的处分无效（内容不合法）。

（7）遗嘱的形式不符合《继承法》第 17 条的规定。

遗嘱的部分内容不符合法律规定而无效，不影响其他部分内容的效力，只要符合法律规定的生效条件都合法有效，即遗嘱可以部分有效、部分无效。如被篡改的遗嘱，被篡改的内容无效，其余部分可以有效。

（三）遗嘱的撤销与变更

遗嘱的变更，指遗嘱人依法改变原立遗嘱的部分内容。遗嘱的撤销，指遗嘱人取消原立遗嘱的全部内容。为充分彰显遗嘱自由的自治理念，法律允许行为人通过变更遗嘱与撤销遗嘱来改变先前所立遗嘱的内容。我国《继承法》第 20 条规定："遗嘱人可以撤销、变更自己所立的遗嘱。"但与遗嘱的订立一样，遗嘱自由要受到伦理秩序、公序良俗等基本原则的强度限制，比如只能由遗嘱人生前亲自进行，而不能由他人代理。遗嘱撤销与变更有明示的方式和推定的方式。

1. 明示的方式

明示撤销或变更遗嘱，指遗嘱人公开为意思表示，明确表示对原立遗嘱进行修改或撤销。《继承法》第 20 条的规定："立有数份遗嘱，内容相抵触的，以最后的遗嘱为准。自书、代书、录音、口头遗嘱，不得撤销、变更公证遗嘱。"故被继承人留有数份内容冲突的不同形式的遗嘱时，其效力原则是：

（1）公证遗嘱优于其他一切形式的遗嘱；

（2）无公证遗嘱的，以最后的遗嘱为准。

若要撤销或变更公证遗嘱，须由遗嘱人经公证机关办理，方为有效。若要撤销或变更除公证遗嘱外其他形式的遗嘱，以后立的遗嘱取代前立的遗嘱，即以最后遗嘱为准。

2. 推定的方式

撤销或变更遗嘱的推定，指遗嘱人未公开为意思表示，但是从遗嘱人生前实施的、与遗嘱意思表示相反的行为中，可以推定遗嘱人撤销或变更原遗嘱。《最高人民法院关于贯彻执行〈中华人民共和国继承法〉若干问题的意见》第39条："遗嘱人生前的行为与遗嘱的意思表示相反，而使遗嘱处分的财产在继承开始前灭失、部分灭失或所有权转移、部分转移的，遗嘱视为被撤销或部分被撤销。"

例1 甲立下一份公证遗嘱，将大部分财产留给儿子乙，少部分存款留给女儿丙，后乙因盗窃而被判刑，甲伤心至极，在病榻上当着亲友的面将遗嘱烧毁，不久去世。乙出狱后要求按遗嘱的内容继承遗产。对此，下列哪一选项是正确的?

A. 乙有权依据遗嘱的内容继承遗产

B. 乙只能依据法定继承的规定继承遗产

提示：公证遗嘱是由遗嘱人亲自申请，经国家公证机关办理了公证的遗嘱，是证明力最高的一种遗嘱形式。若要推翻公证遗嘱，遗嘱人须再次公证或者对遗嘱财产进行处分。甲烧毁遗嘱的行为不能撤销公证遗嘱，所以应按照遗嘱的内容继承遗产。选项A正确，当选。

例2 甲生前曾多次表示要将自己尚未发表的书稿赠送给乙，但一直未交付。后甲立遗嘱由丙继承全部遗产，但临终前又将自己尚未发表的书稿赠与丁并立即交付。该书稿的发表权应由谁行使?

A. 乙　　B. 丙　　C. 丁　　D. 丙和丁

提示：甲赠与丁书稿并交付，与原遗嘱的意思表示相反，可以推定原遗嘱中由丙继承书稿的内容被撤销，丙无权继承书稿。但该部分遗嘱的撤销并不意味着该书稿的著作权发生转移，根据《著作权法实施条例》第17条规定，作者生前未发表的作品，其发表权可由继承人或者受遗赠人行使；没有继承人又无受遗赠人的，由作品原件的所有人行使。因此丙作为甲的继承人，有权行使作品发表权。丁不享有著作权（发表权）。故选项B正确，当选。

二、遗赠和遗赠扶养协议

遗赠，是指公民以无偿的方式将个人财产的一部分或全部捐赠给国家、集体或法定继承人以外的人，并于遗赠人死后发生法律效力的单方民事行为。遗赠扶养协议，是指遗赠人与扶养人之间订立的关于扶养人承担遗赠人生养死葬的义务，遗赠人死后其遗产归扶养人所有的协议。

（一）遗赠与遗嘱继承的区别

遗嘱继承和遗赠都是公民用遗嘱处分遗产的单方民事行为，都是遗产所有权转移的方式，遗产都在遗嘱人死亡时开始转移。但两者有以下区别：

（1）权利主体的范围不同：遗赠中的受遗赠权的主体只能是国家、集体或法定继承人以外的人；在遗嘱继承中，遗嘱继承权的主体只能是法定继承人范围以内的人。

（2）意思表示推定不同：受遗赠人应当在知道遗赠后两个月内作出接受或放弃受遗赠

的意思表示，到期没有表示的视为放弃；遗嘱继承人放弃继承的，应当在遗产处理前作出放弃继承的表示，没有表示的视为接受继承。

（3）承担清偿被继承人债务不同。遗产已被分割而未清偿债务时，首先由法定继承人用其所得遗产清偿债务；不足清偿时，剩余的债务由遗嘱继承人和受遗赠人按比例用所得遗产偿还。

（4）取得遗产的方式不同。受遗赠人无权直接参与遗产分配，只能从遗嘱执行人或遗嘱继承人处取得遗产。

（二）遗赠扶养协议与遗赠的区别

1. 行为性质不同。遗嘱扶养协议是双方、有偿的民事行为，双方均享有权利和承担义务；遗赠是单方、无偿的民事行为，只须遗赠人单方意思表示即可成立，受遗赠人只享有权利而不承担清偿债务的义务。

2. 主体不同。遗嘱扶养协议的受赠人只能是公民或集体组织；遗赠的遗赠受领人可以是国家、集体或法定继承人以外的人。遗赠扶养协议的订立可以代理；订立遗嘱不得代理。

3. 订立的方式不同。遗嘱扶养协议为非要式行为，无须采用特定形式；遗赠是要式行为，须采用《继承法》第 17 条规定的特定形式。

4. 生效的时间不同。遗赠扶养协议自订立时起发生法律效力；遗赠自遗赠人死亡后发生法律效力。

5. 法律效力不同。遗赠扶养协议的效力优先于遗嘱和遗赠。

例 3　甲与保姆乙约定：甲生前由乙照料，死后遗产全部归乙。乙一直细心照料甲。后甲女儿丙回国，与乙一起照料甲，半年后甲去世。丙认为自己是第一顺序继承人，且尽了义务，主张甲、乙约定无效。下列哪一项表述是正确的？

A. 遗赠扶养协议有效

B. 协议部分无效，丙可以继承甲的一半财产

C. 协议无效，应按法定继承处理

D. 协议有效，应按遗嘱继承处理

提示：遗赠扶养协议是双方、有偿、非要式的民事行为，甲与乙的约定是双方真实的意思表示，甲、乙间的遗赠扶养协议是合法有效的。协议订立后乙按约定履行了义务，在甲死亡前双方均未提出解除遗赠扶养协议，应当按照遗赠扶养协议处理甲的遗产。选项 A 正确，当选。

第四十五章　遗产的处理

重要法条及司法解释

《继承法》第3、13～15、19、26、28、29、33、34条。

《最高人民法院关于贯彻执行〈中华人民共和国继承法〉若干问题的意见》第3、4、45、61条。

《最高人民法院关于审理人身损害赔偿案件适用法律若干问题的解释》第18条。

命题分析

“遗产的处理”包括“遗产的范围”“遗产的分割”“被继承人债务的清偿”三部分内容，其中“遗产的范围”以往考查次数较多。

“遗产的处理”已经多年没有考查，即使再次命题，题型和考查方式也不会发生大的变动。考生只要准确记忆遗产分割的原则和规定，尤其牢记“遗产的范围”相关内容，就可以准确答题。

知识点精讲

一、遗产的范围

根据我国《继承法》第3条的规定，遗产是指被继承人死亡时遗留的个人合法财产和依法可以继承的财产权利。遗产只限于被继承人生前个人所有的财产，公共财产、共有财产中他人所有的部分、保险金、抚恤金都不属于遗产。我国《继承法》列举的遗产范围如下：

（1）公民的收入。包括公民的工资、奖金，从事合法经营的收入，以及接受赠与、继承所得的财产。公民个人承包经营应得的个人收益，是公民合法收入，属于遗产的范围。

（2）公民的房屋、储蓄和生活用品。公民的房屋包括公民个人所有的自住房、出租房和营业用房。

（3）公民的林木、牲畜和家禽。

（4）公民的文物、图书资料。

（5）法律允许公民所有的生产资料。一般指国家法律允许从事工商经营的或农副业生产的各种交通运输工具、饲养设备等生产资料。

（6）公民的著作权、专利权中的财产权利。知识产权具有时间性，其财产权只在一定时间内受法律保护，故公民对知识产权的享有只限于法定的保护期限内。

（7）公民的其他合法财产。

特别提示：自然人生前已通过书面承诺或通过诉讼请求可以获得的人身损害赔偿金或精神损害抚慰金，可作为遗产处理。

例 1　张某因病住院，医生手术时误将一肾脏摘除。甲向法院起诉，要求医院赔偿治疗费用和精神损害抚慰金。法院审理期间，张某术后感染医治无效死亡。关于此案，下列哪些说法是正确的？

B. 张某继承人有权继承张某的医疗费赔偿请求权

C. 张某继承人有权继承张某的精神损害赔偿请求权

提示：医疗费的赔偿请求权，作为财产利益的体现，当张某去世后，可以作为遗产继承。《最高人民法院关于审理人身损害赔偿案件适用法律若干问题的解释》第 18 条第 2 款规定，精神损害抚慰金的请求权，不得让与或继承。但赔偿义务人已经以书面方式承诺给予金钱赔偿，或者赔偿权利人已经向人民法院起诉的除外。本题中，张某死前已经提起了诉讼，要求医院赔偿精神损害抚慰金，故对于医疗费和精神损害抚慰金均可继承，选项 B 和 C 正确。

二、遗产的分割

我国《继承法》第 5 条规定："继承开始后，按照法定继承办理；有遗嘱的，按照遗嘱继承或者遗赠办理；有遗赠扶养协议的，按照协议办理。" 据此，如果多种继承方式发生冲突，优先执行遗赠扶养协议，继之为遗嘱继承和遗赠（遗嘱扶养协议 > 遗嘱继承、遗赠 > 法定继承）。

（一）法定继承份额

在法定继承时，如数人共同继承，就需要在同一顺序的数名法定继承人之间确定各自的继承份额。根据我国《继承法》第 13 条的规定，法定继承中的遗产分配应当遵循：

（1）同一顺序的各个法定继承人，在生活状况、劳动能力以及对被继承人尽扶养义务等条件大体相同时，其继承遗产的份额应当均等。

（2）对生活有特殊困难的缺乏劳动能力的继承人，分配遗产时，应当予以照顾，可多分。

（3）根据继承人尽扶养义务的情况确定其继承遗产的份额。我国《继承法》规定，对被继承人尽了主要扶养义务或者与被继承人共同生活的继承人，分配遗产时，可以多分；有扶养能力和扶养条件的继承人，不尽抚养义务，分配遗产时，应当不分或者少分。

（二）遗嘱的执行

遗嘱的执行，指遗嘱人死亡后，由特定的人或组织按照遗嘱人所立遗嘱的内容处理遗产，以实现遗产的转移。遗嘱执行的时间，始于遗嘱人死亡而遗嘱生效之时。执行遗嘱的人被称为遗嘱执行人。

1. 遗嘱执行人的种类

担任遗嘱执行人，必须具备完全民事行为能力。根据遗嘱执行人产生的根据不同，分为以下三种：

（1）遗嘱指定的遗嘱执行人；

（2）法定继承人作为遗嘱执行人（遗嘱未指定执行人）；

（3）遗嘱人生前所在单位或继承开始地点的基层组织作为遗嘱执行人（没有前述两种遗嘱执行人）。

2. 遗嘱执行人的职责

遗嘱执行人负有管理遗产和执行遗产分配的职责，其权利义务包括：

（1）审查遗嘱是否合法有效；

（2）召集全体继承人及受遗赠人，公布遗产内容；

（3）清理遗产，确定遗产的范围，制作遗产清单；

（4）管理和保护遗产；

（5）依遗嘱分割和交付遗产给遗嘱继承人或受遗赠人；

（6）如出现妨碍遗嘱执行的情况，有权请求人民法院排除妨碍；

（7）有权从遗产中扣除执行遗嘱而支出的必要费用；

（8）遗嘱执行人管理遗产，履行职务应以善良管理人的态度对待，否则应对其故意或过失行为所造成的损失承担赔偿责任。

（三）遗产分割的原则

1. 遗产分割自由原则

继承人得随时要求分割遗产，其他继承人不得拒绝分割。遗产分割自由原则是就遗产分割请求权的行使而言的，当继承人的遗产分割请求受到侵害时，继承人得通过诉讼方式请求法院保护其权利。当然，如果继承人约定不得分割遗产或遗嘱禁止分割遗产的，继承人不能请求分割遗产。

2. 照顾胎儿原则：胎儿特留份

遗产分割时，若有胎儿的，应当保留胎儿的继承份额。依照我国《继承法》第 28 条的规定："遗产分割时，应当保留胎儿的继承份额。胎儿出生时是死体的，保留的份额按照法定继承办理。"

3. 互谅互让与协商原则

依照我国《继承法》第 15 条的规定："继承人应当本着互谅互让、和睦团结的精神，协商处理继承问题。遗产分割的时间、办法和份额，由继承人协商确定。协商不成的，可以由人民调解委员会调解或者向人民法院提起诉讼。"

4. 物尽其用原则

分割遗产应当符合有利于生产、生活需要，充分发挥遗产效用的要求。依照我国《继承法》第 29 条的规定："遗产分割应当有利于生产和生活需要，不损害遗产的效用。不宜分割的遗产，可以采取折价、适当补偿或者共有等方法处理。"

三、被继承人债务的清偿

（一）被继承人债务的范围

被继承人的债务，指依合同约定或依法律规定应由被继承人个人承担的财产义务。根据我国《继承法》和《最高人民法院关于贯彻执行〈中华人民共和国继承法〉若干问题的意见》的有关规定，遗产债务的范围大体包括：

（1）酌给遗产债务。对于继承人以外的依靠被继承人扶养的缺乏劳动能力又没有生活来源的人，或者继承人以外的对被继承人扶养较多的人，应酌情分配遗产。

（2）必留的遗产份额。对于胎儿和缺乏劳动能力又没有生活来源的继承人，应当保留必要的遗产份额。

（3）被继承人生前所欠的个人债务，包括应当缴纳的税款。

（4）遗赠债务。

（5）继承费用，包括丧葬费用、遗产管理费用、遗产清算费用、遗产执行费用、诉讼费用等遗产的负担。

（二）清偿被继承人债务的规则："限定继承制度"

1. 遗产的分配顺序应是：税款 > 一般债务 > 继承、遗赠。

2. 继承人清偿被继承人债务，以接受继承为前提。放弃继承的，不负偿还税款、债务的义务。

3. 清偿被继承人债务，以遗产的实际价值为限，超出遗产实际价值的部分，继承人可自愿偿还税款、债务。

4. 清偿被继承人债务，应为胎儿和缺乏劳动能力又无生活来源的人保留适当的遗产份额。

（三）遗产已分割，但尚未清偿债务时的处理原则

1. 有法定继承的，先由法定继承人用所得遗产清偿。不足的，剩余债务由遗嘱继承人、受遗赠人依比例偿还，但以遗产价值为限。

2. 无法定继承的，经由遗嘱继承人、受遗赠人依比例偿还，但以遗产价值为限。

3. 遗赠扶养协议受赠人不承担债务清偿责任。

例2 何某死后留下一间价值6万元的房屋和4万元现金。何某立有遗嘱，4万元现金由4个子女平分，房屋的归属未作处理。何某女儿主动提出放弃对房屋的继承权，于是3个儿子将房屋变卖，每人分得2万元。现债权人乙主张何某生前曾向其借款12万元，并有借据为证。下列哪些说法是错误的？

A. 何某已死，债权债务关系消灭

B. 四个子女平均分担，每人偿还三万元

C. 四个子女各自以继承所得用于清偿债务，剩下两万元由四人平均分担

D. 四个子女各自以继承所得用于清偿债务，剩下两万元四人可以不予清偿

提示：我国实行的是概括继承，即继承人对被继承人生前的财产权利义务总括承受。但是这种概括承受是有条件、有限制的。《继承法》第33条确定了以下规则：第一，债务人生前所负债务并不因债务人死亡而当然消灭；第二，继承人仅对被继承人生前所负的税款和债务负有限责任；第三，继承人放弃继承的，对被继承人依法应缴纳的税款和债务可以不负偿还责任。故选项D正确，选项A、B、C错误。

第四十六章　侵权行为的客体（法益）

重要法条及司法解释

《侵权责任法》第 2 条。

《民法总则》第 109 ~ 112、114、123、124、127 条。

《民法通则》第 99 ~ 103 条。

《民通意见》第 139 ~ 141、149 条。

《最高人民法院关于确定民事侵权精神损害赔偿责任若干问题的解释》第 1 ~ 5 条。

命题分析

"侵权行为的客体（法益）"是侵权法乃至整个民法中覆盖较广的考点，应当重点掌握。

从考查内容来看，该知识点主要围绕着人格权和身份权展开。其中，侵害人格权，尤其是肖像权、名誉权、姓名权、隐私权是考查重点。从考查形式看，试题通常是以案例的形式让考生分析判断何种法益遭受了侵害。

知识点精讲

一、侵权行为客体的概述

侵权行为的客体是民事权益，包括民事权利和民事利益。（《侵权责任法》第 2 条）基于协调自由和安全两项基本价值的考量，侵权法对不同的民事权益给予了不同程度的保护。

（一）民事权利

民事权利，根据效力的不同，分为绝对权和相对权。根据行为人"期待可能性"，侵权法的保护对象一般为绝对权。因为绝对权通常具有公示性，加害人得以知悉权利的存在及其内容，对防免义务及行为后果具有预测可能性；而相对权不具备这些特点，所以侵权法一般不保护相对权，否则对行为人的自由会构成不适当的干预。

《侵权责任法》第 2 条第 2 款列举了 18 种民事权利，属于不完全列举。除这 18 种权利外，身体权、个人信息、人格尊严权、人身自由权等也应当受到保护（《民法总则》第 109 条、第 111 条、第 112 条）。

《侵权责任法》第 2 条列举的民事权利

人格权	①生命权；②健康权；③姓名权；④名誉权；⑤肖像权；⑥隐私权；⑦婚姻自主权；⑧荣誉权；⑨发现权。

续表

身份（亲属）权	（10）监护权；（11）继承权。
物权	（12）所有权；（13）用益物权；（14）担保物权。
知识产权	（15）著作权；（16）专利权；（17）商标专用权。
社员权	（18）股权。

（二）民事利益

民事利益，包括人身利益和财产利益，这些利益虽然尚未形成民事权利，但已受到法律一定程度的保护。我国侵权法保护的财产利益包括占有、商业秘密、纯粹经济损失等，已在其他部门法中有论述，此处不予赘述。

人身利益

1	其他人格利益（《最高人民法院关于确定民事侵权精神损害赔偿责任若干问题的解释》第1条第2款）
2	死者人格利益，如死者的姓名、肖像、名誉、荣誉、隐私、遗体和遗骨（《最高人民法院关于确定民事侵权精神损害赔偿责任若干问题的解释》第3条）
3	具有人格象征意义的特定纪念物品上的人格利益（《最高人民法院关于确定民事侵权精神损害赔偿责任若干问题的解释》第4条）

人格权为本节的主要解析点，其余民事权利分布在婚姻继承法、物权法、知识产权法等领域，本章只是从“客体”层面做一般概述。

二、人格权

（一）概述

1. 含义

人格权是以人格利益为客体的权利，目的在于维护和实现民事主体人格平等、人格尊严和人格自由。人格权可以分为具体人格权和一般人格权，前者包括生命权、身体权、健康权、姓名权、名称权、肖像权、名誉权、荣誉权、隐私权等；后者属于抽象、概括的人格权利，如人格尊严权、人格自由权等。

2. 特征

（1）人格权具有专属性，不能让与、抛弃或继承，也不能由他人代为行使。但是，因为侵害人格权产生的财产损害赔偿请求权可以转让或继承，精神损害赔偿请求权在一定条件下也可以转让或继承（《最高人民法院关于审理人身损害赔偿案件适用法律若干问题的解释》第18条第2款）。

（2）人格权属于绝对权，具有排他效力。

（3）人格权的侵害较多涉及精神损害赔偿责任。

（二）分类

1. 生命权

生命权是指自然人维持生命和维护生命安全利益的权利，其客体是生命及其安全利益，与健康权和身体权不同。自然人的生命始于出生，终于死亡。因此，胎儿不享有生命权，导致胎儿死亡的侵权行为不构成对胎儿生命权的侵害，但是构成对孕妇健康权的侵害。尸体也不享有生命权，但是非法利用、损害遗体、遗骨，或者以违反社会公共利益、社会公德的其他方式侵害遗体、遗骨的，遭受精神痛苦的近亲属可以请求精神损害赔偿（《最高人民法院关于确定民事侵权精神损害赔偿责任若干问题的解释》第3条第（三）项）。

应注意，构成侵权法上的生命权侵权，必须以受害人死亡为要件，这与刑法上惩罚杀人未遂的情形不同。即使经受害人同意帮助其自杀，仍然构成对生命权的侵害，因为此种情形下的受害人同意因违反善良风俗而无效，不具有违法阻却性。

2. 健康权

健康权是指自然人维护其机体生理机能正常运作和功能完善发挥的权利。应注意，生命权是其他权利的来源，因此尚未出生的胎儿不享有生命权，亦不享有健康权，但对胎儿健康的侵害可以构成对胎儿母亲健康权的侵害。

例1 张某因病住院，医生手术时误将一肾脏摘除。张某向法院起诉，要求医院赔偿治疗费用和精神损害抚慰金。法院审理期间，张某术后感染医治无效死亡。关于此案，下列哪些说法是正确的？

A. 医院侵犯了张某的健康权和生命权

提示： 医生误将张某的肾脏摘除，侵犯了张某的健康权，破坏了其机体生理机能正常运作和功能完善发挥（当然，该行为亦构成对张某身体权的侵犯）；张某术后感染医治无效死亡，侵犯了张某的生命权。因此选项A正确，当选。

3. 身体权

身体权是指自然人维护其身体完整并能自由支配其身体各组成部分的权利。侵权法第2条未规定身体权，不过《最高人民法院关于确定民事侵权精神损害赔偿责任若干问题的解释》第1条第（一）项将身体权作为独立的人格权利。

与身体已持续性分离的部分，属于独立之物，不再享有身体权，如剪掉的头发、摘卸的假牙假肢等。侵犯身体权的行为主要表现为破坏权利人身体完整性，或者违背权利人的意愿干预其身体。医疗活动中医生对患者身体权的侵犯因取得患者和其近亲属的同意而获得了违法阻却性。

当侵权行为侵害身体完整性的同时，往往也构成对健康的侵害；反之亦然，侵害健康权的行为往往也是对身体权的侵害。不过二者的侧重点仍有不同：

侵犯身体权	侧重于防止从外部对身体完整性的破坏。	如擅自剪去他人头发（仅构成身体权侵权）。
侵犯健康权	侧重于防止从内部对身体机能的破坏。	如故意恐吓他人导致重病不起（仅构成健康权侵权）。

4. 姓名权

（1）姓名权的含义

姓名权是公民依法享有的决定、使用、改变自己姓名并排除他人干涉或非法使用的权利（《民法通则》第99条第1款）。姓名并不限于法定姓名，还包括笔名、艺名、曾用名等。自然人决定、变更姓名的权利以其具备相应的民事行为能力为前提。因此，无民事行为能力人、限制民事行为能力人的父母或其他监护人有权决定、变更未成年人的姓名，不构成对姓名权的侵犯。

（2）侵害姓名权的行为

侵犯姓名权的行为主要有干涉、盗用、假冒、背俗使用等情形：

①干涉姓名权，是指侵权人干涉、妨害他人行使姓名权；

②盗用他人姓名，是指未经权利人同意而使用其姓名，且不存在混淆同一性的危险；

③假冒他人姓名，是指将他人姓名作为自己的姓名，存在混淆同一性的危险；

④背俗使用他人姓名，是指故意以违背善良风俗的方式使用他人姓名。

例2 甲到乙医院做隆鼻手术效果很好。乙为了宣传，分别在美容前后对甲的鼻子进行拍照（仅见鼻子和嘴部），未经甲同意将照片发布到丙网站的广告中，介绍该照片时使用甲的真实姓名。丙网站在收到甲的异议后立即作了删除。下列哪一说法是正确的？

A. 乙医院和丙网站侵犯了甲的姓名权，应承担连带赔偿责任

B. 乙医院和丙网站侵犯了甲的姓名权，应承担按份赔偿责任

C. 乙医院侵犯了甲的姓名权

D. 乙医院和丙网站侵犯了甲的姓名权和肖像权，但丙网站可免于承担赔偿责任

提示：乙医院未经甲的同意发布了甲的照片，并在介绍照片时使用了甲的真实姓名，属于“盗用他人姓名”，所以乙医院侵犯了甲的姓名权。因此选项C正确，当选；

根据《侵权责任法》第36条第2款的规定：“网络用户利用网络服务实施侵权行为的，被侵权人有权通知网络服务提供者采取删除、屏蔽、断开链接等必要措施。网络服务提供者接到通知后未及时采取必要措施的，对损害的扩大部分与该网络用户承担连带责任”，本题中丙网站在收到甲的异议后立即作了删除，因此丙网站不构成侵权。选项A、B、D均有“丙网站侵犯姓名权”的表述，故选项A、B、D错误，不当选；

乙医院是否侵犯了甲的肖像权？因为医院发布的照片仅见鼻子和嘴部，并不构成完整的肖像，所以擅自利用局部的肖像并不构成对肖像权的侵害。故选项D中“乙医院侵犯了甲的肖像权”的表述亦错误，不当选。

例3 甲创作并出版的经典童话《大灰狼》超过著作财产权保护期后，乙将“大灰狼”文字及图形申请注册在“书籍”等商品类别上并获准注册。丙出版社随后未经甲和乙同意出版了甲的《大灰狼》童话，并使用了“大灰狼”文字及图形，但署名为另一著名歌星丁，丁对此并不知情。关于丙出版社的行为，下列哪一说法是错误的？

C. 侵犯了丁的姓名权

提示：丙出版社出版甲的《大灰狼》童话，但署名为另一著名歌星丁，属于“假冒他人姓名”，且存在混淆同一性之危险。因此丙出版社侵犯了丁的姓名权，选项C正确；因题干为选非题，故选项A不当选。

5. 名誉权、荣誉权

（1）名誉权

名誉权是指民事主体依法享有的对其获得的客观社会评价、排除他人侵害的权利（《民

法通则》第101条）。名誉权的客体是名誉，即对民事主体（自然人、法人）才干、声望、品德等的客观社会评价，而非民事主体内心的自我感受。

对名誉权的侵犯，需满足以下要件：①存在诽谤、侮辱等侵权行为；②侵权行为造成权利人社会评价降低的损害结果；③侵权行为与损害结果之间存在因果关系；④侵权人主观上存在过错。判断名誉权侵权的构成，是考查的重点。

应注意，非指名道姓侮辱、诽谤他人的情形：如果行为人发表的言论或撰写的文学作品中所涉及的人物仅仅是虚构的，虽然与权利人存在相似之处，仍不构成侵权；但是，若行为人虽未指名道姓，但事实上是以权利人或其特定事实为对象，构成名誉权侵权。

对不特定的群体进行侮辱、诽谤的情形：因为受害人不具有特定性，往往不认定构成名誉权侵权；但是受害人人数较少，处于可控制的范围时，可以认定构成名誉权侵权。

（2）荣誉权

荣誉权是指民事主体（自然人、法人）所享有的荣誉不受他人非法干预、剥夺的权利。构成荣誉权侵权的前提是权利人已经享有了荣誉。所谓“荣誉”，是指对特定民事主体的表扬、称赞等奖励，通常表现为荣誉称号。职务作为组织分工，并不能构成荣誉。

例4 朴某系知名美容专家。某医院未经朴某同意，将其作为医院美容专家在医院网站上使用了朴某照片和简介，且将朴某名字和简介错误地安在了其他专家的照片旁。下列哪一说法是正确的？

A. 医院未侵犯朴某的姓名权　　B. 医院侵犯了朴某的荣誉权

C. 医院侵犯了朴某的肖像权和姓名权

提示： 医院未经朴某同意在医院网站上使用其名字，属于“盗用他人姓名”之侵权行为，侵犯了朴某的姓名权，故选项A错误，不当选。医院将朴某的名字和简介错误的安在了其他专家的照片旁，因为“名字和简介”并不构成“荣誉”，所以医院不构成对朴某荣誉权的侵害。故选项B错误，不当选。医院以营利为目的，未经朴某同意使用其照片，构成对肖像权的侵害，故选项C正确，当选。

6. 肖像权

肖像权，是指自然人对自己肖像的自主支配权。权利人有权决定是否公开、允许他人以其肖像为内容进行拍摄、艺术创作等。所谓“肖像”，是指对自然人的外部特征所作的具有可识别性的展示，通常是通过照相、绘画、雕塑、录像等艺术方式或其他方式再现的物质形态。肖像，不仅可以体现在自然人的脸部特征上，凡是可以引起一般人产生与原形人有关的思想活动的载体，都可以称为肖像。

（1）肖像权的内容与侵权行为

肖像权的内容包括肖像制作权、肖像使用权。

相应地，任何人未经权利人的同意，擅自将其形象制作成肖像；或未经权利人同意，以营利为目的使用其肖像（《民法通则》第100条），都构成侵犯肖像权。判断肖像权侵权的构成，是本节的解析重点。

例5 甲女委托乙公司为其拍摄一套艺术照。不久，甲女发现丙网站有其多张半裸照片，受到众人嘲讽和指责。经查，乙公司未经甲女同意将其照片上传到公司网站做宣传，丁男下载后将甲女头部移植至他人半裸照片，上传到丙网站。下列哪些说法是正确的？

A. 乙公司侵犯了甲女的肖像权　　B. 丁男侵犯了甲女的名誉权

提示：乙公司未经甲女同意将其照片上传到公司网站做宣传，符合“以营利为目的未经权利人同意而使用其肖像”的条件，侵犯了甲女的肖像权，故选项A正确，当选。丁男将甲女的头部照片移植到他人半裸照片上，并上传到丙网站，甲女因此受到众人嘲讽和指责，可见丁男的行为已造成甲女社会评价降低的损害结果，构成对甲女名誉权的侵害。故选项B正确，当选。

例6 某“二人转”明星请某摄影爱好者为其拍摄个人写真，摄影爱好者未经该明星同意将其照片卖给崇拜该明星的广告商，广告商未经该明星、摄影爱好者同意将该明星照片刊印在广告单上。对此，下列哪一选项是正确的？

B. 广告商侵犯了该明星的肖像　　C. 广告商侵犯了该明星的名誉权

提示：广告商未经该明星同意将其照片刊印在广告单上，符合“以营利为目的未经权利人同意而使用其肖像”的条件，侵犯了该明星的肖像权。故选项B正确，当选。广告商未经该明星同意将其照片刊印在广告单上，但并未对其实施侮辱、诽谤等行为，也没有造成该明星的社会评价降低，不构成对该明星名誉权的侵犯。故选项C错误，不当选。

例7 赵某系全国知名演员，张某经多次整容后外形酷似赵某，此后多次参加营利性模仿秀表演，承接并拍摄了一些商业广告。下列哪一选项是正确的？

A. 张某故意整容成赵某外形的行为侵害了赵某的肖像权

B. 张某整容后参加营利性模仿秀表演侵害了赵某的肖像权

C. 张某整容后承接并拍摄商业广告的行为侵害了赵某的名誉权

提示：张某故意整容成酷似赵某的外形，但是并未涉及对赵某的肖像进行擅自制作、使用的行为，题中甚至连赵某的形象已被制作成肖像也不曾提及，因此张某不构成对赵某肖像权的侵犯。故选项A、B错误，不当选。张某整容后酷似赵某，承接并拍摄商业广告，但该行为不属于对赵某的侮辱、诽谤等行为，也不会导致赵某的社会评价降低，不构成对赵某名誉权的侵害。故选项C错误，不当选。

（2）肖像权保护的合理限制

为了防止因过度保护肖像权而造成对人们合理行为自由的妨害，需要对肖像权进行合理的限制。以下行为不构成对肖像权的侵害（包括但不限于）：①除法律另有规定的除外，因新闻报道使用他人肖像；②为进行犯罪调查、通缉逃犯等使用他人肖像；③为展示某一风景或地点，将自然人的肖像摄入其中，若该肖像不具有核心地位，仅为附属物或背景。

7. 隐私权

隐私权是指自然人享有对其私人信息、私人生活空间进行支配、利用并排除他人干涉的权利。相应地，侵犯隐私权的行为有两类：

一是未经权利人同意窃取、刺探或公布其个人信息。个人信息的范围十分广泛（包括姓名、性别、职业、学历、婚姻状况、财产状况、家庭住址、电话号码、病历资料、性取向等个人不愿意公开的信息），个人信息保护成为隐私权的核心内容。

二是侵扰权利人私人生活安宁的行为。如侵入、窥视他人住宅，以偷录、偷拍等形式窥探他人私人生活等。

不过，隐私权也受到相应的限制：如公众人物的隐私权受到一定的限制；公共场所的主要路口、通道安装的摄像头采集的视频不构成对隐私权的侵犯。

例8 张某旅游时抱着当地一小女孩拍摄了一张照片，并将照片放在自己的博客中，后来发现该照片被用在某杂志的封面，并配以“母女情深”的文字说明。张某并未结婚，朋友看到杂志后纷纷询问张某，熟人对此也议论纷纷，张某深受困扰。下列哪些说法是正确的？

B. 杂志社侵害了张某的名誉权　　C. 杂志社侵害了张某的隐私权

提示：杂志社在封面刊印了张某的照片，并配以“母女情深”的文字说明，但是张某并未结婚，熟人对此议论纷纷，张某深受困扰，可见杂志社捏造张某结婚生子的事实，造成张某社会评价有所降低，因此侵害了张某的名誉权。故选项B正确，当选。张某先前已将自己的照片放在博客中予以了公开，可见该照片并非其不愿公开的个人秘密。隐私的核心在于不欲为人所知的个人秘密，所以照片在公开后不属于隐私，杂志社没有侵犯张某的隐私权。故选项C错误，不当选。

例9 女青年牛某因在一档电视相亲节目中言辞犀利而受到观众关注，一时应者如云。有网民对其发动“人肉搜索”，在相关网站首次披露牛某的曾用名、儿时相片、家庭背景、恋爱史等信息，并有人在网站上捏造牛某曾与某明星有染的情节。关于网民的行为，下列哪些说法是正确的？

A. 侵害牛某的姓名权　　B. 侵害牛某的肖像权

C. 侵害牛某的隐私权

提示：网民披露了牛某的曾用名，不构成假冒、盗用、干涉等侵权行为，因此网民未侵害牛某的姓名权，故选项A错误，不当选。网民未经牛某同意在某网站披露了牛某的儿时照片，属于“未经许可使用他人肖像”之行为，但并非以营利为目的，所以不构成对牛某肖像权的侵害。故选项B错误，不当选。网民首次披露牛某的曾用名、儿时照片、家庭背景、恋爱史等个人信息，属于“未经权利人允许公布其个人信息”的行为，侵害了牛某的隐私权。故选项C正确，当选。

三、其他人身权益

（一）身份权

身份权与人格权，统称为人身权。身份权又称为“亲属权”，是指具有亲属关系的自然人之间基于亲属身份地位而相互享有的权利，身份权主要包括监护权、配偶权、亲权、亲属权、继承权等。

（二）信用权

我国对具体人格权采法定主义，现行法尚未规定信用权为具体人格权。因此涉及侵害信用权的行为，可以依照侵害其他具体人格权予以救济。

（三）个人信息

自然人的个人信息除了受隐私权保护外，还有专门的个人信息保护规定：任何组织和个人需要获取他人个人信息的，应当依法取得并确保信息安全，不得非法收集、使用、加工、传输他人个人信息，不得非法买卖、提供或者公开他人个人信息（《民法总则》第111条）。

四、财产权

侵权行为侵害财产权，是指行为人通过减损权利人的财产利益或破坏其权利状态，致使其使用价值或交换价值贬损、减少、丧失，或者破坏了权利人对于财产权客体的支配关系，使其财产利益受到损失。

侵害财产权的种类主要有三类：①侵占财产，是对财产所有权的侵害；②损坏财产，主要影响财产的价值和使用价值；③减损其他财产权益，主要指除所有权以外的其他财产利益受损。对侵害财产权的详述，参见本书“侵权责任的承担：财产损害赔偿”部分。

债权是否属于侵权行为的客体，存在理论争议。债权，是归属于债权人的财产性权利，但是债权属于相对权，不具有公示性。法考秉持的观点是：债权一般不构成侵权行为的客体，因此第三人侵害债权不纳入侵权法的调整范畴。

例 10　甲公司在交易中取得汇票一张，金额10万元，汇票签发人为乙公司，甲公司在承兑时被拒绝。其后，甲公司在一次交易中需支付丙公司10万元货款，于是甲公司将该汇票背书转让给丙公司，丙公司承兑时亦被拒绝。下列哪一选项是正确的？

D. 丙公司应当请求甲公司承担侵权赔偿责任

提示：《票据法》第36条规定：“汇票被拒绝承兑、拒绝付款或者超过付款提示期限的，不得背书转让；背书转让的，背书人应当承担汇票责任。”甲公司将被拒绝承兑的汇票背书转让给丙公司，甲公司应承担票据责任，而非侵权责任。另外，从甲公司侵犯丙公司债权的角度分析，该情形属于“债务人侵害债权”，但根据我国民法理论，不成立侵权责任。因此，选项D错误，不当选。

第四十七章　归责原则

重要法条及司法解释

《侵权责任法》第 6、7、24、31～35、38、41、43、54、58、59、65、69～75、78、80、81、85～91 条。

《道路交通安全法》第 76 条第 1 款。

《最高人民法院关于审理人身损害赔偿案件适用法律若干问题的解释》第 11、13、14 条。

命题分析

侵权责任的归责原则属于侵权责任法的高频考点，颇受命题人的喜爱，在 2018 年首届法考中就有所考查。

考生在掌握一般过错原则的基础上，应重点把握“饲养动物侵权责任”“产品缺陷责任”“环境污染责任”“用工单位责任”的归责原则。公平责任属于理念问题，司法案例中多有考量，需要认真领会。

知识点精讲

归责原则是指以何种原则确认和追究侵权人的侵权责任，它所解决的是侵权责任承担的主观基础问题，主要包括过错责任原则（含过错推定原则）、无过错责任原则、公平责任原则。

一、过错责任

（一）概述

过错责任原则是指除非法律另有规定，任何人仅在因自身的过错（故意或过失）侵害他人权益时，就其所造成的损害承担侵权责任。“任何人”包括受害人和其他行为人：如果损害是受害人故意造成的，行为人不承担责任，如果受害人对损害的发生也有过错的，可以减轻侵权人的赔偿责任；如果损害是数人共同故意造成的，行为人要承担连带责任。

（二）归责基础

过错责任的归责基础在于行为人具有过错（即可非难性），因此应对其行为后果承担责任。从消极层面讲，只要行为人没有过错，就不需要承担责任。这相较于传统的结果责任（以损害结果的存在为归责依据），减轻了人们在社会经济交往活动中的风险和负担，为资本经济的迅速发展提供了广阔的空间。所以，过错责任原则是在考虑经济便利和道德可非难性的基础上产生的。该制度体现了侵权责任法所追求的价值平衡：在救济受害人的同时，兼顾对行为人的自由保障。

侵权责任法上的“过错”判断，宜采“合理人标准”，即要求行为人应当具有其所在年龄层、所属职业等通常具备的认识能力和注意水平。若行为人在特定情形下未尽合理注意义务，未达成社会对行为人的合理期待，行为人就存在过错。具体而言，若行为人属于明知其行为会造成损害结果却追求或放任该结果的发生，则认定行为人存在故意；否则，认定行为人存在过失，过失可进一步分为重过失与轻过失两类，其影响责任承担的比例。

二、过错推定责任

（一）概述

过错推定责任是指损害发生后，依法律规定推定行为人有过错，如果行为人不能证明自己没有过错的，应当承担侵权责任（《侵权责任法》第6条第2款）。

科学技术的发展，很多损害事故都涉及专业的知识或技术，加大了受害人对行为人过错的证明难度；另一方面，转由行为人证明自己没有过错，有利于督促行为人善尽合理注意义务。过错推定责任的产生，免除受害人对过错的证明责任，转由行为人证明自己没有过错。但是受害人对除过错以外的其余要件仍负证明责任。过错推定责任只是过错责任的特殊形态，而非独立的归责原则。

（二）适用情形

过错推定责任仅限于法律明文规定的特定情形（见下表），《侵权责任法》第6条第2款并非独立的请求权基础，不能单独使用。

《侵权责任法》明文规定的9种过错推定责任："非常6+3" = 3机构6物品

1	教育机构对无民事行为能力人遭受损害的赔偿责任（第38条）。
2	医疗机构违反诊疗规范、拒绝提供或伪造、篡改、销毁病历资料的责任（第58条）。
3	动物园饲养的动物致人损害的责任（第81条）。
4	非法占有的高度危险物致害时，所有人、管理人与非法占有人之间的连带责任（第75条）。
5	建筑物及其搁置物、悬挂物脱落、坠落的致害责任（第85条）。
6	堆放物倒塌的致害责任（第88条）。
7	在公共道路上堆放、倾倒、遗撒妨碍通行物的致害责任（第89条）。
8	林木折断、果实坠落的致害责任（第90条）。
9	窨井等地下设施的致害责任（第91条第2款）。

记忆线索：“教医高原吾落坑”，“五落”建筑物件、堆放物、妨行物、林木、果实。

例1 甲、乙、丙按不同的比例共有一套房屋，约定轮流使用。在甲居住期间，房屋廊檐脱落砸伤行人丁。下列哪些选项是正确的?

A. 甲、乙、丙如不能证明自己没有过错，应对丁承担连带赔偿责任

D. 本案侵权责任适用过错责任原则

提示：根据《侵权责任法》第85条规定：“建筑物、构筑物或者其他设施及其搁置物、悬挂物发生脱落、坠落造成他人损害，所有人、管理人或者使用人不能证明自己没有过错的，应当承担侵权责任。所有人、管理人或者使用人赔偿后，有其他责任人的，有权向其他责任人追偿。”所以选项A正确，当选。

建筑物及其搁置物、悬挂物脱落、坠落的致害责任适用过错推定责任，也属于过错责任原则的范畴，因此选项D正确，当选。

例2 甲饲养的一只狗在乙公司施工的道路上追咬丙饲养的一只狗，行人丁避让中失足掉入施工形成的坑里，受伤严重。下列哪些说法是错误的？

A. 如甲能证明自己没有过错，不应承担对丁的赔偿责任

B. 如乙能证明自己没有过错，不应承担对丁的赔偿责任

C. 如丙能证明自己没有过错，不应承担对丁的赔偿责任

D. 此属意外事件，甲、乙、丙均不应承担对丁的赔偿责任

提示：对行人丁的受伤可能需要承担责任的是甲和丙因其饲养的狗相互追咬所导致的动物致人损害的民事责任，以及乙公司因其地面施工致人损害的民事责任。根据《民法通则》第127条的规定，前者的归责原则是无过错责任原则；另根据《民法通则》第125条的规定，后者则是过错责任原则下的过错推定责任。因而不论甲、丙是否有过错，除非有特定的抗辩事由，甲、丙都应承担对丁的赔偿责任，故选项A、C错误，是应选项。然而乙如能证明自己没有过错，便不应承担对丁的赔偿责任。故选项B正确，不是应选项。选项D错误，当选。

三、无过错之危险责任

（一）无过错责任的概述

无过错责任原则是指无论行为人有无过错，只要其行为损害了他人民事权益，根据法律规定就得承担侵权责任。无过错责任的成立不以责任人的过错为要件，但不意味着过错没有意义。责任人是否存在过错，尤其是故意或者重大过失，影响责任减轻事由的成立（《最高人民法院关于审理人身损害赔偿案件适用法律若干问题的解释》第2条第1款）；另外，在产品责任中，责任人的过错决定是否承担惩罚性赔偿责任。应注意，无过错责任也存在责任减免事由，因此无过错责任并非绝对责任原则。

无过错责任包括两类：危险责任和替代责任。两者分别对应不同的责任基础和适用情形。

（二）无过错责任之危险责任

1. 责任基础

无过错责任之危险责任的理论基础在于责任人是危险的开启者或控制者，并且是开展危险活动或保有危险物件的受益者。责任人所从事的活动或保有的物件具有高度危险性，但这些物件、活动是科技发展的产物，同时又是社会进步的“必需品”，使得法律在允许这些危险活动或物件存在的同时，又必须照顾社会大众的安全利益。因此当危险现实化造成他人损害时，危险活动的行为人或危险物品的管理人不论有无过错，都应当承担责任。

2. 适用情形

这类无过错责任包括以下7种：

（1）缺陷产品责任（注意：生产者、销售者对内追偿时适用过错责任原则）。

（2）医疗产品责任（生产者、提供者、销售者等内部追偿同上）。

（3）机动车与非机动车驾驶人、行人间的交通事故责任（10%为严格责任）。

（4）高度危险责任（注意：遗失、抛弃、非法占有高危物品、高危物品交他人管理等致害的，所有人适用过错归责）。

（5）环境污染责任（绝对严格责任——因果关系举证倒置）。

（6）建筑设施倒塌责任（建设单位与施工单位连带责任；严格责任；第三人原因者自己责任）。

（7）饲养动物侵权责任（违规饲养、危险饲养者严格责任）。

例3　甲系某品牌汽车制造商，发现已投入流通的某款车型刹车系统存在技术缺陷，即通过媒体和销售商发布召回该款车进行技术处理的通知。乙购买该车，看到通知后立即驱车前往丙销售公司，途中因刹车系统失灵撞上大树，造成伤害。下列哪些说法是正确的？

D. 甲的责任是无过错责任

提示：根据《侵权责任法》第41条规定："因产品存在缺陷造成他人损害的，生产者应当承担侵权责任。"可见，生产者对缺陷产品承担无过错责任，故选项D正确，当选。

四、无过错责任之替代责任

（一）责任基础

无过错责任之替代责任的理论基础在于责任人对侵权人具有控制力，或享受着行为人为其带来的利益，而且责任人承担责任的能力通常也比行为人强。因此即使责任人不是侵权行为的实施者，也无相应的过错，仍然应当承担侵权责任。如此一方面能督促责任人更好地履行监督管理和教育的职责，避免侵权行为的发生；另一方面也能更好地赔偿受害人的损失，保护其权益。

（二）适用情形

这类无过错责任也被称为"替代责任"，包括以下5种：

<table>
<tr><td>（1）监护人侵权责任。</td><td>基于身份关系；控制主体。</td></tr>
<tr><td>（2）用人单位、用工单位侵权责任。</td><td rowspan="4">基于用工关系；受益主体。</td></tr>
<tr><td>（3）个人劳务侵权责任。</td></tr>
<tr><td>（4）雇主侵权责任（《最高人民法院关于审理人身损害赔偿案件适用法律若干问题的解释》第11条）。</td></tr>
<tr><td>（5）帮工侵权责任（《最高人民法院关于审理人身损害赔偿案件适用法律若干问题的解释》第13、14条）。</td></tr>
</table>

五、公平补偿责任

（一）概述

公平补偿责任是指在加害人和受害人均对损害的发生没有过错的情况下，由当事人双方适当分担损害行为所造成的损失，来补偿受害人的损害的原则。

（二）构成要件

公平补偿责任的构成要件：

（1）当事人双方均对损害的发生没有过错；

（2）不属于无过错责任侵权；

（3）受害人的损害与加害人的加害行为之间具有因果关系；

（4）全部损害结果由加害人承担将违背民法上的公平原则。

（三）适用情形

公平补偿责任可以适用以下3种情形：

（1）因防止、制止他人民事权益被侵害而使自己受损害的情形（应注意，这种情形多指见义勇为的情形）。

（2）完全民事行为能力人对自己的行为暂时没有意识或者失去控制造成他人损害没有过错的。（该情形仅适用无过错的情形，若行为人有过错，将承担过错责任）。

（3）从建筑物中抛掷物品或者从建筑物上坠落的物品造成他人损害（应注意，只有在不能够确定具体加害人时，除能够证明自己不是侵权人的外，由可能加害的建筑物使用人给予补偿）。

需要注意的是，公平补偿责任的适用并不局限于以上几种情形，凡是符合公平补偿责任构成要件的，均可以适用。

第四十八章　一般侵权责任构成

重要法条及司法解释

《侵权责任法》第 6、7、30 条。

《民法通则》第 98 ~ 102、106、139 条。

《最高人民法院关于审理人身损害赔偿案件适用法律若干问题的解释》第 7 条第 1 款。

命题分析

“一般侵权责任构成”为几乎每年都会涉及的知识点，考查频次非常之多，可谓高频考点。

本知识点重点考查行为人主观上是否具有过错以及侵权行为与损害结果之间的因果关系。试题一般较为简单，需要重点分析行为人的主观状态以及行为与结果之间的因果关系。

知识点精讲

一般侵权责任，须符合必要的构成要件，以便于实务中进行事实认定和法律适用，包括存在侵权行为、存在损害事实、侵权行为与损害事实之间存在因果关系、行为人主观上存在过错四个方面。

一、侵权行为

（一）概念

行为人客观上实施了侵权行为或违法行为。违法指行为在客观上与法律的规定相违背，并且不具有违法阻却性。行为，包括作为和不作为，其中不作为侵权要求加害人负有作为的义务，以下重点论述。

（二）不作为侵权

1. 作为义务的来源

（1）法律规定，如商场等公共场所的管理人和群众性活动的组织者负有的安全保障义务（《侵权责任法》第 37 条）。

（2）合同约定，即双方当事人通过合意设定的义务。

（3）特殊身份与特殊关系所产生的义务，如父母子女之间、夫妻之间在遭遇险情时的救助义务。

（4）行为人的先前行为产生的义务，如成年人带邻家小孩外出，对孩子负有保护的义务；肇事司机对受害人有救助义务等。

2. 不作为侵权的构成要件

（1）行为人具有作为的义务。

（2）行为人有实施该义务的能力。

（3）由于行为人没有履行该义务而造成损害结果。

二、损害事实

分类（依据能否以金钱加以计算）

财产性损害	也称“有形损害”，指具有财产价值，能够以金钱衡量并填补偿的损害。
非财产性损害	也称“无形损害”，通常指人身损害。没有财产价值，无法以金钱加以计算，但可依法通过“精神抚慰金”予以救济。被侵权人除了主张精神赔偿外，主要通过赔礼道歉、恢复名誉、消除影响等方式请求救济。

三、因果关系

这里的“因果关系”是指违法行为与损害后果之间具有引起和被引起的关系。如果没有因果关系，则不能构成侵权责任。关于因果关系成立的标准，主要有以下几种：

条件说	行为与结果之间存在着没有前者就没有后者的条件关系。
相当因果关系说	条件未必都是原因，只有其中与结果的发生具有“相当性”的条件，才能认定为原因。“相当性”即依照一般的社会观念，该行为是否会导致该结果的发生。
高度盖然性说	无法判断行为与结果之间是否具有引起与被引起的关系时，只要行为对于结果的发生具有高度盖然性即可。

例 1 某法定机关代表人甲安排驾驶员乙开车执行公务，乙以身体不适为由拒绝。甲遂临时安排丙出车，丙在途中将行人丁撞成重伤。有关部门认定丙和丁对事故的发生承担同等责任。关于丁人身损害赔偿责任的承担，下列哪些表述是错误的？

B. 乙不服从领导安排应当承担部分赔偿责任

提示：因乙不服从领导安排的行为与丁的损害之间没有法律上的因果关系，所以乙不承担侵权责任。

四、主观过错（过错归责原则下的必备要件）

主观过错主要包括故意和过失两种，过失包括重大过失和一般过失，其中考查的重点是关于“过失”的判断。

对过失的判断，首先应判断法律是否明确规定了行为标准。若不存在法律明确规定的行为标准，以“合理人标准”判断行为是否具有过失，即将行为人的行为状态与行为人应当达到的行为状态进行对比，一般指行为人的行为是否达到了与其智力水平或其所属的职业阶层相适应的注意义务。

例 2 大学生甲在寝室复习功课，隔壁寝室的学生乙、丙到甲寝室强烈要求甲打开电视观看足球比赛，甲只好照办。由于质量问题，电视机突然爆炸，甲乙丙三人均受重伤。

关于三人遭受的损害，下列哪一选项是正确的？

B. 甲可要求乙、丙承担损害赔偿责任

D. 乙、丙有权要求甲承担赔偿责任

提示：乙、丙要求甲打开电视机观看足球比赛的行为与损害结果之间没有法律上的因果关系，所以乙、丙不承担侵权责任，选项B错误。《侵权责任法》第6条规定，行为人因过错侵害他人民事权益，应当承担侵权责任。甲对乙、丙的损害并不具有过错，所以甲不承担侵权责任，选项D错误。

例3　小偷甲在某商场窃得乙的钱包后逃跑，乙发现后急追。甲逃跑中撞伤欲借用商场厕所的丙，因商场地板湿滑，丙摔成重伤。下列哪些说法是错误的？

C. 乙应当适当补偿丙的损失

提示：《侵权责任法》第30条规定。因正当防卫造成损害的，不承担责任。乙追小偷甲的行为是正当防卫，不构成侵权。

第四十九章　数人侵权责任

重要法条及司法解释

《侵权责任法》第 8、10 ~ 14 条。

命题分析

本考点近年考查的频率较高，但考点本身不难把握，搞清楚各类型侵权行为之间的区别与联系，问题就会迎刃而解。

“数人侵权”包括“有意思联络数人侵权”“无意思联络数人侵权”“教唆、帮助侵权”以及“共同危险行为”，其中“无意思联络数人侵权”是数人侵权行为中的“重中之重”。

数人侵权责任是指由数个责任主体对同一损害后果承担侵权责任的责任承担形式，为数人共同的侵权责任。数人侵权责任因为需要考量数个侵权行为人和受害人等多方利益，所以其制度设计较为复杂，是侵权责任法的一大难点，也是侵权法中基础性考点。

知识点精讲

一、共同侵权（有意思联络的数人侵权）

（一）构成要件

1. 主体是二人以上，可以是自然人也可以是法人。

2. 数个行为人共同过错地实施了侵权行为。这里的“共同”可以是共同的故意、共同的过失、也可以是故意行为与过失行为的结合。

3. 数个侵权行为与损害后果之间具有因果关系。

4. 受害人因侵权行为受到损害。这是受害人请求加害人赔偿的必备条件，无损害，则无救济。

> **简单概括：**二人以上共同实施侵权行为，造成损害后果，侵权行为与损害结果之间要有因果关系。

（二）责任承担

共同侵权人对损害结果承担连带责任。

二、无意思联络的数人侵权

（一）概念

无意思联络的数人侵权是指数个行为人并无共同的过错，但由于数个行为的结合而导致同一损害后果发生的侵权行为。

（二）分类

无意思联络的数人侵权包括承担连带责任的无意思联络数人侵权和承担按份责任的无意思联络数人侵权。以下进行重点区分：

	承担连带责任的无意思联络的数人侵权	承担按份责任的无意思联络的数人侵权
主体	二人以上	
行为	分别实施侵权行为，彼此之间没有意思联络	
结果	造成同一损害结果	
因果关系	每个人的行为都足以造成全部损害后果。即每个独立的行为都是损害结果发生的直接原因，即使没有其他行为，该行为也可以单独导致结果的发生。	每一个独立的行为不足以导致损害结果的发生，但因偶然结合导致损害结果的发生
责任承担	各侵权人承担连带责任。	能够确定责任大小的，各侵权人各自承担相应的责任；难以确定责任大小的，平均分担赔偿责任。

例　甲晚10点30分酒后驾车回家，车速每小时80公里，该路段限速60公里。为躲避乙逆向行驶的摩托车，将行人丙撞伤，丙因住院治疗花去10万元。关于丙的损害责任承担，下列哪一说法是正确的？

A. 甲应承担全部责任

B. 乙应承担全部责任

C. 甲、乙应承担按份责任

D. 甲、乙应承担连带责任

提示：甲乙之间并无意思联络，分别实施侵权行为造成同一损害结果，构成无意思联络的数人侵权。因为甲乙的独立行为都不足以导致损害结果的发生，因此二者之间不承担连带责任，应承担按份责任。故选项C正确，当选；其他选项错误，不当选。

三、教唆、帮助侵权责任

（一）概念

教唆、帮助侵权责任，是教唆、帮助他人实施侵权行为所产生的民事责任。该责任承担机制区分两种情形：①教唆、帮助完全民事行为能力人实施侵权行为；②教唆、帮助欠缺行为能力人实施侵权行为。

（二）构成要件

1. 教唆人、帮助人实施了教唆、帮助行为。

2. 教唆人、帮助人具有教唆、帮助的主观意图。

3. 被教唆人、被帮助人实施了相应的侵权行为并造成损害后果。

（三）责任承担规则

1. 教唆、帮助完全民事行为能力人实施侵权行为的，教唆人、帮助人与行为人承担连带责任。

2. 教唆、帮助无民事行为能力人、限制民事行为能力人实施侵权行为的，教唆人、帮助人应当独立承担侵权责任；但需要教唆人、帮助人明知被教唆人、被帮助人为无民事行为能力人、限制民事行为能力人。

3. 如果被教唆、被帮助的无民事行为能力人、限制民事行为能力人实施侵权行为时，其监护人未尽到监护责任的，监护人应当承担相应的责任。

四、共同危险行为

（一）概念

共同危险行为是指二人以上均实施了危及他人人身或者财产安全的行为并造成损害后果，但不能确定实际侵害人的情况。共同危险行为与共同侵权行为的最大区别是共同危险行为不能确定实际侵权人。

（二）共同危险行为的构成要件

1. 主体为二人以上。

2. 均实施侵权行为，其中一人或数人的行为造成他人损害。

> **注意：**虽然实施危及他人人身、财产安全行为的主体是数人，但真正导致受害人损害后果发生的只是其中一个人或者几个人的行为。

3. 具体的侵权人不明。在共同危险行为中，或许只是一人的行为造成了损害后果的发生，或者是多人的行为共同造成了损害后果的发生，但无法确定是何人的行为造成了损害后果的发生。

（三）法律后果

数行为人承担连带责任。

（四）免责事由

若能证明损害结果是由具体的加害人行为所致，其他行为人可以免责。

第五十章　侵权责任的承担

重要法条及司法解释

《侵权责任法》第 16 ~ 20、22、26 ~ 31、72 ~ 73 条。

《合同法》第 122 条。

《最高人民法院关于确定民事侵权精神损害赔偿责任若干问题的解释》第 1 ~ 11 条。

《最高人民法院关于审理人身损害赔偿案件适用法律若干问题的解释》第 1、18、31、33 条。

命题分析

"侵权责任的承担"是一个重要考点，主要涉及侵权责任的减免、侵权责任的竞合、财产损害赔偿、精神损害赔偿等内容。本知识点基本每年都会考查。其中责任的减免规则、责任竞合的规则、财产损失的范围、精神损害的认定等均是司法实务中的焦点问题。

知识点精讲

民事主体的人身权利和财产权利神圣不可侵犯。侵权人侵害他人合法权益的后果就是承担相应的侵权责任。侵权责任的承担涉及很多基础性问题，涵盖范围很广。侵权责任的承担解决的是侵权行为成立后的后果问题，即如何在主体之间分配这种不利后果，涉及利益衡量的公平问题。

一、责任减免之受害人过错

（一）概述

受害人过错，指受害人对侵权行为的发生或者损害结果的扩大存在过错，具体包括故意和过失。若受害人存在故意，则行为人不承担责任（《侵权行为法》第 27 条），因为受害人的故意切断了行为人的侵权行为与受害人的损害结果之间的因果关系，造成受害人损害结果的唯一原因是受害人的故意行为。若受害人存在过失，则可以减轻行为人的责任（《侵权行为法》第 26 条）。受害人是否存在过错，由加害人承担举证责任。

（二）受害人故意的构成要件

1. 受害人具有责任能力，即具有识别、判断自己行为性质、后果的能力。

2. 受害人明知其故意行为会给自己造成损害的结果并追求或放任损害结果的发生，即直接故意。

3. 受害人的故意行为是受害人遭受损害的唯一原因。若侵权人的侵权行为亦是受害人损害的原因之一，则受害人的过错仅构成减轻责任的事由，并非免除责任的事由。

（三）受害人故意的适用范围（《侵权责任法》的有关规定）

1. 一般规定：损害是因受害人故意造成的，行为人不承担责任（第27条）。

2. 特别规定（注意受害人的故意和过失对责任承担范围的影响；以及法定免责事由）：

（1）民用核设施侵权责任：民用核设施的经营者能够证明损害是因战争等情形或者受害人故意造成的，不承担责任（第70条）。

（2）民用航空器侵权责任：民用航空器的经营者能够证明损害是因受害人故意造成的，不承担责任（第71条）。

（3）高度危险物侵权责任：占有人或者使用人能够证明损害是因受害人故意或者不可抗力造成的，不承担责任。被侵权人对损害的发生有重大过失的，可以减轻占有人或者使用人的责任（第72条）。

（4）高度危险活动侵权责任：经营者能够证明损害是因受害人故意或者不可抗力造成的，不承担责任。被侵权人对损害的发生有过失的，可以减轻经营者的责任（第73条）。

（5）饲养动物侵权责任：动物饲养人或者管理人能够证明损害是因被侵权人故意或者重大过失造成的，可以不承担或者减轻责任（第78条）。

二、责任减免之第三人过错

（一）概述

第三人过错是指第三人对损害结果的发生或扩大存在过错，第三人应当承担侵权责任（《侵权责任法》第28条）。应注意，第三人的行为并非在任何情形下都能切断行为人的侵权行为与损害结果之间的因果关系。只有当损害完全是由第三人造成时，行为人才得以免除责任；否则，应当纳入多数人侵权的考查范畴。

（二）适用范围

所有的侵权行为都可以适用第三人过错（第三人行为）的相关规定，但是在部分责任中有关第三人过错的规定较为特殊，应着重掌握：

（1）安全保障责任中，因第三人的行为造成他人损害的，由第三人承担侵权责任；管理人或者组织者未尽到安全保障义务的，应承担相应的补充责任。

（2）因运输者、仓储者等第三人的过错致使产品存在缺陷，造成他人损害的，产品的生产者、销售者赔偿后，有权向第三人追偿。应注意，侵权人承担责任后享有追偿权。

（3）因第三人的过错污染环境造成损害的，被侵权人可以向污染者请求赔偿，也可以向第三人请求赔偿。污染者赔偿后，有权向第三人追偿。应注意，被侵权人享有选择权，侵权人承担责任后享有追偿权。

（4）因第三人的过错致使动物造成他人损害的，被侵权人可以向动物饲养人或者管理人请求赔偿，也可以向第三人请求赔偿。动物饲养人或者管理人赔偿后，有权向第三人追偿。应注意，被侵权人享有选择权，侵权人承担责任后享有追偿权。

三、责任减免之不可抗力

（一）概述

不可抗力是指不能预见、不能避免且不能克服的客观情况。除法律另有规定的除外，因不可抗力造成他人损害的，不承担责任，因为不可抗力的存在使“行为人的过错”这一要件不能具备。

> **注意：**在我国侵权责任法中，不可抗力不能成为民用核设施侵权责任、民用航空器侵权责任的免责事由。

（二）构成要件

1. 存在与侵权人无关的外界客观情况，但不包括侵权人之外的第三人行为。
2. 就侵权人而言，这种客观情况造成的损害是不能预见、不能避免且不能克服的。

四、责任减免之正当防卫

（一）概述

正当防卫是指为了使公共利益、本人或他人的财产、人身或其他合法利益免受正在进行的不法侵害，而对不法侵害人所实施的不超过必要限度的行为。因正当防卫所造成的损害，行为人不承担责任。若正当防卫超过必要限度，造成不应有的损害，防卫人应当承担适当的责任。

（二）构成要件

1. 防卫起因：存在不法侵害行为；应注意，如果侵害来自他人之物而非他人之不法侵害行为，则属于紧急避险。
2. 防卫目的：为保护公共利益、本人或他人合法权益免受不法侵害。
3. 防卫对象：针对不法侵害人本身。
4. 防卫时间：不法侵害正在进行。
5. 防卫限度：不超过必要限度。

五、责任减免之紧急避险

（一）概述

紧急避险是指为了使公共利益、本人或他人的财产、人身或其他合法权益免受正在发生的危险，不得已采取的致他人较少损害的行为。因紧急避险造成的损害，需要根据险情发生的原因确定责任的承担：如果险情是人为引起的，由引起险情的人承担责任；如果险情是自然原因引起的，避险人不承担责任或可以给予适当补偿。

（二）构成要件

1. 存在紧迫危险。
2. 避险人不得已才实施加害他人的行为。

3. 没有超过必要的限度，否则避险人仍应当承担适当的责任。

例1 丁公司（丁公司由钱某和刘某设立）员工方某驾驶该车接送酒店客人时，为躲避一辆逆行摩托车，将行人赵某撞伤。关于对赵某的损害应承担侵权责任的主体，下列选项正确的是：

A. 方某　　B. 钱某和刘某　　C. 丁公司　　D. 摩托车主

提示：根据《侵权责任法》第31条规定："因紧急避险造成损害的，由引起险情发生的人承担责任。如果危险是由自然原因引起的，紧急避险人不承担责任或者给予适当补偿。紧急避险采取措施不当或者超过必要的限度，造成不应有的损害的，紧急避险人应当承担适当的责任。"本题中方某为躲避逆行摩托车而不得以将赵某撞伤，属于紧急避险，应当由引起险情的人即摩托车主承担责任。故选项D正确，当选。

六、责任减免之其他事由

除了上述侵权法明确规定的减免事由外，还存在以下减免事由（包括但不限于）：

（1）依法执行职务：即造成他人损害的行为是依照法律授权执行公务的行为。其构成要件为：①职务行为有合法依据；②程序合法；③造成他人损失是执行职务所必需的。

（2）受害人同意：即受害人在侵权行为或损害结果发生之前明确表示自愿承担某种损害后果的意思表示。其构成要件为：①受害人有明确的意思表示；②意思表示自愿合法；③受害人同意表示在侵权行为或损害发生之前。

（3）自助行为：即权利人为保护自己的权利，在来不及请求公力救济的情况下，对义务人的财产予以扣押或者对其人身自由予以约束等行为。自助行为需方法适当，且不超过必要的限度。

例2 甲饲养的一只狗在乙公司施工的道路上追咬丙饲养的一只狗，行人丁避让中失足掉入施工形成的坑里，受伤严重。下列哪些说法是错误的？

D. 此属意外事件，甲、乙、丙均不应承担对丁的赔偿责任

提示：所谓意外事件，是指行为虽然在客观上造成了损害结果，但不是出于行为人的故意或者过失，也不符合无过错责任适用情形，而是由于不能预见的原因所引起的，此时行为人不承担责任。本题中，动物饲养人甲、丙应对损害结果承担无过错责任，因此涉及"甲、丙不应承担对丁的赔偿责任"的表述明显错误，因本题为选非题，故选项D当选。

七、特殊侵权责任类型的减轻、免责事由

责任类型	减轻、免责事由
监护人责任	监护人尽到监护责任的，可以减责（不能免责）。
个人因劳务关系产生的侵权责任（提供劳务一方自伤）	提供劳务一方若是故意，接受劳务一方可免责。

续表

责任类型	减轻、免责事由
产品责任	免责：①未将产品投入流通；②产品投入流通时，引起损害的缺陷尚不存在；③将产品投入流通时的科学技术水平尚不能发现缺陷的存在的。
机动车交通事故	受害人故意，驾驶机动车一方可免责。
医疗损害责任	免责：①患者或其近亲属不配合医疗机构进行符合诊疗规范的诊疗；②医务人员在抢救生命垂危的患者等紧急情况下已经尽到合理的诊疗义务；③限于当时的医疗水平难以诊疗。
环境污染责任	第三人过错的不真正连带责任。
高度危险责任	①不可抗力（民航、民核除外）。 ②战争（限于民核）。 ③受害人故意（4种：民核、民航、高度危险物和高度危险活动损害责任）。 ④管理人已采取安全措施并尽到警示义务的，可以减轻或不承担责任（主要是指高度危险区域损害责任）。
饲养动物侵权	损害是因被侵权人故意或重大过失造成的可免责或减责。 动物园及其管理人员尽到管理职责可免责。 由第三人过错造成饲养动物侵权，适用不真正连带责任。
高空抛物责任	证明自己不是侵权人可免责。

八、民事责任竞合

（一）概述

民事责任的竞合，是指行为人的同一行为符合不同责任的构成要件，但最终只能适用一种责任。请求权人最终只能请求一种责任，这是因为损害赔偿法上规定的禁止得利原则。本部分，主要考查侵权责任与违约责任的竞合，当事人可以自由选择，但只能选择其中一种责任。

（二）侵权责任与违约责任竞合的构成要件

1. 当事人之间存在有效的合同关系，并且一方的违约行为对他方的履行利益之外的权益造成损害。因为若违约行为只对他方履行利益造成损害，只会构成违约行为，不构成侵权行为。

2. 上述同一违约行为，同时满足侵权责任的构成要件。

3. 两种责任所针对的给付是同一的。

例3　孙女士于2004年5月1日从某商场购买一套化妆品，使用后皮肤红肿出疹，就医不愈花费巨大。2005年4月，孙女士多次交涉无果将商场诉至法院。下列哪些说法是正确的?

A. 孙女士可以要求商场承担违约责任

B. 孙女士可以要求商场承担侵权责任

提示：根据《合同法》第122条的规定：“因当事人一方的违约行为，侵害对方人身、财产权益的，受损害方有权选择依照本法要求其承担违约责任或者依照其他法律要求其承担侵权责任。”孙女士与商场之间存在化妆品买卖合同关系，商场存在违约行为，并且对孙女士履行利益之外的健康权造成损害，同时满足侵权责任的构成要件。因此，孙女士既可以要求商场承担违约责任，也可以要求商场承担侵权责任。故选项A、B正确，当选。

九、财产损害赔偿

（一）概述

财产损害赔偿，指行为人侵害他人民事权益并造成财产损害时，应承担的赔偿义务。包括侵害人身权益产生的财产损害赔偿（《侵权责任法》第16～18、20条）和侵害财产产生的财产损害赔偿（《侵权责任法》第19条）。其中，侵害财产的情形主要有三类：

（1）侵占财产，即对财产所有权的侵害；

（2）损坏财产，主要影响财产的价值和使用价值；

（3）造成其他财产权益损失，主要指除所有权以外的其他财产利益受损。

（二）财产损害的赔偿范围

1. 侵害人身权益的财产损害赔偿范围

侵害他人人身权益造成财产损失的，应当依照被侵权人因此受到的损失赔偿。被侵权人的损失可以分为“积极损失”和“消极损失”：

（1）积极损失

积极损失，即被侵权人因遭受人身伤亡所支出的各项合理费用。

积极损失包括医疗费（《最高人民法院关于审理人身损害赔偿案件适用法律若干问题的解释》第19条）、护理费（《最高人民法院关于审理人身损害赔偿案件适用法律若干问题的解释》第21条）、交通费（《最高人民法院关于审理人身损害赔偿案件适用法律若干问题的解释》第22条）、其他为治疗和康复所支出的合理费用，如营养费、住院伙食补助费（《最高人民法院关于审理人身损害赔偿案件适用法律若干问题的解释》第23～24条）、残疾生活辅助具费（《最高人民法院关于审理人身损害赔偿案件适用法律若干问题的解释》第26条）、丧葬费（《最高人民法院关于审理人身损害赔偿案件适用法律若干问题的解释》第27条）。

（2）消极损失

消极损失，是指被侵权人因遭受人身伤亡而丧失的预期收入。

消极损失，包括因误工减少的费用、残疾赔偿金、死亡赔偿金。

2. 侵害财产权益的财产损害赔偿范围

侵害他人财产权益造成的财产损失，同样包括积极损失和消极损失，前者指现有财产价值的减少，后者指本应获得的利益没有获得。在确定损害赔偿范围时，应当以全部赔偿为原则，以客观的财产利益所受损失的价值为客观标准，损失多少，赔偿多少。

至于不同的损失类型，存在不同的计算方法：

（1）积极损失的计算方法：财产的直接损失＝原物价值－残存价值。这里原物价值指的是成本价或者进价。

（2）间接损失的计算方法：间接损失价值＝单位时间增值效益×影响效益发挥的时间。

（3）对其他财产利益损失的推算方法：即侵权的赔偿数额为侵权人在侵权期间因侵权所获得的利益。

总结：简便算法

侵权人应当承担的财产损害赔偿范围 = 财产的市场价格 - 财产的残存价值。应注意，计算的时间点为“损失发生时”。若不存在市场价格或以市场价格来计算有失妥当时，应采取其他方式计算。

十、精神损害赔偿

精神损害赔偿是指侵害他人人身权益并造成他人严重精神损害的，被侵权人可以请求侵权人支付精神损害抚慰金（第 22 条）。精神损害赔偿的主要功能在于补偿被侵权人遭受的损害，并抚慰其精神之创伤。这意味着法人或其他组织不享有精神损害赔偿请求权；同时也决定了精神损害抚慰金是不得让与或继承的，即具有专属性，但存在两个例外：①赔偿义务人已经以书面方式承诺给予金钱赔偿；②赔偿权利人已经向人民法院起诉（《最高人民法院关于审理人身损害赔偿案件适用法律若干问题的解释》第 18 条）。

（一）精神损害赔偿的适用情形

精神损害赔偿责任只适用于侵权案件，不适用于违约案件。侵权责任法对精神损害赔偿的适用进行了严格限制，主要体现在以下两个方面：

1. 侵害客体

侵害客体限于人身权益，包括人身权利和人身利益，主要有以下几种：

侵害客体——人身权益

人身权利	人身利益
自然人的人格权： （1）生命权、健康权、身体权； （2）姓名权、肖像权、名誉权、荣誉权、婚姻自主权、发现权； （3）人格尊严权、人身自由权。	自然人的人格利益 （《最高人民法院关于确定民事侵权精神损害赔偿责任若干问题的解释》第 1 条第 2 款）。
自然人的身份权： （1）监护权、配偶权、亲权； （2）继承权。	自然人的身份利益（其近亲属死者人格受侵）： （1）姓名、肖像、名誉、荣誉； （2）隐私； （3）遗体、遗骨。
	具有人格象征意义的特定纪念物品上的人格利益（《最高人民法院关于确定民事侵权精神损害赔偿责任若干问题的解释》第 4 条）。

例 4　甲女委托乙公司为其拍摄一套艺术照。不久，甲女发现丙网站有其多张半裸照片，受到众人嘲讽和指责。经查，乙公司未经甲女同意将其照片上传到公司网站做宣传，丁男下载后将甲女头部移植至他人半裸照片，上传到丙网站。下列哪些说法是正确的？

B. 甲女有权主张精神损害赔偿

提示：甲女的人身权利（肖像权、名誉权）受到侵害，因此甲女有权主张精神损害赔偿。故选项 B 正确，当选。

具体而言，乙公司未经甲女同意将其照片上传到公司网站做宣传，符合“以营利为目的未经权利人同意而使用其肖像”的条件，侵犯了甲女的肖像权。丁男将甲女的头部照片移植到他人半裸照片上，并上传到丙网站，甲女因此受到众人嘲讽和指责，可见丁男的行为已造成甲女社会评价降低的损害结果，构成对甲女名誉权的侵害。

2. 损害后果

限于被侵权人遭受严重精神损害的情形。死亡或残疾通常会导致严重精神损害，至于其他情形是否属于严重精神损害，被侵权人应当予以证明。应注意，如果侵权行为未造成严重精神损害之后果，侵权人仍负有停止侵害、恢复名誉、消除影响或赔礼道歉等责任（《最高人民法院关于确定民事侵权精神损害赔偿责任若干问题的解释》第 8 条第 1 款）。

例 5 张某旅游时抱着当地一小女孩拍摄了一张照片，并将照片放在自己的博客中，后来发现该照片被用在某杂志的封面，并配以“母女情深”的文字说明。张某并未结婚，朋友看到杂志后纷纷询问张某，熟人对此也议论纷纷，张某深受困扰。下列哪些说法是正确的？

D. 张某有权向杂志社要求精神损害赔偿

提示：杂志社在封面刊印了张某的照片，并配以“母女情深”的文字说明，但是张某并未结婚，熟人对此议论纷纷，张某深受困扰，可见杂志社捏造张某结婚生子的事实，造成张某社会评价有所降低，因此侵害了张某的名誉权。同时，杂志社未经张某的同意，以营利为目的使用其照片，侵害了张某的肖像权。故选项 D 正确，当选。

（二）精神损害赔偿的请求权人

精神损害赔偿的请求权人的确定取决于被侵害的客体类型，如下表：

侵害客体	请求权人
自然人的人格权利（身份权）和人格利益受侵害	被侵权人或受害人（《最高人民法院关于确定民事侵权精神损害赔偿责任若干问题的解释》第 1 条）。
自然人因侵权行为致死或死者人格利益受侵害	死者的配偶、父母和子女（《最高人民法院关于确定民事侵权精神损害赔偿责任若干问题的解释》第 3、7 条）。
特定物品上的人格利益受侵害	物品所有人（《最高人民法院关于确定民事侵权精神损害赔偿责任若干问题的解释》第 4 条）。

例 6 张某因病住院，医生手术时误将一肾脏摘除。张某向法院起诉，要求医院赔偿治疗费用和精神损害抚慰金。法院审理期间，张某术后感染医治无效死亡。关于此案，下列哪些说法是正确的？

D. 张某死后其配偶、父母和子女有权另行起诉，请求医院赔偿自己的精神损害

提示：根据《最高人民法院关于确定民事侵权精神损害赔偿责任若干问题的解释》第 7 条的规定：“自然人因侵权行为致死，或者自然人死亡后其人格或者遗体遭受侵害，死者的配偶、父母和子女向人民法院起诉请求赔偿精神损害的，列其配偶、父母和子女为原告；没有配偶、父母和子女的，可以由其他近亲属提起诉讼，列其他近亲属为原告。”因此张某因遭受医院的侵权行为死亡后，其配偶、父母、子女有权向法院起诉请求赔偿精神损害赔偿。故选项 D 正确，当选。

第五十一章　特殊侵权责任主体

重要法条及司法解释

《侵权责任法》第32、34～40条。

《民通意见》第18、22、43、121、158～161条。

《最高人民法院关于审理人身损害赔偿案件适用法律若干问题的解释》第7、13、14条。

《最高人民法院关于审理旅游纠纷案件适用法律若干问题的规定》第10条。

命题分析

侵权责任法上在特殊情况下，存在行为主体与责任主体不一致的现象。本章“特殊侵权责任主体”就是着重解决这类特殊侵权问题。

“特殊侵权主体”是侵权法中的热门考点，考点内容虽然较多，但是不难把握，考查视角为各种特殊侵权主体的归责原则及其责任承担方式。

从考查内容来看，特殊侵权类型具体包括“监护人的侵权责任”“单位与个人劳务侵权责任”“网络侵权责任”“安全保障责任”“教育机构的侵权责任”以及“旅游侵权责任”。其中，“单位与个人劳务侵权责任”是特殊侵权主体中的“重中之重”，属于命题人最偏爱的热门考点。被监护人致人损失的侵权责任承担、监护责任的性质；单位责任承担主体；网络服务提供者与网络用户承担连带责任的情形；安全保障责任的责任主体；无民事行为能力人、限制民事行为能力人因教育机构以外的第三人遭受人身损害时，第三人与教育机构之间的责任分配，教育机构承担责任的时间条件等都是考查的重点，考生需要格外重视。近几年虐童事件多发，教育机构的侵权责任可能会成为未来几年考查的重点，因此，考生需要格外注意。

知识点精讲

一、监护人的侵权责任

（一）概念

监护人的侵权责任是指监护人对被监护人因侵权行为造成他人损害的后果承担侵权责任。监护人责任系属无过错责任中的替代责任，责任基础在于监护人对被监护人具有控制力。之所以设立监护人责任，一是因为被监护人通常没有独立的财产，通过监护人责任可以更好地维护被侵权人的合法权益；二是因为被监护人无法理解或无法完全理解自己的行为及后果，通过监护人责任可以督促监护人履行管理、教育的义务，预防侵权行为的发生。

（二）构成要件

1. 行为人实施加害行为：

（1）无民事行为能力人：①不满8周岁的未成年人；②不能辨认自己行为的成年人。

（2）限制民事行为能力人：①8周岁以上，不满18周岁的自然人；②不能完全辨认自己行为的成年人。

2. 造成他人损害："他人"，即监护人和被监护人之外的第三人。

3. 加害行为与损害间有因果关系。

（三）责任承担

1. 责任主体

监护人的侵权责任是一种替代责任，是典型的行为主体和责任主体相分离的责任类型，但在某些情况下，行为人也承担侵权责任。被监护人承担责任的情形有以下几种：

（1）有财产的无、限民事行为能力人先自行承担，不足部分，由监护人赔偿（《侵权责任法》第32条第2款）。

（2）诉讼时已满18周岁+有经济能力，自行承担（《民通意见》第161条）。

（3）其余情形，由监护人承担责任：①未成年人的父母离异的，同被监护人共同生活的一方承担民事责任；确有困难的，另一方父或母应承担无过错的补充责任（《民通意见》第158条）。②委托监护中，除非另有约定，仍由监护人承担；被委托人有过错的，负连带责任（《民通意见》第22条）。③指定监护中，擅自变更监护人的，由原被指定的监护人与变更后的监护人承担连带责任（《民通意见》第18条）。④监护人不明确的，由顺序在前的有监护能力的人承担（《民通意见》第159条）。

2. 责任的减轻

（1）监护人尽到监护责任（注意：只能减轻责任，不能免除责任）。

（2）被侵权人具有过错。

二、单位与个人劳务侵权责任

单位与个人劳务侵权责任包括用人单位侵权责任、用工单位侵权责任、个人劳务侵权责任、帮工侵权责任。

（一）用人单位侵权责任

1. 概念

用人单位是指法律允许招用和使用劳动力的单位和组织，包括中华人民共和国领域内的企业、个体经济组织、民办非企业单位，还包括国家机关、事业单位、社会团体以及各种合伙组织和基金会。需要注意的是，国家机关、事业单位、社会团体只有与其建立劳动关系的劳动者在订立、履行、变更、解除或终止劳动合同时才称之为用人单位。

2. 构成要件

（1）用人单位的工作人员有执行工作任务的行为。包括执行职务范围内和单位授权的工作任务。

（2）存在客观的损害事实：包括财产损害和人身损害。

（3）用人单位工作人员执行工作任务的行为须与损害事实有因果关系。即执行工作任务的行为是损害后果的原因，这种因果关系是客观存在的。

（4）需要注意的是，用人单位侵权责任的归责原则为无过错责任原则，所以过错不是用人单位侵权责任的构成要件。

3. 特殊情形

几种特殊的行为是否属于执行工作任务的行为判断：

（1）超越职责行为

雇员的行为超出授权范围，但其表现形式是履行职务或是与履行职务有内在关系的，应当认定为“从事雇佣活动”（《最高人民法院关于审理人身损害赔偿案件适用法律若干问题的解释》第9条）。

（2）擅自委托行为和违反禁止规定的行为

当工作人员违反职业要求和命令的行为对于侵权责任的承担不起决定作用的时候，用人单位应当承担侵权责任。

（3）借用机会的行为

工作人员以执行职务为便利条件，为了实现个人目的的行为，虽然其内在动机是处于个人私利，但其行为与职务有内在联系，因此应当认为是执行职务的行为。

例1 梁某与甲旅游公司签订合同，约定梁某参加甲公司组织的旅游团赴某地旅游。旅游出发前15日，梁某因出差通知甲公司，由韩某替代跟团旅游。旅游行程一半，甲公司不顾韩某反对，将其旅游业务转给乙公司。乙公司组织游客参观某森林公园，该公园所属观光小火车司机操作失误致火车脱轨，韩某遭受重大损害。下列哪些表述是正确的？

C. 韩某有权请求某森林公园承担赔偿责任

D. 韩某有权请求小火车司机承担赔偿责任

提示：《侵权责任法》第34条第1款规定，用人单位的工作人员因执行工作任务造成他人损害的，由用人单位承担侵权责任。本题中观光小火车司机是森公园的员工，对于该司机操作失误导致火车脱轨给韩某造成的损害，应该由用人单位森林公园承担赔偿责任，因此选项C正确，选项D错误。

例2 某机关法定代表人甲安排驾驶员乙开车执行公务，乙以身体不适为由拒绝。甲遂临时安排丙出车，丙在途中将行人丁撞成重伤。有关部门认定丙和丁对事故的发生承担同等责任。关于丁人身损害赔偿责任的承担，下列哪些表述是错误的？

A. 甲用人不当应当承担部分赔偿责任

C. 丙有过错应当承担部分赔偿责任

提示：《侵权责任法》第34条第1款规定，用人单位的工作人员因执行工作任务造成他人损害的，由用人单位承担侵权责任。本题中丙为某机关的工作人员，在执行任务期间造成丁重伤的损害事实，侵权责任按照法条规定应该由某机关来承担，而不是由具体的员工来承担，因此，选项A、C错误。

例3 小牛在从甲小学放学回家的路上，将石块扔向路上正常行驶的出租车，致使乘客张某受伤，张某经治疗后脸上仍留下一块大伤疤。出租车为乙公司所有。下列哪些选项是错误的？

A. 张某有权要求乙公司赔偿医药费及精神损害

D. 张某有权要求小牛的监护人赔偿医疗费及精神损害

提示：《侵权责任法》第34条第1款规定，用人单位的工作人员因执行工作任务造成他人损害的，由用人单位承担侵权责任。本题中张某虽然是在乙公司的出租车上遭受人身损害，但是出租车是正常行驶，不存在侵权行为，所以乙公司不承担责任，选项A错误。《侵权责任法》第32条第1款规定，无民事行为能力人、限制民事行为能力人造成他人损害的，由监护人承担侵权责任。监护人尽到监护责任的，可以减轻其侵权责任。所以对于小牛实施的侵权行为，张某有权向小牛的监护人主张医疗费及其精神损害，选项D正确。

（二）用工单位侵权责任

1. 概念

劳务派遣是指劳务派遣单位对其派遣的人员致人损害应当承担的侵权责任。

2. 劳务派遣涉及三方当事人

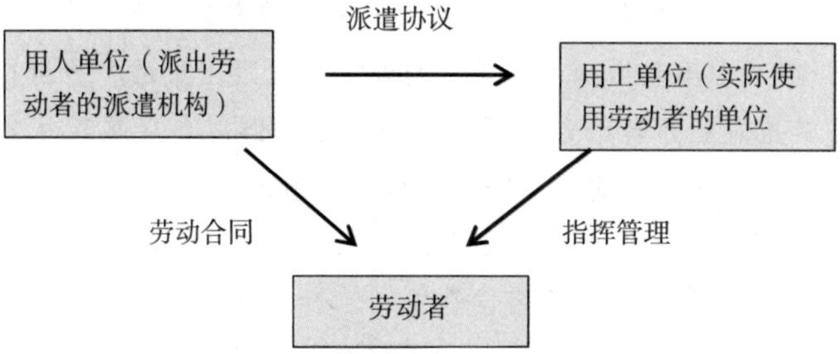

3. 适用规则

	用人单位（劳务派遣单位）	用工单位（接受劳务派遣单位）
归责原则	过错责任原则。	无过错责任原则。
责任承担	无过错，不承担责任； 有过错，承担相应补充责任。	替代责任。

例4 甲公司为劳务派遣单位，根据合同约定向乙公司派遣搬运工。搬运工丙脾气暴躁常与人争吵，乙公司要求甲公司更换丙或对其教育管理，甲公司不予理会。一天，乙公司安排丙为顾客丁免费搬运电视机，丙与丁发生激烈争吵故意摔坏电视机。对此，下列哪些说法是错误的？

A. 甲公司和乙公司承担连带赔偿责任

B. 甲公司承担赔偿责任，乙公司承担补充责任

C. 甲公司和丙承担连带赔偿责任

D. 丙承担赔偿责任，甲公司承担补充责任

提示：根据《侵权责任法》第34条第2款的规定，劳务派遣期间，被派遣的工作人员因执行工作任务造成他人损害的，由接受劳务派遣的用工单位承担侵权责任；劳务派遣单位有过错的，承担相应的补充责任。本题中，丙是被派遣人员在工作期间造成他人损害，应该由接受劳务派遣的用工单位即乙公司承担侵权责任。乙公司要求甲公司更换丙或对其教育管理，甲公司不予理会，那么可以认定劳务派遣单位甲公司存在过错，应当承担相应的补充责任，因此，选项A、B、C、D均错误，均当选。

（三）个人劳务侵权责任

1. 概念

个人劳务是指个人之间形成劳务关系，因提供个人劳务致人损害或遭受损害的侵权责任（《侵权责任法》第35条）。

应注意，《侵权责任法》对此种个人劳务关系并没有区分有偿和无偿。

个人劳务侵权的重点在于"个人之间形成劳务关系"的判断，这是个人劳务侵权责任区别于用人单位侵权责任的关键。《侵权责任法》第35条所调整的个人劳务关系有两个要求：①仅限于自然人与自然人之间的劳务关系，不包括个人与单位之间的劳务关系；②劳务提供者与劳务接受者之间存在支配控制关系，这是用人者承担无过错责任的理论基础。

2. 类型

（1）因提供个人劳务致人损害的侵权责任

个人之间形成劳务关系，提供劳务一方因劳务造成他人损害的，由接受劳务一方承担侵权责任（《侵权责任法》第35条）。

因提供个人劳务致人损害的侵权责任

责任成立要件	须为个人之间形成的劳务关系	劳务提供方致人损害	提供劳务与致人损害之间存在因果关系
责任承担	责任主体：劳务接受方	归责原则：无过错责任原则	

（2）因提供个人劳务遭受损害的侵权责任

个人之间形成劳务关系，提供劳务一方因劳务自己受到损害的，根据双方各自的过错承担相应的责任（《侵权责任法》第35条）。

因提供个人劳务遭受损害的侵权责任

责任成立要件	须为个人之间形成的劳务关系	劳务提供方自己遭受损害	提供劳务与遭受损害之间存在因果关系
责任承担	责任主体：过错方	归责原则：过错责任原则	

例5　甲在乙承包的水库游泳，乙的雇工丙、丁误以为甲在偷鱼苗将甲打伤。下列哪一说法是正确的？

A. 乙、丙、丁应承担连带责任　　B. 丙、丁应先赔偿甲的损失，再向乙追偿

C. 只能由丙、丁承担连带责任　　D. 只能由乙承担赔偿责任

提示：根据《侵权责任法》第35条，个人之间形成劳务关系，提供劳务一方因劳务造成他人损害的，由接受劳务一方承担侵权责任。据此，本题答案应为选项D。但当年《侵权责任法》尚未通过，依照《最高人民法院关于审理人身损害赔偿案件适用法律若干问题的解释》第9条第1款规定，雇员在从事雇佣活动中致人损害的，雇主应当承担赔偿责任；雇员因故意或者重大过失致人损害的，应当与雇主承担连带赔偿责任。雇主承担连带赔偿责任的，可以向雇员追偿。本题中，甲在乙承包的水库中游泳，与偷鱼苗的行为有明显的区别，只要丙、丁稍加注意或询问，就不会有此种损害后果。因此，丙、丁的行为存在重大过失，给甲造成的损害应该与乙一起承担连带赔偿责任，因此选项A正确，选项B、C、D错误。

（四）帮工侵权责任

所谓“帮工”，指无偿为他人提供劳务。关于帮工侵权责任的承担问题，可以分两种情况：

1. 帮工致人损害的责任承担（《最高人民法院关于审理人身损害赔偿案件适用法律若干问题的解释》第13条）

（1）帮工致人损害的，由被帮工人承担无过错替代责任；

（2）帮工人有故意或重大过失的，帮工人与被帮工人承担连带责任；

（3）明确拒绝帮工，帮工人仍坚持帮工并因帮工导致他人损害的，被帮工人不承担责任。

2. 因帮工遭受损害的责任承担（《最高人民法院关于审理人身损害赔偿案件适用法律若干问题的解释》第14条）

（1）因帮工遭受第三人人身损害的，由第三人承担赔偿责任。第三人不能确定或者没有赔偿能力的，可以由被帮工人予以适当补偿（公平原则）；

（2）因帮工遭受人身损害的，由被帮工人承担无过错侵权责任；

（3）被帮工人明确拒绝帮工，帮工人坚持帮工并因帮工行为遭受人身损害的，被帮工人不承担赔偿责任，但可以在受益范围内予以适当补偿（公平原则）。

例6 甲为父亲祝寿宴请亲友，请乙帮忙买酒，乙骑摩托车回村途中被货车撞成重伤，公安部门认定货车司机丙承担全部责任。经查：丙无赔偿能力。丁为货车车主，该货车一年前被盗，未买任何保险。关于乙人身损害的赔偿责任承担，下列哪一选项是正确的？

A. 甲承担全部赔偿责任

B. 甲予以适当补偿

提示：根据题意甲乙之间属于帮工人与被帮工人的关系。《人身损害赔偿解释》第14条规定，工人因第三人侵权遭受人身损害的，由第三人承担赔偿责任。第三人不能确定或者没有赔偿能力的，可以由被帮工人予以适当补偿。本题中，帮工人乙遭受的人身损害是由第三人丙的行为造成的，应当由丙承担赔偿责任，但是，丙没有赔偿能力，所以被帮工人甲应该予以适当补偿。因此，选项B正确，选项A错误。

三、网络侵权责任

（一）概念

网络侵权责任是指网络用户和网络服务提供者的自己责任，即网络用户、网络服务提供者利用网络侵害他人民事权益的，应当承担侵权责任（第36条第1款）。表现形式主要有，自己在网络上发表信息侮辱、诽谤他人，网络服务提供者在网络上抄袭、剽窃他人著作，未经著作权人同意而在网站上发表他人作品等。是一种过错责任，适用《侵权责任法》的一般性规定。

（二）网络服务提供者的连带责任

网络服务提供者的连带责任是指网络用户利用网络实施侵权行为，网络服务提供者与网络用户一起承担连带责任的特殊责任类型。

网络服务提供者即提供信息服务，为用户提供信息交流和技术服务的空间的服务提供者。

网络服务提供者与网络用户承担连带责任的情况如下：

（1）经被侵权人通知，未及时采取必要措施的，对损害扩大的部分与网络用户承担连带责任。必要的措施主要包括：删除、屏蔽、断开连接等（第36条第2款）。

（2）网络服务提供者明知网络用户利用其网络实施侵权行为，而未采取必要措施，对于该网络用户实施的侵权行为有放任的间接故意，因此应当与网络用户承担连带责任（第36条第3款）。

需要注意的一点是，只有被侵权人有权要求网络服务提供者采取删除、屏蔽、断开链接等必要措施，其他人通知网络服务提供者采取必要措施，网络服务提供者不予理睬，由此导致被侵权人损害扩大的，网络服务的提供者无须向该通知人承担侵权责任。

例7　甲、乙是同事，因工作争执甲对乙不满，写了一份丑化乙的短文发布在丙网站。乙发现后要求丙删除，丙不予理会，致使乙遭受的损害扩大。关于扩大损害部分的责任承担，下列哪一说法是正确的？

A. 甲承担全部责任　　B. 丙承担全部责任

C. 甲和丙承担连带责任　　D. 甲和丙承担按份责任

提示：《侵权责任法》第36条的规定，网络用户利用网络服务实施侵权行为的，被侵权人有权通知网络服务提供者采取删除、屏蔽、断开链接等必要措施。网络服务提供者接到通知后未及时采取必要措施的，对损害的扩大部分与该网络用户承担连带责任。本题中，甲为网络用户，在网络上发布丑化乙的短文，乙有权通知网络服务提供者丙采取删除、屏蔽、断开链接等必要措施。但是，丙接到甲的通知后，不予理会，致使损失扩大，根据上述法条规定，丙需要对损害的扩大部分与该网络用户承担连带责任。因此选项C正确，选项A、B、D错误。

四、安全保障责任

（一）概念

安全保障责任是指依照法律规定或者约定负有安全保障义务的人违反安全保障义务，直接或者间接地造成他人人身或财产权益损害，应当承担损害赔偿责任的侵权行为 。

（二）构成要件

1. 侵权行为：安全保障义务人有违反安全保障义务的行为。

> **注意：**安全保障义务的主体为宾馆、商场、银行、车站、娱乐场所等公共场所的管理人或群众性活动的组织者。

2. 损害事实：有人在公共场所或者群众性活动中受到损害。

3. 因果关系：2是由1引起的。

4. 过错：违反安全保障义务的行为人有过错。过错责任原则，就其性质而言是注意义务。

（三）责任承担

1. 直接责任：在没有第三人介入的情况下，管理人、组织人因违反安保义务造成损害，承担直接的侵权责任。

2. 补充责任：若损害是由第三人导致的，第三人先承担责任，管理人、组织人未尽到注意义务，承担相应的补充责任。

例8 小偷甲在某商场窃得乙的钱包后逃跑，乙发现后急追。甲逃跑中撞上欲借用商场厕所的丙，因商场地板湿滑，丙摔成重伤。下列哪些说法是错误的？

A. 小偷甲应当赔偿丙的损失

B. 商场须对丙的损失承担补充赔偿责任

D. 甲和商场对丙的损失承担连带责任

提示：根据《侵权责任法》第37条规定，“宾馆、商场、银行、车站、娱乐场所等公共场所的管理人或者群众性活动的组织者，未尽到安全保障义务，造成他人损害的，应当承担侵权责任。因第三人的行为造成他人损害的，由第三人承担侵权责任；管理人或者组织者未尽到安全保障义务的，承担相应的补充责任”。丙摔伤是由小偷撞倒造成的，小偷应当承担侵权责任，但丙摔成重伤，一部分原因是商场地板湿滑，商场有过错，商场负有安全保障责任应该对丙受伤承担责任，但为补充责任，因此，选项A、B正确，不当选，选项D错误，当选。

五、教育机构侵权责任

（一）概念

教育机构责任是指教育机构因未尽教育、管理职责对无、限制民事行为能力人在教育机构学习、生活期间遭受人身损害而承担的责任。其中，受害人仅限于无、限制民事行为能力人，遭受的损害类型仅限人身损害。

（二）类型

根据行为人的不同，教育机构侵权责任可以分为两类：一是教育机构的直接侵权责任（第38、39条）；二是第三人侵权时的侵权责任（第40条）。二者的区别见下表：

教育机构侵权责任的类型

	行为人	过错的表现形式	归责原则（责任承担）
教育机构直接侵权	教育机构的工作人员＋在教育机构学习、生活的无、限民事行为能力人	“未尽到教育、管理职责”	过错推定：受害人为无民事行为能力人——教育机构只有证明自己尽到教管职责才能免责。
			过错责任：受害人为限制民事行为能力人——受害人必须证明教育机构未尽教管职责，侵权责任才成立。
第三人侵权	除1中行为人外的其他人	“未尽到管理职责”	第三人承担一般侵权责任（过错责任），教育机构承担相应的补充责任（过错责任）。

因此，在认定教育机构侵权责任时，应当先通过行为人来判断责任的类型；若属于教育机构的直接侵权，应当区分受害人是无民事行为能力人还是限制民事行为能力人，二者的归责原则不同；若属于第三人侵权，则应注意责任承担的顺序：第三人承担首位责任，教育机构承担相应的补充责任。

（三）构成要件

1. 行为人实施侵权行为：教育机构直接侵权或第三人侵权。

2. 受害人在教育机构学习、生活期间遭受人身损害。

（1）受害人：仅限于无、限制民事行为能力人。

（2）时间条件：仅限于在教育机构学习、生活期间。原则上，上学前及放学后不属于该期间。

3. 教育机构未尽到教育、管理职责（即过错的表现形式）。

> **注意：免责事由**
> 教育机构证明自己没有过错或存在其他不可抗力等法定免责事由而免除责任。

例9　小牛在从甲小学放学回家的路上，将石块扔向路上正常行驶的出租车，致使乘客张某受伤，张某经治疗后脸上仍留下一块大伤疤。出租车为乙公司所有。下列哪些选项是错误的？

B. 甲小学和乙公司应向张某承担连带赔偿责任

C. 张某有权要求甲小学赔偿医疗费及精神损害

提示：《最高人民法院关于审理人身损害赔偿案件适用法律若干问题的解释》第7条规定，对未成年人依法负有教育、管理、保护义务的学校、幼儿园或者其他教育机构，未尽职责范围内的相关义务致使未成年人遭受人身损害，或者未成年人致他人人身损害的，应当承担与其过错相应的赔偿责任。本题中，小牛的侵权行为发生在放学回家的路上，甲小学对于小牛在校外没有教育、保护的义务，那么甲小学没有过错，所以不承担责任，选项B、C的说法错误。

例10　某小学组织春游，队伍行进中某班班主任张某和其他教师闲谈，未跟进照顾本班学生。该班学生李某私自离队购买食物，与小贩刘某发生争执被打伤。对李某的人身损害，下列哪一说法是正确的？

A. 刘某应承担赔偿责任

B. 某小学应承担赔偿责任

C. 某小学应与刘某承担连带赔偿责任

D. 刘某应承担赔偿责任，某小学应承担相应的补充赔偿责任

提示：第三人侵权致未成年人遭受人身损害的，应当承担赔偿责任。学校、幼儿园等教育机构有过错的，应当承担相应的补充赔偿责任。本题中学生李某被小贩刘某打伤，刘某对李某构成侵权，相对于学校人员而言，小贩刘某属于第三人，小贩的行为致使未成年人李某受伤，小贩刘某应该对学生李某承担赔偿责任。学生春游期间班主任与其他教师闲谈，学校 过错，需要对学生李某的受伤承担补充赔偿责任。所以，选项 D 正确，选项 A、B、C 错误。

六、旅游侵权责任

旅游纠纷责任跨越合同责任和侵权责任两大责任类型，大多数责任为合同责任，在此不予赘述，本章仅就常考点——旅游经营者擅自转让旅游业务的侵权责任予以分析。

根据《最高人民法院关于审理旅游纠纷案件适用法律若干问题的规定》第 10 条第 1 款规定，旅游经营者不能擅自转让旅游业务，如需转让须经旅游者同意。根据同法条第 2 款规定，旅游经营者擅自将旅游业务转让给其他旅游经营者的，就旅游者在旅游过程中遭受的损害，原旅游经营者应当与实际提供旅游服务的旅游经营者承担连带责任。

在旅游行程开始前的合理期限内，若旅游者将其在旅游合同中的权利义务转让给第三人，无须旅游经营者的同意，除合同性质不宜转让或合同另有约定之外（《最高人民法院关于审理旅游纠纷案件适用法律若干问题的规定》第 11 条第 1 款）。

转让者	是否须对方当事人同意	未征得同意的法律效果
旅游经营者	是	旅游者遭受损害，原旅游经营者与实际提供服务的旅游经营者承担连带责任。
旅游者	否	合同有效（除非依合同性质不宜转让或者合同另有约定）。

例 11 甲参加乙旅行社组织的旅游活动。未经甲和其他旅游者同意，乙旅行社将本次业务转让给当地的丙旅行社。丙旅行社聘请丁公司提供大巴运输服务。途中，由于丁公司司机黄某酒后驾驶与迎面违章变道的个体运输户刘某货车相撞，造成甲受伤。甲的下列哪些请求能够获得法院的支持？

C. 请求乙旅行社和丙旅行社承担连带赔偿责任

提示：《旅游纠纷解释》第 10 条第 2 款规定："旅游经营者擅自将其旅游业务转让给其他旅游经营者，旅游者在旅游过程中遭受损害，请求与其签订旅游合同的旅游经营者和实际提供旅游服务的旅游经营者承担连带责任的，人民法院应予支持。"乙旅行社擅自将旅游业务转让给丙旅行社，就旅游者甲的损害应当承担连带责任。故选项 C 正确，当选。

第五十二章　产品侵权责任

重要法条及司法解释

《侵权责任法》第 41～47 条。

命题分析

因食品、药品、日用商品等致害，引发公共安全问题和群体性事故，产品侵权责任日益成为法考的热门考点。

“产品侵权责任”包括“责任主体”“赔偿权利人”以及“惩罚性赔偿条件”等，其中重点考查产品侵权责任的责任承担主体，题目难度一般，主要掌握相关法条即可。我国《侵权责任法》《产品质量法》《消费者权益保护法》对产品侵权责任都有所规定。

知识点精讲

一、产品侵权责任的界定与构成

（一）界定

产品侵权责任，是指因产品缺陷造成他人人身、财产损害而产生的侵权责任。其中，涉及两个重要概念，需要全面掌握：

（1）“产品”，是指经过加工、制作、用于销售的产品。产品责任的“产品”不包括不动产，因此建筑工程不适用产品责任的有关规定。应注意，（与人体分离的）血液属于特殊产品（第 59 条），但人体器官不属于产品。

（2）“缺陷”，是指产品不符合保障人体健康和人身、财产安全的国家标准、行业标准；或者产品存在危及人身、财产安全的不合理危险。“不合理危险”，仅指产品在合理使用过程中出现的危及人身、财产安全的危险。产品缺陷可以分为设计缺陷、制造缺陷、警示缺陷。其中，存在警示缺陷的产品无须召回，只需要及时进行相应的警示即可。

（二）构成要件

构成要件	（1）产品存在缺陷（注意，对“产品”“缺陷”的把握）。
	（2）产品缺陷造成他人人身、财产损害（注意，“损害”的范围包括财产）。
	（3）产品缺陷与损害结果之间存在因果关系。
	注意：不要求产品生产者、销售者主观具有过错。

二、产品侵权责任的承担

责任承担	责任主体：生产者与销售者（被侵权人可以任意选择责任主体）
	归责原则： （1）对外：生产者和销售者都是无过错责任； （2）对内：销售者承担过错责任，生产者承担无过错责任。
	赔偿权利人：被侵权人（人身、财产受到损害的受害人）。
	生产者的免责事由： （1）产品未投入流通； （2）产品投入流通时，引起损害的缺陷尚不存在； （3）将产品投入流通时 科学技术水平尚不能发现缺陷的存在。

例1 大学生甲在寝室复习功课，隔壁寝室的学生乙、丙到甲寝室强烈要求甲打开电视观看足球比赛，甲只好照办。由于质量问题，电视机突然爆炸，甲、乙、丙三人均受重伤。关于三人遭受的损害，下列哪一选项是正确的？

A. 甲可要求电视机的销售者承担赔偿责任

C. 乙、丙无权要求电视机的销售者承担赔偿责任

提示：《侵权责任法》第43条规定，因产品存在缺陷造成损害的，被侵权人可以向产品的生产者请求赔偿，也可以向产品的销售者请求赔偿。甲、乙、丙均可以要求电视机的销售者承担赔偿责任。

三、产品侵权的惩罚性赔偿责任

1. 生产者、销售者明知产品存在缺陷，仍然生产、销售。
2. 造成他人死亡或健康严重损害的。

同时满足以上要件，被侵权人可以请求惩罚性赔偿。如果只是造成他人财产损害的，不能要求惩罚性赔偿。

惩罚性赔偿责任与一般产品侵权责任在构成要件上存在以下区别：

	惩罚性赔偿责任	一般产品侵权责任
主观过错	要求生产者、销售者具有主观过错（“明知”存在缺陷仍生产、销售）。	不要求生产者、销售者具有主观过错。
损害结果	仅限于死亡或健康严重损害的情形。	包括人身、财产损害的情形。

例2 甲系某品牌汽车制造商，发现已投入流通的某款车型刹车系统存在技术缺陷，即通过媒体和销售商发布召回该款车进行技术处理的通知。乙购买该车，看到通知后立即驱车前往丙销售公司，途中因刹车系统失灵撞上大树，造成伤害。下列哪些说法是正确的？

A. 乙有权请求甲承担赔偿责任

B. 乙有权请求丙承担赔偿责任

C. 乙有权请求惩罚性赔偿

提示：《侵权责任法》第43条规定，因产品存在缺陷造成损害的，被侵权人可以向产品的生产者请求赔偿，也可以向产品的销售者请求赔偿。所以乙既可以请求甲制造商承担赔偿责任，也可以请求丙销售公司承担侵权责任。《侵权责任法》第47条规定，明知产品存在缺陷仍然生产、销售，造成他人死亡或者健康严重损害的，被侵权人有权请求相应的惩罚性赔偿。甲制造商和丙销售公司在生产、销售该汽车时，并不知道该汽车存在缺陷，主观上不是明知，所以乙无权请求惩罚性赔偿。

第五十三章　机动车交通事故责任

重要法条及司法解释

《侵权责任法》第48～52条。

命题分析

机动车交通事故责任的认定和处理，一直是司法实践中一个争议较大的问题，以往考试中偶有考查。在通常情况下，交通事故责任者与交通事故损害赔偿责任主体是一致的，但在特殊情形下，两者往往不一致。因此，明确赔偿责任主体至关重要。

"机动车交通事故责任"具体包括机动车一方造成行人损害时的归责原则、侵权责任的主体等，重点考查机动车所有人与使用人不是同一人时，由机动车使用人承担赔偿责任。

知识点精讲

一、机动车交通事故责任主体

（一）概念

机动车交通事故是指机动车与非机动车驾驶人员、乘车人以及其他在公路、城市道路和虽在单位管辖范围但允许社会机动车通行地方，以及广场、公共停车场等用于公众通行的场所上，进行交通活动的人员，因违反《道路交通安全法》和其他道路交通管理法规、规章的行为，过失或者意外造成的人身伤亡或者财产损失的事件。

（二）责任主体

1. 一般责任主体

机动车与行人之间发生道路交通事故，由机动车一方承担无过错的侵权责任，除法律另有规定外，由机动车辆运行利益的享有者或者运行控制者承担侵权责任。

2. 特殊主体

《侵权责任法》中规定了道路交通事故损害赔偿特殊责任主体，即机动车保有人和机动车使用人在机动车交通事故责任中究竟由谁承担侵权责任的问题。

具体类型	责任承担
出租、出借机动车损害责任。	因租赁、借用机动车发生交通事故，由机动车使用人承担赔偿责任；机动车所有人对损害的发生有过错的，承担相应的赔偿责任。
买卖未办理过户登记的机动车损害责任。	以买卖等方式转让并交付机动车但未办理所有权转移登记，发生交通事故后属于该机动车一方责任的，由受让人承担赔偿责任。

续表

具体类型	责任承担
非法转让拼装或者报废机动车损害责任。	非法转让拼装的机动车或者已经达到报废标准的机动车，并且发生交通事故造成损害的，由转让人和受让人承担连带责任。
盗窃机动车损害责任。	盗窃、抢夺或者抢劫驾驶机动车发生交通事故造成损害的，由盗窃人、抢劫人或者抢夺人承担赔偿责任。

例　周某从迅达汽车贸易公司购买了一辆车，约定周某试用 10 天，试用期满后 3 天内办理登记过户手续。试用期间，周某违反交通规则将李某撞成重伤。现周某困难，无力赔偿。关于李某受到的损害，下列哪一表述是正确的？

A. 因在试用期间该车未交付，李某有权请求迅达公司赔偿

B. 因该汽车未过户，不知该汽车已经出卖，李某有权请求迅达公司赔偿

C. 李某有权请求周某赔偿，因周某是该汽车的使用人

D. 李某有权请求周某和迅达公司承担连带赔偿责任，因周某和迅达公司是共同侵权人

提示：《侵权责任法》第 49 条规定，机动车的所有人和使用人不是同一人时，发生交通事故后属于该机动车一方责任的，由机动车使用人承担赔偿责任，机动车所有人对损害发生有过错的，承担相应的赔偿责任。选项 C 正确。

二、机动车所有人的过错形态

《最高人民法院关于审理道路交通事故损害赔偿案件适用法律若干问题的解释》第 1 条规定：

（1）知道或者应当知道机动车存在缺陷，且该缺陷是交通事故发生原因之一的；

（2）知道或者应当知道驾驶人无驾驶资格或者未取得相应驾驶资格的；

（3）知道或者应当知道驾驶人因饮酒、服用国家管制的精神药品或者麻醉药品，或者患有妨碍安全驾驶机动车的疾病等依法不能驾驶机动车的；

（4）其他应当认定机动车所有人或者管理人有过错的。

三、机动车交通事故的特殊情形

1. 未经允许驾驶他人机动车发生交通事故造成损害，机动车驾驶人承担损害赔偿责任，机动车所有人或者管理人有过错的，承担相应的赔偿责任，但机动车驾驶人是通过盗窃、抢夺或抢劫取得机动车的除外。

2. 被多次转让但未办理转移登记的机动车发生交通事故造成损害，由最后一次转让并交付的受让人承担赔偿责任。

3. 拼装车、已达到报废标准的机动车或者依法禁止行驶的其他机动车被多次转让，并发生交通事故造成损害，由所有的转让人和受让人承担连带责任。

4. 以挂靠形式从事道路运输经营活动的机动车发生交通事故造成损害，属于该机动车一方责任，由挂靠人和被挂靠人承担连带责任。

5. 套牌机动车发生交通事故造成损害，由套牌机动车的所有人或者管理人承担赔偿责

任；被套牌机动车所有人或者管理人同意套牌的，应当与套牌机动车的所有人或者管理人承担连带责任。

6. 多辆机动车发生交通事故造成第三人损害，人民法院可依法确定多个侵权人承担连带责任或者按份责任。

第五十四章　医疗损害责任

重要法条及司法解释

《侵权责任法》第54～60、62～64条。

《最高人民法院关于审理医疗损害责任纠纷案件适用法律若干问题的解释》全文。

命题分析

“医疗损害责任”在侵权法中不算热门考点，虽然考查频度不高，但由于近几年医患纠纷较多；而且2017年最高法院颁布并实施《关于审理医疗损害责任纠纷案件适用法律若干问题的解释》，对社会广泛关切的问题和司法难点问题做了明确的规定，使得本知识点命题频率呈现明显的上升趋势。从考查内容来看，“医疗损害责任”中考生要重点掌握归责原则和免责事由，以及医疗产品责任、医疗机构的特殊告知义务。

医疗损害责任主要由四部分要件构成：存在医疗侵权行为、发生患者遭受非正常损失的损害事实、医疗机构存在过错、损害事实是由医疗侵权行为引起且具有因果关系。医疗损害责任包括医疗伦理损害责任、医疗技术损害责任、医疗产品损害责任三种类型。医疗机构的特别义务包括告知义务和紧急医疗义务。在归责原则上一般适用过错责任原则，同时要注意掌握过错推定原则、无过错责任原则的适用情形以及免责事由。

知识点精讲

一、医疗损害责任的构成

（一）概念

医疗损害责任是指因医疗机构，医疗产品的生产者、销售者或者血液提供机构的过错，致使患者在诊疗活动中受到人身或者财产损害，应承担的赔偿责任。

医疗损害责任主体包括：医疗机构；医疗产品的生产者、销售者、血液提供机构。

患者在美容医疗机构或者开设医疗美容科室的医疗机构实施的医疗美容活动中受到人身或者财产损害而要求医疗机构承担的侵权责任属于医疗损害责任的范畴。对此，需要注意以下几点：

1. 医疗美容损害责任纠纷适用本《最高人民法院关于审理医疗损害责任纠纷案件适用法律若干问题的解释》，而医疗服务合同纠纷不适用《最高人民法院关于审理医疗损害责任纠纷案件适用法律若干问题的解释》。

（1）医疗美容：是指运用药物、手术、医疗器械以及其他具有创伤性或者不可逆性的医疗技术方法对人的容貌和人体各部位形态进行的修复与再塑的美容方式。

（2）医疗美容损害责任：是指医疗机构在对患者进行医疗美容的诊疗活动中，因为医疗机构或者医务人员的过错，造成患者人身、财产损害，医疗机构因而承担的责任。

（3）医疗服务合同：是指医疗机构与患者之间就医疗服务项目明确相互权利义务关系的协议。

2. 患者因医疗机构或者医务人员的过错而产生损害时，存在违约责任、侵权责任的竞合。当事人有选择的权利，要么选择医疗机构承担违约责任；要么选择医疗机构承担侵权责任。

3. 医疗美容损害责任纠纷与生活美容类损害责任纠纷明显不同，注意本解释的适用对象是前者而非后者。

（二）构成要件

1. 存在医疗侵权行为：医务人员以医疗机构的名义从事医疗行为。医疗责任的基本形态是替代责任，因此，医务人员是行为主体，医疗机构是责任主体。

2. 发生患者遭受非正常损失的损害事实：大多数医疗行为都具有侵袭性，但这种侵袭必须是正常医疗行为导致的正常损失，如果超出了合理范围，则构成非正常损失。

3. 医疗机构存在过错：即医疗机构在诊疗活动中负有专业性注意义务，但未尽到此义务（适用过错责任原则）。

4. 损害事实是由医疗侵权行为引起，具有因果关系。

注意：《最高人民法院关于审理医疗损害责任纠纷案件适用法律若干问题的解释》第4条对医疗损害责任纠纷的举证责任进行了明确的规定。

（1）患者依据《侵权责任法》第54条规定主张医疗机构承担赔偿责任的，应当提交到该医疗机构就诊、受到损害的证据。

患者无法提交医疗机构及其医务人员有过错、诊疗活动与损害之间具有因果关系的证据，依法提出医疗损害鉴定申请的，人民法院应予准许。

（2）医疗机构主张不承担责任的，应当就《侵权责任法》第60条第1款规定情形等抗辩事由承担举证证明责任（医疗机构的免责事由）。

（三）类型

医疗损害责任包括医疗伦理损害责任、医疗技术损害责任、医疗产品损害责任。

1. 医疗伦理损害责任（《侵权责任法》第55、56、62条）

医疗伦理损害责任是指医疗机构和医务人员违背医疗良知和医疗伦理的要求，不履行告知和保密义务，具有医疗伦理方面的过失，造成患者人身损害以及其他合法权益的医疗损害责任。

2. 医疗技术损害责任（《侵权责任法》第57条）

医疗技术损害责任是指医疗机构及其义务人员在医疗活动中，违反医疗技术上的高度注意义务，具有违背当时的医疗水平的技术过失，造成患者人身损害的医疗损害责任。

主要包括：诊断、治疗、护理、感染、传染、孕妇生产、组织过失等损害责任。

注意： 这项责任构成侵权责任与违约责任的竞合，受害者可以选择一种主张。

3. 医疗产品损害责任（《侵权责任法》第59条）

（1）医疗产品损害责任是指医疗机构在医疗过程中使用有缺陷的药品、消毒药品、消毒药剂、医疗器械以及血液及制品等医疗产品，造成患者人身损害，医疗机构或医疗产品生产者、销售者应当承担的医疗损害责任。

（2）《最高人民法院关于审理医疗损害责任纠纷案件适用法律若干问题的解释》第7条针对医疗产品损害责任采“严格无过错归责原则”，患者或者近亲属只需要对损害结果、因果关系进行举证；而医疗机构、生产者、销售者需要对产品不存在缺陷进行举证，否则推定存在缺陷。

（3）《最高人民法院关于审理医疗损害责任纠纷案件适用法律若干问题的解释》第23条规定医疗产品责任中适用“三倍”的惩罚性赔偿制度，即医疗产品的生产者、销售者明知医疗产品存在缺陷仍然生产、销售，并且造成患者死亡或者健康严重损害后果的，患者可以请求生产者或者销售者赔偿损失及所受损失二倍以下的惩罚性赔偿。

二、医疗机构的特别义务

（一）告知义务

1.《侵权责任法》第55条规定医务人员在诊疗活动中应当向患者说明病情和医疗措施。这一条明确了医务人员的告知义务，同时也保护了患者及其近亲属的知情权、选择权。

2.《最高人民法院关于审理医疗损害责任纠纷案件适用法律若干问题的解释》第5条第2款规定了医疗机构的告知义务以及免责事由。医疗机构需要提交患者或者患者近亲属书面同意的证据，该证据视为医疗机构已经尽到告知义务。

3.《最高人民法院关于审理医疗损害责任纠纷案件适用法律若干问题的解释》第17条规定虽然医疗机构或者医务人员违反告知义务但是没有给患者造成人身损害，医疗机构没有赔偿的义务。侵权损害赔偿以有损害为前提，无损害无赔偿。

（二）紧急医疗义务

因抢救生命垂危的患者等紧急情况且不能取得患者意见时，医务人员应当经医疗机构负责人或者授权的负责人批准立即实施相应医疗措施。患者不能因此请求医疗机构承担赔偿责任；而医疗机构及其医务人员怠于实施相应医疗措施造成损害，患者有权请求医疗机构承担赔偿责任。五种情形视为紧急情况下不能取得患者近亲属意见（《最高人民法院关于审理医疗损害责任纠纷案件适用法律若干问题的解释》第18条第1款）：

（1）近亲属不明的；

（2）不能及时联系到近亲属的；

（3）近亲属拒绝发表意见的；

（4）近亲属达不成一致意见的；

（5）法律、法规规定的其他情形。

三、医疗损害责任的承担

1. 两个以上医疗机构的诊疗行为造成患者同一损害，按份承担损害赔偿责任。

2. 医疗机构邀请本单位以外的医务人员对患者进行诊疗，因受邀医务人员的过错造成患者损害的，由邀请医疗机构承担赔偿责任。

3. 患者因医疗产品的缺陷或者输入不合格血液受到损害，医疗机构、缺陷医疗产品的生产者、销售者或者血液提供机构承担连带赔偿责任。

医疗机构承担赔偿责任后，有权向缺陷医疗产品的生产者、销售者或者血液提供机构追偿。因医疗机构的过错使医疗产品存在缺陷或者血液不合格，医疗产品的生产者、销售者或者血液提供机构承担赔偿责任后，有权向医疗机构追偿。

4. 缺陷医疗产品与医疗机构的过错诊疗行为共同造成患者同一损害，患者有权请求医疗机构与医疗产品的生产者或者销售者承担连带责任。

医疗机构或者医疗产品的生产者、销售者承担赔偿责任后，向其他责任主体追偿的，应当根据诊疗行为与缺陷医疗产品造成患者损害的原因力大小确定相应的数额。

输入不合格血液与医疗机构的过错诊疗行为共同造成患者同一损害的，参照前述规定。

四、医疗损害责任归责原则及免责事由

过错责任原则	一般医疗行为侵权情形
过错推定原则	（1）违反法律、行政法规、规章以及其他有关诊疗规范的规定。 （2）隐匿或者拒绝提供与纠纷有关的病历资料。 （3）伪造、篡改或者销毁病历资料。
无过错责任原则	因药品、消毒药剂、医疗器械的缺陷，或者输入不合格的血液造成患者损害。
免责事由	减轻或免责事由：不可抗力。 免责事由： （1）患者或其近亲属不配合医疗机构进行符合诊疗规范的诊疗。 （2）医务人员在抢救生命垂危的患者等紧急情况下已经尽到合理的诊疗义务。 （3）限于当时的医疗水平难以诊疗。

第五十五章　饲养动物侵权责任

重要法条及司法解释

《侵权责任法》第78～84条。

命题分析

“饲养动物侵权责任”近年来屡获命题人的眷顾，在侵权法中属于高频考点。动物致人损害，是“物害”，也是“人损”。如何达致人与动物和谐共处、互惠共赢的局面，是这类责任机制设置的考量重点。从考查内容来看，“饲养动物侵权责任”中责任的减轻事由、责任承担主体是考查的重点。本知识点未来几年也将是常考内容。

知识点精讲

饲养动物损害责任，是指动物的饲养人或者管理人应当对饲养的动物造成他人的损害承担侵权责任。其中“饲养的动物”，是指存在饲养人或管理人并为其所占有、管理、控制的动物，与野生动物相区别。“造成他人损害”，是指饲养的动物自身特有（固有）的危险性能而导致的损害。《侵权责任法》规定了三种不同类型的饲养动物损害责任，应掌握各自对应的归责原则以及受害人过错、第三人过错、侵权人过错这三种责任减免事由。

一、饲养动物损害责任类型

《侵权责任法》规定了三种不同类型的饲养动物损害责任，分别规定了不同的归责原则。

	类型	归责原则	责任主体
1	（1）违反管理规定，未对动物采取安全措施致人损害； （2）烈性犬等危险动物致人损害。	严格的无过错责任。	饲养人、管理人。
2	动物园的动物致人损害。	过错推定责任。	动物园（亦即饲养人、管理人）。
3	不属于以上情形的一般情形。	无过错责任。	饲养人、管理人。

由上表可知，以上三种类型的责任，不同点在于归责原则各异，相同点在于责任主体都是动物的饲养人、管理人。即使是遗弃、逃逸的动物致人损害，也由原动物饲养人、管理人承担侵权责任。

二、饲养动物损害责任的减免事由

（一）受害人过错

受害人对损害的发生，存在重大过失的，侵权人可以减轻责任；存在故意的，侵权人可以不承担责任。

这两种减免事由，对上述三种损害责任类型均使用，但存在一个例外：类型1（1）（违反管理规定未对动物采取安全措施致人损害；禁止饲养的烈性犬等危险动物致人损害）侵权人承担严格的无过错责任，“严格”之处在于受害人存在重大过失也不能减轻侵权人的责任。

（二）第三人过错

因第三人的过错造成他人损害的，动物的饲养人（管理人）和第三人之间承担不真正连带责任：在对外关系上，二者承担连带责任；在对内关系中，第三人承担最终的责任，饲养人（管理人）在承担侵权责任后，可以向第三人追偿。但如果动物的饲养人、管理人也存在过错，则不适用该规定。

（三）侵权人过错

上述损害责任类型1、3的归责原则为无过错责任，因此侵权人即使证明自己不存在过错，也不能免责。只有类型2为过错推定责任，若动物园能够证明尽到管理职责，则不承担责任。

例 甲饲养的一只狗在乙公司施工的道路上追咬丙饲养的一只狗，行人丁避让中失足掉入施工形成的坑里，受伤严重。下列哪些说法是错误的？

A. 如甲能证明自己没有过错，不应承担对丁的赔偿责任

C. 如丙能证明自己没有过错，不应承担对丁的赔偿责任

提示：甲、丙均属于一般情形的饲养动物侵权责任，适用无过错责任原则，因此即使甲丙证明自己不存在过错，也不能免责。故选项A、C错误，因为本题为选非题，所以当选。

第五十六章　物件损害责任

重要法条及司法解释

《侵权责任法》第 85 ~ 91 条。

《民法通则》第 126 条。

《最高人民法院关于贯彻执行〈中华人民共和国民法通则〉若干问题的意见（试行）》第 155 条。

《最高人民法院关于审理人身损害赔偿案件适用法律若干问题的解释》第 16 条。

命题分析

物件致人损害责任，是指自己管领下的物件造成他人损害，应当由物件的所有人或者管理人承担的侵权责任。“物件损害责任”以往考查相对较多，但考查程度较为浅显，需要重点记忆《侵权责任法》第 85 条的规定。

在考查内容上，“物件致人损害”包括八种具体的损害形态，考查重点是物件致损的责任主体与归责原则。

知识点精讲

一、建筑物、构筑物或者其他设施及其搁置物、悬挂物损害责任

1. 责任主体：所有人、管理人或者使用人。

2. 构成要件：

（1）建筑物、构筑物或者其他设施及其搁置物、悬挂物发生脱落、坠落；

（2）损害事实的客观存在，指造成他人的财产或人身的损害，造成自己损害的，不构成侵权；

（3）脱落、坠落与损害事实之间具有因果关系，在有自然力、第三人行为或者被害人自己行为介入，共同造成损害事实时，也不影响因果关系的存在；

（4）侵权人具有过错，采取过错推定的原则。

例 1　大华商场委托飞达广告公司制作了一块宣传企业形象的广告牌，并有飞达公司负责安装在商场外墙。某日风大，广告牌被吹落砸伤过路人郑某。经查，广告牌的安装存在质量问题。关于郑某的损害，下列哪一选项是正确的？

A. 大华商场承担赔偿责任，飞达公司承担补充赔偿责任

B. 飞达公司承担所有赔偿责任，大华商场承担补充赔偿责任

C. 大华商场承担赔偿责任，但其有权向飞达公司追偿

D. 飞达公司承担赔偿责任，大华商场不承担责任

提示：《侵权责任法》第85条规定，建筑物。构筑物或者其他设施及其搁置物、悬挂物发生脱落、坠落造成他人损害，所有人、管理人或者使用人不能证明自己没有过错的，应当承担侵权责任。所有人、管理人或者使用人赔偿后，有其他责任人的，有权向其他责任人追偿。大华商场是所有人，不能证明自己没有过错，应当承担侵权责任，但是飞达公司的安装存在问题，所以大华商场可向其追偿。

例2 甲、乙、丙按不同的比例共有一套房屋，约定轮流使用。在甲居住期间，房屋廊檐脱落砸伤行人丁。下列哪些选项是正确的？

B. 丁有权请求甲承担侵权责任

C. 如甲承担了侵权责任，则乙、丙应按各自份额分担损失

提示：《侵权责任法》第85条规定，建筑物、构筑物或者其他设施及其搁置物、悬挂物发生脱落、坠落造成他人损害，所有人、管理人或者使用人不能证明自己没有过错的，应当承担侵权责任。甲、乙、丙均为房屋的所有人，所以应当承担侵权责任。

二、建筑物、构筑物或者其他设施倒塌损害责任

1. 责任主体：建设单位和施工单位。“其他责任人”并不是侵权责任的主体，主要包括三类：一是勘察单位、设计单位等；二是监理单位；三是勘察、设计、监理单位以外的责任人。

2. 归责原则：无过错责任原则。应当注意建设单位和施工单位有权向其他责任人追偿的前提是“其他责任人”具有过错。

三、抛掷物坠落物损害责任

1. 责任主体：侵权人无法确定，由存在加害可能的建筑物使用人承担责任。

2. 归责原则：公平原则。承担的是补偿责任而不是赔偿责任，是按份责任不是连带责任。

3. 行为性质：不是共同侵权行为，也不是共同危险行为，只存在一个侵权行为，且承担责任的主体之间没有意思联络。

4. 免责事由：能证明自己不是加害人的，免除责任。

四、堆放物损害责任

1. 责任主体：所有人或管理人，当所有人与堆放人不一致时，由堆放人承担侵权责任。

2. 归责原则：过错推定原则，当堆放物致人损害时，堆放人不能证明自己没有过错的，应当承担侵权责任，反之，如果堆放人能够证明自己没有过错，则无须承担责任。

五、障碍通行物损害责任

障碍通行物损害责任是指在公共道路上堆放、倾倒、遗撒妨碍通行的障碍物，造成他人损害的。

1. 责任主体：堆放、倾倒、遗撒者和对公共道路负有安全保障义务的人。

2. 归责原则：过错推定原则。

六、林木损害责任

林木折断，造成他人人身损害、财产损害的，由林木所有人或者管理人承担侵权责任。

1. 行为性质：林木折断的行为，这种行为不存在积极的加害人。

2. 归责原则：过错推定原则。

七、地下工作物损害责任

（一）地面施工致人损害

地面施工致人损害是指在公共场所或者道路等地表以下挖坑、修缮、安装地下设施等形成地下工作物，没有设置明显标志和采取安全措施，造成他人损害的，施工人应当承担侵权责任。

1. 责任主体：施工人，这里的“施工人”应当结合用人单位侵权责任来理解，一般情况下指施工单位。

2. 权利主体：施工人以外的遭受财产或人身损害的人。

3. 行为性质：不作为。应当设置明显标志和采取安全措施而没有设置和采取。

4. 归责原则：过错推定原则。

（二）窨井等地下设施致人损害

窨井等地下设施造成他人损害，管理人不能证明尽到管理职责的，应当承担侵权责任。

1. 归责原则：过错推定原则。

2. 行为性质：履行管理职责而未履行。

八、高度危险物损害责任

（一）占有或使用易燃、易爆、剧毒、放射性等高度危险物造成他人损害

1. 归责原则：无过错责任原则。

2. 免责事由：

（1）能够证明损害是因受害人故意或不可抗力造成。

（2）被侵权人对损害的发生有重大过失的，可以减轻占有人或者使用人的责任。

（二）遗失、抛弃高度危险物造成他人损害

1. 责任主体：所有人或管理人。

2. 归责原则：

（1）遗失、抛弃高度危险物造成他人损害的，由所有人承担无过错责任。

（2）所有人将高度危险物交由他人管理的，由管理人承担无过错责任；所有人有过错的，与管理人承担连带责任。

（三）非法占有高度危险物造成他人损害

1. 归责原则：无过错责任原则。

2. 责任承担：所有人、管理人不能证明对防止他人非法占有尽到高度注意义务的，与非法占有人承担连带责任。